Revista de Direito Tributário

59

MALHEIROS EDITORES

Revista de Direito Tributário

Publicada sob os auspícios do

IDEPE — Instituto Internacional de Direito Público e Empresarial
e do
IBET — Instituto Brasileiro de Estudos Tributários

ISSN 0102-7956

REVISTA DE DIREITO TRIBUTÁRIO
publicação trimestral de MALHEIROS EDITORES LTDA.
Rua Paes de Araújo, 29, 17º andar - conj. 171 - CEP 04531-940
São Paulo, SP - Brasil - Tels. 822-9205 - 820-9718 - 820-5549 - Fax. 829-2495

Assinaturas e comercialização:
CATAVENTO DISTRIBUIDORA DE LIVROS S.A.
Rua Conselheiro Ramalho, 928 - CEP 01326
São Paulo, SP - Brasil - Tel. 289-0811 - Fax 251-3756

Diretor Responsável: Álvaro Malheiros
Diretora: Suzana Fleury Malheiros
Supervisão Gráfica: Nadia Basso

Composição: GRAPHBOX
Impressão: Gráfica e Editora FCA
(Fundação de Ciências Aplicadas)

SUMÁRIO

CADERNOS DE DIREITO TRIBUTÁRIO

EL SISTEMA TRIBUTARIO EN LA CONSTITUCIÓN (LOS LÍMITES CONSTITUCIONALES DEL PODER TRIBUTARIO EN LA JURISPRUDENCIA DEL TRIBUNAL CONSTITUCIONAL) — **Alvaro Rodriguez Bereijo** 7

O NOVO PROCESSO TRIBUTÁRIO PORTUGUÊS — **J. L. Saldanha Sanches** 47

ICMS — CORREÇÃO MONETÁRIA DE CRÉDITOS ACUMULADOS — **Xavier de Albuquerque** 56

IPTU: PROGRESSIVIDADE — **José Souto Maior Borges** 73

TAXA — APONTAMENTOS SOBRE O SEU CONCEITO JURÍDICO — **Flávio Bauer Novelli** 95

CORREÇÃO MONETÁRIA E DEMONSTRAÇÕES FINANCEIRAS — CONCEITO DE RENDA — IMPOSTO SOBRE PATRIMÔNIO — LUCROS FICTÍCIOS — DIREITO ADQUIRIDO A DEDUÇÕES E CORREÇÕES — LEI 8.200/91 — **Misabel Abreu Machado Derzi** 124

CONFERÊNCIAS E DEBATES

SUJETOS PASIVOS Y CAPACIDAD ECONÓMICA — **Jose Juan Ferreiro Lapatza** 160

IRRETROACTIVIDAD DE LA LEY FISCAL — **Hector B. Villegas** 168

NOTAS E COMENTÁRIOS

IR — DEMONSTRAÇÕES FINANCEIRAS — INDEXAÇÃO — **Fábio Konder Comparato** 174

TRATADOS INTERNACIONAIS EM MATÉRIA TRIBUTÁRIA (PERANTE A CONSTITUIÇÃO FEDERAL DO BRASIL DE 1988) — **Sacha Calmon Navarro Coêlho** 180

IR — NEGÓCIO JURÍDICO INDIRETO — INEXISTÊNCIA DE SIMULAÇÃO — **Sidney S. Apocalypse** 195

TAXA OU PREÇO? — INMETRO — AFERIÇÃO DE INSTRUMENTOS DE MEDIÇÃO — FISCALIZAÇÃO — ESSENCIALIDADE DO SERVIÇO EM FAVOR DO CONSUMIDOR — **Edison Araújo Peixoto** 201

É CONSTITUCIONAL O IPTU/92 DO MUNICÍPIO DE SÃO PAULO? — **Yoshiaki Ichihara** 205

DIREITO TRIBUTÁRIO ATUAL

PROVISÃO PARA DEVEDORES DUVIDOSOS — INSTITUIÇÕES FINANCEIRAS — **Trevisan Auditores e Consultores** 213

DIREITO TRIBUTÁRIO APLICADO

ICMS — FORNECIMENTO DE ALIMENTAÇÃO — **Fernando Albino** 225

NOTICIÁRIO

XVI JORNADAS LATINO-AMERICANAS DE DIREITO TRIBUTÁRIO 239

Revista de Direito Tributário

CADERNOS DE DIREITO TRIBUTÁRIO

Fundador: Rubens Gomes de Souza (†)

CADERNOS DE DIREITO TRIBUTÁRIO

CADERNOS DE DIREITO TRIBUTÁRIO

EL SISTEMA TRIBUTARIO EN LA CONSTITUCIÓN* (LOS LÍMITES CONSTITUCIONALES DEL PODER TRIBUTARIO EN LA JURISPRUDENCIA DEL TRIBUNAL CONSTITUCIONAL)

ALVARO RODRIGUEZ BEREIJO
Magistrado del Tribunal Constitucional de España

Unas palabras de presentación. I — Derecho Constitucional Financiero y Derecho Financiero Constitucional. La organización y la distribución jurídica del poder financiero. II — Constitución económica y Constitución financiera o Constitución fiscal. El concepto de Constitución económica. La Constitución financiera: el marco constitucional de la función de la Hacienda Pública. El Estado social y democrático de Derecho como "Estado fiscal". Los límites económicos *a la capacidad fiscal del Estado: la llamada "crisis fiscal" o "crisis del Estado fiscal". Los límites* jurídicos *al Poder tributario y al Poder de gastar: las garantías constitucionales de los ciudadanos frente al Poder fiscal del Estado. III — Los límites constitucionales al poder tributario. Los principios constitucionales tributarios: el Art. 31 C.E. El deber constitucional de contribuir al sostenimiento de los gastos públicos. El valor y la eficacia de los principios constitucionales. Normas constitucionales y principios constitucionales. La jurisprudencia del Tribunal Constitucional en la interpretación de las normas y principios constitucionales. Principios formales y principios materiales de la justicia en el reparto de la carga tributaria: A) Los principios formales de la imposición: 1. Principio de legalidad o de reserva de Ley. El concepto constitucional de tributo. El alcance formal del principio de reserva de Ley. 2. Los principios de seguridad jurídica, de irretroactividad y de interdicción de la arbitrariedad de los Poderes Públicos en materia tributaria: el Art. 9.3 C.E. La retroactividad de las leyes*

* Texto de Conferencia pronunciada nas IV Jornadas de Estudio organizadas pela Dirección General del Servicio Jurídico del Estado sobre "El Sistema Económico en la Constitución Española" (Junho, 1992).

tributarias y su incidencia en los principios constitucionales. B) Los principios materiales o de justicia de la imposición. 3. El principio de generalidad tributaria. El problema de las exenciones o bonificaciones y los fines extrafiscales. 4. El principio de capacidad económica. 5. Los principios de igualdad y de progresividad tributarias. 6. El principio de no confiscatoriedad. 7. La conexión de los tributos con los gastos públicos: el principio constitucional de justicia en el gasto público: el Art. 31.2 C.E. Remisión a otro lugar. IV — Otros límites constitucionales al Poder tributario. La incidencia de los Derechos fundamentales en el ámbito tributario. Breve alusión. Configuración jurídica del Poder tributario: Poder tributario y potestades administrativas tributarias. La configuración jurídica de los Deberes tributarios formales: Deberes de información tributaria y Deberes de colaboración. Los derechos fundamentales como límite al ejercicio de las potestades de imposición: "El Estatuto jurídico del contribuyente": A) Derecho a la intimidad personal y familiar (art. 18.1 C.E.). El secreto profesional. El secreto bancario. B) Derecho a la inviolabilidad del domicilio (art. 18.2 C.E.). C) Derecho al secreto de las comunicaciones (art. 18.3 C.E.). D) Derecho a la libertad de residencia y circulación (art. 19 C.E.). E) Derecho a la libre asociación (art. 22 C.E.). F) Derecho a la tutela judicial efectiva (art. 24.1 C.E.). Principio de audiencia. El derecho a los recursos legalmente establecidos. G) Derecho a un proceso con todas las garantías (art. 24.2 C.E.). La presunción de inocencia. El derecho a la prueba. V — Bibliografía.

Unas palabras de presentación

Quisiera que mis primeras palabras fuesen de agradecimiento:

Ante todo a la Dirección General del Servicio Jurídico del Estado y al Cuerpo de Abogados del Estado en la persona del hoy moderador mi buen amigo José Luis Llorente Bragulat por haberme distinguido con el honor de pronunciar esta 3ª Conferencia de las XV Jornadas de Estudio sobre "El Sistema Económico en la Constitución Española", continuando una brilliante tradición que se remonta a más de una decena de años atrás y que ha constituido un punto de referencia obligado para todos los juristas y estudiosos del Derecho público de nuestro país.

Agradecimiento, no menor, a Vds. que han decidido dedicar su valioso tiempo para venir a escucharme. Nada del tema que me cumple desarrollar esta tarde constituirá para Vds. novedad alguna, pues lo conocen muy bien y saben de ello mucho más que yo. Soy muy consciente de las carencias y limitaciones que una conferencia de carácter expositivo ofrece a un auditorio de estudiosos del Derecho como son todos Vds. y tanto más cuanto por natural discreción tampoco podrán encontrar en ella comentarios personales o de revisión crítica de la doctrina que el Tribunal Constitucional ha ido elaborando sobre ésta materia a lo largo de ya más de una década de jurisprudencia, como su atención sin duda bien merecería. Así pues, *nada nuevo bajo el sol*. Si acaso algún acento aquí y allá, algún énfasis en tal o cual idea o el personal capricho en la ordenación expositiva de los problemas, podría dar color a la exposición y tal vez — y con eso me sentiría recompensado — suscitar su reflexión, siquiera mínima, sobre algunas de las cuestiones nucleares que nuestro ordenamiento constitucional tiene planteados en materia financiera y tributaria.

I — Derecho Constitucional Financiero y Derecho Financiero Constitucional

La Constitución organiza el poder del Estado en un orden jurídico fundamental. La Constitución "en sentido material" (G. Jellinek) está formada por aquellas normas jurídicas que definen los órganos supremos del Estado, determinan la forma de su creación, su relación recíproca y su ámbito de actuación y fijan además la posición básica del individuo en relación con el poder del Estado.

El marco constitucional, en lo que a la materia financiera y tributaria se refiere, nos interesa en dos sentidos:

a) En cuanto puro Derecho constitucional, por razón de la materia, por cuanto la regulación del Presupuesto y del Poder tributario afecta a la organización de los poderes del Estado. La distribución de competencias en materia presupuestaria (los distintos momentos de elaboración, aprobación, ejecución y control del Presupuesto) entre los distintos poderes del Estado y la definición del contenido constitucionalmente posible de la Ley de Presupuestos, de una parte, así como la delimitación del Poder tributario, de otra, son cuestiones centrales en la organización y reparto del Poder en un Estado de Derecho. El órgano que tiene la potestad de orientar previamente los gastos públicos y de distribuir su cobertura mediante los impuestos detenta el poder y la supremacía del Estado. Por ello el reparto del poder financiero (el poder de gravar con impuestos y el poder de gastar) constituye uno de los instrumentos claves de equilibrio constitucional cuya correcta definición constitucional asegura la conservación del sistema democrático. Este sistema de distribución de competencias puede estimarse suficiente para garantizar la legitimidad de la imposición de los tributos y de la realización del gasto público siempre que exista una efectiva separación e independencia entre los distintos poderes.

b) En cuanto materia constitucionalizada, ésto es, en cuanto Derecho constitucional por el rango de las normas. En este sentido la Constitución incorpora o recibe instituciones o conceptos elaborados por el Derecho financiero elevándolas a la categoría de principios o normas constitucionales como máxima garantía jurídica de los derechos de los ciudadanos frente al Poder del Estado.

La incorporación de los principios tributarios y presupuestarios a la Constitución — en cuanto materia constitucionalizada, ésto es, en cuanto Derecho constitucional por el rango de las normas — y la regulación por el Texto constitucional de la atribución de potestades y competencias en materia financiera a los diferentes poderes del Estado, constituyen la más alta expresión del sometimiento del poder financiero al imperio de la Ley característico del Estado de Derecho e instrumento de garantía y de control, tanto jurídico como político, por los ciudadanos del manejo de la Hacienda Pública.

II — Constitución económica y Constitución financiera o fiscal

Desde los albores del constitucionalismo el derecho a consentir los impuestos a través de sus representantes (*no taxation without representation*) y el correlativo derecho a aprobar el gasto o destino que se da a los mismos mediante el Presupuesto, ésto es, el poder sobre los cordones de la bolsa (*the power of the purse*) como expresivamente lo define el dicho anglosajón, han constituido el núcleo en torno al cual han girado las pugnas políticas sobre la organización y el reparto del poder político característicos de las Constituciones democráticas.

No es probablemente una casualidad que el principio de la democracia representativa (la exigencia de representación y participación políticas a través de los Parlamentos, Asambleas, Cortes, Dietas...) haya tenido su origen en las instituciones financieras.

La misión fundamental del Derecho constitucional, encauzar el ejercicio del poder por el Derecho y asegurar las libertades públicas de los ciudadanos contra el ejercicio incontrolado del poder — ha escrito Klaus Vogel — encuentra en el terreno de la Hacienda Pública un ámbito decisivo de actuación. La incorporación al texto de la Constitución de los principios fundamentales de los tributos y la constitucionalización del procedimiento presupuestario de aprobación del gasto público responde precísamente en este propósito garantista (de la libertad y la propiedad) característico del Estado de Derecho.

En la dogmática, primordialmente alemana, se ha acuñado el término *Constitución económica* (y, por especificación, en lo que hace a la Hacienda del Estado, *Constitución financiera*) para designar el conjunto de normas e instituciones jurídicas que, garantizando los elementos definidores de un determinado sistema económico, establecen un modelo o forma de funcionamiento de la economía y constituyen, por eso mismo, un determinado orden económico. Son, como dice Manuel García Pelayo, "las normas básicas destinadas a proporcionar el marco jurídico fundamental para la estructura y funcionamiento de la actividad económica, o dicho de otro modo, para el orden y proceso económico. Tales normas sirven de parámetros jurídicos básicos para la acción de los actores económicos públicos y privados, y pueden ser enunciación de principios y valores directivos orientadores de la acción o pueden tener formulación y garantías más rigurosas" (Vid. el Voto Particular del Magistrado D. Luis Díez Picazo a la STC 37/1981).

El concepto de "Constitución económica", sea producto de una decisión constitucional o de un equilibrio constitucional, es decir, de un compromiso constitucional entre las diferentes ideologías de las fuerzas políticas y sociales en el momento constituyente, encierra una idea de equilibrio entre los principios contrapuestos, pero complementarios, de *libertad* y *vinculación*. Pero, al propio tiempo, sólo la *idea de justicia* permite legitimar la Constitución económica como orden jurídico global de la economía.

En suma, la Constitución económica es, por un lado, garantía jurídica de una concreta forma económica de un determinado sistema económico; por otro lado, es el fundamento de un determinado orden económico.

"En la Constitución española de 1978 — ha afirmado el Tribunal Constitucional en la STC 1/1982 —, a diferencia de lo que solía ocurrir con las Constituciones liberales del siglo XIX y de forma semejante a lo que sucede en más recientes Constituciones europeas, existen varias normas destinadas a proporcionar el marco jurídico fundamental para la estructura y funcionamiento de la actividad económica; el conjunto de todas ellas compone lo que suele denominarse la Constitución económica o Constitución económica formal. Ese marco implica la existencia de unos principios básicos del orden económico que han de aplicarse con carácter unitario, unicidad que está exigida por la Constitución, cuyo Preámbulo garantiza la existencia de "un orden económico y social justo" y cuyo art. 2 establece un principio de unidad que se proyecta en la esfera económica por medio de diversos preceptos constitucionales, tales como el art. 128 entendido en su totalidad, el 131.1, el 138.2 y el 139.2 entre otros. Por otra parte la Constitución fija una serie de objetivos de carácter económico cuya consecución exige la adopción de medidas de política económica aplicables de forma general a todo el territorio nacional (arts. 40.1, 130.1, 131.1, 138.1)" (v. también SSTC 96/1984, F.J. 3º, y 64/1990, F.J. 3º).

Dentro del modelo de sistema económico que la Constitución española impone, el de economía social de mercado o economía mixta en que coexisten, profundamente imbricados, empresa privada y sector público, el Estado no solo tiene la función de regular el funcionamiento del sistema económico, sino que también toma a su cargo importantes sectores de la producción social en orden a la consecución de ciertas metas u objetivos como el desarrollo económico o el pleno empleo. Y lo que es más importante, el Estado asume también una función social de redistribución de la renta y de la riqueza que está en la esencia misma de la cláusula del Estado social y democrático de Derecho que la Constitución proclama en el art. 1.1, que no puede entenderse como un simple calificativo retórico sin consecuencias jurídico-constitucionales, sino, por el contrario, ha de considerarse como un auténtico principio constitucional de inmediata y directa aplicación y también como un principio estructural del orden jurídico y criterio hermenéutico fundamental del orden político y social establecido en la Constitución (STC 19/1982, F.J. 6º).

Es cierto que, lo que se entienda o qué deba entenderse por Estado social democrático de Derecho, admite diversas lecturas, reflejo, por otra parte, de las diferentes concepciones ideológicas de las fuerzas sociales y políticas que componen el arco constitucional y que han determinado las líneas maestras de la Constitución española. Pero, pese al carácter polémico y doctrinariamente controvertido de la formulación contenida en el art. 1º, la conexión de la idea de Estado social de Derecho (Estado asistencial, centrado en la prestación de bienes y servicios públicos) con la idea de democracia pone de manifiesto el carácter de *compromiso* de la fórmula constitucional, pero, al propio tiempo, la existencia de un mínimo de valores básicos admisible por todos; fruto de la decidida voluntad de que la Constitución configure un marco social y económico en el que sea posible no solo la convivencia ciudadana libre y plural, sino también la realización, al menos mínima, de los proyectos ideales de sociedad de las distintas fuerzas sociales en presencia.

Y ese *contenido mínimo*, del principio del Estado social y democrático de Derecho queda determinado fundamentalmente, por la comprensión de los valores superiores de la libertad, la igualdad, y la justicia y de participación democrática en la formación del orden social y económico, entendidos no en su sentido meramente formal, sino por sus contenidos materiales, recordando — como ha escrito el que fue primer Presidente del Tribunal Constitucional, Profesor Manuel García Pelayo — que "la libertad política es irreal si no va acompañada de la libertad de las dependencias económicas; que la propiedad ha de tener como límite la funcionalidad para los sistemas social y económico, y los derechos de los que participan en hacerla productiva; que la seguridad no se extiende sólo a la dimensión jurídica, sino también a la dimensión existencial en general; que la igualdad no lo es sólo frente a la Ley, sino que se debe extender, en la medida de lo posible, a las cargas y beneficios; y que la participación se amplía a los bienes y servicios y a las formas de democracia social".

Solamente mediante la satisfacción de los contenidos mínimos que se expresan en el concepto de Estado social y democrático de Derecho, podrá encontrar la Constitución española el *consenso* democrático que legitime la organización política que da forma al nuevo orden social. Y el cumplimiento de esos contenidos mínimos pasa necesariamente (aunque no suficientemente) por una *función redistributiva* de bienes y rentas que la Hacienda lleva a cabo por medio de un programa justo de ingresos y de gastos públicos.

La *Constitución financiera* o *Constitución fiscal* se nos presenta así como una pieza de fundamental relevancia dentro de la Constitución económica.

La Constitución española de 1978 define un marco político e institucional muy preciso respecto de cuál debe ser la función de nuestra Hacienda Pública; y de dicho marco institucional se deducen una serie de principios jurídicos ordenadores de toda la actividad financiera del Estado y demás entes públicos, que imponen deberes y límites jurídicos claros a los órganos a quienes está encomendada la función de obtener ingresos (a través, fundamentalmente, del sistema tributario), y de realizar gastos públicos. Este marco institucional aparece diseñado en una serie de preceptos de nuestra Constitución que, a mi modo de ver, son de la mayor trascendencia en lo que ahora interesa.

El artículo 1, párrafo 1º, que define el Estado como "un Estado social y democrático de Derecho, que propugna como valores superiores de su ordenamiento jurídico la libertad, la justicia, la igualdad y el pluralismo político".

El artículo 9, párrafo 2º, que proclama la exigencia de que la libertad y la igualdad del individuo y de los grupos en que se integra sean reales y efectivas, e impone a los Poderes Públicos el deber de promover las condiciones o remover o eliminar los obstáculos que impidan o dificulten su plenitud.

El artículo 31, párrafos 1º y 2º, que consagra el principio de justicia financiera, es decir, justicia en el reparto o distribución de los impuestos según la capacidad económica de los ciudadanos y atendiendo a criterios de progresividad del sistema fiscal; y justicia respecto de los gastos públicos, es decir, justo y equitativo reparto o distribución de los recursos públicos a través de los Presupuestos Generales del Estado.

El artículo 31.3 y el artículo 133, que consagran el principio básico del Estado de Derecho de sometimiento al imperio de la Ley del Poder tributario y del Poder de gastar, reservando a la Ley la materia. Asímismo, de conformidad con la naturaleza de Estado de estructura compuesta que la Constitución instituye (art. 2 y art. 137 en relación, en lo que aquí importa, con los arts. 156 y 157) se organiza la distribución territorial del Poder tributario.

Los artículos 134 a 136, contienen las normas y principios de la ordenación jurídica de los Presupuestos del Estado y la determinación constitucional del contenido posible de su Ley de aprobación, así como la ordenación del endeudamiento público y del control de gasto público.

El artículo 40, párrafo 1º y el artículo 131, en donde se asigna a los Poderes Públicos la función de promover el progreso social y económico y la redistribución más equitativa de la renta y de la riqueza.

Los artículos 41 y 50, que garantizan un régimen público de Seguridad Social para todos los ciudadanos y un sistema de pensiones y asistencia social a los ciudadanos durante la tercera edad.

El artículo 27, en relación con el artículo 31, párrafo 2º, en donde se asigna como función de los entes públicos, la producción de bienes públicos y la asignación equitativa de los recursos públicos.

Y por último, otros derechos económicos y sociales que constituyen los principios rectores de la política económica y social consagrados en los artículos 39 a 52 y que componen el Capítulo 3º del Título I da la Constitución, que si bien son principios más que derechos subjetivos directamente ejercitables por los ciudadanos y exigibles por una vía jurisdiccional ante un Juez, por ejemplo (art. 53, pfo. 3º de la C.E. "sólo podrán ser alegados ante la jurisdicción ordinaria de acuerdo con lo que dispongan las leyes que los desarrollan"), ello no significa que carezcan de valor jurídico puesto que han de considerarse como normas jurídicas que obligan a todos los Poderes Públicos y en tanto que principios inspiradores del orden social y económico "que informarán la legislación positiva, la práctica judicial y la actuación de los Poderes Públicos" a tenor del art. 53, pfo. 3º, tienen una innegable *eficacia legitimadora* y deben fundamentar, por tanto, todo el funcionamiento del Estado y más concretamente de su Hacienda Pública, como son: la redistribución de la renta y la obtención del pleno empleo, el derecho al trabajo, el derecho al descanso laboral, el derecho a la Seguridad Social, el derecho a la salud, el acceso a la cultura, la mejora de la calidad de vida, la conservación del Patrimonio artístico, la utilización del suelo, el derecho a una vivenda digna, etc. Y aunque carecen de eficacia positiva directa, pues requieren la mediación del Legislador para ser exigibles, sin embargo tienen una enorme fuerza o eficacia negativa en cuanto proscriben los actos de los Poderes Públicos que manifestamente los desconozcan o manifestamente persigan objetivos contrarios o incompatibles con los valores que aquéllos significan, pudiendo sustentar, por ello, una demanda de inconstitucionalidad.

Como ha dicho el Tribunal Constitucional, "hay que reconocer, en primer término, que la naturaleza de los principios rectores de la política social y económica que recoge el Capítulo III del Título I de nuestra Constitución hace improbable que una norma legal cualquiera pueda ser considerada inconstitucional por omisión, ésto es, por no atender, aisladamente considerada, el mandato a los Poderes Públicos y en especial al Legislador, en el que cada uno de esos principios por lo general se concreta. No cabe excluir que la relación entre alguno de esos principios y los derechos fundamentales (señaladamente el de igualdad) haga posible un examen de este género (cf., por ejemplo, nuestra STC 155/1987), ni, sobre todo, que el principio rector sea utilizado como criterio para resolver sobre la constitucionalidad de una acción positiva del Legislador, cuando ésta se plasma en una norma de notable incidencia sobre la entidad constitucionalmente protegida" (STC 45/1989, F.J. 4º).

Entre todos estos preceptos que acabo de citar existe una perfecta hilación lógica y funcional de la que se desprende una configuración institucional de la Hacienda Pública como un instrumento de transformación y emancipación económica y social, en la medida en que los Poderes Públicos, a través de los programas de ingresos y de gastos públicos, aparecen *comprometidos*, por virtud de los principios jurídicos y de los criterios rectores sancionados por la Constitución, en la consecución de un orden social más igualitario y más justo.

Y ésto no puede lograrse dentro del sistema de economía de mercado que nuestra Constitución impone sin la intervención decisiva de la Hacienda Pública. Porque hoy la igualdad y la justicia reales y efectivas suponen no sólo tomar en consideración el modo en que se reparte la carga tributaria, es decir, si el sistema fiscal es justo o no; sino que implica tomar en consideración también el destino de los ingresos obtenidos a través del sistema fiscal. Porque en el moderno Estado social y democrático de Derecho resulta cada vez más claro que la función de los tributos no es únicamente la de financiar los servicios públicos o el aparato estatal, sino también distribuir la riqueza en el ámbito de la comunidad. Ello implica que entre los impuestos y los gastos públicos ha de existir una íntima conexión.

Es precisamente esta interconexión o interdependencia lo que confiere al Derecho financiero y tributario su carácter de *Derecho redistributivo*, es decir, un Derecho en el cual la rama del Derecho tributario debe concebirse como un derecho contra los que tienen más; y la rama del Derecho de los gastos públicos, debe ser un derecho en favor de los que menos tienen, de las clases sociales desposeídas. Sólo de esta manera, a través de una función redistributiva de la Hacienda Pública que funcione de manera desigual en sus dos brazos, en el brazo del tributo y en el brazo del gasto público, puede cumplirse la exigencia constitucional de un orden más igualitario y más justo, proporcionando a los ciudadanos un marco social y económico en el que puedan realizarse como hombres mediante el disfrute de unos bienes que por su naturaleza, su función social y económica el Estado debe garantizar.

Esta concepción del Derecho financiero entra de lleno en lo que el Profesor Norberto Bobbio ha denominado *función distributiva y función promocional del Derecho*; por cuanto la función del Derecho Financiero delineada no es tanto (aunque también contenga normas de este tipo) prevenir y reprimir los comportamientos desviantes o la de impedir el nacimiento de conflictos y facilitar su arreglo después de surgidos, como *repartir los recursos* (*y no sólo económicos*) *disponibles* para influir en las condiciones de vida de la sociedad; *estimular, incentivar y promover los comportamientos* de individuos y grupos sociales considerados económicamente ventajosos (*v. gr.* exenciones y bonificaciones fiscales, subvenciones y transferencias presupuestarias, etc.).

La aparente novedad de esta función del Derecho sólo puede sorprender, como dice Bobbio, por "el peso que ha tenido en la determinación común del concepto del Derecho la concepción privatista de la economía y la correspondiente concepción negativa del Estado. En base a la concepción privatista de la economía, la distribución de los bienes se produce en la esfera de las relaciones entre individuos o grupos en concurrencia entre sí y el Derecho (*sub especie* de Derecho privado) tiene únicamente la función de facilitar el establecimiento de estas relaciones, de garantizar su continuidad y seguridad y de impedir el fraude recíproco. Con la concepción negativa del Derecho está estrechamente conectada la concepción negativa del Estado, según la cual el Estado no tiene injerencia alguna en las relaciones económicas y, por tanto, su función es exclusivamente la de proveer el mantenimiento del orden a través de normas imperativas y coactivas, es decir a través del Derecho".

De ahí que, según Bobbio, esta concepción limitativa del Derecho haya determinado que la definición de lo que es el Derecho se haya realizado tradicionalmente por los juristas y por su referencia a su función protectora-represora, ésto es al Derecho privado y al Derecho penal (subyaciendo en ello su relación con la moral, no con la economía), que son, precisamente, aquellas partes del Derecho que no tienen una función directamente distributiva o una función promocional.

Función promocional del Derecho de la que son paradigmáticas las normas contenidas en los arts. 9.2, 31.2 y 40.1 de nuestra Constitución.

Al considerar el papel del Derecho Financiero como el de un Derecho desigual y redistributivo no estamos haciendo otra cosa que comprometiendo el funcionamiento de la Hacienda Pública en el sentido proclamado por la Constitución de 1978, en el art. 9, pfo. 2º (en relación con el art. 40, pfo. 1º), cuando obliga a los Poderes Públicos a remover los obstáculos que impiden que la libertad y la igualdad entre todos los ciudadanos, entre las diferentes clases y grupos sociales, sea real y efectiva. Pues bien, los obstáculos de orden económico y social que pueden limitar de hecho la igualdad de los ciudadanos, se centran sustancialmente en la divergencia de las rentas y patrimonios, que se produciría sino se consigue un límite mínimo común para todos. Y esta función de redistribución se cumple de una manera mucho más eficaz por la vía de los gastos públicos, mediante transferencias o subvenciones, que a través del sistema fiscal, por muy justo y muy progresivo que aparezca configurado en las leyes; pues, en el mejor de los casos, consigue ser proporcional, pero nunca progresivo. En todo caso, un programa justo de gastos públicos es más redistributivo que el más justo de los impuestos sobre la renta. Por eso, la Constitución española, en su art. 31, pfo. 2º, al incorporar un precepto que vincula a la Hacienda Pública a asignar equitativamente los gastos públicos, ha introducido una norma enormemente progresiva, que no tiene parangón en ninguna otra Constitución; y que desde luego está ahí, a mi juicio, para cumplir esta función redistributiva en relación con el art. 9.2, y, en definitiva, en articulación de esa cláusula constitucional que es el "Estado social y democrático de Derecho" (v. la STC 86/1985, F.J. 3º).

Pero el sistema mismo del Estado social y democrático de Derecho, asentado sobre una creciente socialización de las necesidades humanas y del modo de satisfacerlas, genera un incremento de las demandas, expectativas y compromisos sociales (no siempre compatibles entre sí y posibles de financiar) que en la conciencia de los ciudadanos se han consolidado como una especie de *derecho adquirido* de la colectividad frente al Estado, que presionan (cuando no se imponen) a los Poderes Públicos a través del "mercado político" como compromisos sociales normativos en cierto modo irreversibles.

La consecuencia de ello es que la Hacienda Pública debe cargar con los costes comunes de una producción cada vez más socializada, que debe financiarse, en definitiva, a través de los impuestos. Y la Hacienda se encuentra entonces ante dos tareas simultáneas y en cierto modo contradictorias o, al menos, dos tareas simultáneas que no siempre son fácilmente conciliables entre sí.

Por un lado, debe recaudar la cuantía de impuestos que se requiere para financiar las funciones de intervencionismo económico del Sector público en detrimento de ganancias e ingresos privados, aplicándola con la racionalidad suficiente como para evitar perturbaciones en el proceso de crecimiento económico y de acumulación de capital.

Por otro lado, la recaudación de los impuestos tiene que hacerse de modo que consiga la mayor aceptación, tolerancia o aquiescencia social de los contribuyentes que evite situaciones de conflicto social (resistencias o revueltas fiscales) como consecuencia del reparto de la carga tributaria o del volumen que alcance la presión fiscal, y satisfaga, así, la creciente necesidad de legitimación del Estado.

Sin olvidar que toda la política de incremento a ultranza del gasto público que llevan aparejadas las funciones encomendadas al moderno Estado asistencial tropieza con ciertos límites absolutos, más allá de los cuales las cargas derivadas de su financiación (vía impuestos y endeudamiento interior y exterior del Estado) harán disminuir, en vez de aumentar, la producción social.

Así, hoy ha pasado a un primer plano el problema de los *límites* a la expansión de las necesidades de financiación de las funciones encomendadas al Estado social y democrático de Derecho, ante el fenómeno, claramente perceptible, de la creciente resistencia de los ciudadanos al aumento de la presión fiscal. Límites que son tanto *económicos* derivados de la misma capacidad fiscal del Estado (la denominada "crisis fiscal" o "crisis del Estado fiscal") y de las leyes de funcionamiento del sistema económico, como *jurídicos*, derivados de las normas y principios de la Constitución que delimitan y encauzan el ejercicio del Poder tributario y de gastar.

La "Constitución económica" es, ciertamente, una fórmula abierta, flexible e indeterminada (aunque no ambígua) que permite distintas opciones políticas, dejando al Legislador un amplio margen de libertad de configuración, pero ello no significa que no existan límites absolutos a la política financiera y tributaria derivados del respeto tanto a las cláusulas del orden económico que la Constitución impone como a las libertades y derechos de los ciudadanos que ésta garantiza. El carácter abiertamente normativo de la Constitución, y en particular de la denominada "Constitución económica", es, en parte, "un instrumento conscientemente utilizado a fin de no sustraer a las fuerzas políticas, al legislador ordinario y al Gobieno el margen de maniobra necesario para las decisiones que son de su responsabilidad" (Klaus Stern). Como ha declarado el Tribunal Constitucional, "la Constitución es un marco de coincidencias suficientemente amplio como para que dentro de él quepan opciones políticas de muy diferente signo. La labor de interpretación de la Constitución no consiste *necesariamente* en cerrar el paso a las opciones o variantes imponiendo autoritariamente una de ellas" (STC 11/1981, F.J. 7º), pero, como también ha precisado el alto Tribunal "la función que cumplen los conceptos indeterminados o abiertos en la Constitución" es, sobre todo, "orientar al legislador" (STC 37/1981, F.J. 1º). (Sobre la garantía del concepto de "Constitución económica" v. el Voto Particular del Magistrado D. Luis Díez Picazo a la STC 37/1981).

III — Los límites constitucionales al Poder tributario. Los principios constitucionales tributarios: el art. 31 C.E.

Todo el proceso de aplicación de los tributos encuentra su raiz y su justificación en el deber general de contribuir al sostenimiento de los gastos públicos que nuestra Constitución impone en el art. 31 y sólo a partir de él puede entenderse cabalmente la singular posición en que la Constitución sitúa al Estado y demás entes públicos, como titulares del Poder tributario, y a los ciudadanos en cuanto sujetos de ese deber constitucional.

En efecto, esta recepción constitucional del deber de contribuir según la capacidad económica de cada contribuyente, configura un *mandato* a los ciudadanos, imponiéndoles una situación de sujeción y de colaboración con la Administración tributaria en orden al sostenimiento de los gastos públicos, cuyo indiscutible y esencial interés público justifica también la imposición de deberes tributarios materiales y formales que constriñen la esfera jurídica de sus derechos.

Para los Poderes Públicos — singularmente al Legislador y a los órganos de la Administración tributaria — este deber constitucional comporta también vinculaciones específicas: atribución de concretas potestades administrativas para la aplicación concreta de los tributos, cuya ordenación y ejercicio por la Administración está sujeta a los límites formales y materiales que se derivan de la debida protección y garantía que a los derechos fundamentales prestan los principios y normas consagrados en la Constitución. Pero las potestades administrativas tributarias no constituyen una mera facultad otorgada a la Administración, sino un *poder-deber* en orden a la efectividad del cumplimiento de ese deber constitucional de contribuir que a todos incumbe; ésto es, constituye una exigencia inherente a "un sistema tributario justo" como el que la Constitución propugna en el art. 31.1 y cuyos *principios enumera* (v. STC 76/1990, F.J. 3º).

Para precisar el valor y la eficacia de los principios constitucionales tributarios hemos de partir del carácter normativo de la Constitución y el efecto jurídico vinculante de *todas* las normas en ella contenidas (art. 9.1 C.E.), sin que quepa distinguir entre preceptos constitucionales de valor normativo y de aplicación directa y otros meramente programáticos o de valor declarativo u orientador (STC 16/1982, F.J. 1º y STC 80/1982, F.J. 1º). Aunque, como es obvio, no todos los preceptos constitucionales tienen idéntico nivel de eficacia, pues no todos ellos se formulan del mismo modo o con igual grado de precisión.

Así pues, entre los *principios* y las *normas* "*stricto sensu*" de la Constitución — como ha señalado Jesús Leguina — "no hay diferencia de naturaleza, sino sólo de estructura y de función: ambos tipos de preceptos forman parte del ordenamiento jurídico y son por ello, en igual medida, Derecho objetivo".

Desde el punto de vista de su estructura y funcionalidad, los *principios jurídicos* se caracterizan por los siguientes rasgos (cfr. K. Larenz; E. García de Enterría; J. Leguina).

1º Son reglas o preceptos normativos que presuponen la existencia de otras normas específicas y su objeto consiste no tanto en regular relaciones o definir posiciones jurídicas concretas, sino en versar sobre la aplicación de estas normas. Como dice Larenz "los principios indican sólo la dirección en la que está situada la regla que hay que encontrar".

2º Se caracterizan por una relativa indiferencia de contenido, "en el sentido de que trasponen los límites de distintos campos de la regulación jurídica" (Carrió); de ahí su carácter de reglas *generales*, y de ahí también su posible calificación de normas sin presupuesto de hecho concreto, en cuanto son "una mezcla de precisión (que evita su disolución nebulosa) e indeterminación (que permite su dinamicidad y su superior grado para dominar supuestos muy varios)" (García de Enterría), sin llegar por sí mismas a suministrar decisiones a los casos concretos.

3º Indican cómo deben aplicarse las normas específicas, ésto es, "qué alcance darles; cómo combinarlas, cuándo otorgar precedencia a alguna de ellas" (Carrió).

Los principios constitucionales en materia tributaria enunciados en el art. 31 C.E. responden a los rasgos de esta clase especial de reglas jurídicas, pues más que un mandato susceptible de aplicación por sí mismo, constituyen la base, el criterio o la justificación del mandato, en cuanto necesitan de una *concreción* en ulteriores normas y decisiones. Los principios constitucionales tributarios son — para decirlo con la frase de Karl Larenz — "pensamientos directores y causas de justificación de una regulación positiva, en los que subyace la idea de un *Derecho más justo*".

Hay, pues, inevitablemente, algo de *indeterminado*, abierto o de contornos imprecisos ("fórmula vacía", dicen algunos) en los principios tributarios incorporados a la Constitución, que se refleja en el grado de nivel de eficacia (que no empece en modo alguno su carácter normativo) de la doble función (Larenz) que cumplen en el ordenamiento jurídico como *límites* al ejercicio de los Poderes Públicos:

a) *La función positiva*, que consiste "en el influjo o predeterminación que ejercen en las sucesivas decisiones y, de este modo, en el contenido de la regulación que tales decisiones crean": en cuanto fuentes del Derecho y en cuanto informadores del conjunto del ordenamiento jurídico.

b) *La función negativa*, que consiste "en la exclusión de los valores contrapuestos y de las normas que descansan sobre estos valores". Relación de instrumentalidad entre los "valores superiores" del ordenamiento (art. 1.1 C.E) y los "principios" que la Constitución garantiza (art. 9.3 y art. 31 C.E.), porque tales principios tienen sentido, como ha dicho el Tribunal Constitucional "en tanto sirvan a promover los valores superiores del ordenamiento jurídico que propugna el Estado social y democrático de Derecho" (STC 27/1981, F.J. 10º).

Este carácter "esquemático, abstracto, indeterminado y elástico" de los principios constitucionales tributarios y la dificultad de precisar con exactitud su alcance o su contenido normativo indubitado, hace que sea su *función negativa* la que prevalezca claramente a través de la protección jurisdiccional de los Jueces y Tribunales, a quienes ha de reconocerse un amplio margen de apreciación en su función aplicativa de tales principios (STC 62/1982, F.J. 5º) y, singularmente, a través de la tarea de depuración del ordenamiento jurídico que compete al Tribunal Constitucional. De ahí el especial valor que para la determinación de su contenido adquiere la jurisprudencia constitucional.

Porque el principio de "praticabilidad"

que se proyecta sobre las construcciones jurídicas impone asímismo una apreciable restricción a la *función positiva* de los principios constitucionales en materia tributaria en cuanto *límite jurídico* al Poder financiero. O para expresarlo de otra manera, que es más fácil decir aquéllo que se opone o vulnera los principios constitucionales tributarios que definir aquéllo que los cumple o realiza plenamente.

Por otra parte, pese a su trascendencia jurídica, ninguno de los principios constitucionales tributarios reconocidos en el art. 31 C.E. — lo mismo que los del 9.1 C.E. (singularmente los principios de seguridad jurídica y de interdicción de la arbitrariedad) — está protegido por los procedimientos de defensa "reforzada" de los derechos fundamentales contemplados en el art. 53.2 C.E., ésto es, por el procedimiento preferente y sumario ante la jurisdicción ordinaria y por el recurso de amparo ante el Tribunal Constitucional. Aunque sí, desde luego, pueden sustentar una declaración de inconstitucionalidad de una Ley por parte del Tribunal Constitucional [sea a través del recurso (control abstracto), sea a través de la cuestión de inconstitucionalidad (control concreto)], así como de cualquier disposición de rango inferior a Ley por parte de los Tribunales ordinarios.

A este "déficit constitucional", en lo que se refiere a la protección de los derechos fundamentales y las libertades públicas en materia tributaria (la libertad y la propiedad) se refería Klaus Vogel cuando hablaba de "una cierta zona gris" del Derecho constitucional, porque "una intervención de los Jueces para dar protección contra acciones financieras que afecten a los derechos y libertades de los cuidadanos tiene una base mucho menos segura que la protección contra limitaciones directas de la libertad o incluso contra la privación de libertad".

"La consideración de la constitucionalidad de medidas estatales de carácter financiero por los Jueces" — concluye el Profesor alemán — "es más dificil cuando dichas medidas tienen relación con fenómenos o hechos económicos, bien porque aquéllos deban influir en éstos, bien porque se haga depender la constitucionalidad de aquella medida de un pronóstico o de un diagnóstico de política económica". Porque, inevitablemente, en el campo del Derecho financiero y tributario es mayor y más frecuente (y también de más dificil ponderación) el *self-restraint* del Tribunal para no invadir la legítima libertad de opción política que, dentro de la Constitución, corresponde al Legislador en su tarea de configuración de las instituciones o relaciones jurídico-financieras.

En fin, la formulación de los principios constitucionales en materia tributaria contenida en el art. 31 C.E. es pues un campo de estudio tan trascendental para el jurista como evanescente, en cuanto se encierra en ellos toda la enorme carga de *ideales e ideologías* que se traslucen en los preceptos que componen la llamada "Constitución económica y financiera"; de contraposición de valores e intereses en juego que lleva consigo la lucha de la sociedad por una justa distribución de la carga fiscal y del gasto público, o lo que es lo mismo, por un *Derecho financiero y tributario justo*.

Dentro del Capítulo II del Título I relativo a los "Derechos y libertades" de los españoles y en la Sección 2ª "De los Derechos y deberes de los ciudadanos" se ubica el art. 31, que dispone:

"1. Todos contribuirán al sostenimiento de los gastos públicos de acuerdo con su capacidad económica mediante un sistema tributario justo inspirado en los principios de igualdad y progresividad que, en ningún caso, tendrá alcance confiscatorio.

"2. El gasto público realizará una asignación equitativa de los recursos públicos, y su programación y ejecución responderán a los criterios de eficiencia y economía.

"3. Solo podrán establecerse prestaciones personales o patrimoniales de carácter público con arreglo a la Ley."

En este precepto se condensan los principios tanto formales como materiales de la imposición para un justo reparto de la carga tributaria, formulados de manera tal — y la mención del principio de justicia en la asignación del gasto público, que constitucionaliza la conexión jurídica entre ingresos y gastos públicos, es bien expresiva de ello — que encuentran *su referente lógico*: ante todo, en la cláusula del *Estado social y democrático de Derecho* del art. 1.1 C.E. y en la exigencia del art. 9.2 C.E. de que la igualdad del individuo y de los grupos en que se integra *sea real y efectiva*, que impone a los Poderes Públicos el deber de promover las condiciones y remover los obstáculos que dificulten o impidan su plenitud. Pero también en los restantes preceptos que son corolario de éstos, singularmente "los principios rectores de la política social y económica" del Capítulo III (arts. 39 a 52) y la función asignada constitucionalmente a los Poderes Públicos de promover el progreso social y económico y la redistribución más equitativa de la renta y de la riqueza (art. 40.1 C.E.).

Esta formulación se complementa en la parte orgánica de la Constitución y dentro del Título VII relativo a la "Economía y Hacienda" en el art. 133 que regula la organización y distribución territorial del Poder tributario estableciendo:

"1. La potestad originaria para establecer los tributos corresponde exclusivamente al Estado, mediante Ley.

"2. Las Comunidades Autónomas y las Corporaciones locales podrán establecer y exigir tributos, de acuerdo con la Constitución y las leyes.

"3. Todo beneficio fiscal que afecte a los tributos del Estado deberá establecerse en virtud de Ley.

"4. Las administraciones públicas sólo podrán contraer obligaciones financieras y realizar gastos de acuerdo con las leyes."

Y en el art. 134.7 que limita el papel de la Ley de Presupuestos como vehículo de reformas tributarias en el siguiente tenor: "La Ley de Presupuestos no puede crear tributos. Podrá modificarlos cuando una ley tributaria sustantiva así lo prevea".

Y como cierre, la disposición contenida dentro del Título III "De las Cortes Generales", en el art. 87.3 que excluye la iniciativa popular "en materias de Leyes tributarias", como garantía de la unidad financiera — que se proyecta, en el aspecto territorial, en el art. 139 — y de la supremacía de la representación política parlamentaria.

A) Los principios formales de la imposición

1. El principio de legalidad tributaria o de reserva de Ley

El principio de legalidad es el principio básico del Estado de Derecho. En su formulación más genérica constituye una plasmación jurídica del principio político del imperio o primacía de la Ley, expresión de la voluntad general a través del órgano titular de la soberanía, el pueblo representado en el Parlamento.

El principio de que ningún tributo puede ser establecido o impuesto sin Ley (*nullum tributum sine lege*; *no taxation without representation*), formulado expresamente en el art. 31.3 y en el art. 133.1 y 3, es expresión del más antiguo principio político de la autoimposición o del consentimiento de los impuestos por los representantes de los contribuyentes, cuyo origen se remonta a la Edad Media. Y cumple — como señala Fernando Perez Royo — una función de garantía individual y de seguridad jurídica frente a las intromisiones arbitrarias en la esfera de la *libertad* y la *propiedad* de los ciudadanos, y una función política de asegurar la democracia mediante la participación de los ciudadanos en el establecimiento del sistema tributario mediante el cual se da cumplimiento al deber de solidaridad cual es la obligación de todos de contribuir al sostenimiento de los gastos públicos. (Como se afirma en la STC 19/1987, F.J. 4º: "(...) que la regulación de un determinado ámbito vital de las personas dependa exclusivamente de la voluntad de sus representantes".)

Son muchos los interrogantes que cabría suscitar, y se han suscitado en la doctrina, sobre la formulación constitucional del principio de reserva de Ley en materia tributaria: cuál sea su ámbito material; qué elementos del tributo resultan amparados por la reserva; qué naturaleza ha de atribuirse a la misma; qué clase de Ley es la exigida por la reserva... Sobre alguna de estas cuestiones el Tribunal Constitucional ya ha tenido ocasión de pronunciarse, y su jurisprudencia puede resumirse en los siguientes puntos:

a) El concepto constitucional de las prestaciones que resultan cubiertas por la reserva de Ley no coincide con el de tributo, tal y como éste es entendido por la Ley General Tributaria, sino que tiene un alcance más amplio que abarca toda prestación personal o patrimonial de carácter público coactivamente impuesta y cuya razón o fundamento es *contributiva*.

Por tanto, el concepto constitucional comprende no solo los tributos (impuestos, tasas y contribuciones especiales) sino también otras prestaciones como: cotizaciones de la Seguridad Social, cánones, tarifas de servicios públicos, precios públicos..., que se desenvuelven a extramuros del Derecho tributario y, muy a menudo, al amparo del fenómeno de "la parafiscalidad".

Así se desprende explícitamente de la STC 37/1981, F.J. 4º a propósito del establecimiento de un "canon de servicio" a establecer por el Gobierno Vasco para financiar el Centro de Contratación y Cargas en Transporte Terrestre de Mercancías. "La Constitución (art. 31.3 y 133.2) exige que el establecimiento de tributos se haga precisamente con arreglo a la Ley, lo que implica la necesidad de que sea el propio Parlamento Vasco el que determine los elementos esenciales del tributo" (...) "No puede aducirse, para justificar la técnica utilizada [una remisión en blanco al correspondiente Reglamento], el argumento de que el modo de fijación del importe del modo de devengo del canon, cuya propuesta ha de hacerse por órganos colegiados, de los que forman parte los representantes de los posibles usuarios del servicio, asegura la justicia del mismo" (...) "tampoco es razón bastante para modificar el juicio adverso sobre la constitucionalidad de los preceptos que ahora nos ocupan, las consideraciones que la representación del Gobierno Vasco hace en su escrito acerca de la subsistencia de tarifas (tengan o no el carácter de tasas) fijadas simplemente por Orden ministerial, al amparo de la habilitación conferida, a su vez, por una simple norma reglamentaria (...), pues aunque se dieran tales situaciones, sobre las que este Tribunal no ha sido llamado a pronunciarse, es obvio que la existencia de una o varias normas inconstitucionales no puede servir de excusa para producir otras".

Más dudoso parece — pese al término *prestaciones personales* empleado en el Texto constitucional — que pueda entroncarse con la reserva de Ley a que se refiere el art. 31.3 C.E. (imposición de cargas fiscales), los deberes tributarios formales, de información y de colaboración, que se imponen a los sujetos obligados tributarios en materia de gestión de los tributos, que más bien encuentran su encaje natural en el principio general de legalidad administrativa (art. 9.3 C.E.) o de *vinculación positiva* de la Administración a la Ley en el ejercicio de las potestades tributarias que el ordenamiento le atribuye, de tal manera que la actuación administrativa ha de contar, en principio, con una cobertura legal previa. Potestades administrativas, por tanto, que no son nunca ilimitadas, incondicionadas o absolutas, sino estrictamente tasadas en su extensión y en su contenido (E. García de Enterría).

b) La legalidad de la imposición significa que el establecimiento o creación de un tributo, ésto es la definición del hecho imponible y de los demás elementos esenciales de la obligación tributaria (determinación de los sujetos pasivos, base imponible, tipo de gravamen) ha de hacerse por la Ley.

Así lo ha afirmado el Tribunal Constitucional: "la reserva de Ley hay que entenderla referida a los criterios o principios con arreglo a los cuales se ha de regir la materia tributaria: la creación *ex novo* de un tributo y la determinación de los elementos esenciales o configuradores del mismo, que pertenecen siempre al plano o nivel de la Ley no pueden dejarse nunca a la legislación delegada y menos todavía a la potestad reglamentaria" (STC 6/1983, F.J. 4º).

"No cabe duda de que en el recargo o ingreso de que se trata [recargo municipal en el IRPF] son elementos esenciales el tipo o porcentaje aplicable y la base sobre la que haya de aplicarse, de los que habrá de resultar en cada caso la carga tributaria adicional que se establezca sobre cada contribuyente" (STC 179/1985, F.J. 3º).

c) Sobre el alcance y valor que en materia tributaria ha de atribuirse a la reserva de Ley y por tanto, cómo debe entenderse la dicción "con arreglo a la Ley" empleada en el art. 31.3 C.E., el Tribunal Constitucional ha venido entendiéndola como una *reserva relativa* y no absoluta, que permite la acción de desarrollo por parte del Reglamento, aunque siempre subordinada a la Ley a quien corresponde *configurar y definir* los elementos esenciales del tributo, sin que quepa en ningun caso "remisiones en blanco al correspondiente Reglamento". "Nuestra Constitución se ha producido en la materia estudiada de una manera flexible y que, como asegura un importante sector de la doctrina, la reserva de Ley hay que entenderla referida a los criterios o principios con arreglo a los cuales se ha de regir la materia tributaria" (STC 6/1983, F.J. 4º).

"Cuando el art. 31.3 de la Constitución proclama que sólo se podrán establecer prestaciones patrimoniales de carácter público con arreglo a la Ley, está dando entrada la Norma fundamental no a una legalidad tributaria de carácter absoluto — pues no se impone allí que el establecimiento haya de hacerse necesariamente por medio de Ley — sino, con mayor flexibilidad, a la exigencia de que ordene la Ley los criterios o principios con arreglo a los cuales se ha de regir la materia tributaria y, concretamente, la creación *ex novo* del tributo y la determinación de los elementos esenciales o configuradores del mismo (Sentencias 6/1983; 37/1981 y 179/1985). Como ocurre con otras de las reservas de Ley presentes en la Constitución, el sentido de la aquí establecida no es otro que el de asegurar que la regulación de un determinado ámbito vital de las personas dependa exclusivamente de la voluntad de sus representantes, sin que ello excluya la posibilidad de que la Ley pueda contener remisiones a normas infraordenadas, pero sí el de que mediante tales remisiones se provoque, por su indeterminación, una degradación de la reserva formulada por la Constitución en favor del legislador (Sentencia 83/1984)" (STC 19/1987, F.J. 4º).

Las exigencias de esa predeterminación de la Ley respecto del Reglamento se ponen de manifiesto en la ordenación de los tributos locales: "Es claro en suma que, si bien respecto de los tributos propios de los Municipios esta reserva no deberá extenderse hasta un punto tal en el que se prive a los mismos de cualquier intervención en la ordenación del tributo o en su exigencia para el propio ámbito territorial, tampoco podrá el Legislador abdicar de toda regulación directa en el ámbito parcial que le reserva la Constitución (art. 133.1 y 2). De conformidad con el primero de los apartados de este precepto constitucional, en efecto, corresponde a la Ley la creación *ex novo* de cada figura tributaria, mas este establecimiento legislativo del tributo no basta para satisfacer la función constitucional de la reserva de Ley en este campo (...). El que la Norma fundamental haya querido aquí que el establecimiento o la exigencia de tributos propios por las Corporaciones Locales se realice no sólo de acuerdo con la Constitución misma, sino también de conformidad con lo dispuesto en las Leyes, significa, en lo que ahora importa, que esta potestad tributaria de carácter derivado no podrá hacerse valer en detrimento de la reserva de Ley presente en este sector del ordenamiento (art. 31.3 y 133.1) y que el Legislador, por ello, no podrá limitarse (...) a una mera mediación formal, en cuya virtud se apodere a las Corporaciones Locales para conformar, sin predeterminación alguna el tributo de que se trate" (STC 19/1987, F.J. 4º).

d) Una de las cuestiones más controvertidas en la doctrina es la relativa al alcance formal que debe atribuirse al principio de reserva de Ley tributaria, ésto es qué tipo o clase de Ley viene exigido constitucionalmente y qué actos con valor y fuerza de Ley son constitucionalmente inadmisibles.

El problema se ha suscitado en la jurisprudencia constitucional respecto de la posibilidad del empleo de los Decretos-Leyes para la regulación de los tributos y de la utilización de las Leyes anuales de Presupuestos Generales del Estado para modificar los tributos o legislar sobre la materia tributaria.

La primera de las cuestiones se aborda en la STC 6/1983, FF.JJ. 5º y 6º: "Nuestra Constitución ha adoptado una solución flexible y matizada respecto del fenómeno del Decreto-Ley, que, por una parte, no lleva a su completa proscripción en aras del mantenimiento de una rígida separación de los poderes, ni se limita a permitirlo en forma totalmente excepcional en situaciones de necesidad absoluta, entendiendo por tales aquéllas en que puede existir un peligro inminente para el orden constitucional. Nuestra Constitución ha contemplado el Decreto-Ley como un instrumento normativo, del que es posible hacer uso para dar respuesta a las perspectivas cambiantes de la vida actual, siempre que su utilización se realice bajo ciertas cautelas". (...) "Por todo ello hay que concluir que la utilización del Decreto-Ley, mientras se respeten los límites del art. 86 de la Constitución, tiene que reputarse como una utilización constitucionalmente lícita en todos aquellos casos en que hay que alcanzar los objetivos marcados para la gobernación del país, que, por circunstancias difíciles o imposibles de prever, requieren una acción normativa inmediata o en que las coyunturas económicas exigen una rápida respuesta" (F.J. 5º).

"No se puede decir que el Decreto-Ley cuestionado [Real Decreto-Ley de 1979 sobre Medidas Urgentes de Financiación de las Haciendas Locales, cuya Disposición Transitoria 2ª, que se impugnaba, convertía la reducción temporal de la Contribución Territorial Urbana en una bonificación del 50%] afecte a lo que el art. 86 de la Constitución llama los "derechos, deberes y libertades de los ciudadanos regulados en el Título I", por el hecho de que en el referido Título I se encuentra el art. 31.3, según el cual "sólo podrán establecerse prestaciones personales o patrimoniales de carácter público con arreglo a la Ley", pues ya hemos dicho que en el sistema constitucional español no rige de manera absoluta el principio de legalidad para todo lo atinente a la materia tributaria y que la reserva de Ley se limita a la creación de los tributos y a su esencial configuración, dentro de la cual puede genéricamente situarse el establecimiento de exenciones y bonificaciones tributarias, pero no cualquier otra regulación de ellas, ni la supresión de las exenciones o su reducción o la de las bonificaciones, porque esto último no constituye alteración de los elementos esenciales del tributo" (F.J. 6º).

El problema de la utilización de la Ley anual de Presupuestos Generales del Estado para modificar los tributos o legislar sobre la materia tributaria ha sido abordado en numerosas Sentencias del Tribunal Constitucional, desde la temprana STC 27/1981, tanto en lo atinente al límite explícito del art. 134.7 C.E. respecto de la creación o modificación de tributos, como al límite implícito deducido del contenido y la función constitucionalmente predeterminados que a las Leyes anuales de Presupuestos asignan el art. 134.2 en relación con el art. 66.2 C.E. en lo que hace a su *contenido eventual* no estrictamente presupuestario (por contraposición al "contenido mínimo, necesario e indisponible" de la Ley de Presupuestos constituido por la autorización de gastos y la previsión de los ingresos) pero "que guarde directa relación con las previsiones de ingresos y las habilitaciones de gastos de los Presupuestos o con los criterios de la política económica general en que se sustentan" (STC 65/1987 y STC 126/1987).

Por lo que se refiere a la limitación del art. 134.7 C.E., "una norma sobre producción de normas", la STC 27/1981, F.J. 2º (en relación con FF.JJ. 6º, 7º y 8º) admite como constitucionalmente legítima no sólo la modificación de los tributos mediante la Ley de Presupuestos cuando una Ley tributaria sustantiva así lo prevea, sino también hacer adaptaciones del tributo a la realidad o adecuaciones circunstanciales del tributo aún cuando la Ley tributaria sustantiva no haya habilitado expresamente a la Ley de Presupuestos:

"La interpretación de este precepto constitucional [el art. 134.7] exige que tengamos en cuenta el debate parlamentario del que surgió esta redacción definitiva, en el curso del cual se contemplaron tanto las razones de flexibilidad del sistema tributario que, a juicio de algunos requerían, a fin de servir a una política económica congruente, el dotar al Poder Ejecutivo de instrumentos adecuados para realizarla, como la buena ordenación de la Hacienda Pública, que otros detectaban en nuestra tradición legislativa y que exigiría que no se utilizasen los Presupuestos para introducir modificaciones que corresponden a las Leyes Tributarias sustantivas. La conclusión del debate, plasmada en el texto a cuyo examen nos contraemos, parece significar una cierta solución de compromiso, que en tanto prohibe indiscriminadamente la creación de tributos en la Ley de Presupuestos, permite su modificación, aunque se trate de alteraciones sustanciales y profundas del impuesto, siempre que exista una norma adecuada que lo prevea *y, en todo caso, no obsta a un tratamiento en la Ley presupuestaria de mera adaptación del tributo a la realidad*" (F.J. 2º).

"Cuando se trate de una variación de un impuesto, *que no consista en la mera adecuación circunstancial del mismo*, habrá de cumplirse, necesariamente, la exigencia constitucional de que la modificación aparezca prevista en una 'Ley tributaria sustantiva'" (F.J. 3º).

Por lo que se refiere a los límites materiales al contenido normativo constitucionalmente admisible del articulado de las Leyes de Presupuestos, la reciente STC 76/1992, de 14 de mayo, ha matizado restrictivamente, la doctrina anterior del Tribunal, al menos tal y como se había venido entendiendo incluso por el propio Legislador, sobre todo a partir de la STC 65/1987 (v. La Exposición de Motivos de la Ley 33/1987 de Presupuestos Generales del Estado para 1988, y la de otras posteriores). En dicha Sentencia, después de recapitular la doctrina del Tribunal Constitucional al respecto, se concluye que:

— "(...) para que la regulación, por una Ley de Presupuestos, de una materia distinta a su núcleo mínimo, necesario e indisponible (previsión de ingresos y habilitación de gastos) sea constitucionalmente legítima es necesario que esa materia tenga relación directa con los gastos e ingresos que integran el Presupuesto o con los criterios de política económica de la que ese Presupuesto es el instrumento y que, además, su inclusión en dicha ley esté justificada, en el sentido de que sea un complemento necesario para la mayor inteligencia y para la mejor y más eficaz ejecución del Presupuesto y, en general, de la política económica del Gobierno.

"El cumplimiento de estas dos condiciones resulta, pues, necesario para justificar *la restricción de las competencias del poder legislativo*, propia de las Leyes de Presupuestos, y *para salvaguardar la seguridad jurídica* que garantiza el art. 9.3 (C.E.), ésto es, la certeza del Derecho que *exige* que una Ley de contenido constitucionalmente definido, como es la Ley de Presupuestos Generales, *no contenga más disposiciones que las que corresponden a su función constitucional* (arts. 66.2 y 134.2 C.E.)."

— "(...) esta incidencia en una materia propia de la Hacienda General, cual es la recaudación forzosa de los tributos, no es suficiente para poder afirmar que se dé la necesaria conexión directa de la norma en cuestión con el Presupuesto, en sentido estricto, o con los criterios de la política económica del Gobierno, pues antes al contrario el art. 130 L.G.T. es ante todo y sobre todo una norma de atribución a un órgano judicial de una función garantizadora de un derecho fundamental, la inviolabilidad del domicilio, y de fijación de las condiciones del ejercicio de dicha competencia. Este es, pues, el contenido del precepto cuestionado, por lo que resulta claro su carácter de norma general del régimen jurídico aplicable a todos los tributos, cuya incidencia en la ordenación del programa anual de ingresos y gastos es sólo accidental y secundaria y por ende insuficiente para legitimar su inclusión en la Ley de Presupuestos, *cuyo contenido propio y su función constitucional* (arts. 66.2 y 134.2 C.E.) *resulta desvirtuado por la incorporación de normas típicas del Derecho codificado.*"

2. Los principios de seguridad jurídica, de irretroactividad y de interdicción de la arbitrariedad de los Poderes Públicos en materia tributaria: el Art. 9.3 C.E.

Los principios constitucionales de *seguridad jurídica*, de *irretroactividad* y de *interdicción de la arbitrariedad* que integran — junto con los de legalidad, jerarquía y responsabilidad — el art. 9.3 C.E. no son compartimentos estancos sino que, al contrario, cada uno de ellos cobra valor en función de los demás y en tanto sirva a promover los valores superiores del ordenamiento jurídico que propugna el Estado social y democrático de Derecho.

Esto es especialmente predicable — ha declarado el Tribunal Constitucional en la STC 27/1981, F.J. 10 — del principio de seguridad jurídica que es la suma de estos principios pero no se agota en ellos. La jurisprudencia constitucional ha venido aplicando el principio de seguridad jurídica en su triple dimensión:

— como conocimiento y certeza del Derecho positivo,

— como confianza de los ciudadanos en las instituciones públicas y en el orden jurídico en general, en cuanto garantes de la paz social,

— y como previsibilidad de los efectos que se derivan de la aplicación de las normas y de las propias acciones o de las conductas de terceros.

Este principio aunque no tiene en el Derecho tributario una vigencia especialmente reforzada (F. Perez Royo) como ocurre en otros sectores del ordenamiento, como el Derecho penal, que permita extraer de él un "principio de tipicidad" (*Tatbestandmässigkeit*), como ha hecho la dogmática alemana y la jurisprudencia del Tribunal Constitucional Federal, presenta una particular relevancia en materia tributaria por el enorme volumen, la extremada variabilidad de la legislación fiscal, sometida a un continuo proceso de adaptación y cambio, y su carácter a menudo asistemático y carente de buena técnica jurídica, que dificulta no sólo su conocimiento y comprensión sino también, lo que es más importante cuando se trata de la aplicación de los tributos, su previsibilidad de modo que el contribuyente pueda ajustar su comportamiento económico al coste previsible de los impuestos, de manera que pueda calcular de antemano la carga tributaria y pagar los menores impuestos posible que las Leyes permitan. En suma, lo que ha dado en llamarse la "planificación fiscal".

El Tribunal Constitucional ha entendido en recientes Sentencias que afecta y puede ser contrario al principio de seguridad jurídica que el propio Legislador, por la técnica jurídica empleada en su actuación legislativa — regulación injustificada de una materia no estrictamente presupuestaria mediante las Leyes anuales de Presupuestos (STC 65/1990, F.J. 3º y STC 76/1992, F.J. 4º), o bien pretender aplazar *sine die* en el tiempo (a través de la promulgación de sucesivas leyes de suspensión) la entrada en vigor de una Ley estatal, válidamente promulgada (STC 46/1990, F.J. 4º) — *cree una situación de incertidumbre sobre la legislación aplicable*. "El Legislador debe perseguir la claridad y no la confusión normativa, debe procurar que acerca de la materia sobre la que se legisle sepan los operadores jurídicos a qué atenerse y debe huir de provocar situaciones objetivamente confusas (...), como consecuencia de las cuales se introducen perplejidades dificilmente salvables respecto a la previsibilidad de cuál sea el Derecho aplicable, cuáles las consecuencias derivadas de las normas vigentes incluso cuáles sean éstas" (STC 46/1990).

La doctrina del Tribunal Constitucional puede resumirse en las siguientes conclusiones extraidas de la STC 150/1990, F.J. 8º:

a) "La seguridad jurídica es, según reiterada doctrina de este Tribunal (SSTC 27/1981, 99/1987 y 227/1988), 'suma de certeza y legalidad, jerarquía y publicidad normativa, irretroactividad de lo no favorable e interdicción de la arbitrariedad, sin perjuicio del valor que por sí mismo tiene aquel principio'."

b) "(...) los principios de seguridad jurídica y de interdicción de la arbitrariedad de los Poderes Públicos exigen que la norma sea clara para que los ciudadanos sepan a qué atenerse ante la misma. En este orden de exigencias no cabe subestimar la importancia que para la certeza del Derecho y la seguridad jurídica tiene el empleo de una depurada técnica jurídica en el proceso de elaboración de las normas, singularmente en un sector como el tributario que, además de regular actos y relaciones jurídicas en masa que afectan y condicionan la actividad económica global de todos los ciudadanos, atribuye a éstos una participación y un protagonismo crecientes en la gestión y aplicación de los tributos. Resulta inexcusable en este contexto el esfuerzo del Legislador, tanto estatal como autonómico, por alumbrar una normativa tributaria abarcable y comprensible para la mayoría de los ciudadanos a los que va dirigida; puesto que una legislación confusa, oscura e incompleta, dificulta su aplicación y, además de socavar la certeza del Derecho y la confianza de los ciudadanos en el mismo, puede terminar por empañar el valor de la justicia."

c) "Sin embargo, lo anterior no conduce a considerar que las omisiones o las deficiencias técnicas de una norma constituyan, en sí mismas, tachas de inconstitucionalidad; siendo, por otra parte, inherente al valor superior del pluralismo (art. 1.1 de la Constitución) que las leyes puedan resultar acertadas y oportunas a unos como desacertadas e inoportunas a otros (STC 76/1990, F.J. 8º).”

d) “(...) no cabe admitir que se infringe el principio de seguridad jurídica cuando un texto normativo no se plantea y resuelve por sí mismo de modo explícito todos los problemas que puede suscitar su aplicación. (...) Cada norma singular no constituye un elemento aislado e incomunicado en el mundo del Derecho, sino que se integra en un ordenamiento jurídico determinado, en cuyo seno, y conforme a los principios generales que lo informan y sustentan, deben resolverse las antinomias y vacíos normativos, reales o aparentes, que de su articulado resulten. Sólo si, en el contexto ordinamental en que se inserta y teniendo en cuenta las reglas de interpretación admisibles en Derecho, el contenido o las omisiones de un texto normativo produjeran confusión o dudas que generaran en sus destinatarios una incertidumbre razonablemente insuperable acerca de la conducta exigible para su cumplimiento o sobre la previsibilidad de sus efectos, podría concluirse que la norma en cuestión infringe el principio de seguridad jurídica.”

En el ámbito tributario, la relación entre el principio de seguridad jurídica (protección de la buena fé, de la confianza) y los efectos retroactivos de la Ley adquiere una importancia particular puesto que el contribuyente debe poder *orientarse* con base en la normativa vigente en cada momento, por lo que el conocimiento y certeza acerca del Derecho vigente, la previsibilidad sobre su relativa permanencia frente a cambios sorpresivos (tutela de la buena fé, protección de la confianza) constituyen un elemento imprescindible de la tributación según el Estado de Derecho.

Por tanto, aquellas normas tributarias que graven supuestos de hecho realizados antes de la entrada en vigor de la norma — constriñendo así la esfera jurídico-patrimonial del contribuyente con efectos retroactivos — pueden lesionar el principio de seguridad jurídica (y el de capacidad económica) *si y en la medida* en que por su grado de retroactividad comporten una intervención del instrumento fiscal grave e imprevista respecto de situaciones jurídicas consolidadas en las cuales los sujetos pasivos podían, razonablemente, depositar su confianza.

A propósito de la retroactividad de las Leyes tributarias y su posible incidencia en los principios constitucionales, el Tribunal Constitucional en la STC 150/1990, F.J. 8º ha señalado que:

— “(...) como ya declaramos en la STC 126/1987, fundamento jurídico 9º, no existe una prohibición constitucional de la legislación tributaria retroactiva; de manera que, fuera de las materias respecto de las que el art. 9.3 de la Constitución veta totalmente la retroactividad, es posible que se dote a la Ley del ámbito de retroactividad que el Legislador considere oportuno (SSTC 27/1981, fundamento jurídico 10; y 6/1983, fundamento jurídico 3º), disponiendo éste, por consiguiente, de un amplio margen de discrecionalidad política respecto de la que nada le cumple decir a este Tribunal.”

— “Ahora bien, afirmar la retroactividad de las normas fiscales no supone mantener, siempre y en cualquier circunstancia, su legitimidad constitucional, que puede, en efecto, ser cuestionada cuando su eficacia retroactiva contraríe otros principios [señaladamente, los de ‘capacidad económica’ y de ‘interdicción de la arbitrariedad’, STC 126/1987, F.J. 9º B) y 10] consagrados en la Constitución, entre ellos el principio de seguridad jurídica.”

— “A este respecto, cabe observar que el principio de seguridad jurídica, aun cuando no pueda erigirse en valor absoluto, pues ello daría lugar a la congelación del ordenamiento jurídico existente (STC 126/1987, fundamento jurídico 11), ni deba entenderse tampoco como un derecho de los ciudadanos al mantenimiento de un determinado régimen fiscal (SSTC 27/

1981 y 6/1983), sí protege, en cambio, como antes se dijo, la confianza de los ciudadanos, que ajustan su conducta económica a la legislación vigente, frente a cambios normativos que no sean razonablemente previsibles, ya que la retroactividad posible de las normas tributarias no puede trascender la interdicción de la arbitrariedad. Serán, en definitiva, las circunstancias específicas que concurran en cada caso y el grado de retroactividad de la norma cuestionada los elementos determinantes que permitan enjuiciar su pretendida inconstitucionalidad (STC 126/1987, fundamento jurídico 11)."

— "Y a estos efectos resulta relevante la distinción entre aquellas disposiciones legales que con posterioridad pretenden anudar efectos a situaciones de hecho producidas o desarrolladas con anterioridad a la propia Ley y las que pretenden incidir sobre situaciones o relaciones jurídicas actuales no conluidas. En el primer supuesto — retroactividad auténtica — la prohibición de la retroactividad operaría plenamente y sólo exigencias cuantificadas del bien común podrían imponerse excepcionalmente a tal principio; en el segundo — retroactividad impropia — la licitud o ilicitud de la disposición resultaría de una poderación de bienes llevada a cabo caso por caso teniendo en cuenta, de una parte, la seguridad jurídica y, de otra, los diversos imperativos que pueden conducir a una modificación del ordenamiento jurídico-tributario, así como las circunstancias concretas que concurren en el caso (STC 126/1987, F.J. 11)."

B) Los principios materiales o de justicia de la imposición

Lo primero que cabe decir de los principios materiales de justicia tributaria recogidos en el art. 31.1 C.E. es que todos ellos constituyen un conjunto unitario de criterios para el reparto de la carga tributaria; un bloque normativo más allá de la singularidad y características de cada uno de ellos, por cuanto se condicionan mutuamente en orden a la consecución de un sistema tributario justo conforme a los valores constitucionales. Así se desprende de la doctrina del Tribunal Constitucional en la STC 27/1981, F.J. 4º, donde claramente se establece que "el sistema tributario justo" que se proclama por el art. 31.1 "no puede separarse en ningún caso de los principios de igualdad y progresividad" que el mismo precepto menciona, entendiendo la igualdad no en sentido meramente formal (ésto es "reconducida a los términos del art. 14 C.E.") sino material, para lo cual "es indispensable una cierta desigualdad cualitativa", ésto es, "intimamente enlazada con el concepto de capacidad económica, la progresividad global del sistema tributario y la redistribución de la renta", en cuanto principios expresivos de la justicia predicables "del sistema tributario en su conjunto", no ya de cada uno de los tributos en particular (v. C. Lozano; J. Lasarte).

Este criterio hermenéutico se reitera, desde la perspectiva de la unidad del sistema tributario como pieza de la "Constitución económica", en la STC 19/1987, F.J. 4º: "el régimen jurídico de ordenación de los tributos es considerado (en el art. 31.1), *como un sistema* lo que reclama *una dosis inevitable de homogeneidad.* Consecuencia del art. 31.1 y también del art. 31.3 es la unidad del sistema tributario en todo el territorio nacional como indeclinable exigencia de la igualdad de los españoles".

"Esa idea de justicia que debe presidir la interpretación de cada una de las reglas contempladas en el precepto constitucional, las convierte en complementarias, todas ellas con la única función de conseguir aportaciones equitativas para el sostenimiento de los gastos públicos" (J. Lasarte).

Los principios tributarios del art. 31.1 forman, pues, *un sistema* de reglas para el reparto individual de la carga fiscal. "Sin embargo — como dice Klaus Tipke — el respecto de unos principios es una condición de justicia que logra sólo la justicia formal. La justicia material exige no sólo principios, sino que éstos sean materialmente aplicados como criterios de justicia."

3. El principio de generalidad tributaria

La generalidad del impuesto es la primera condición para realizar la igualdad en la imposición, pues un sistema tributario sólo podrá ser justo y el reparto de la carga equitativo si *todos* los que deben contribuir lo hacen en proporción a su riqueza o capacidad de pago. Así pues, toda manifestación de la riqueza que sea indicativa de capacidad económica debe estar sometida a imposición. En este sentido, el principio de generalidad tributaria supone la interdicción de todo privilegio o de áreas inmunes al pago de los tributos.

Como límite constitucional a la libertad de configuración del sistema tributario el principio de generalidad constituye un mandato dirigido al Legislador para que al tipificar los hechos imponibles de los distintos tributos *agote*, en lo posible, todas las manifestaciones de la capacidad económica "buscando la riqueza allí donde la riqueza se encuentra" (STC 27/1981, F.J. 4º).

No es otro el significado que ha de atribuirse al término *todos* con que se inicia el art. 31.1 C.E.

Como principio constitucional la generalidad de la imposición encuentra su mayor operatividad como límite infranqueable a la concesión arbitraria, en virtud de Ley, de exenciones y beneficios fiscales, perdones o moratorias (art. 133.4 C.E.).

Ello no significa, claro está, que esté constitucionalmente vedada la concesión de exenciones o bonificaciones tributarias o la utilización del tributo con fines extrafiscales o de política económica. Es más, en ocasiones el establecimiento de tales beneficios fiscales puede ser constitucionalmente legítimo e incluso venir exigido bien para la realización efectiva de otros principios constitucionales (como la igualdad, la capacidad económica o la progresividad tributaria) o bien para la consecución de otros bienes u objetivos constitucionalmente protegidos (singularmente, los denominados "derechos económicos y sociales" del Capítulo III del Título I). En tales casos, la desigualdad de trato que la exención o el beneficio supone ha de ofrecer una justificación razonable y ser proporcionada al fin perseguido.

Así lo ha reconocido expresamente el Tribunal Constitucional en la STC 37/1987, F.J. 13:

"Es cierto que la función extrafiscal del sistema tributario no aparece explícitamente reconocida en la Constitución, pero dicha función puede derivarse directamente de aquellos preceptos constitucionales en los que se establecen principios rectores de política social y económica (señaladamente, arts. 40.1 y 130.1), dado que tanto el sistema tributario en su conjunto como cada figura tributaria concreta forma parte de los instrumentos de que dispone el Estado para la consecución de los fines económicos y sociales constitucionalmente ordenados. Por otra parte dicha función está expresamente enunciada en el art. 4 de la vigente Ley General Tributaria, según el cual "los tributos, además de ser medios para recaudar ingresos públicos, han de servir como instrumentos de la política económica general, atender a las exigencias de estabilidad y progreso sociales y procurar una mejor distribución de la renta nacional". A ello no se opone tampoco el principio de capacidad económica establecido en el art. 31.1 de la Constitución, pues el respecto a dicho principio no impide que el Legislador pueda configurar el presupuesto de hecho del tributo teniendo en cuenta consideraciones extrafiscales".

Y concluye el Tribunal Constitucional: "(...) la *intentio legis* del tributo [el Impuesto sobre Tierras Infrautilizadas, objeto de impugnación] no es crear una nueva fuente de ingresos públicos con fines estrictamente fiscales o redistributivos, sino disuadir a los titulares de propiedades o de empresas agrícolas del incumplimiento de las obligaciones inherentes a la función social de la propiedad de la tierra que la propia ley define o, dicho en términos positivos, estimular a aquellos para que obtengan de sus propiedades los rendimientos económicos y sociales que les son legalmente exigibles".

En definitiva, la exención tributaria ha de despojarse hoy de todo vestigio de privilegio o inmunidad que crea o da lugar a *derechos adquiridos*, concepción incompatible con los principios de generalidad y de igualdad en la imposición. Debe contemplarse más bien como un elemento indispensable en la configuración jurídica del tributo en orden a la más justa y precisa definición del hecho imponible del mismo. "No es posible entenderla como un derecho subjetivo o una situación jurídica individualizada que el particular ostenta frente a la Hacienda Pública, dado que forma parte del deber de contribuir" (A. Aguallo).

Así parece entenderlo también el Tribunal Constitucional en su STC 6/1983, F.J. 2º: "(...) el llamado derecho a la exención o a la bonificación tributaria es simplemente un elemento de la relación jurídica obligacional, que liga a la Administración y al contribuyente y que, en el caso de la Contribución Territorial, no integra el derecho de propiedad, el de usufructo o el derecho real concreto que sea objeto de la contribución. (...). Por ello no puede hablarse en puridad de un auténtico derecho a la bonificación tributaria o al mantenimiento del régimen jurídico-tributario de bonificación, que pueda entenderse incorporado al patrimonio de los titulares del dominio — en nuestro caso, a la propiedad de viviendas de protección oficial".

4. El principio de capacidad económica

El principio de capacidad económica tiene dos significados diferentes:

Por una parte, es la razón de ser (la *ratio*) o fundamento que justifica el *hecho mismo* de contribuir (y del cumplimiento del deber constitucional) y, por tanto, constituye el elemento indisociable de la tipificación legal impositiva que legitima constitucionalmente el tributo. Se debe porque *se tiene* capacidad económica para soportar el gravamen tributario. En este sentido la capacidad económica es la aptitud para contribuir.

Por otra parte, el principio de capacidad económica es la *medida, razón o proporción* de cada contribución, individual de los sujetos obligados al sostenimiento de los gastos públicos. Se debe *según* la capacidad que se tiene. Lo que ha de tener su reflejo en el hecho imponible y en los elementos esenciales que determinan la cuantificación del tributo. Son los dos aspectos que la doctrina, sobre todo italiana, suele distinguir dentro del concepto de capacidad contributiva, la capacidad absoluta y la capacidad relativa.

La enunciación de este principio constitucional en el art. 31.1 no deja de ofrecer singularidades, que han sido subrayadas por la doctrina, sobre todo si se compara con otras formulaciones constitucionales en el Derecho comparado. Singularidad que radica en que el principio de capacidad económica no se contempla en nuestro Texto constitucional como el único criterio material de justicia tributaria, exclusivo y excluyente, sino que aparece vinculado a otros principios (igualdad, progresividad y no confiscatoriedad) del sistema tributario para realizar el ideal de justicia en el reparto de la carga tributaria.

Todos contribuyen a los gastos públicos mediante un sistema tributario *justo*. Justicia que se realiza a través de los principios de igualdad y progresividad en la imposición. La capacidad económica determina el fundamento y la medida o proporción *de cada uno* a esa contribución.

"El principio de capacidad económica — afirma J. L. Perez de Ayala — no integra o da contenido a un principio autónomo, sino que es la base común o el presupuesto lógico o conceptual necesario sobre el que se han de apoyar todos los principios de justicia fiscal propiamente dichos: el de progresividad, el de igualdad y el de no confiscatoriedad impositivas, que a su vez articulan un sistema fiscal justo."

Así parece entenderse por el Tribunal Constitucional desde sus primeras Sentencias: "el art. 31.1 de la Constitución, que al obligar a todos a contribuir al sostenimiento de los gastos públicos ciñe esta obligación a unas fronteras precisas: la de la *capacidad económica de cada uno* y las del establecimiento, conservación y mejora de un sistema tributario justo e inspirado en los principios de igualdad y progresividad".

A diferencia de otras Constituciones (señaladamente la alemana, Ley Fundamental de Bonn de 1949), la española, pues, alude expresamente al principio de la capacidad contributiva y, además, *lo hace sin agotar en ella* — como lo hiciera cierta doctrina — el principio de justicia en materia contributiva. Capacidad económica, a efectos de contribuir a los gastos públicos, tanto significa como la incorporación *de una exigencia lógica que obliga a buscar la riqueza allí donde la riqueza se encuentra*.

"Pero el servicio de esta lógica no asegura por sí solo 'un sistema tributario justo inspirado en los principios de igualdad y progresividad' que pudiera demandar la estimación individualizada de cada caso, con respecto a cada uno de los tributos que integran el sistema tributario y en cualquier supuesto en orden al sistema tributario mismo, como conjunto, atendidas las variantes circunstancias sociales y económicas" (STC 27/1981, F.J. 4º).

La función del principio de capacidad contributiva como medida o proporción de la realización por cada uno del deber de contribuir a los gastos públicos (y por ende como límite para el Legislador en la configuración de los tributos) obliga al establecimiento de los tributos tomando como presupuestos de hecho del mismo circunstancias que sean indicativas o reveladoras, directa o indirectamente, de capacidad económica. Capacidad que puede ser real o potencial, pero en cualquier caso existente, es decir no simplemente nominal.

"Basta que dicha capacidad económica exista — ha declarado el Tribunal Constitucional en la STC 37/1987, F.J. 13 —, como riqueza o renta real o potencial en la generalidad de los supuestos contemplados por el Legislador al crear el impuesto, para que aquel principio constitucional queda a salvo. (...) No resulta dificil concluir que el Impuesto sobre Tierras Infrautilizadas no lesiona el principio de capacidad económica sólo porque recaiga sobre la utilización insuficiente o la obtención de rendimientos inferiores al óptimo señalado para las fincas rústicas, pues este hecho de significado social y económicamente negativo — que el Legislador andaluz pretende combatir o corregir, entre otras medidas, a través del instrumento fiscal — es por sí mismo revelador de la titularidad de una riqueza real o potencial o, como señala el Abogado del Estado, de una renta virtual cuya dimensión mayor o menor determina la mayor o menor cuantía del impuesto."

Y a propósito de las normas tributarias retroactivas, constitucionalmente ilegítimas si vulneran la capacidad contributiva, por establecer como presupuesto de hecho una situación pasada que no persiste en el momento de su entrada en vigor o extiende hacia el pasado los elementos esenciales de un tributo existente en dicho momento, el Tribunal ha señalado en un *obiter dictum* de la STC 126/1987, F.J. 10, que "dicha capacidad (económica o contributiva) ha de referirse no a la actual del contribuyente, sino a la que está ínsita en el presupuesto del tributo, y si ésta hubiera desaparecido o se hallase disminuida en el momento de entrar en vigor la norma en cuestión, se quebraría la relación constitucionalmente exigida entre imposición y capacidad contributiva".

¿El principio de capacidad económica como criterio material de justicia que ha de combinarse con otros principios tributarios se predica y exige de todas las figuras impositivas o sólo de alguna de ellas (impuestos generales y personales sobre la renta y el patrimonio e impuesto general sobre el valor añadido)?

¿El principio de capacidad económica despliega su eficacia sólo dentro de cada figura de la imposición personal o se proyecta también, y de qué manera, sobre el sistema tributario en su conjunto (a través de su conexión a los principios de igualdad y progresividad)?

Y, predicado del sistema tributario globalmente considerado, el principio de capacidad económica ¿en qué medida resulta compatible con otros principios tributarios formulados en la Constitución o con valores u objetivos también constitucionalmente protegidos?

5. *Los principios de igualdad y de progresividad tributarias*

a) Los principios de igualdad y progresividad constituyen el núcleo duro que *inspira* todo el sistema tributario justo que el art. 31.1 proclama. La justicia es posible solamente entre *iguales*.

Claro está que el principio de igualdad tributaria comprende el más general principio de igualdad *ante* la Ley (*en* la Ley y *en la aplicación* de la Ley) del art. 14 C.E., pues difícilmente podrá realizarse la igualdad en el reparto de la carga tributaria si la Ley al configurar los elementos esenciales de la obligación tributaria de un modo arbitrario y no razonable trata de manera discriminatoria o desigual presupuestos de hecho (indicativos de capacidad económica) sustancialmente idénticos.

Pero una vez satisfechas las exigencias de igualdad formal y no discriminación que impone el art. 14 C.E., la propia norma constitucional obliga a atender los requerimientos de la igualdad real. Requerimientos que en el ámbito tributario, en que entra en juego de modo preferente la justicia distributiva en el reparto de las cargas públicas, obliga a un trato desigual ante la Ley para realizar la igualdad material real y efectiva. "La justicia tributaria presupone siempre implícitamente la justicia distributiva de los patrimonios y de las rentas" (K. Wicksell).

Así, el principio de igualdad tributaria proclamado en el art. 31.1 C.E. no se identifica, aunque lo integre, con el principio de igualdad del art. 14 C.E. sino que, más allá de este último y en conexión con el principio del art. 9.2 C.E. contiene un *mandato* de desigualdad o de diferenciación (tratar de manera desigual a lo que realmente es desigual) para lograr precisamente la igualdad real.

El Tribunal Constitucional así lo ha venido entendiendo en reiterada jurisprudencia desde la temprana STC 27/1981 en cuyo fundamento jurídico 4º se dice que "la igualdad que aquí se reclama va íntimamente enlazada al concepto de capacidad económica y al principio de progresividad... *una cierta desigualdad cualitativa* es *indispensable* para entender cumplido este principio" (v. STC 8/1986, fundamento jurídico 4º; STC 19/1987, fundamento jurídico 3º; STC 45/1989, fundamento jurídico 4º; STC 76/1990, fundamento jurídico 6º; STC 150/1990).

Como expresivamente se dice en el ATC 230/1984: "la simple mención conjunta (en el art. 31.1 C.E.) de estos dos principios (de igualdad y progresividad) evidencia que el primero de ellos no puede ser entendido en términos tales que impidan al legislador, al establecer el sistema fiscal que estima justo, introducir diferenciaciones entre los contribuyentes, bien atendiendo a la cuantía de sus rentas, al origen de éstas o cualesquiera otra condición social que considere relevante para atender el fin de la justicia".

¿El principio de igualdad tributaria (y el principio de capacidad económica) a que se refiere el art. 31.1 C.E., significa lo mismo y no es más una especificación o deducción del principio *general* de igualdad del art. 14, para el ámbito tributario o, por el contrario, es un principio distinto, propio y singular del ordenamiento tributario, con significación, alcance y contenido cualitativamente diferente? La pregunta no es baladí, porque si se optase por la primera de ellas ¿cuál sería la función que cumple esa alusión separada a la igualdad en dos preceptos distintos del texto de la Constitución?

No falta quien piensa que se trata de una redundancia.

Detrás de esta cuestión se esconde una tesis de más hondo alcance, a saber: que no cualquier *nomen iuris* de un principio en la Constitución (señaladamente, el de igualdad) encierra siempre *materialmente* la consagración de un *nuevo y distinto* principio constitucional sino una mera reiteración de otro.

Quizás esta posición esté muy influenciada por la dogmática alemana que, ciertamente, ante la ausencia en su Texto constitucional de principios tributarios específicos (capacidad económica, igualdad y progresividad) hubo de deducirlos, por vía doctrinal y jurisprudencial, del principio general de igualdad ante la Ley (art. 3.1 G.G.).

El problema es de indudable trascendencia tanto dogmática como para la garantía y defensa de los derechos y libertades fundamentales en el ámbito tributario, pues si el principio de igualdad del art. 31.1 fuese una *mera reiteración* del principio general de igualdad ante la Ley ya formulado en el art. 14 C.E., por concreción o especificación de él, quedaría abierto sin traba alguna el acceso al recurso de amparo cuando se demanda, bajo la invocación del art. 14 C.E., una vulneración del principio de igualdad tributaria del art. 31.1.

Sin embargo, el Tribunal Constitucional no parece que haya acogido esta construcción dogmática, entendiendo por el contrario que el *nomem iuris* de que se sirve la Constitución para formular las diferentes normas constitucionales relativas a la igualdad es expresivo, en este caso, de *principios constitucionales distintos*.

Así se desprende claramente de la STC 27/1981, fundamento jurídico 4º: "(...) porque la igualdad que aquí se reclama va íntimamente enlazada al concepto de capacidad económica y al principio de progresividad — *por lo que no puede ser, a estos efectos, simplemente reconducida a los términos del art. 14 de la Constitución*: una cierta desigualdad cualitativa es indispensable para entender cumplido este principio. Precisamente la (desigualdad) que se realiza mediante la progresividad global del sistema tributario en que alienta la aspiración a la distribución de la renta".

Y más rotundamente, en esta misma línea, en la STC 19/1987, fundamento jurídico 3º: "Aunque en el Auto en el que se propone la cuestión, las normas constitucionales relativas a la igualdad se citan todas ellas conjuntamente, no es impertinente señalar que *no todas tienen el mismo carácter y el mismo alcance*. Así, el art. 1.1 menciona la igualdad junto con la libertad, la justicia y el pluralismo político como uno de los valores superiores del ordenamiento jurídico. En cambio, el art. 14, como es bien sabido, en un capítulo dedicado a los derechos y libertades, consagra la llamada igualdad ante la Ley y la interdicción de discriminaciones por razón de nacimiento, raza, religión, opinión o cualquiera otra condición o circunstancia personal o social, mientras que en el art. 31.1 el principio de igualdad, junto con el de progresividad y el de capacidad económica, es considerado como criterio inspirador del sistema tributario. Estos preceptos, el art. 14 y el 31, como algunos otros que podrían citarse (*v. gr.* el art. 9.2) son reflejo del valor superior consagrado en el art. 1, *pero no tienen todos ellos el mismo alcance, ni poseen la misma eficacia*. Esta razón aconseja *examinar separadamente* si existe una violación específica del derecho a la igualdad entre la Ley consagrado en el art. 14, como violación autónoma, respecto de la relativa a si existe o no violación del principio de igualdad inspirador del sistema tributario indisociablemente enlazado con el principio de legalidad que en la mencionada materia rige".

Por otra parte, el Tribunal Constitucional ha rechazado la admisión de aquellos recursos de amparo en que so pretexto de la invocación formal del art. 14 C.E., *y sin un enlace subsumible en el marco de este precepto*, lo que realmente se denuncia es una vulneración de los principios de capacidad económica, de justicia, igualdad y progresividad del art. 31.1 C.E. (AATC 230/1984, fundamento jurídico 1º y 392/1985, fundamento jurídico 2º).

Y en la STC 8/1986, fundamento jurídico 4º, se hace una amplia exposición sobre el principio de igualdad en la Constitución para desestimar un recurso de amparo contra una revisión de los valores catastrales efectuada por el Consorcio de Valencia que, en el sentir de los recurrentes, infringía el derecho fundamental a la igualdad ante la Ley garantizada en el art. 14 C.E.:

"Como ya ha declarado este T.C., la igualdad es un valor preeminente en el ordenamiento jurídico español, al que debe colocarse en un rango central, según dispone el art. 1.1 de la C.E. (SSTC 103 y 104/1983). Este valor tiene numerosas manifestaciones específicas y concretas en el propio Texto constitucional y, entre ellas, el principio de igualdad que ha de inspirar el sistema tributario, establecido en el art. 31.1 C.E. y además los poderes públicos tienen el deber de promover las condiciones para que la igualdad sea efectiva y remover los obstáculos que impidan o dificulten su plenitud (art. 9.2 C.E.).

"En conexión directa con aquel valor superior y central, el art. 14 C.E. establece el principio de igualdad jurídica o igualdad de los españoles ante la ley, que constituye, por imperativo constitucional, un derecho fundamental de la persona a no sufrir discriminación jurídica alguna, esto es, a no ser tratada jurídicamente de manera diferente a quienes se encuentren en su misma situación, sin que exista una justificación objetiva y razonable de esa desigualdad de trato.

"Pero, como también ha señalado este T.C., el art. 14 C.E. no implica la necesidad de que todos los españoles se encuentren siempre, en todo momento y ante cualquier circunstancia, en condiciones de absoluta igualdad (STC 83/1984, entre otras). Sin perjuicio del deber de todos los poderes públicos de procurar la igualdad real, el derecho fundamental que el art. 14 C.E. confiere a todos los españoles lo es a la igualdad jurídica, es decir, a no soportar un perjuicio — o una falta de beneficio — desigual e injustificado en razón de los criterios jurídicos por los que se guía la actuación de los poderes públicos. Naturalmente, se trata de los criterios jurídicos normativos, contenidos en las normas jurídicas, así como los criterios jurídicos adoptados para la aplicación de las normas, puesto que, como tantas veces ha señalado este T.C., la igualdad a que se refiere el art. 14 C.E. lo es ante la ley y ante la aplicación de la ley. Lo que no protege dicho precepto constitucional, como derecho fundamental, es la legítima aspiración a la igualdad material o de hecho, frente a desigualdades de trato que no derivan de criterios jurídicos discriminatorios, sino de otras circunstancias objetivas y razonables. Pero en el recurso de amparo, como es obvio y deriva de lo dispuesto en el art. 3.2 C.E. y en la Ley Orgánica de este T.C., sólo pueden hacerse valer las pretensiones que se deduzcan en relación con presuntas violaciones de los derechos fundamentales y, entre ellos, del derecho a la igualdad jurídica reconocido en el citado art. 14 C.E."

Una cierta inflexión o matíz en esta línea jurisprudencial parece introducir la STC (45/1989), "que gira en torno a un entendimiento del principio de igualdad en el que la igualdad general a que alude como principio inspirador del sistema tributario el art. 31 C.E. se confunde o subordina a la igualdad individual del art. 14 del Texto constitucional" (J. Zornoza): "La relación entre el principio general de igualdad consagrado por el art. 14 C.E. y los principios rectores del sistema fiscal, que se especifican en el art. 31 C.E., está, por así decir, explícitamente incorporada a este último precepto, que menciona también, entre dichos principios, el de igualdad. Es evidente que ésta se predica, como no podía ser de otro modo, de la situación ante la Ley Reguladora del Impuesto de todos los sujetos del mismo y que carece de sentido referirla a la situación de las unidades tributarias que, como tales, no son titulares de derechos u obligaciones de clase alguna. Pero dejando de lado, por el momento, esta evidencia, lo que interesa poner de relieve ahora, para evitar después reiteraciones fatigosas, es que como la carga tributaria a que cada sujeto ha de hacer frente es función de su capacidad económica, la definición de ésta y el método para determinarla han de ser establecidos mediante normas que efectivamente den a todos los sujetos un trato igual y no introduzcan entre ellos diferencias resultantes de su propia condición personal, o de las relaciones que existen entre ellos y otras personas cuando ni aquella condición ni estas relaciones son elementos determinantes del impuesto en cuestión. Añadir, para concluir, que la igualdad es perfectamente compatible con la progresividad del impuesto y que sólo exige que el grado de progresividad se determine en función de la base imponible y no en razón del sujeto es una precisión que, por su obviedad misma, apenas resulta necesaria" (F.J. 4º).

b) En lo que toca al principio de progresividad tributaria, la mención que de él se hace en el art. 31.1 C.E. *junto con* la del principio de igualdad es significativa de que a través de él se hace real y efectiva la distribución de la carga según la capacidad económica y el mandato de desigualdad y diferenciación que la igualdad en la imposición demanda para acercarse a un sistema tributario *justo*.

¿El principio de progresividad se predica constitucionalmente del sistema tributario en su conjunto, en cuyo campo actúa a través de los impuestos cuya estructura lo permite (impuestos personales sobre la renta y el patrimonio, impuesto sobre el valor añadido), o ha de cumplirse también, como requisito de legitimidad constitucional, dentro de cada uno de los impuestos?

"El hecho de que el precepto constitucional predique la progresividad de la totalidad del sistema impide la formulación de fáciles juicios de valor sobre cada una de las figuras tributarias y parece permitir sólo la refutación de aquéllas que tengan un efecto regresivo inequívoco" (J. Lasarte). Como podrían ser, por ejemplo, los impuestos de capitación basados en el principio del beneficio, al estilo del *Poll Tax* establecido (y luego posteriormente retirado) en Gran Bretaña por el Gobierno de la Sra. Thatcher. Pero, desde luego, no creo que permita afirmar que la tributación proporcional no responda también al principio de capacidad económica.

Tal vez la dificultad de definir un grado de progresividad satisfactorio y de valorar la efectividad de estos conceptos — como el de igualdad y progresividad — ha inducido, como observa J. Lasarte, a la Constitución a requerir un sistema tributario justo *inspirado* en los principios de igualdad y progresividad.

El Tribunal Constitucional ha venido entendiendo el principio de progresividad:

— como un principio que opera en el conjunto del sistema tributario y no en todos y cada uno de los impuestos que lo integran. Así se deduce de lo que expresamente se dice en la STC 27/1981, fundamento jurídico 4º: "Precisamente (la desigualdad cualitiva que es indispensable para entender cumplido el principio de igualdad es) la que se realiza mediante la progresividad *global* del sistema tributario en que alienta la aspiración a la redistribución de la renta";

— y como un principio que puede operar (al igual que acontece con el principio de capacidad económica) no sólo en el momento del establecimiento o creación de los tributos sino en todas las fases de la aplicación de los tributos y, por tanto, también en el régimen de infracciones y sanciones tributarias [STC 76/1990, fundamento jurídico 6º, apartados A) y B)].

6. El principio de no confiscatoriedad

El principio de que el sistema tributario "en ningún caso tendrá alcance confiscatorio" constituye una de las innovaciones más singulares de nuestra Constitución que no tiene parangón con otros ordenamientos constitucionales y que tal vez pueda atribuirse "al espíritu de compromiso con que fue elaborada la Constitución de 1978" (F. Perez Royo).

Pero sea como fuere e independientemente del juicio que merezca su introducción en nuestro ordenamiento, lo cierto es que se trata de un precepto de valor normativo y vinculante al igual que todos los demás enumerados en el art. 31.1 C.E., sin que quepa reducirlo — por lo anteriormente expuesto sobre el sentido y eficacia de los principios constitucionales — a "un valor más ideológico o político que jurídico propiamente dicho" (F. Perez Royo).

Se trata de un principio tributario, que, como alguno de los consagrados en el art. 31.1, se proyecta sobre el conjunto del sistema tributario a la manera de *principio estructural* de la "Constitución financiera" que trata de garantizar el respecto por parte del sistema fiscal de otros valores y derechos consustanciales a la "Constitución económica" que nuestra Constitución consagra, a saber: derecho a la propiedad privada (art. 33 C.E.), la libertad de empresa y la economía de mercado (art. 38 C.E.)

Constituye, pues, un *límite explícito* a la progresividad que "inspira" el sistema tributario y a la eventual utilización de la vía de "la revolución social por los impuestos" como instrumento de transformación pacífica del modelo de sistema económico y social que la Constitución propugna. El principio de no confiscatoriedad "refuerza la garantía de la propiedad privada como institución frente al poder tributario del Estado de la ordenación económica, como un corolario y especificación del principio de conformidad con el mercado" (O. De Juan).

Sin embargo no parece que el límite cuantitativo o porcentual que pueda establecer el Legislador para corregir el efecto de la progresividad en la imposición personal como *v. gr.* se hace en los Impuestos sobre la Renta y sobre el Patrimonio, deba considerarse como una medida *exigida* o determinada constitucionalmente por el respecto o acomodación al principio constitucional de no confiscatoriedad del sistema tributario, y por ende una manifestación de este principio.

Enjuiciado el principio desde su proyección sobre cada figura impositiva aisladamente considerada, el principio de no confiscatoriedad puede ser contemplado no como una repetición innecesaria o inutil tautología de cuanto ya se desprende lógicamente del principio de capacidad económica (C. Palao), sino más bien como una concreción autónoma del *principio de proporcionalidad* inherente al Estado de Derecho, en cuanto prohibición o *interdicción de la excesividad* de la imposición, que conecta directamente con la idea de "moderación" y de "medida justa" en el sentido de equilibrio (K. Larenz) y, por tanto, consagración constitucional, con un matiz distinto del principio de igualdad, de la aspiración a un Derecho tributario justo.

De forma que no cabría excluir que la acumulación de varios impuestos, por superposición del poder tributario de los entes públicos titulares del mismo (art. 133 C.E.) pueda tener alcance confiscatorio que legitime una demanda de inconstitucionalidad ante el Tribunal Constitucional si la riqueza o propiedad gravada sea totalmente vaciada o desvalorizada por una imposición excesiva.

El sentido y alcance de este principio se aborda ampliamente en la STC 150/1990, F.J. 9º: "la interpretación que haya de darse al principio de no confiscación en materia fiscal, cuestión que dista de hallarse doctrinalmente clarificada, al contrario de lo que ocurre, por ejemplo, en el ámbito penal o en el de la institución expropiatoria *lato sensu*. De hecho, en materia fiscal, la confiscación no supone la privación imperativa, al menos parcial, de propiedades, derechos patrimoniales o rentas sin compensación, ya que este tipo de privación o exacción es, en términos generales, de esencia al ejercicio de la potestad tributaria y al correlativo deber de contribuir al sostenimiento de los gastos públicos. Por ello hay quien identifica dicho principio con el de capacidad contributiva, de suerte que sería confiscatorio todo tributo que no se fundara en éste; hay quien considera que es una reiteración del principio de justicia tributaria; y hay finalmente quien opina que constituye un límite — por más que indeterminado y de dificil determinación — al principio de progresividad del sistema tributario. Tiene declarado este Tribunal, ya en su STC 27/1981, que capacidad económica, a efectos de contribuir a los gastos públicos, tanto significa como la incorporación de una exigencia lógica que obliga a buscar la riqueza allí donde la riqueza se encuentra. A ello cabe añadir ahora que la prohibición de confiscatoriedad supone incorporar otra exigencia lógica que obliga a no agotar la riqueza imponible — sustrato, base o exigencia de toda imposición — so pretexto del deber de contribuir; de ahí que el límite máximo de la imposición venga cifrado constitucionalmente en la prohibición de su alcance confiscatorio. Y dado que este límite constitucional se establece con referencia al resultado de la imposición, puesto que lo que se prohibe no es la confiscación, sino justamente que la imposición tenga 'alcance confiscatorio', es evidente que el sistema fiscal tendría dicho efecto si mediante la aplicación de las diversas figuras tributarias vigentes, se llegara a privar al sujeto pasivo de sus rentas y propiedades, con lo que además se estaría desconociendo, por la vía fiscal indirecta, la garantía prevista en el art. 33.1 de la Constitución; como sería asímismo, y con mayor razón, evidente el resultado confiscatorio de un Impuesto sobre la Renta de las Personas Físicas cuya progresividad alcanzara un gravamen del 100 por 100 de la renta. Pero, excluidos aquel límite absoluto y esta evidencia aritmética, y asumiendo la dificultad de situar con criterios técnicamente operativos la frontera en la que lo progresivo o, quizá mejor, lo justo, degenera en confiscatorio, sí resulta posible rechazar que la aplicación del recargo autonómico de que tratamos conculque el art. 31.1 de la Constitución por su eventual superación de los límites cuantitativos o porcentuales establecidos por el Legislador estatal para el Impuesto sobre la Renta; pues en tal caso no podría establecerse recargo alguno, o bien habría ello de hacerse en detrimento de los principios de igualdad y progresividad de los tributos, que asímismo proclama el art. 31.1 de la Constitución".

7. La conexión de los tributos con los gastos públicos: el principio constitucional de justicia en el gasto público: el Art. 32.2 C.E. Remisión a otro lugar

La introducción de este principio en el párrafo 2º del art. 31 de la Norma fundamental constituye — por su extraordinaria fuerza expansiva — una de las más importantes y profundas innovaciones de nuestra Constitución financiera que no tiene precedentes en el Derecho público y constitucional, y fuye introducida en el Senado merced a una enmienda, aprobada por unanimidad, del entonces Senador por la Agrupación Independiente, Prof. Enrique Fuentes Quintana.

El Profesor Fuentes Quintana justificaba la razón de su enmienda en dos principios fundamentales:

"En primer lugar, un deber de coherencia. Se ha afirmado en el apartado anterior (se refiere al art. 31, pfo. 1º C.E.) que el conjunto de los impuestos vigentes en un país debe distribuirse con arreglo al criterio de la capacidad económica y con arreglo al principio de la progresividad. Pero la Hacienda no solamente tiene la mano del impuesto para recaudar el conjunto de los fondos que necesita con objeto de satisfacer las necesidades públicas y atender a los gastos, sino la mano del gasto público que completa, como es lógico, la mano de la imposición. *Constituye una incoherencia separar estas manos, ya que la Hacienda podría destruir con la mano del gasto público lo que ha construido y edificado con la mano del impuesto*. Por lo tanto, un deber de coherencia.

"Lógicamente parece que *si los principios de progresividad* imperan en el campo del gasto, deben tener *la misma traslación o aplicación en el campo correspondiente del gasto público*, es decir, *ingreso y gasto público deberían estar regidos por el mismo principio* y de aquí que la enmienda propuesta afirme que el gasto público realizará una asignación equitativa de los recursos públicos.

"Me importa puntualizar" — sigue diciendo el Profesor Fuentes Quintana en su enmienda constitucional — "que esta asignación a la que el precepto obliga *es una asignación que está construida de cara a los intereses individuales*, porque el gasto público satisface necesidades de los individuos y, por lo tanto, cuando estamos defendiendo que el gasto público tenga esa asignación equitativa de los recursos públicos, *lo que en definitiva tratamos de posibilitar es que el ciudadano concreto tenga el derecho al acceso a un conjunto de suministros, de bienes públicos que ha conseguido el Estado poder satisfacer gracias a la mano correspondiente de los ingresos* (...) Pero hay, en segundo lugar, un principio de trascendencia. Cuando se analiza el Texto constitucional y se comprueba el conjunto de derechos que el mismo concede a los ciudadanos españoles se comprueba que en adelante el gasto público tendrá, lógicamente, que aumentar. Es evidente, además, que quienes han analizado el contenido del gasto público han contrastado las deficiencias del servicio público en todas las ramas de la actividad que, naturalmente fuerzan a un crecimiento futuro del gasto y es evidente que si este gasto no se plegase a los principios de equidad, estaríamos incumpliendo con la mano del gasto lo que la imposición va a tratar de conseguir por la vía de la reforma tributaria en el campo de la imposición.

"(...) Pero el gasto no solamente constituye en este sentido un derecho del ciudadano; mi *derecho, en cuanto ciudadano, a los gastos públicos no es sólo a que prepondere la equidad en su distribución, sino también a que su programación, su presupuestación y su control tengan lugar con arreglo a los principios de economicidad y eficiencia*. La economicidad y la eficiencia deben ser mandatos obligados para el gasto público y para el gasto privado y, naturalmente, son derechos de los individuos, porque en la medida en que el Estado despilfarra el contenido del conjunto en sus gastos públicos, es evidente que lo que está haciendo es malbaratar el conjunto, no defender el conjunto de los derechos individuales de los ciudadanos. Y de ahí que este deber de coherencia se concrete en esos dos principios que propone la enmienda de la Agrupación Independiente: los recursos públicos deberán realizar una asignación equitativa a través de los gastos, y su programación, ejecución y control deberá plegarse a los principios de eficiencia y economicidad. *Sólo así los derechos de los ciudadanos quedarán garantizados debidamente en el campo del gasto, igual que el apartado 1 (del art. 31) lo hace en el campo de la imposición.*"

Este precepto constitucional ha venido a consagrar constitucionalmente la necesidad dogmática, ya señalada por la doctrina, de una consideración unitaria del fenómeno financiero como un proceso de interdependencia entre los ingresos y los gastos públicos que supere la *asimetría* fundamental en el estudio de las instituciones tributarias, centradas *exclusivamente* en los problemas de la distribución de los impuestos con total abandono de los problemas correlativos de la asignación del gasto público. Con el *olvido* consiguiente por parte del Derecho y de los juristas de la aplicación del principio de equidad al campo de la distribución del gasto público, a pesar de que las razones para su aplicación son igualmente válidas como las de los impuestos. Puesto que hoy no cabe suponer — como hacían los hacendistas clásicos — que los beneficios del gasto público se reparten por igual entre todos los ciudadanos.

Así pues, con la promulgación de nuestra Constitución el principio de capacidad económica de los tributos ha de combinarse con los principios de justicia en el gasto público.

Dicho ésto, la exégesis de este novedoso precepto del art. 31.2, su repercusión dogmática y su valor y efectividad como límite a la programación y ejecución del gasto público, — al que ya he tenido ocasión de referirme en trabajos míos anteriores a los que ahora me permito remitirme, así como, y sobre todo, al excelente trabajo del Profesor Juan Zornoza *El equitativo reparto del gasto público y los derechos económicos y sociales* (H.P.E. n. 118, 1988), el más riguroso y acabado que se ha escrito sobre el tema y que suscribo íntegramente —, no puede ser abordada aquí y baste únicamente con dejar constancia de su necesaria conexión con los principios del sistema tributario que la Constitución consagra.

Hasta hoy el Tribunal Constitucional no ha sido llamado a pronunciarse sobre el art. 31.2 C.E. invocado directamente como fundamento de una demanda de inconstitucionalidad (recurso o cuestión). Lo que indica, tal vez, las dificultades, ya puestas de relieve por la doctrina, de fijar el contenido constitucional preciso del principio de "una equitativa asignación de los gastos públicos" y del *mandato de justicia* que incorpora (*mandato de igualdad* que conlleva, por conexión con el art. 9.2 C.E., medidas de *acción positiva* o discriminación positiva para corregir y superar las desigualdades de origen y lograr la igualdad material, *real*). Dificultades, no obstante, que no impiden su aplicación en la eliminación de normas, generalmente presupuestarias, claramente arbitrarias o irracionales desde el contenido del mencionado precepto constitucional de una "asignación equitativa de los recursos públicos". Contenido propio "que no puede ser divergente respecto de los fines que se fijan en la definición de la naturaleza y carácter del Estado social. Dicho de otro modo un contenido que se desprende del análisis de los fines que al Estado se asignan en el Texto constitucional, plasmado en un conjunto de derechos y libertades entre los que ocupan un lugar de primer orden los derechos económicos y sociales en sus variadas formulaciones" (J. Zornoza).

Sin embargo, no faltan en la jurisprudencia constitucional referencias puntuales al art. 31.2 C.E. y a los principios en él contenidos ("asignación equitativa de los recursos públicos", "eficiencia y economía de su programación y ejecución") para fundamentar el razonamiento de algunas decisiones. Así ocurre con el deslinde del ámbito de la función fiscalizadora del Tribunal de Cuentas del Estado respecto de los órganos de control externo propios de las Comunidades Autónomas (Sindicaturas o Cámaras de Cuentas) cuando inciden sobre un ámbito competencialmente controvertido cual es la actividad financiera de las Corporaciones Locales. En la STC 187/1988, F.J. 12 se concluye que la *coexistencia y superposición* sobre una misma actividad financiera objeto del control (la de las Corporaciones Locales) de las respectivas competencias de los órganos externos de fiscalización del Estado y de las Comunidades Autónomas no es constitucionalmente reprochable; "todo ello sin perjuicio de la relación de supremacía establecida constitucionalmente entre el Tribunal de Cuentas y los demás órganos fiscalizadores, y del empleo, en su caso, de las técnicas tendentes a reducir a unidad la actuación de uno y otros y a evitar *duplicidades innecesarias o disfuncionalidades* que serían *contrarias* a los *criterios de eficacia y economía enunciados en el art. 31.2 C.E.*" (doctrina que se reitera en la STC 18/1991, F.J. 3º).

Esa misma necesidad de evitar duplicidades innecesarias o disfuncionalidades contrarias a los criterios de asignación de los gastos públicos sirve, de nuevo, al Tribunal Constitucional en la STC 13/1992, F.J. 7º para precisar el modo en que constitucionalmente ha de desarrollarse el *Poder de gastar* (*spending power*) del Estado [y ello vale también para las Comunidades Autónomas] dentro del orden constitucional y estatutario de competencias, cuando se trata del ejercicio de la actividad subvencional en acciones de fomento sobre materias cuya competencia exclusiva corresponde a las Comunidades Autónomas y el Estado "no invoque" título competencial alguno. Y la conclusión del Tribunal de que en tal caso los fondos presupuestarios para tales subvenciones deben atribuirse directa e incondicionalmente a las Comunidades Autónomas, mediante su distribución global y descentralizada entre las mismas, "se refuerza, desde la perspectiva de la asignación racional de los recursos escasos, por las exigencias que resultan del mandato constitucional sobre los *criterios de 'eficiencia y economía' a que debe responder la programación y ejecución del gasto público en orden a la realización del principio de una asignación equitativa de los recursos públicos* enunciado en el art. 31.2 de la Constitución y de acuerdo además con los principios propios del Estado autonómico y, entre ellos, los de descentralización y eficacia administrativa (art. 103.1 C.E.), *que obligan a evitar, en lo posible, administraciones paralelas o duplicidades innecesarias de servicios y disfuncionalidades, que serían contrarias a los criterios que la Constitución propugna*".

También el Tribunal Constitucional, en el ATC 982/1986, ha invocado el art. 31.2 C.E. para fundamentar la legitimidad constitucional de la actividad inspectora sobre determinada Entidad privada de la Intervención General de la Administración del Estado para realizar el control financiero de las subvenciones previsto en el art. 18 de la L.G.P. a fin de determinar la situación económico-financiera de la Entidad perceptora de la ayuda. Y el Tribunal lo hace con el siguiente razonamiento: si en los casos contemplados en la STC 126/1984 y el ATC 642/1986 "este Tribunal consideró que era el art. 31.1 C.E., referente al deber de contribuir al sostenimiento de los gastos públicos, en el que tenía apoyo constitucional la actividad inspectora de la Administración [de los tributos, en aquel caso], *sería ahora el apartado 2 de ese mismo art. 31 C.E., referente al gasto público, en el que encontraría su funda-*

mento la actividad de control financiero frente a una Entidad perceptora de ayudas o subvenciones públicas", sin que por ello sólo se produzca vulneración alguna del derecho fundamental a la intimidad personal protegido por el art. 18.1 C.E. entonces invocado por la investigación de las cuentas corrientes bancarias.

Pero la invocación más decisiva por el Tribunal Constitucional en la misma línea que hemos venido sosteniendo a lo largo de esta exposición del art. 31.2 C.E. la constituye, sin duda, en relación con uno de los *derechos de prestación* contenidos en el derecho a la educación art. 27.9 C.E. (las ayudas o subvenciones públicas a los Centros docentes), la contenida en la STC 86/1985, F.J. 3º. El Tribunal Constitucional después de rechazar que en el citado art. 27.9 C.E. en su condición de mandato al Legislador se contenga un verdadero "derecho subjetivo a la prestación pública" concretada en la técnica subvencional, lo que corresponderá fijar y decidir al Legislador dentro de su libertad de configuración política, advierte, sin embargo, que "ello no significa, obviamente, que el Legislador sea enteramente libre para habilitar de cualquier modo este necesario marco normativo". Y al precisar cuáles son esos límites constitucionales que debe respectar el Legislador al regular el régimen subvencional a los centros docentes, el Tribunal señala: "Como *vinculación positiva*, también el Legislador *habrá de atenerse en este punto a las pautas constitucionales orientadoras del gasto público*, porque la acción prestacional de los Poderes Públicos ha de encaminarse a la procuración de los *objetivos de igualdad y efectividad en el disfrute de los derechos que ha consagrado nuestra Constitución* (arts. 1.1, 9.2 y 31.2 principalmente)".

No hay, pues, concluye el Tribunal, un deber de ayudar a todos y cada uno de los Centros docentes sólo por el hecho de serlo. "El derecho a la subvención no nace para los Centros de la Constitución, sino de la Ley." Por tanto, la Ley "puede y debe" condicionar tal ayuda, de conformidad con la Constitución, atendiendo "entre otras posibles circunstancias, a las condiciones sociales y económicas de los destinatarios finales de la educación".

IV — Otros límites constitucionales al Poder tributario. La incidencia de los Derechos fundamentales en el ámbito tributario. Breve alusión

Uno de los rasgos que caracterizan al Estado constitucional hoy es la constitucionalización de los derechos fundamentales, su posición privilegiada en el ordenamiento por su garantía reforzada — procedimiento de reforma más complejo (art. 168 C.E.), vinculación de todos los Poderes Públicos y reserva de Ley con la cláusula del *contenido esencial* (art. 53.1 C.E.) y acceso al recurso de amparo constitucional (art. 53.2 C.E.) — y la fuerte ampliación de sus contenidos, fenómeno al que no ha sido ajena la propia jurisprudencia constitucional. Por su enorme importancia e incidencia los derechos fundamentales se han convertido en uno de los elementos clave para todo el ordenamiento jurídico, obligando a reinterpretar significativos sectores del mismo, e incluso para toda la vida social. A lo que ha contribuido decisivamente la jurisprudencia elaborada por el Tribunal Constitucional, pero no solo ella pues no debe olvidarse que también los Tribunales ordinarios son Jueces de la Constitución y de los derechos fundamentales.

Ello ha servido, sin lugar a dudas, para fortalecer la Constitución, enraizándola en la conciencia de los ciudadanos, cada vez más conscientes de la importancia práctica de los derechos y libertades que la Constitución consagra, y en definitiva para *legitimarla*.

Ningún sector del ordenamiento ha escapado a este impacto de la enorme importancia que han cobrado los derechos fundamentales y el Derecho tributario tampoco ha sido una excepción. Buena prueba es la obra del Profesor Juan J. Zornoza que hoy me cabe la satisfacción de presentar, que con gran rigor conceptual y pulcra escritura, apoyándose en un completísimo aparato crítico, analiza, precisamente, las exigencias que los principios y derechos constitucionales proyectan sobre el sistema de infracciones y sanciones tributarias.

La incidencia de los derechos fundamentales en el ámbito tributario adquiere una particular relevancia en tanto *límites constitucionales* al ejercicio del poder tributario y de las potestades administrativas que el ordenamiento atribuye en orden a la aplicación concreta de los tributos (inspección y comprobación, recaudación, régimen sancionador...) y que, junto con otros derechos y garantías establecidos en las leyes ordinarias — señaladamente la Ley General Tributaria —, vienen a configurar un auténtico *estatuto jurídico del contribuyente*, con el añadido valor de la protección preferente que el art. 53.2 de la Constitución otorga a los derechos fundamentales y a las libertades públicas.

Óbviamente, un examen pormenorizado de estos derechos y de su posible incidencia o colisión con las normas aplicativas de los tributos a la luz de la jurisprudencia constitucional excedería con mucho de las proporciones y del ámbito del trabajo que aquí me he propuesto, me limitaré simplemente a enumerarlos dejando para otra ocasión más apropiada el estudio que por su trascendencia merecen:

a) Derecho a la intimidad personal y familiar (art. 18.1 C.E.)

- El secreto profesional

- El secreto bancario

b) Derecho a la inviolabilidad del domicilio (art. 18.2 C.E.)

c) Derecho al secreto de las comunicaciones (art. 18.3 C.E.)

d) Derecho a la libertad de residencia y circulación (art. 19 C.E.)

e) Derecho a la libre asociación (art. 22 C.E.)

f) Derecho a la tutela judicial efectiva (art. 24.1 C.E.)

- Principio de audiencia

- El derecho a los recursos legalmente establecidos

g) Derecho a un proceso con todas las garantías (art. 24.2 C.E.)

- La presunción de inocencia

- El derecho a la prueba.

A los que han de añadirse los principios constitucionales del Derecho sancionador contenidos en el art. 25 C.E.

Así pues, muchos de los problemas jurídicos que plantea la aplicación concreta de los tributos se han *constitucionalizado* convirtiéndose en problemas jurídico-constitucionales, lo que ha reforzado indudablemente las garantías de la posición jurídica que los ciudadanos ocupan frente a la potestad de imposición, pero al propio tiempo está poniendo a prueba — como observa Konrad Hesse en una reciente conversación con el Profesor Pedro Cruz Villalón que aparece en al *Anuario de Derecho Constitucional y Parlamentario* de la Universidad de Murcia — la capacidad de la Constitución y del Derecho Constitucional, con el riesgo de que se rebase su capacidad, y aunque hablar de *inflación de los derechos fundamentales* (K. Hesse) sea para nosotros tal vez exagerado, hay en ello algo de verdad que merece reflexión porque, como afirma el Profesor alemán de la Universidad de Friburgo y Magistrado Emérito del Tribunal Constitucional Federal, "no es admisible que cada problema jurídico se convierta en un problema de derechos fundamentales, con independencia ya de que, por esta vía, no habrá nada sobre lo que el Tribunal Constitucional no estuviera llamado a decidir".

En parecido sentido se orientan las reflexiones de Lorenzo Martin Retortillo en su trabajo sobre la "Eficacia y garantía de los Derechos Fundamentales" publicado en los *Estudios sobre la Constitución en Homenaje al Prof. García de Enterría*.

Parafraseando a Konrad Hesse podría decirse que el Derecho Constitucional no puede ayudar a resolver mejor los problemas del Derecho (y en nuestro caso, del Derecho Tributario) "a base de incorporarle *por las buenas* los derechos fundamentales" o de ampliar sin límites su contenido por la vía expansiva que se ha dado al recurso de amparo.

La posible colisión o conflicto entre bienes constitucionalmente protegidos, singularmente el deber de contribuir (art. 31 C.E.) y los derechos fundamentales ha de resolverse mediante una adecuada ponderación sin que, en cada caso, la prevalencia de uno vacíe de contenido al otro.

La interpretación debe favorecer los derechos fundamentales cuando no estén en juego otros bienes u otros valores que gocen de igual protección, en caso contrario de riesgo o peligro para otros valores y bienes constitucionalmente protegidos la ponderación habrá de tener en cuenta la idea del *contenido esencial* de los derechos fundamentales, lo que avoca necesariamente a reflexionar acerca de *sus límites*. Límites que en unos casos vienen dados por el respecto al "contenido esencial" (v. STC 11/1981, F.J. 8º) que es el límite último de los derechos fundamentales; en otros casos los límites a los derechos fundamentales vienen impuestos expresamente en la misma Constitución (arts. 10.1; 18.2; 20.4; 21.2; 27.6; 28.2 C.E.); en otros casos, en fin, la doctrina del Tribunal Constitucional ha reconocido otras limitaciones derivadas del respecto a otros derechos fundamentales y del respecto a los bienes constitucionalmente protegidos o a los valores reconocidos en la Constitución (SSTC 11/1981, F.J. 7º; 2/1982, F.J. 5º; 22/1984, F.J. 3º; 110/1984, F.J. 3º entre otras muchas). Límites que, eso sí, dada la posición preeminente de los derechos fundamentales y su fuerza expansiva, han de interpretarse restrictivamente y de manera proporcionada entre el sacrificio del derecho y el fin que se pretende perseguir (v. STC 120/1990, F.J. 8º); principio de proporcionalidad que es inherente o consustancial al Estado de Derecho (STC 85/1992 de 8 de junio).

"Parece claro, por lo tanto, que el deber de contribuir al sostenimiento de los gastos públicos debe acomodarse al resto del ordenamiento constitucional. La citada cláusula no habilita al Legislador para establecer cualquier sistema tributario, ni para atribuir a la Administración todo tipo de facultades convenientes para la efectiva realización de aquel deber. La ponderación de intereses debe realizarse, en definitiva, en el plano concreto, sin desconocer, claro está, sus conexiones con los restantes principios y valores constitucionalmente protegidos" (J. R. Ruiz García).

Conviene, pues, prevenir — sobre todo en lo que a los derechos consagrados en el art. 24 de la Constitución respecta — frente "a los intentos apresurados de trasladar mecánicamente [y sin matices] garantías y conceptos propios del orden penal a actuaciones y procedimientos administrativos distintos y alejados del mismo como es, en este caso, el de gestión tributaria" (STC 76/1990, F.J. 10º).

Las garantías jurídicas del contribuyente frente a las potestades administrativas que se despliegan con ocasión de la gestión de los tributos en los procedimientos de comprobación e inspección de hechos imponibles para la determinación de la base imponible mediante la correspondiente liquidación, que sin duda *hay que defender vigorosamente*, no pueden, sin embargo, llevarse hasta tal extremo (con invocación extensiva, incluso, de las garantías propias del proceso penal como: el derecho al Juez predeterminado por la Ley; la separación entre las fases de instrucción y resolución; el derecho a la presunción de inocencia y el derecho a no "autoinculparse" o a declarar contra sí mismo...) de que resulte "virtualmente imposible la labor de comprobación de la veracidad de las declaraciones de los contribuyentes a la Hacienda Pública y, en consecuencia, dejar desprovisto de toda garantía y eficacia el deber tributario que el art. 31.1 de la Constitución consagra; lo que impediría *una distribución equitativa del sostenimiento de los gastos públicos en cuanto bien constitucionalmente protegido*" (STC 76/1990, F.J. 10º). Ya que — como se dijo en la STC 110/1984, F.J. 3º — "lo que unos no paguen debiendo pagar, lo tendrán que pagar otros con más espírutu cívico o con menos posibilidades de defraudar". Pues no cabe duda alguna que en un sistema tributario *de masas* sin la colaboración del contribuyente y de las personas que tienen relación con el hecho imponible, con la consiguiente aportación de datos e información, sería imposible llevar a cabo el proceso de aplicación de los tributos.

La imposición del deber jurídico de colaborar con la Administración, deber que recae sobre los contribuyentes directamente afectados pero que puede extenderse a otros obligados tributarios que prestan una ayuda relevante (como son las Entidades financieras y de crédito), resulta así fundamentado en el bien jurídico que la Constitución consagra de la contribución de *todos* al sostenimiento de gastos públicos (STC 110/1984, F.J. 3º y STC 76/1990, F.J. 3º). Porque, como se ha afirmado en la doctrina, "la plena realización de la idea de justicia tributaria requiere también inexcusablemente la realización de la norma jurídica conforme a su sentido; es necesario dotar a la Administración de los medios jurídicos necesarios para la correcta aplicación de la norma; y la comprobación e investigación tributaria efectivamente realizada es el único medio que permite garantizar la práctica aplicación de la justicia tributaria, evitando que quede reducida a una mera proclama teórica" (J. R. Ruiz García). "Hoy el cumplimiento del deber de contribuir no se reduce ya al pago del tributo. Esto es, que no se contribuye tan sólo por el hecho de llevar a cabo una prestación pecuniaria al Ente público, sino que dicha obligación alberga, además, un sentido más profundo a través del cual el administrado-contribuyente colabora de una manera directa con los órganos de la Administración, no sólo declarando aquellos datos imprescindibles para que los órganos de gestión tributaria procedan a efectuar la liquidación correspondiente, sino además haciendo el propio contribuyente una propuesta de liquidación como manifestación de su voluntad de participar con los órganos a quienes se encomienda la función tributaria en la gestión de los ingresos públicos y como exponente de que en ese acto se encierra su auténtica contribución al sostenimiento del gasto público y, en definitiva, su cumplimiento del deber constitucional" (G. Casado Ollero).

La Administración tributaria debe estar, pues, habilitada "*también desde el plano constitucional* para exigir determinados datos relativos a la situación económica del contribuyente" (ATC 642/1986, F.J. 2º).

Y si ya en la STC 110/1984, FF.JJ. 2º y 3º, el Tribunal Constitucional declaró que el derecho a la intimidad o a la vida privada, particularmente en lo que se refiere a la inviolabilidad del domicilio y de la correspondencia, no pude entenderse *de tal modo* que constituya un obstáculo que haga imposible o dificulte el cumplimiento del deber de contribuir del art. 31 C.E., "otro tanto cabe decir cuando se invoca con pareja finalidad el art. 24.2 de la Norma suprema" (STC 76/1990, F.J. 10º).

Todo lo anterior no significa, claro está, afirmar que las potestades que el ordenamiento confiere a la Administración tributaria dén a ésta unas facultades ilimitadas en su actividad inspectora y liquidadora. Antes al contrario se trata *en todo caso* de potestades *tasadas* en su contenido y en su finalidad cuya correcta utilización es susceptible de control jurisdiccional ante los Tribunales de Justicia en garantía de los derechos de los contribuyentes, bien porque las potestades ejercitadas en el caso concreto carecen de la necesaria habilitación legal (o no se sujetan al procedimiento legalmente establecido), bien porque la Administración se haya excedido de los límites materiales dentro de los cuales le han sido conferidas o se ejerce más allá de los fines que la justifican o con desviación de los mismos (desviación de poder). Como se ha afirmado en la STC 110/1984, FF.JJ. 8º y 9º, "no existen facultades ilimitadas de la Administración en materia fiscal", por lo que no cabe negar la posibilidad de que se produzca en determinados casos "*una actuación arbitraria* (...) en la medida en *que no parezca justificada por la finalidad de la inspección*". Finalidad que se encuentra vinculada a la garantía y consecución del *interés público* en el cumplimiento efectivo del deber de contribuir al sostenimiento de los gastos públicos y no a *cualquier clase de interés administrativo*.

Lo que queremos significar, pues, no es una Administración *legibus soluta*, sino que la protección y garantía del *estatuto jurídico del contribuyente* no ha de buscarse *siempre y en todo caso* a través de una extensión desmesurada del ámbito y contenido de los derechos fundamentales y las libertades públicas reconocidos por la Constitución de modo que dificulte, hasta harcerlos imposibles, el logro de otros bienes y deberes asímismo protegidos constitucionalmente.

Madrid, 2 de junio de 1992.

V — BIBLIOGRAFIA

BASSOLS COMA, J. Mª. *Constitución y sistema económico*. Madrid, Tecnos, 1985.

BOBBIO, Norberto. *Contribución a la Teoría del Derecho*. Trad. castellano de A. Ruíz Miguel. Valencia, Fernando Torres Editor, 1980.

BOGNETTI, G. *Costituzione economica e Corte Costituzionale*. Milano, A. Giuffrè, 1983.

CASADO OLLERO, G. "La colaboración con la Administración tributaria. Notas para um nuevo modelo de relaciones con el Fisco", in *Hacienda Pública Española*, n. 68, 1981, pp. 151 e ss.

DE JUAN ASENJO, O. *La Constitución económica española. La iniciativa económica pública "versus" iniciativa económica privada en la Constitución española de 1978*. Centro de Estudios Constitucionales, Madrid, 1984.

ESCRIBANO, F. *La configuración jurídica del deber de contribuir. Perfiles constitucionales*. Madrid, Civitas, 1988.

FERNANDEZ CAINZOS, J. J. "Los componentes público y privado del Estado del Bienestar. Una perspectiva constitucional", in *Estado, privatización y bienestar. Un debate de la Europa actual* (Gregorio Rodríguez Cabrero Ed.). Madrid, FUHEM, 1991, pp. 47 e ss.

FORSTHOFF, E. *Rechtstaat im Wandel*. Stuttgart, 1964. Trad. italiana *Stato di Diritto in trasformazione*. Milano, A. Giuffrè, 1973.

GARCÍA DE ENTERRÍA, E. *La Constitución como norma y el Tribunal Constitucional*. Madrid, Civitas, 1988 (reimpresión).

GARCÍA DE ENTERRÍA, E., y FERNÁNDEZ, T. R. *Curso de Derecho Administrativo*. T. I, Madrid, Civitas, 1991 (5ª edic.).

GARCÍA PELAYO, M. "Consideraciones sobre las cláusulas económicas de la Constitución", in *Obras Completas*. T. III, Centro de Estudios Constitucionales, Madrid, 1992, pp. 2.851 e ss.

— *Las transformaciones del Estado contemporáneo*. Madrid, Alianza Editorial, 1977.

HERRERA MOLINA, P. "El principio de igualdad financiera y tributaria en la jurisprudencia constitucional", in *Civitas, Revista Española de Derecho Financiero*, n. 67, 1990, pp. 393 e ss.

LARENZ, Karl. *Derecho Justo. Fundamentos de Ética Jurídica*. Trad. y presentación de L. Díez Picazo. Madrid, Civitas, 1985.

LASARTE, Javier (Director). *Jurisprudencia del Tribunal Constitucional en materia financiera y tributaria (1981-1989)*. Madrid, Tecnos, 1990.

LEGUINA VILLA, J. "Principios generales del Derecho y Constitución", in *Jornadas de Estudio sobre el Título Preliminar de la Constitución*. Vol. V. Dirección General del Servicio Jurídico del Estado, Madrid, 1988, pp. 3.015 e ss.

LOZANO SERRANO, C. *Consecuencias de la Jurisprudencia Constitucional sobre el Derecho Financiero y Tributario*. Madrid, Civitas, 1990.

— "La actividad inspectora y los principios constitucionales", in *Impuestos*, n. 9, 1990, mayo, pp. 5 e ss.

MARTÍN DELGADO, J. Mª. "El control constitucional del principio de capacidad económica", in *Jornadas de Estudio sobre "El Tribunal Constitucional"*. Vol. II. Dirección General de lo Contencioso del Estado. Instituto de Estudios Fiscales, Madrid, 1981, pp. 1.571 e ss.

— "Los principios de capacidad económica e igualdad en la Constitución española", in *Hacienda Pública Española*, n. 60, 1979, pp. 61 e ss.

MARTÍN QUERALT, J. "La Constitución española y el Derecho Financiero", in *Hacienda Pública Española*, n. 63, 1980, pp. 108 e ss.

— *Jurisprudencia financiera y tributaria del Tribunal Constitucional*. T. I (1983). Madrid, Civitas, 1983.

MARTÍN QUERALT, J., y LOZANO SERRANO, C. *Curso de Derecho Financiero y Tributario*. 2ª ed. Madrid, Tecnos, 1991.

PALAO TABOADA, C. "Apogeo y crisis del principio de capacidad contributiva", in *Estudios Jurídicos en Homenaje al Profesor Federico de Castro*. Madrid, 1976.

PÉREZ DE AYALA, J. L. "Las cargas públicas: principios constitucionales para su distribución", in *Hacienda Pública Española*, n. 59, 1979, pp. 87 e ss.

PEREZ ROYO, F. "La financiación de los servicios públicos. Principios constitucionales sobre el gasto público", in *Jornadas de Estudio sobre "Gobierno y Administración en la Constitución"*, vol. I. Dirección General del Servicio Jurídico del Estado. Instituto de Estudios Fiscales, Madrid, 1988, pp. 127 e ss.

— *Derecho Financiero y Tributario. Parte General*. Madrid, Civitas, 1991.

— "Principio de legalidad, deber de contribuir y Decretos-Leyes, en materia tributaria", in *Revista Española de Derecho Constitucional*, n. 13, 1985, pp. 41 e ss.

RODRIGUEZ BEREIJO, A. "Derecho financiero, gasto público y tutela de los intereses comunitarios en la Constitución", in *Estudios sobre el proyecto de Constitución*. Centro de Estudios Constitucionales, Madrid, 1976.

— "La Hacienda Pública y el modelo de Estado en la Constitución española de 1978", in *Sistema*, n. 53, 1983. Publicado también bajo el subtítulo: "Una reflexión sobre la dimensión constitucional del gasto público en el Estado Social de Derecho", en *Revista de Direito Público*, n. 34, 1985. Instituto Brasileiro de Estudos Tributários, São Paulo.

RUÍZ GARCÍA, J. R. *Secreto bancario y Hacienda Pública. (El deber de colaboración de las entidades bancarias en el procedimiento de gestión tributaria)*. Madrid, Civitas, 1988.

TIPKE, K. *Principios constitucionales en el Derecho Tributario Alemán*. Trabajo apresentado en el Seminario Hispano-Alemán de Derecho Tributario. I.E.F. y E.H.P., Madrid, mayo, 1990.

VITAL MOREIRA. *Economia e Constituição. (Para o conceito de Constituição económica)*. Coimbra, Coimbra Editora 1979.

VOGEL, K. "La Hacienda Pública y el Derecho Constitucional", in *Hacienda Pública Española*, n. 59, 1979, pp. 15 e ss.

YEBRA MARTUL-ORTEGA, P. "Los principios del Derecho Financiero y Tributario en la Ley Fundamental de Bonn". Separata con prólogo de Klaus Vogel: "Dinero y Principios fundamentales", in *Revista de Derecho Financiero y de Hacienda Pública*, ns. 207, 208, 209 y 211. Madrid, 1990-91.

ZORNOZA PÉREZ, J. "Aspectos constitucionales del Régimen de tributación conjunta en el I.R.P.F. (Comentario a la STC 45/1989, de 20 de febrero)", in *Revista Española de Derecho Constitucional*, n. 27, 1989, pp. 163 e ss.

O NOVO PROCESSO TRIBUTÁRIO PORTUGUÊS

J. L. SALDANHA SANCHES
Assistente da Faculdade de Direito de Lisboa —
Membro do Centro de Estudos Fiscais (Portugal)

Objetivismo e subjetivismo no processo administrativo — Os tipos de ação — Princípio do dispositivo ou princípio da investigação — Os poderes do juiz — As relações entre a reclamação e a impugnação — Ônus da prova.

O Código de Processo Tributário, vigente em Portugal desde 1º de julho de 1991, veio substituir o Código do Processo das Contribuições e Impostos, publicado em 1963, na fase final da reforma de 1958/63.

Os motivos para a introdução de uma nova disciplina processual foram, ao mesmo tempo, de ordem fiscal (a reforma de 1989 que introduziu o novo Imposto sobre o Rendimento das Pessoas Singulares e sobre os Rendimentos das Pessoas Coletivas) e de ordem puramente administrativa (as grandes mudanças entretanto verificadas no processo administrativo).

Estando os tribunais fiscais portugueses integrados nos tribunais administrativos, as alterações por estes sofridas, depois da entrada em vigor da Constituição de 1976, teriam necessariamente conseqüências também quanto aos meios judiciais de tutela dos administrados, enquanto contribuintes.

O novo Código vem assim dar nova ênfase à tutela, judicial e pré-judicial, dos direitos dos contribuintes, enquanto mantém no essencial a estrutura processual criada pelo anterior Código do Processo das Contribuições e Impostos, em grande parte devida ao prof. Alberto Xavier, que com uma influência tutelar na doutrina e na jurisprudência fiscais dos últimos 30 anos, moldou alguns dos aspectos ainda hoje decisivos no domínio do processo fiscal português.

Mas procurou introduzir nas relações processuais fiscais as mudanças entretanto verificadas nas concepções globais sobre o papel do Estado, com uma acentuada redução nos privilégios e prerrogativas que eram o reflexo processual da natureza autoritária da Constituição de 1933.[1]

O novo Código do Processo Tributário pode considerar-se assim, em alguma medida, a concretização na lei processual de princípios constitucionais expressos sobre

1. Uma vez que a natureza autoritária do regime conduzia a uma concepção segundo a qual a "Administração Pública era principalmente poder". Rui Machete, "A garantia contenciosa para obter o reconhecimento de um direito ou interesse legalmente protegido", in *Estudos de Direito Público e Ciência Política*, Lisboa, 1991, p. 427.

as formas de atribuir tutela aos direitos e interesses legítimos dos administrados, quer na totalidade das relações administrativas, quer no caso particular das relações jurídico-tributárias.

Um paralelo com algum conteúdo explicativo, que acentue as diferenças existentes, pode ser feito com o que se passou no campo do processo penal: a Constituição de 76 traçou, desde a sua versão originária, alguns dos princípios essenciais que o deveriam reger, numa reação clara contra a ausência de tutela dos direitos fundamentais em matéria de processo penal que marcavam a Constituição anterior.

Princípios que depois foram concretizados, quer em leis processuais avulsas, quer em alterações do Código do Processo Penal até então vigente, culminando este processo com a produção de um novo Código de Processo Penal.

Mas encontramo-nos, no caso do processo penal, perante um processo constitucionalmente conduzido, na medida em que o legislador constitucional chamou a si a definição expressa dos princípios que o deveriam reger: os traços fundamentais do novo processo penal estiveram, desde o início, previstos pela Constituição de 1976.

Já no caso do processo administrativo, foram mais tardias, embora se viessem a tornar igualmente intensas, as preocupações do legislador constitucional.

No campo da tutela judicial dos direitos dos administrados, a Constituição de 1976 começou por uma breve referência à garantia a "todos os interessados" do recurso contencioso "contra quaisquer atos administrativos definitivos e executórios".

Era, ainda, o que podemos considerar como a garantia mínima concedida aos administrados, já contida na Constituição de 1933, depois da sua última revisão em sentido liberalizante de 1971, mas totalmente insuficiente para arredar as concepções prevalecentes sobre as múltiplas prerrogativas da Administração nas relações com os particulares, que caracterizavam o antigo regime.

Concepções que se manifestavam, quer na redação das leis ordinárias, principalmente na parte processual dos vários Códigos fiscais, com a sua rotineira limitação da possibilidade de recurso para os tribunais fiscais à "preterição de formalidades legais", sem conhecimento judicial de tudo o que dissesse respeito à quantificação do imposto, quer nas concepções dominantes na jurisprudência e em alguma doutrina.

Mas, nas revisões constitucionais de 1982 e de 1989, uma nova concepção dos princípios fundamentais do processo administrativo foi tomando lugar no texto constitucional.

O art. 268 passou a regular com particular densidade os direitos e as garantias do administrado, exigindo a fundamentação dos atos administrativos e garantindo com maior grau de exigência o recurso, contra quaisquer atos da administração, "independentemente da sua forma". E reconhecendo, o que era novo, o "recurso para o reconhecimento de um direito ou interesse legalmente protegido".

E certamente por considerar insuficientes os efeitos desta nova redação, nas concretas relações Administração-administrado — uma vez que a interpretação dada pelos tribunais administrativos e fiscais ao novo texto constitucional estava ainda muito longe das intenções do legislador constitucional — a revisão de 1989, mantendo as aquisições de 1982, veio dar ainda maior ênfase à formulação destes princípios.

No novo texto constitucional, em dois novos números do art. 268, vinha-se reafirmar, ainda com mais clareza, que era sempre garantido aos administrados o recurso à justiça administrativa, mesmo no caso de se estar apenas perante um interesse legalmente protegido.

O motivo deste sucessivo aumento da

ênfase do texto constitucional era a relutância demonstrada pela administração e pelos tribunais em ver reconhecidos os novos direitos dos administrados.

Para a administração continuava a ser ponto assente que sempre que havia divergências com o contribuinte em relação à quantificação do imposto, lhe cabia a última palavra. E para os tribunais continuava a valer a doutrina tradicional, segundo a qual lhes não cabia controlar estas decisões da Administração.

Mantendo-se fiel à terminologia tradicional (ainda que não unanimente aceite) de designar como recurso o direito de ação atribuído ao administrado, o texto constitucional vinha aceitar um novo princípio que não poderia deixar de afetar todo o processo tributário, como uma parte fundamental do processo administrativo: o princípio segundo o qual terá de haver um meio processual (ação) que assegure tutela judicial a qualquer direito ou interesse legítimo, eventualmente lesado por um ato administrativo ou por qualquer outro comportamento da Administração.

Sem as limitações tradicionalmente impostas a este direito fundamental.

E esta formulação do texto constitucional continha em si uma expressa superação do conceito nuclear do ato administrativo[2] e dos seus vícios (e reafirmemos que o ato tributário é uma forma específica do ato administrativo, é um ato tributário administrativo) como pressuposto para a concessão de tutela judicial a um administrado.

O que quer dizer que passávamos de uma concepção objetivista do processo administrativo, para uma outra de tipo subjetivista: a tutela judicial tem como função a salvaguarda de direitos ou interesses legítimos e tem como pressuposto a sua lesão.

E em vez de se começar pela alegação dos vícios do ato que se procura ver removido da ordem jurídica, deverá começar-se pela alegação do direito ou interesse legítimo lesado, como pressuposto para o direito à existência de uma ação judicial.

Refletindo parcialmente estas novas concepções, fazendo o seu caminho ao nível do legislador ordinário, podemos encontrar as novas leis de organização dos tribunais administrativos e fiscais e do seu processo: o Estatuto dos Tribunais Administrativos e Fiscais (D/L 129/84 de 27 de abril), e a Lei do Processo dos Tribunais Administrativos e Fiscais (D/L 129/84) e mais recentemente, o Código do Procedimento Gracioso Administrativo.

Como ponto comum a estas novas leis processuais ou procedimentais, uma nova concepção sobre as relações administrado-Administração, que assegura novos direitos ao administrado, perante a Administração, de forma mais ou menos conseqüente ou de forma mais ou menos compromissória.

O Código do Processo Tributário faz parte desse movimento e pode considerar-se como consagrando no essencial os novos princípios constitucionais.

É o que vamos abordar neste trabalho, procurando traçar os aspectos que nos parecem essenciais e abordar alguns dos novos princípios que se podem considerar consagrados.

Objetivismo e subjetivismo no processo administrativo

As concepções objetivistas do processo administrativo podem considerar-se como prevalecentes entre nós na última fase de evolução doutrinária de Marcelo Caetano,[3]

2. Sobre esta perda de importância do ato administrativo v. Rui Machete, ibidem, p. 425.

3. Embora, numa primeira fase, Marcelo Caetano se mostrasse seduzido pela concepção subjetivista:

e marcaram fortemente a doutrina, a jurisprudência e as soluções legais adotadas.

Para a doutrina objetivista, o fim principal do contencioso administrativo é conseguir que a Administração se conserve fiel à ordem jurídica[4] — o valor objetivo da defesa e manutenção da legalidade — o que confere ao processo administrativo a sua feição, entre nós tradicional, do processo feito a um ato.

A enumeração dos vícios deste, no art. 6º do Código de Processo das Contribuições e Impostos, espelhava bem esta concepção, ainda que a cláusula geral referente à existência de qualquer outra ilegalidade anulasse virtualmente a função restritiva da enumeração dos vícios. Um pouco como sucede no novo Código, embora aqui a enumeração de vícios procure ser apenas uma ajuda para a indagação do julgador.

Contrariamente, a posição subjetivista considera que a função principal do contencioso tributário consiste na garantia da tutela jurídica para qualquer direito subjetivo ou interesse legítimo eventualmente lesado pela Administração, o que se vai traduzir na decisão sobre litígios públicos, na aceitação de ações de simples apreciação, de impugnação ou de condenação, contra atos da Administração ou contra a sua recusa, ou contra qualquer comportamento da Administração.[5]

Tendo este novo conceito de contencioso tributário sido recebido no Código do Processo Tributário, com particular nitidez na regulamentação das impugnações. "O processo judicial tributário, afirma-se no art. 118, tem por função a tutela judicial dos direitos e interesses legalmente protegidos em matéria fiscal".

Esta atribuição de funções ao processo judicial tributário tem lugar no Título III, onde também se encontram regulamentadas as ações de impugnação dos atos tributários.

A formulação legal vai no sentido de colocar o processo de impugnação, cujo papel central no contencioso tributário não tem de ser sublinhado, numa relação instrumental com um direito ou interesse legítimo lesado de um particular: e sublinhemos que o alargamento que se dá às possibilidades de tutela, quando se coloca o interesse legítimo ao lado do direito subjetivo.

Em muitas situações, podemos estar perante uma ação ou uma omissão da Administração fiscal, que seja causa de lesão de um interesse legítimo, embora não de um direito.

E a lesão de um interesse pode ser um fundamento autônomo, para a necessidade de uma ação que tutele esse mesmo interesse.

"não é difícil de ver que consideramos como função primária dos meios contenciosos a garantia dos direitos subjetivos", escrevia numa fase inicial da sua evolução. Alegando, também, nessa fase, que "a história do Direito Administrativo mostra iniludivelmente que ele depende do reconhecimento e da garantia dos direitos dos particulares", *Tratado Elementar de Direito Administrativo*, vol. I, Coimbra, 1944, pp. 364 e 365.

4. Spanner, in "Hubshmann-Hepp-Spitaler", *AO Kommentar, FGO*, introdução, nt. 3.

5. Carl H. Ule, *Verwaltungsprozessrecht*, 4ª ed., Berlim e Munique, 1966, p. 7. Entre nós ver principalmente Vasco Pereira da Silva, *Para um Contencioso Administrativo ao Serviço dos Particulares: Esboço de uma Teoria Subjectivista do Recurso Contencioso de Anulação*, Coimbra, 1989. Embora aqui, paradoxalmente, encontremos a reabilitação do processo administrativo como um processo de partes (p. 143), esquecendo que como se diz no texto "só é possível falar de processo de partes quando o juiz desempenha o papel de um terceiro "face a dois interesses antagônicos que lhe são trazidos" (p. 136). E num litígio administrativo há apenas de uma banda, o interesse público "que hoje se não identifica com valores exclusivos da máquina estatal, antes pelo contrário, é o equilíbrio entre as necessidades do grupo enquanto tal e as necessidades dos homens" (R. Ehrardt Soares, "A propósito de um projeto legislativo: o chamado Código do Processo Administrativo Gracioso", *RLJ*, 115, p. 176), e, no outro lado, os interesses dos particulares que sejam dignos de tutela jurídica, pois são esses que o juiz deverá reconhecer. Defendendo a tendencial compatibilização das concepções objetivistas e subjetivistas J. Vieira de Andrade, *O Dever de Fundamentação Expressa dos Atos Administrativos*, Coimbra, 1991, p. 105 nt.

Os tipos de ação

Mas se o novo código aceitou, nos seus termos gerais, a concepção subjetivista do processo administrativo, manteve uma posição eclética acerca das velhas questões de saber se, no processo administrativo, estamos perante ações ou perante recursos (o que pressupõe, como tantas vezes tem sido assinalado, a concepção dos tribunais e da Administração como uma mesma realidade jurídica)[6] e falta-lhe, de todo, a aceitação explícita de um sistema de ações que concretize os princípios que parcialmente aceitou.

Mas aqui temos um progresso parcial com a integração nos meios contenciosos tributários da ação para o reconhecimento de direitos e interesses legalmente protegidos, já contida na Lei do Processo dos Tribunais Administrativos.[7]

Mas ainda que se aceite, quer na estrutura normativa do Código, quer na prática jurisprudencial, a existência de ações de condenação, onde se requer a devolução de uma quantia indevidamente prestada ou a produção, ou omissão de produção, de um determinado ato pela Administração, este tipo de ação não tem uma específica predeterminação na lei processual.[8]

Tenderão a ser classificadas ou de ações de impugnação (a Administração recusa-se a reconhecer a existência de um direito à isenção e publica um ato que expressamente o nega), ou de ações para o reconhecimento de um direito: a Administração recusa-se a produzir um ato que reconheça, por exemplo, uma isenção e poderá recorrer-se a este meio processual, para evitar os problemas ligados à impugnação do ato tácito.

Ou mesmo outro tipo de ações para o reconhecimento de um interesse legítimo, sem tradição nem precedente entre nós: se, por exemplo, o contribuinte considerar que as sucessivas ações de fiscalização a que é sujeito estão a pôr em causa a sua normal atividade comercial e violam o princípio da proporcionalidade na atividade administrativa consagrado pelo n. 2 do art. 266 da CRP, pode exigir que o tribunal se pronuncie a este respeito.

A solução passará, necessariamente, pela aceitação de uma classificação de ações, que as divida entre ações de impugnação, onde se pretende a revogação ou a modificação de um ato da Administração — um ato tributário, uma apreensão, uma penhora ou um arresto (e que são ações constitutivas), e em ações de condenação, em que se pretende ver a Administração obrigada à produção de um ato que foi recusado.

Mas atendendo apenas aos expressos dados normativos, o Código prevê apenas as ações de impugnação, mantendo a tradicional terminologia de impugnação, recursos contra a aplicação de coimas — que constituem também eles ações de impugnação — e recursos contra atos de execução, que também podem ser considerados como ações de impugnação.

As ações de condenação estão implicitamente reconhecidas quando, por exemplo, dentro do princípio do *solve et repete*, se aceita que, depois de pago um imposto, se pretenda a devolução pelo Estado da quantia indevidamente entregue.

6. A esse respeito, v., do autor, *Princípios do Contencioso Tributário*, Lisboa, 1987, p. 76 e segs., e Luís Manuel de Sousa Fábrica, "Monismo ou dualismo na estruturação do processo de contencioso administrativo", separata da *Revista da Faculdade de Direito de Lisboa*, 1988.

7. Sobre esta ação ver Rui Machete (nt. 1) e também Luís Manuel de Sousa Fábrica, "A ação para o reconhecimento de direitos ou interesses legalmente protegidos", separata do *Boletim do Ministério da Justiça*, Lisboa, 1987.

8. Sobre esta teoria da ação no processo fiscal v. Tipke-Kruse, *AO, FGO*, parágrafo 40, I e II, junho 1989.

Princípio do dispositivo ou princípio da investigação

Uma outra zona onde no Código novo se verificam progressos, ainda que se pudesse ter ido mais longe, é no fornecimento de sinais normativos que acentuam a autonomização do processo fiscal em relação ao processo civil.

Isso começa com a indicação das leis subsidiárias, onde a descida de posição do Código de Processo Civil deverá ser entendida como um reconhecimento que, em princípio, estando perante um litígio de direito público, será mais fácil encontrar em leis do processo administrativo, como o Estatuto dos Tribunais Administrativos e Fiscais ou a Lei do Processo dos Tribunais Administrativos, uma solução para o problema em causa.

Não que isto signifique que a hierarquização de normas, contida no art. 2º do Código, imponha que o recurso a elas deverá ser feito de acordo com a estrita ordem aí indicada: é a natureza da omissão que justifica a escolha do corpo normativo a utilizar.

Mas a indicação do Código de Processo Civil, ao lado do Código do Processo Penal para os processos de transgressão na alínea "c" do art. 2º do CPCI, tinha a marca de uma concepção, concretizada em inumeráveis arestos, que era no processo civil, nos seus princípios e concepções, que se deveria buscar a solução para os problemas da tramitação processual das impugnações. Quando, na verdade, o processo civil deverá ser utilizado, apenas, como matriz geral do processo, para aquele tipo de questões que não sejam postas em causa pelo princípio da verdade material que resulta do princípio da legalidade fiscal, pela indisponibilidade dos direitos em causa ou pela prevalência do princípio da investigação, que decorre dos anteriores.

Na síntese de Corrado Magnani, do princípio do inquisitório (ou da investigação) resultam essencialmente três conseqüências, para os princípios estruturantes do processo:

A primeira é a possibilidade de averiguar fatos, para além dos constantes no processo (derrogação do princípio *ne procedat judex ex officio*). A segunda é a existência de poderes para introduzir no processo o fato constitutivo do direito à revogação do ato impugnado (derrogação do princípio *judice secundum alligata judicare debet*). E a terceira é o poder para decidir sobre os limites do pedido (derroga o princípio *ne eat judex ultra et extra petitum partium*).[9] O princípio da investigação não se confunde com o princípio da legalidade, embora deste resulte, como sua projeção processual.

A Constituição da República, ao mesmo tempo que consagra o princípio da legalidade e da igualdade fiscais, vincula a Administração a atuar na subordinação à Constituição e à lei.

"Os órgãos e agentes administrativos estão subordinados à constituição e à lei e devem atuar, no exercício das suas funções, com respeito pelos princípios da igualdade, da proporcionalidade, da justiça e da imparcialidade" (n. 2 do art. 266).

Estas normas constitucionais excluem completamente a possibilidade de a Administração atuar como parte no processo ou de um seu agente se assumir como *advocatus fisci*:[10] ela tem o dever de investigação dos fatos fiscalmente relevantes e de comunicar esses mesmos fatos para o processo e o juiz tem poderes para tomar co-

9. C. Magnani, *Il Processo Tributário — Contributo alla Dotrina Generale*, Milão, 1965, p. 89.

10. A idéia central da instituição do *advocatus fisci* era a defesa de interesses fazendários, com uma lógica de atuação inteiramente privada e por isso com autonomia em relação à Administração: v. "Advocatus fisci", in *Encyclopedia der Classische Altertum Wissenschaft*.

nhecimento de todos os fatos fiscalmente relevantes. O que resulta necessariamente dos deveres de comunicação ao juiz dos fatos fiscalmente relevantes pela Administração fiscal, o que altera radicalmente as relações estabelecidas neste tipo de processo e as que se podem estabelecer dentro do processo civil, marcado pelo princípio do dispositivo e da aquisição processual realizada através da atividade das partes.

E este regime tem o seu aspecto central no art. 129 do novo Código.

Cria esta norma um conjunto de regras sobre a fase inicial da instrução da impugnação, que deverá ser interpretado no sentido da existência de um dever, por parte da Administração, de averiguação e introdução no processo de todos os fatos com possível importância para a decisão do processo. E isso faz surgir uma conexão, de importância central, entre os deveres de investigação da Administração e os deveres de investigação por parte do tribunal.

O sentido desta norma é que a atividade instrutória do juiz e a atividade instrutória da Administração estão no essencial preordenadas por um princípio comum: a determinação dos fatos fiscalmente relevantes.

Por isso se pode explicar que se o julgador considerar necessárias diligências adicionais de produção de prova, poderá, segundo o art. 133 ordenar a "remessa do processo aos competentes serviços da Administração fiscal", que deverão desempenhar neste caso uma tarefa de investigação judicial, só possível para um órgão que atua subordinado a um dever de imparcialidade.

Os poderes do juiz

Um processo subordinado ao princípio da investigação vai, também, atribuir ao juiz que conhece do litígio um leque de poderes mais vastos do que sucederia num outro processo dominado pelo princípio do dispositivo.[11]

E essa diversidade manifesta-se quer nos poderes que o art. 40 do novo Código atribui ao juiz, quer no regime contido nos arts. 142 e 144, respectivamente, para o objeto da sentença e para as nulidades desta.

No art. 40, ao juiz é atribuída a direção dos processos e a competência para a realização de todas as diligências que considere úteis para o apuramento da verdade, com os arts. 142 e 144 a conterem a regulamentação equivalente, afastando designadamente das causas de nulidade da sentença o conhecimento de questões de que esta não devesse ter conhecido.

E atribuir ao juiz a direção dos processos não constitui qualquer limitação dos direitos dos participantes no processo e dos poderes que lhes são conferidos para a defesa dos seus legítimos interesses: constitui, pelo contrário, uma forma de os garantir, uma vez que os poderes-deveres atribuídos ao juiz constituem um meio de permitir a este evitar que do caráter formal do processo resulte a impossibilidade de se atingir uma decisão materialmente justa.

As relações entre a reclamação e a impugnação

Mas esse dever de imparcialidade da Administração revela-se com mais intensidade na solução que foi dada ao problema tradicionalmente controvertido das relações entre a reclamação e a impugnação.[12]

11. Ou, pondo a questão em outros termos, a disponibilidade privada e a inquisitoriedade judiciária indiciam "uma diferente titularidade duma mesma faculdade de individualização do objeto processual" o que quer dizer que num caso os "elementos de individualização" são invocados pelas partes e nos outros investigados pelo tribunal. Miguel Teixeira de Souza, *O Concurso de Títulos de Aquisição da Prestação*, Coimbra, 1988, p. 223.

12. Sobre isto v., do autor, *Princípios do Contencioso Administrativo*, Lisboa, 1988, pp. 47 e segs.

Existindo como dois meios independentes e alternativos para pôr em causa uma dada liquidação, a reclamação e a impugnação poderiam, em princípio, ser usadas simultaneamente.

Mas o percurso paralelo de duas formas de pôr em causa um ato tributário sempre foi mal aceite quer pela Administração, quer pelos tribunais.

A solução existente até 1976, no art. 84 do CPCI, para evitar o uso simultâneo dos dois processos, era o arquivamento do processo de reclamação, sempre que fosse interposta a impugnação do mesmo ato.

Mas esta solução podia levar a que, apesar de ter sido verificado pela Administração o bem fundado das razões do contribuinte, esta não exercesse o seu dever de revogar atos que se verificaram ser ilegais, deixando a sua eventual revogação a cargo dos tribunais, com tudo o que isso representa de desfavorável para os contribuintes (e de sobrecarga com litígios inúteis para os tribunais).

Daí que tal disposição tivesse sido revogada em 1976, mas sem que tivesse sido dada nenhuma solução para os casos em que o contribuinte usasse simultaneamente os dois meios processuais.

Criando-se uma tendência na Administração para esta atuar como se a norma não tivesse sido objeto de revogação, considerando que a impugnação de um qualquer ato deveria obstar à apreciação da reclamação sobre o mesmo.

A solução dada a este problema no novo Código, no seu art. 130, foi a criação, para a Administração, de um dever de apreciar a impugnação antes de a mesma ser enviada para tribunal, devendo revogar ou manter o ato objeto de impugnação, mas devendo pronunciar-se sobre o mesmo.

O que quer dizer que, mesmo que o contribuinte não tenha recorrido à reclamação antes da impugnação, não porá em causa a possibilidade de uma resolução do litígio ao nível do processo gracioso, sem necessidade do seu exame pelo tribunal.

E no caso de ter havido recurso do contribuinte a ambos os meios processuais, estes não terão uma tramitação separada, antes se fundindo num único processo, com todas as vantagens de economia processual, daqui resultantes.

Ônus da prova

A tradição existente no ordenamento fiscal português era para considerar como prerrogativa da Administração a presunção de legalidade dos atos por si praticados, até a demonstração do contrário, por parte do contribuinte.

Não nos vamos aqui alargar sobre a história e fundamentos desta concepção, mas convirá afirmar que, apesar das aparentes virtualidades deste poder, ele nunca mostrou particular eficácia como forma de reprimir a fraude fiscal, quando esta tinha lugar através do falseamento das declarações exigidas, que poderiam, em princípio, ser substituídas por presunções da Administração cuja não veracidade o contribuinte teria o ônus de demonstrar.

Até porque, embora este princípio fosse aceito de forma acrítica por alguma doutrina e jurisprudência, foi sendo gradualmente posto em causa, pela emergência de novos princípios, como os que asseguram a veracidade das declarações e dos meios de prova em geral fornecidos pelo contribuinte, sempre que a Administração não tivesse elementos concretos que os permitissem, fundamentadamente, pôr em causa.[13]

13. As regras do ônus da prova no direito fiscal e no direito penal fiscal (na repressão da fraude fiscal) constitui uma questão vital para os sistemas que têm como base a cooperação do contribuinte. Para uma síntese destes problemas v., do autor, "O ônus da prova do processo fiscal", *Cadernos de Ciência e*

Mas são essas tendências para basear as liquidações nos elementos fornecidos pelo sujeito passivo da relação tributária — sempre que estes mereçam confiança — que são plenamente acolhidas no atual Código do Processo Tributário.

As liquidações, determina o art. 72 do CPT, são feitas com base nas declarações do contribuinte, e apenas na falta ou vício destas com base em outros elementos de que a Administração disponha.

E a escrita ou a contabilidade do sujeito passivo, organizada segundo a lei comercial ou fiscal, vale até que se verifiquem erros ou inexatidões, que possam pôr em causa a sua função de refletir fielmente os rendimentos tributáveis do contribuinte.

Até aqui encontramos apenas no CPT princípios já consagrados, principalmente no Código do IRC, ao condicionar a utilização de métodos indiciários à violação dos deveres de cooperação por parte do contribuinte, com tipificação dos casos em que isto pode ser feito.

Mas indo longe, o CPT tira destes princípios a sua necessária conseqüência: sempre que dos elementos disponíveis resulte dúvida fundada sobre a existência do fato tributário, deverá o ato tributário em causa ser anulado.

Técnica Fiscal, Lisboa, 1987. Guido Klein, *Die Auswirkungen der unterschiedlichen Beweislast im Steuerrecht und im Strafrecht*, Colônia, 1989.

É uma conseqüência necessária da aceitação dos princípios anteriores: em princípio, a aplicação da lei fiscal depende da existência de um fato tributável, cuja existência não tem caráter controverso.

Se o sujeito passivo contesta a sua existência, a administração terá de ter elementos bastantes para a comprovar ou pelo menos para comprovar que o comportamento culposo do contribuinte é que cria dúvidas sobre a sua exata quantificação, ou mesmo sobre a sua existência.

A liquidação de um imposto não pode assentar em meros juízos subjetivos, mas na determinação de um conjunto de fatores que resistam à análise jurisdicional: ela tem, por outras palavras, de ser judicialmente controlável.

E, também, por dever ser judicialmente controlável, deverá ser acompanhada por fundamentação, cujo grau vai necessariamente depender do caráter mais ou menos controverso da decisão posta em causa.

E por isso, a manutenção de uma dúvida fundada sobre a existência de um fato tributário, sem que se possam assinalar ao contribuinte violações dos seus deveres de cooperação, tem pois que traduzir-se em anulação do ato que o pressupõe.

Podendo atribuir-se um menor grau de certeza — um maior grau de dúvida — sempre que se tribute através de métodos indiciários e a aplicação destes se deva a comportamento culposo ou meramente negligente do contribuinte.

CADERNOS DE DIREITO TRIBUTÁRIO

ICMS — CORREÇÃO MONETÁRIA DE CRÉDITOS ACUMULADOS

XAVIER DE ALBUQUERQUE
Ministro do Supremo Tribunal Federal (aposentado)

I — Objeto da consulta. II — Não-cumulatividade e crédito fiscal. III — Natureza e serventia do crédito fiscal. IV — Compensação de créditos recíprocos. V — Situação emblemática de "compensação" virtual. VI — Analogia e repetição do indébito tributário. VII — Enriquecimento sem causa. VIII — Créditos atrasados e correção monetária. IX — Créditos acumulados e correção monetária. X — Conclusão.

I — Objeto da consulta

1. Arthur Lundgren Tecidos S.A. (Casas Pernambucanas) expõe que, em razão de características próprias da atividade a que se dedica, não tem tido condições de aproveitar imediatamente os créditos de ICM e/ou ICMS a que faz jus.

Essa impossibilidade de aproveitamento imediato faz com que tais créditos se acumulem em sua contabilidade fiscal, por transferência de um período de apuração para outro, às vezes por vários meses. Desta sorte, quando lhe surge a oportunidade de utilizá-los, já estão eles, porque lançados pelos seus valores nominais, substancialmente corroídos pela desvalorização da moeda.

Diante disso, quer a empresa saber se esses créditos podem ser objeto de correção monetária.

Esclarece que lhe deram resposta afirmativa os Professores Geraldo Ataliba e Aires F. Barreto, em parecer de 3 de fevereiro transato, do qual nos fornece cópia. E pede que, sobre a questão assim resumida, também manifestemos nossa opinião.

Estudada a matéria, convencemo-nos de dever endossar as conclusões dos ilustres preopinantes. Passamos, pois, a justificar nossa adesão.

II — Não-cumulatividade e crédito fiscal

2. Tal como acontecia em relação à matriz de que provém, ou seja, ao ICM prevalecente de 1967 até 1988, a designação corrente do tributo — ICMS — representa o sacrifício do apuro científico ao comodismo da abreviação. Fez-se, nela, a ablação do verdadeiro objeto da tributação — as *operações* (e/ou as *prestações*, quando se trata de serviços) —, o qual, em sua modalidade mais vistosa e freqüente, com a qual nos ocuparemos, restou subsumido na circunstância, que meramente o qualifica, de ser relativo à circulação de mercadorias.

De todo modo, releva o qualificativo, porque a idéia mesma de circulação envolve a de sucessão dos atos ou operações que a promovem. Daí, para que a cada ato ou operação, integrante da cadeia de circulação, não se repetisse, por inteiro, a tributação, a qual, desse modo, incidiria *em cascata*, a técnica jurídico-tributária ferrou o imposto com a marca da não-cumulatividade, que se erige, em nosso Direito, à dignidade constitucional.

3. Manda a Constituição, com efeito, que o imposto "será não-cumulativo, compensando-se o que for devido em cada operação relativa à circulação de mercadorias (...) com o montante cobrado nas anteriores pelo mesmo ou outro Estado ou pelo Distrito Federal" (art. 155, § 2º, I). A norma, como sabido, remonta à Emenda Constitucional n. 18, de 1965, à Constituição de 1946 (art. 12, § 1º), e, mais recentemente, à Constituição de 1967 na redação que lhe deu a Emenda Constitucional n. 1, de 1969 (art. 23, II).

Para seguir-se à letra o esquema constitucional, seria caso de se estremar, por contribuinte e por mercadoria, as operações sucessivamente tributadas, para que em cada qual se abatesse do imposto devido, individualizadamente, aquele cobrado na antecedente. Todavia, para obviar as graves dificuldades práticas envolvidas, salvo em casos menos freqüentes, na adoção de semelhante método, a técnica do tributo inspirou, de início, a eleição de mecanismo substitutivo deveras simplificador: em cada Estado, disporia a lei "de forma que o montante devido resulte da diferença a maior, em determinado período, entre o imposto referente às mercadorias saídas do estabelecimento e o pago relativamente às mercadorias nele entradas" (Lei 5.172, de 25.10.66, art. 54, *caput*, depois revogado pelo Dec.-lei 406, de 31.12.68, mas absorvido por seu art. 3º, § 1º).

Rege a matéria, hoje, o art. 29 das Normas Provisórias — que fazem as vezes, nos termos do art. 34, § 8º, do Ato das Disposições Constitucionais Transitórias, de lei complementar futura — aprovadas com o Convênio ICM 66/88, de 14.12.88, que abriu ao legislador estadual um leque de alternativas. Eis o seu teor:

"Art. 29. A lei poderá dispor que o montante devido resulte da diferença a maior entre o imposto devido nas operações tributadas com mercadorias ou serviços e o cobrado, relativamente às operações e prestações anteriores, e seja apurado:

"I — por período;

"II — por mercadoria ou serviço, dentro de determinado período;

"III — por mercadoria ou serviço, à vista de cada operação ou prestação."

A disciplina atual, como visto, tanto contempla o mecanismo simplificador de que há pouco falamos (art. 29, I), quanto o método diretamente intuído do ditado constitucional (*id*, III), além de permitir a conjugação de um e outro (*id*, II).

4. Aquele mecanismo, induzindo a instituição de verdadeira conta-corrente entre o contribuinte e o Fisco,[1] não tardou a introduzir na terminologia fazendária as categorias contábeis do *débito*, para designar a escrituração do imposto referente às mercadorias saídas do estabelecimento em determinado período, e do *crédito*, para nomear a daquele referente às mercadorias nele entradas.

Do ato contábil da escrituração, a crédito do contribuinte, na conta-corrente do ICM, do imposto referente às mercadorias

1. De conta-corrente, no sentido do texto, falam, *v.g.*, José Souto Maior Borges, "A constitucionalidade do Convênio ICM 07/77...", *RDT* 6/87-100, 88; Cléber Giardino, "ICM e créditos de ICM — Regimes Jurídicos Autônomos", *RDT* 6/187-191, 190; Gilberto de Ulhôa Canto, "ICM: não-cumulatividade — Estorno de crédito", *RDT* 9-10/229-263, *passim*; e Álvaro de Azevedo Marques Júnior, "O ICM e o correspondente crédito na Constituição", *RDT* 21-22/56-77, 62.

entradas no estabelecimento, a prática do tributo e seu tratamento dogmático conduziram naturalmente à visualização das categorias, agora jurídicas, do *crédito* e, por extensão, do *direito* que o tem por objeto. A caracterização dessas figuras, a princípio um tanto empírica, terminou consagrando-se na doutrina[2] e positivando-se no plano legislativo.[3] Atualmente, a própria Constituição alude a *crédito* repetidas vezes.[4] Também o fazem as prefaladas Normas Provisórias do Convênio ICM 66/88,[5] que utilizam, desenganadamente, a expressão *direito ao crédito*.[6]

III — Natureza e serventia do crédito fiscal

5. A natureza jurídica desse *crédito* não é isenta de questionamento teórico. Com ela se ocupou, com aparente precedência sobre outros especialistas, Cléber Giardino, a quem pareceu "não encontrar-se ainda suficientemente cristalizada, apesar da experiência já relativamente longa de aplicação do ICM, a noção inferida a partir do texto constitucional: de repousar a sistemática de aplicação do tributo sobre não apenas uma, porém duas — e de naturezas diversas — relações jurídicas cada qual tendente a um específico objeto, deflagradas a partir de 'fatos geradores' distintos, e disciplinados por diferentes princípios e regime jurídico".[7] A dualidade de relações jurídicas envolvidas, assim a explicitou o saudoso tributarista:[8]

"De um lado uma relação jurídica (vulgarmente conhecida como 'de débito') de natureza nítida e peculiarmente tributária, instalada a partir da ocorrência de uma dada operação relativa à circulação de mercadoria e cuja consistência está em atribuir a alguém o dever de entregar um certo valor pecuniário ao Estado, dimensionado na forma da lei, a título de ICM. Tal relação, configurada como de natureza tributária (por ter como objeto um tributo nos termos do conceito veiculado pelo art. 3º do CTN), se submete ao regime jurídico tributário em todas as suas implicações.

"De outro lado uma relação jurídica (conhecida como 'de crédito'), de natureza paratributária porque não tem um tributo como seu objeto específico, segundo o mesmo art. 3º do CTN, desencadeada a partir da ocorrência de um dado fato ('gerador'), totalmente diverso daquele que determina o dever de pagar ICM (*v.g.*, o recebimento por comerciante de mercadoria anteriormente onerada pelo tributo e destinada a nova e futura operação), cujo conteúdo consiste em atribuir a alguém o direito de receber do Estado um certo valor pecuniário cuja medida equivale ao ICM cobrado anteriormente, tendo por referência a mercadoria ora recebida. Esta segunda relação jurídica, em que as posições de credor e devedor se invertem, e da qual não se pode falar em tributo, escapa aos princípios e ao regime jurídico atinente à tributação."

Essa postura teórica sofreu, aqui e ali, contestações de variado conteúdo. O discrime que ela postula foi negado, por exemplo, por Marco Aurélio Greco,[9] para quem o *crédito* reclama "tratamento paralelo ao deferido ao débito porque ambos

2. Até mesmo com revisão de posições iniciais, como no caso de Alcides Jorge Costa, "ICM — Créditos — Natureza jurídica — Correção monetária", *RDT* 45/37-44, 39.

3. *V.g.*, Ato Complementar n. 27, de 8.12.66, art. 6º; Ato Complementar n. 34, de 30.1.67, art. 10, parágrafo único; Ato Complementar n. 35, de 28.2.67, arts. 5º e 7º, § 4º; Lei Complementar n. 24, de 7.1.75, arts. 1º, parágrafo único, III, e 8º; Dec.-lei 406, de 31.12.68, art. 3º, § 7º, introduzido pela Lei Complementar n. 44, de 7.12.83. Outro tanto se deu nas legislações estaduais (cf. Alcides Jorge Costa, ob. cit., pág. 38).

4. Art. 155, § 2º, II, *a* e *b*, e XII, *f*.

5. Arts. 31, 32, 33 e 34.

6. Art. 30.

7. "ICM e Créditos de ICM...", cit., pág. 189.

8. Ob. cit., págs. 189-190.

9. "ICM — Isenção na importação de matérias-primas. Direito ao respectivo crédito", *RDT* 7-8/212-231, 222.

conjugados é que formam o mecanismo tributário da não cumulatividade no sistema imposto sobre imposto".[10] Em sentido semelhante, pronunciou-se Sacha Calmon Navarro Coêlho: "o direito de abater o crédito legítimo (...) faz parte do elemento quantitativo da norma tributária".[11] "Como tal" — concluiu na mesma passagem — "não vejo uma norma de radicação financeira, se opondo a uma norma tributária."

Ainda assim, pode dizer-se haver ela granjeado, em nossa literatura jurídica especializada, a adesão explícita ou implícita de expressiva maioria.[12]

6. Ressalta-se, de modo geral, ser esse um *crédito* paratributário, de natureza jurídico-financeira e tipo escritural, para sublinhar-se a destinação que lhe é afetada e consiste no pagamento por compensação, em parte ou mesmo no todo, de *débito tributário* correlato.[13]

A destinação precípua do *crédito* de ICM — hoje, de ICMS — foi objeto, em certo momento, de dois importantes estudos: um, de Gilberto de Ulhôa Canto,[14] e outro, de Geraldo Ataliba e Cléber Giardino.[15] Os acatados tributaristas depararam-se com a hipótese de contribuintes que detinham *créditos* acumulados em escala que dificultava ou impossibilitava, ante a exigüidade desproporcional de *débitos*, compensação eficaz, e pleiteavam a recuperação, em dinheiro e pelo excesso, dos primeiros; e concluíram, uniformemente, pela inadmissibilidade, à face da Constituição, de tal recuperação pecuniária. O que a Constituição quis — salientou Gilberto de Ulhôa Canto[16] — "foi atribuir ao montante cobrado nas operações anteriores efeito liberatório de parte do que o contribuinte terá de recolher no fim do período". O direito de abater — acrescentou[17] — "só serve como elemento redutor da importância que o seu destinatário terá de recolher ao fim do período, em decorrência das operações de circulação que promover". Para Geraldo Ataliba e Cléber Giardino, o *crédito* funciona "como 'moeda de pagamento'. Tem sua operacionalidade limitada à função de atender à dedução constitucionalmente prevista".[18] É ele, "destarte, mera moeda escritural, com a única vocação constitucional de servir como moeda de pagamento parcial do ICM".[19] "Não possui outra serventia, não existe para outra finalidade."[20]

Posto assim opinassem, os mesmos escritores ressalvaram, também uniformemente, a eventualidade de lei ordinária estadual — "ampliativa dos padrões constitucionais", no dizer de Geraldo Ataliba e Cléber Giardino[21] — instituir a conversibilidade, em dinheiro, do *crédito* de ICM e/ou ICMS, ou sua utilização por outra forma, diversa da compensação com *débito* de ICM e/ou ICMS.

7. A ressalva, oportuna e exata, quer significar, por um lado, que, se a Consti-

10. Ob. cit., pág. 223.

11. Vide debates *in* Álvaro de Azevedo Marques Júnior, ob. cit., pág. 71.

12. *V.g.*, Álvaro de Azevedo Marques Júnior, ob. cit., págs. 56 e 61; Carlos Eduardo de Vasconcelos, "ICM e crédito da não-cumulatividade", *RDT* 39/203-218, *passim*; Geraldo Ataliba e Aires F. Barreto, "ICM — utilização de crédito transferido...", *RDT* 43/114-131, págs. 128 e 129; Roque Antônio Carrazza, "O ICM na Constituição", *RDT* 29-30/162-170, 165; Gilberto de Ulhôa Canto, "ICM — Não-cumulatividade — Abatimento constitucional", *RDT* 29-30/197-208, *passim*.

13. Cf. Carlos Eduardo de Vasconcelos, ob. cit., pág. 207; Roque Antônio Carrazza, ob. cit., pág. 166.

14. "Imposto sobre Circulação de Mercadorias — Créditos acumulados — Inconversibilidade em dinheiro", *RDT* 27-28/27-39, republicado sob outro título e com algumas alterações na *RDT* 29-30/197-208, cit.

15. "ICM — Abatimento constitucional — Princípio da não-cumulatividade", *RDT* 29-30/110-126.

16. *RDT* 27-28/34 e *RDT* 29-30/204.

17. *RDT* 27-28/38 e *RDT* 29-30/207.

18. Ob. cit., pág. 122.

19. Ob. cit., pág. 123.

20. Ob. cit., pág. 124.

21. Ob. cit., pág. 124.

tuição, ela própria, não afeta ao *crédito* de ICM e/ou ICMS senão a serventia de amortizar ou quitar, por compensação, *débito* de ICM e/ou ICMS, também não impede que o legislador ordinário lhe prescreva outras formas de liquidação; e, por outro lado, no que mais importa para os fins do nosso exame, que sua natureza e fisionomia são compatíveis com tais formas alternativas de realização.

A própria conversibilidade em dinheiro parece admitida por parte da doutrina, independentemente de previsão legislativa expressa. Segundo Alcides Jorge Costa,[22] "há, no ICM, um verdadeiro crédito do contribuinte, normalmente realizável por via de compensação ou, em circunstâncias excepcionais, mediante pagamento em espécie pela Fazenda Pública". Como exemplo de circunstância excepcional, esse autor aponta a hipótese de encerramento da atividade da empresa.

Outra forma alternativa de realização do *crédito* examinado, encontradiça no quadro normativo nacional, consiste na sua transferência ou cessão de um para outro titular. Examinaram-na Geraldo Ataliba e Aires F. Barreto,[23] concluindo que semelhante cessão tem seu regime jurídico definido pelos arts. 1.065 e seguintes do Código Civil.

IV — Compensação de créditos recíprocos

8. Os textos constitucionais anteriores mandavam *abater*, do imposto que incidia em cada operação, o montante de idêntico tributo, cobrado nas operações anteriores. Mas a doutrina, de modo geral, havendo de enfrentar a elaboração dogmática do sistema constitucional, traduziu na figura jurídica da *compensação*, o *abatimento* entrevisto na dicção constitucional.[24] Houve, é certo, dissensões, quando nada, parciais: Gilberto de Ulhôa Canto entendeu não se tratar, "a rigor", de uma compensação, por lhe faltarem os requisitos legais do art. 1.009 do Código Civil.[25]

Hoje, contudo, a Constituição manda *compensar* o que for devido em cada operação, com o montante cobrado nas anteriores (art. 155, § 2º, I), e dissipa qualquer dúvida que, a propósito, pudesse remanescer do sistema precedente. É o que registram, em estudos recentes, Alcides Jorge Costa,[26] Paulo de Barros Carvalho,[27] Heron Arzua e Maurílio L. Schmidt.[28] E não apenas manda compensar, no dispositivo referido: em duas outras disposições, também utiliza o vocábulo *compensação* (art. 155, § 2º, II, *a*, e XII, *c*), o que mostra, como observa Paulo de Barros Carvalho,[29] não haver sido acidental o emprego da forma verbal.

9. Deve entender-se, como é de preceito em hermenêutica constitucional, que a Constituição, aludindo a *compensação*, o faz em sentido técnico. A disciplina de seu regime, tão-somente, é tudo quanto ela remete à lei complementar (art. 155, § 2º, XII, *c*) cuja função vem sendo temporariamente cumprida pelas Normas Provisórias do Convênio ICM 66/88. O mais deve ser buscado no Código Tributário Nacional e, à face do disposto no seu art. 110, no Código Civil.

22. Ob. cit., pág. 43.
23. "ICM — Utilização de crédito transferido — Boa-fé do favorecido — Exigência de imposto descabida", *RDT* 43/114-131, 129.

24. Cf. Geraldo Ataliba e Cléber Giardino, "ICM — Abatimento...", cit., *passim*; Cléber Giardino, "ICM e créditos de ICM...", cit., págs. 190 e 191; Marco Aurélio Greco, "ICM — Isenção na importação...", cit., pág. 222; Carlos Eduardo de Vasconcelos, ob. cit., págs. 207 e 215-216; Geraldo Ataliba e Aires F. Barreto, "ICM — Utilização de crédito transferido...", cit., pág. 128.
25. *RDT* 27-28/36 e *RDT* 29-30/206.
26. "ICMS na Constituição", *RDT* 46/161-171, 164.
27. "ICMS", *RDT* 48/176-185, 179.
28. "ICMS — Direito de crédito", *RDT* 52/221-224, 223.
29. Obra e local citados.

As Normas Provisórias referidas, nos seus arts. 28 *usque* 34, mais dispõem sobre o mecanismo da *compensação* (arts. 28-29), do que sobre seus pressupostos ou requisitos. No mais longe que vão além disso, versam a formação documental e escritural do *crédito* do contribuinte (art. 30) e as hipóteses de sua exclusão (art. 31) e anulação (arts. 32-34).

O Código Tributário Nacional dedica ao instituto apenas o seu art. 170, do qual se extraem estes dois traços essenciais: a) os créditos da Fazenda Pública, objeto de *compensação*, hão de ser tributários, b) os créditos compensáveis do sujeito passivo podem ser quaisquer, vencidos ou vincendos, desde que líquidos e certos e contra a Fazenda Pública.

Cumpre, pois, entender-se, à vista da parcimônia da disciplina normativa, propriamente tributária, pertinente à matéria, que o perfil do instituto, seus pressupostos ou requisitos, são aqueles que, compatíveis com essas parcas linhas fundamentais, propicia o direito comum.[30]

10. A apreciação abstrata do tema objeto da consulta lida, naturalmente, com *créditos* não individualizados, e por isso há de supor que estejam documental e escrituralmente formados e não incidam em hipóteses de exclusão ou anulação. Que atendam, enfim, aos reclamos básicos das Normas Provisórias do Convênio ICM 66/88.

Assim se dando, não há dúvida de que também satisfazem às exigências do Código Tributário Nacional: são líquidos e certos, e vencidos; têm por titular ou credora a consulente e por obrigada ou devedora a Fazenda Pública.

Não é isso, aliás, alvo de questionamento. A compensabilidade dos *créditos* de ICM e/ou ICMS da consulente presume-se indisputada, pois resulta diretamente da Constituição e nada se lhe embarga ao propósito. O que se indaga, é se, impossibilitada a sua utilização integral mediante *compensação* — não por falta de pressupostos desta, mas por excesso de *créditos* sobre *débitos* —, devem eles, ao se transferirem sucessivamente de um período de apuração para outro, ser monetariamente corrigidos.

Nesse sentido, faz-se útil breve incursão no campo do direito comum. Não para investigar se tais *créditos* são suscetíveis de *compensação* — o que se tem por certo, porque assim determina a Constituição —, mas, sim, para apurar se, porque o são, timbram-se de característica inerente ao instituto e por isso prestante para o esclarecimento do ponto questionado.

11. "A compensação" — escreve Carvalho Santos[31] — "é um modo de extinção de obrigações recíprocas. A palavra compensação, que vem de *pensare cum, pensare rem aliquam cum aliqua*, pesar na balança uma coisa com outra para ver se o peso é igual — dá idéia perfeita do verdadeiro conceito do instituto." O vocábulo, como anota Eduardo Cuq,[32] "éveile l'idée d'une pesée, d'une balance". Milton Sanseverino observa, na mesma linha:[33] "Compensação, segundo o étimo, vem de *pensare cum*, transmitindo a idéia de pesar, numa balança, *rem aliquam cum aliqua*, como lembra Lomonaco."

30. Heron Arzua e Maurílio L. Schmidt, ob. cit., pág. 223, salientam que a *compensação* "é instituto jurídico próprio, cujo conceito é oriundo do Direito Comercial, e conota ressarcimento financeiro". Paulo de Barros Carvalho, obra e local citados, observa que "o instituto da compensação — se bem que não seja um instituto do Direito Civil — é algo trabalhado no Direito, conhecido pelos juristas, portanto, uma palavra que tem um significado técnico mais preciso e mais adequado para dar esse traço do imposto". A despeito da reserva ao que dissemos no texto, parece-nos que, a rigor, ficamos no mesmo.

31. Verbete "Compensação", *Repertório Enciclopédico do Direito Brasileiro* 10/36-82, 36.

32. *Les Institutions Juridiques Romains*, vol. 2º, *apud* José de Moura Rocha, "Da compensação", *Revista de Direito Civil* 1/37-56, 41, nota 7.

33. "A compensação e sua regulamentação legal", *Revista de Direito Civil* 5/163-165, 162.

Distingue-se ela em compensação legal — de que ora cuidamos — e compensação convencional. "A *compensação legal*" — leciona Orlando Gomes[34] — "verifica-se, necessariamente, quando entre as mesmas pessoas, por *título diverso*, há dívidas *homogêneas, líquidas e exigíveis*. A existência desses pressupostos é bastante para determiná-la."

Tem grande relevo, para os fins da indagação que nos ocupa, o requisito da *homogeneidade* das dívidas objeto de *compensação*. "Numa fórmula sucinta," — registra Caio Mário da Silva Pereira[35] — "costuma-se ensinar que não é suficiente sejam as prestações fungíveis em *si mesmas*, porém devem sê-lo também *entre si*. É a isto que se designa como *homogeneidade*." Para Washington de Barros Monteiro,[36] "o último requisito concerne à homogeneidade das prestações, cuja compensação se pretenda. Torna-se preciso que elas sejam fungíveis entre si".

12. Quando a Constituição manda *compensar* o ICMS que for devido em cada operação com o montante (também de ICMS) cobrado nas anteriores, está afirmando, porque alude a *compensação* em sentido técnico, a *homogeneidade* do *crédito* da Fazenda Pública (ICMS devido em cada operação) e do *crédito* do contribuinte (ICMS cobrado nas operações anteriores).

Ora, não seriam homogêneos esses *créditos* recíprocos, tal como a Constituição implicitamente o afirma, se não se igualassem para efeito de *pesagem*, isto é, se não tivessem idênticas propriedades. Há de ser o mesmo, digamos, o peso abstrato, potencial, de um e outro, para que seus pesos concretos, efetivos, guardem a correspondência ínsita à *compensação*. Desse modo, se o Direito legislado, como é sabido e ninguém discute, expressamente submete os *créditos* de ICM e/ou ICMS da Fazenda Pública, objeto de *compensação* por determinação constitucional, ou dela resultantes, a correção do seu valor monetário, não se pode deixar de compreender que, ao menos para os fins da mesma *compensação*, também o faz, posto tacitamente, em relação aos *créditos* de ICM e/ou ICMS do contribuinte. E, quando não o fizesse o Direito legislado, fá-lo-ia, inapelavelmente, o Direito que transcende dos limites da lei, como teremos ocasião de observar mais adiante.

Parece-nos exata, em conseqüência, a afirmação contida no parecer dos Professores Geraldo Ataliba e Aires F. Barreto, de início referido, no sentido de que a não-correção dos *créditos* de ICM e/ou ICMS de que dispõe a consulente "fere o princípio da compensação, porque os créditos do Estado são corrigidos e os do contribuinte não o são; ora, só há verdadeira compensação quando os termos compensáveis são homogêneos; e, homogeneidade só há se os dois valores (crédito e débito) forem apurados segundo a mesma medida (ou ambos valores reais, ou ambos valores nominais)" (fl. 49 do parecer).

Acode-nos lembrar, a propósito, situação comparável, enfrentada e resolvida pelo Supremo Tribunal Federal.

V — Situação emblemática de "compensação" virtual

13. A Lei das Desapropriações dispunha, como ainda dispõe, no § 1º do seu art. 27, que a "sentença que fixar o valor da indenização, quando este for superior ao preço oferecido, condenará o desapropriante a pagar honorários de advogado sobre o valor da diferença". Ao tempo em que editada a norma, não se cogitava de correção monetária, instituto que somente lhe sobreveio quase um quarto de século depois. Absorveu-o, logo que isso ocorreu, a

34. *Obrigações*, 6ª ed., pág. 157

35. *Instituições de Direito Civil*, vol. II, 5ª ed., pág. 210.

36. *Curso de Direito Civil*, 4º vol., 5ª ed., pág. 334.

mesma Lei das Desapropriações, no § 2º do seu art. 26, a este acrescido pela Lei 4.686, de 21.6.65; tal parágrafo determinou a correção monetária do valor apurado para a indenização, sempre que decorrido prazo superior a um ano a partir da avaliação.

Criou-se, dessarte, situação intrigante. Para determinar-se a base de cálculo dos honorários, que era a diferença entre a indenização e o preço oferecido, impunha-se tomar a indenização, porque assim o determinava a lei, pelo seu valor monetariamente corrigido; *quid iuris*, relativamente ao preço oferecido, que dela se havia de subtrair e sobre cuja correção nada dispunha a lei?

14. Deparamo-la, em nossa judicatura no Supremo Tribunal Federal, mais de uma vez.

Na primeira, julgando na Segunda Turma, a 14.5.74, como Relator, o *RE 78.517*, logramos a adesão unânime dos colegas para o nosso voto, assim retratado na ementa do acórdão:[37] "Desapropriação. Honorários percentuais devem calcular-se sobre a diferença entre a oferta e a indenização fixada, uma e outra corrigidas monetariamente. Inocorrência de julgamento *ultra petita*. Recurso não conhecido".

A segunda vez ocorreu a 4.3.75, quando, ainda na Segunda Turma, o Ministro Thompson Flores relatou o *RE 79.477* e proferiu voto em sentido contrário. Coerente com o que decidíramos, com a adesão do colégio, no precedente referido, dissentimos do Relator e proferimos voto divergente, oralmente alinhavado na ocasião, que, todavia, restou vencido. Ponderamos, nesse voto, que "não se pode deixar de corrigir os dois elementos de confronto, quais sejam, o valor ofertado e o valor fixado para a indenização, posto que sobreveio disposição legal que mandou corrigir monetariamente o dito preço da indenização. Se não se fizer essa dupla correção, aí, sim, praticar-se-á contra o expropriante grande injustiça".[38]

Pouco mais tarde, coube-nos relatar o *RE 81.038*,[39] que versava a mesma questão. Dada a relevância da matéria, além da contradição, já caracterizada, entre julgados anteriores da mesma Segunda Turma, afetamo-lo ao Plenário, onde o julgamento foi concluído a 4.6.75. Reproduzimos, então, o voto vencido que proferíramos na Segunda Turma, o qual, desde então, consagrou-se como vencedor. A decisão, unânime, contou, inclusive, com o voto do Ministro Thompson Flores, que, após pedido de vista e nova meditação sobre o tema, superiormente reconsiderou sua posição anterior, dizendo:[40] "1. Certo, a leitura fria do art. 27, § 1º, da Lei de Desapropriações (Dec.-Lei 3.365/41) levaria à conclusão do aresto recorrido, como já o admiti. — 2. Todavia, aceita pela própria lei a correção monetária, e assim já não se poderia invocar a jurisprudência do Supremo Tribunal Federal que a repele sem lei, e tendo em conta o critério da própria lei para fixar ditos honorários, o certo é corrigir os dois pólos que lhes servem de embasamento, pois, proceder de forma diversa seria, motivadamente, agravar os *ônus* da desapropriante em favor do desapropriado."[41]

A partir desse julgamento, pacificou-se a jurisprudência do Tribunal. Condensou-a, finalmente, a *Súmula* 617, deste teor: "617 — A base de cálculo dos honorários de advogado em desapropriação é a diferença entre a oferta e a indenização, corrigidas ambas monetariamente."

Na determinação da base de cálculo dos honorários advocatícios em desapropriação, realiza-se, de modo virtual, "compensação" de dois valores presumivelmente díspares,

37. *DJ* 31.5.74, pág. 3.735.

38. *RTJ* 74/311.

39. *RTJ* 74/310-312.

40. *RTJ* 74/312.

41. Acreditamos que o advérbio *motivadamente*, que aparece na parte final da transcrição, resulte de erro de impressão. Pelo sentido do voto, o nobre juiz terá empregado seu oposto, isto é, *imotivadamente*.

que se anulam até onde se compensam e cujo resto, se positivo, exprime a base imponível. À submissão de ambos, para esse efeito — conquanto a lei só cogite da de um deles —, a correção monetária, subjaz a idéia matriz de sua homogeneidade, de paridade do seu peso abstrato e potencial. Não nos pareceu impróprio, por isso, qualificar de emblemática, por sua contribuição para a solução do problema apresentado na consulta, a situação versada neste capítulo.

15. Antes de encerrá-lo, ocorre-nos recordar situação outra, posto diversa, mas de invocação igualmente útil. Extraímo-la, à semelhança da anterior, de nossa experiência judicante.

Reflete-a, bastantemente, a ementa que lançamos ao acórdão unânime do *RE 81.302*, de que fomos Relator, julgado a 7.10.75 pela Segunda Turma do Supremo Tribunal Federal:[42] "Desapropriação. Correção monetária. Atualizações sucessivas. Não infringe lei alguma a decisão que, em tal caso, manda atualizar tanto a indenização quanto os pagamentos intermediários, ou, alternativamente, apenas o saldo em aberto. Recurso não conhecido".

Nesse precedente, o acórdão estadual então recorrido, que fora proferido pela Quarta Câmara do Segundo Tribunal de Alçada Civil do Estado de São Paulo, continha esta fundamentação, sintética mas precisa: "A atualização do cálculo da correção monetária faz-se por uma das seguintes formas: a) atualiza-se a indenização e, também, corrige-se o que já foi pago; ou b) atualiza-se o saldo em aberto. O que não é adequado é fazer-se o que se fez, atualizando apenas a indenização, sem corrigir-se o que já fora pago e recebido pelo desapropriado. Isso equivale a tratar desigualmente os valores em confronto e resultaria em verdadeiro locupletamento sem causa, em detrimento do apelante".

Nosso voto, acompanhado por todos os colegas, placitou os critérios adotados pelo Tribunal local. Assim o justificamos:

"Reputo corretos tais critérios, postos, aliás, de modo alternativo, sem determinação categórica de que se utilize um ou outro. Incorreto foi, à evidência, o critério aceito pelo Juiz de primeiro grau, que não podia deixar de ser repelido.

"Ainda recentemente decidimos em Plenário que, no cálculo da diferença sobre a qual incidem honorários na ação expropriatória, devem ser corrigidos monetariamente tanto o valor da indenização quanto o do depósito inicial acaso feito pelo expropriante".

Em sentido coincidente, aliás, também julgara a mesma Segunda Turma, cerca de um mês antes, o *RE 80.262*, de que fora Relator o Ministro Moreira Alves.[43]

Ainda aí, portanto, pressente-se a idéia matriz da homogeneidade dos elementos postos em confronto, para resguardo da inelutável paridade do que nos aventuramos a designar como seu peso abstrato e potencial.

Igualmente exata, conseqüentemente, afigura-se-nos esta outra afirmativa dos doutos preopinantes (fl. 34 do mencionado parecer): "É flagrantemente visível que, só com a aplicação ao valor originário da correção monetária do período, se manterá o equilíbrio entre débito e crédito".

16. Por outras vias, além do emprego, que até aqui procuramos fazer, do instrumental dogmático pertinente à *compensação* determinada pela Constituição, pode responder-se afirmativamente à indagação da consulente. Com efeito, convergem para o mesmo resultado o recurso à analogia e ao princípio que proscreve o enriquecimento sem causa.

A propósito, observou Arnoldo Wald:[44] "A própria analogia e a eqüidade foram

42. *DJ* 24.10.75, pág. 7.762. O acórdão não foi publicado na *RTJ*, não nos constando que o haja sido em outro periódico.

43. *RTJ* 75/882-885.

44. "Reforma da Justiça e correção monetária", *Revista de Informação Legislativa* 56/297-300, 299.

invocadas pelo Supremo Tribunal Federal para garantir a correção monetária em favor daqueles que obtinham a devolução de débitos fiscais indevidamente pagos".

É do que passamos a cuidar.

VI — Analogia e repetição do indébito tributário

17. É notório que a jurisprudência do Supremo Tribunal Federal pacificou-se no sentido de ser legítimo o recurso à analogia, para asseguração da correção monetária na repetição do indébito tributário. É possível que, por coincidência, também nos haja sido dado participar dos primeiros enfrentamentos da questão.

Contornamo-la, a princípio, por nos haver parecido que se tratava de questão de direito local, sem infringência, que se alegava, ao art. 167 do Código Tributário Nacional. Deu-se isso no *RE 75.239*,[45] julgado na Segunda Turma a 14.5.73 e do qual, nessa linha de entendimento, tornamo-nos Relator para o acórdão. Mas o Ministro Bilac Pinto, ao aderir ao nosso voto de vogal, afinal tornado vencedor, antecipou-se em firmar posição, assim:[46] "O contribuinte está sujeito a correção monetária, quando não liquida pontualmente o débito fiscal. Ora, se o Estado exige tributo indevido, tem a mesma obrigação de restituí-lo com correção monetária. Quer dizer, tratamento eqüitativo entre ambos reclama que tanto o Estado, ao cobrar a obrigação fiscal, quanto aquele que pagou tributo indevido e obtém judicialmente a restituição, tenham direito à correção monetária".

Quatro meses depois, a 14.9.73, quando julgou o *RE 75.050*, do qual nos coube a função de Relator, a mesma Segunda Turma pronunciou-se diretamente sobre a questão. Acreditamos ser esse o primeiro caso no qual a examinou o Supremo Tribunal Federal. A ementa que apusemos ao acórdão foi a seguinte:[47] "Correção monetária em repetição de indébito fiscal. Aplicação analógica das regras legais que a concedem na devolução de depósitos dos contribuintes, feitos em garantia das instâncias administrativa e judicial. Inocorrência de ofensa ao art. 153, § 2º da Constituição. Recurso extraordinário não conhecido".

Duas semanas mais tarde, ainda na Segunda Turma, julgou-se no mesmo sentido o *RE 75.862*, relatado pelo saudoso Ministro Barros Monteiro.[48]

18. Sucedeu que a Primeira Turma, em mais de um julgado, veio a decidir contrariamente, o que propiciou fosse a matéria levada, por via de embargos de divergência, à apreciação do Plenário. Este a examinou, pela primeira vez, no julgamento, concluído a 21.8.75, dos *ERE 77.698*, havendo-se tornado Relator para o acórdão o Ministro Cordeiro Guerra. A respectiva ementa ficou assim redigida:[49] "Restituição de tributo indevido. É de admitir-se a correção monetária ao tributo indevidamente exigido e recolhido, pois a legislação estadual prevê a correção do depósito em caso de devolução decorrente da procedência do recurso.

"No depósito e no pagamento indevido o Estado se beneficiou com a importância depositada ou recebida, e, assim, se admite corrigi-la, no primeiro caso, não há como eximir-se da mesma, no segundo.

"Embargos conhecidos e providos."

No mesmo sentido, julgou o Plenário, dias depois, os *ERE 80.196*.[50] E desde então, estabilizou-se, com o louvor da doutrina,[51] a jurisprudência do Tribunal.

45. *RTJ* 71/121-123.
46. *RTJ* 71/123.

47. *DJ* 5.10.73, pág. 7.463.
48. *RTJ* 72/129-131.
49. *RTJ* 75/810-814, 810.
50. *RTJ* 76/876-878.
51. *V.g.*, José Alexandre Tavares Guerreiro, "Correção monetária — repetição do indébito...", *Revista de Direito Mercantil* 20/88-90, 90.

VII — Enriquecimento sem causa

19. Parece superada a controvérsia sobre a prevalência, em nosso Direito, do princípio que proscreve o enriquecimento sem causa, e sobre a correspondente existência, entre nós, mesmo no silêncio da lei, da ação de *in rem verso*.

Efetivamente, como anota Agostinho Alvim,[52] "o ponto de vista da existência da ação de *in rem verso*, com caráter subsidiário, é hoje, inquestionavelmente, o vencedor, ainda na ausência de texto expresso. — Assim é na França, na Espanha, na Argentina, e em outros países, entre os quais se inclui o nosso". Para o acatado monografista,[53] "não haveria argumentar com a falta de fundamento para a ação, visto como a inexistência de fonte principal (a lei) é suprida, normalmente, pelas fontes subsidiárias, integrantes: a analogia, o costume e os princípios gerais". "Por outro lado," — prossegue ele[54] — "é inquestionável que a condenação do enriquecimento injustificado é princípio geral de Direito, porque, com maior ou menor extensão, ela tem sido recomendada por todos os sistemas, no tempo e no espaço." Edifica-se a teoria do enriquecimento sem causa — remata este civilista[55] — "sobre o terreno da eqüidade, do Direito Natural ou da Moral, ou dos princípios eternos do Direito".

O emérito Francisco Campos dá lição coincidente:[56] "É certo que no Código Civil brasileiro não se encontra formulado nenhum princípio geral quanto ao locupletamento à custa alheia. Nele, porém, vários dispositivos existem, que não só pressupõem o princípio geral, como constituem aplicações parciais do mesmo. Assim, não há dúvida que, embora não expressamente formulado, o princípio relativo ao locupletamento à custa alheia faz parte do nosso sistema de Direito positivo, sendo um daqueles casos a que, de modo geral, se refere o art. 7º da Introdução ao Código Civil, quando a eles manda recorrer nos casos omissos".

"Exemplo de princípio milenar" — adita Aliomar Baleeiro[57] — "que nosso C. Civ. de 1916 não expressa em forma geral, mas que está subjacente a várias de suas disposições, é aquele famoso de Pompônio, vindo do Digesto (50.17.206), que Fabreguettes desejava ver gravado no portal de todos os Pretórios, princípio segundo o qual a ninguém é lícito locupletar-se com alheia jactura: *Iure naturae aequum est neminem cum alterius detrimento et iniuria fieri locupletiorem.*"

20. Não se confina, o princípio, às fronteiras do Direito Privado "Cremo-lo" — registra Aliomar Baleeiro[58] — "inteiramente aplicável ao Direito Constitucional, inclusive ao Financeiro, que dele recebe a primeira de suas fontes. Bilac Pinto, em sua monografia clássica sobre a 'Contribuição de Melhoria' (1938), adotou-o como fundamento ético e jurídico desse tributo". Antes, dissera o saudoso publicista ser ele um daqueles princípios do Direito Privado que "projetam luz sobre os pontos silentes ou obscuros do Direito Fiscal".[59] Situa-se na mesma linha o entendimento de Agostinho Alvim,[60] para quem, "entre nós, o Poder Público, quando realiza obras, está autorizado a cobrar taxa de melhoria, dos que se beneficiaram mais diretamente." "Ora," — acrescenta — "a lei, neste caso, está informada na condenação do enriquecimento."

Estudando, certa feita, a admissibilidade do crédito fiscal do antigo ICM quando a

52. "Do enriquecimento sem causa", *RF* 173/47-67, 53.
53. Ob. cit., pág. 54.
54. Ob. e local citados.
55. Ob. cit., pág. 64.
56. *Direito Civil*, 1956, págs. 271-272.
57. "Imposto sobre circulação de mercadorias...", *RF* 257/161-165, 164.
58. Obra e local citados.
59. Ob. cit., pág. 163.
60. Ob. cit., pág. 64.

restituição do tributo, pago indevidamente, fosse alcançada pela decadência ou pela prescrição, afirmou-a José Souto Maior Borges,[61] "porque, se assim não fora, haveria um *enriquecimento ilícito*, ou seja, *contra legem*, do Estado, em detrimento dos direitos e garantias dos contribuintes. Sob esse aspecto, são isônomas as posições do fisco e sujeito passivo, enquanto subsumidos ao princípio da legalidade".

A própria repetibilidade do indébito tributário teve seu reconhecimento, inicialmente, fincado na proscrição do enriquecimento sem causa. "Por acaso não haveria direito à restituição de tributo indevidamente pago" — indaga Alcides Jorge Costa[62] — "se as leis fossem omissas a respeito? Existe dispositivo expresso do CTN regulando esta restituição mas no período anterior ao Código nem todas as leis cuidavam do assunto."

21. Parece conclusivo, à luz dessas considerações, que, para evitar-se o enriquecimento sem causa da Fazenda Pública, haver-se-á de admitir, na hipótese de acumulação de créditos de ICM e/ou ICMS, com sua sucessiva transferência, total ou parcial, de um para outro período de apuração, a correção monetária desses créditos.

Daí nossa aquiescência a mais esta asserção dos ilustres pareceristas que nos antecederam no exame da matéria (fl. 35 do parecer referido): "A utilização dos créditos pelos seus valores nominais implica, inexoravelmente: — a) de um lado, prejuízo financeiro para o contribuinte, e — b) de outro, um enriquecimento sem causa do Estado."

22. Aliás, o relacionamento causal entre, de um lado, conjuntura inflacionária com desvalorização da moeda e, apesar disso, inadmissibilidade de correção monetária, e, de outro, enriquecimento sem causa, desponta, explícita ou implicitamente, em todas as abordagens que se têm feito do aflitivo problema.

Em importante estudo que lhe dedicou, Arnoldo Wald sentencia:[63] "Um dos graves problemas que tem entravado o bom funcionamento da Justiça decorre da ausência de normas legais adequadas para garantir o credor contra os efeitos da depreciação da moeda. (...) Assim sendo, somente pagar os seus débitos no momento da execução da sentença judicial, tornou-se uma forma de enriquecimento sem causa, para o réu, e de empobrecimento, para o credor, ensejando, outrossim, a multiplicação dos feitos na Justiça, pois ao devedor não mais interessa obter a vitória na causa, mas simplesmente ganhar tempo".

"O reconhecimento da existência dessa situação" — anota o assíduo estudioso da matéria[64] — "não é fato recente e, ainda em 1975, no *Diagnóstico*, que elaborou sobre a nossa Justiça o Supremo Tribunal Federal, documento que teria servido de base à Reforma Judiciária, foi salientado que se impunha a generalização da correção monetária para evitar a pletora de processos e impedir que o demandante vencedor obtenha 'reparação incompleta e desvaliosa, pela indispensável demora da demanda, com benefício do litigante sem razão'."

Efetivamente, no citado *diagnóstico*, como usualmente se designou o Relatório do Supremo Tribunal Federal, aprovado em sessão administrativa de 13.6.75, sobre a situação do Poder Judiciário, consignou a Corte:[65] "A pletora de processos cíveis, entre mais razões que a explicarão, encontra estímulo no desgaste do poder aquisitivo da moeda e na inexistência de atualização ou correção monetária das condenações. Obrigado, pelo Estado, a recorrer-lhe à Jurisdição, para obter reparo de lesão do

61. "A constitucionalidade do Convênio ICM 07/77...", cit., pág. 89.
62. "ICM — Créditos...", cit., pág. 42.
63. Ob. cit., págs. 297-298.
64. Ob. cit., pág. 298.
65. *RF* 251/7-15, 9.

seu direito, o demandante vencedor obtém reparação incompleta e desvaliosa, pela indispensável demora da demanda, com benefício do litigante sem razão".

23. Não apenas aos juízes de nossa mais alta Corte acudiu semelhante preocupação.

Externaram-na, também, os magistrados, de modo geral, na 2ª conclusão do Simpósio sobre "A Decisão Judicial e a Inflação Monetária", promovido no Rio de Janeiro em maio de 1975 pela Associação dos Magistrados Brasileiros. Eis o seu teor:[66] "Quanto às chamadas *dívidas pecuniárias*, inegável a necessidade de providência legislativa no sentido de se evitarem aquelas situações em que a ausência do reajuste monetário conduz ao locupletamento injusto do devedor relapso, em prejuízo flagrante do credor de boa-fé".

Na sugestão que ofereceu e deu origem à conclusão aprovada, o Desembargador Tycho Brahe Fernandes Neto acentuou que, "a permanecer a atual diretriz jurisprudencial, estarão, as decisões judiciais, permitindo, por autêntico misoneísmo, o enriquecimento sem causa".[67]

24. Ainda no plano doutrinário, não faltam outras manifestações.

Em estudo pioneiro, Amílcar de Araújo Falcão fez este registro:[68] "Simetricamente a tal depauperamento dos credores de dívidas pecuniárias, há um enriquecimento dos devedores; lucram estes a diferença de poder de compra da moeda entre a data da obrigação e a data da prestação".

Semelhantemente anotaram J. A. Penalva Santos e João Baptista Herkenhoff. Disse o primeiro:[69] "O reflexo desse fenômeno processual no direito material é o surgimento de um injustificado locupletamento do devedor inadimplente, em prejuízo do credor". E o segundo:[70] "No processo, deve haver absoluta igualdade entre as partes. A não aplicação de correção monetária aos vencidos, nos pleitos judiciais, cria uma situação de desigualdade, gerando o enriquecimento do devedor, em prejuízo do credor".

Em outros quadrantes, prevalece visão análoga da questão. "Nos Estados Unidos" — depõe Arnoldo Wald[71] — "(...) a doutrina entendeu que se poderia recorrer à cláusula do *due process of law* para impedir que o respeito ao valor nominal da moeda implicasse numa desapropriação e num enriquecimento sem causa."

25. Oferece, por fim, a própria jurisprudência sinais inequívocos do mesmo entendimento.

No julgamento, que se fez memorável, do *RE 79.663*, que relatou perante o Plenário do Supremo Tribunal Federal, disse o Ministro Aliomar Baleeiro, com a vivacidade de seu estilo:[72] "Negar a correção no caso é permitir o locupletamento indébito do Recorrente, o que fará tremer os ossos de Pompônio, se ainda existem".

Outro exemplo reside no acórdão recente no Superior Tribunal de Justiça proferido no *AI 1.992*, relatado na Segunda Turma pelo Ministro Vicente Cernicchiaro. Eis sua ementa:[73] "A correção monetária ajusta o valor formal ao substancial do débito. Cumpre atualizá-lo no ato do pagamento. Caso contrário, considerada a desvalorização diária da moeda, acarretará enriquecimento sem causa do devedor".

66. *Apud* Lenine Nequete, "A decisão judicial e a correção monetária", *AJURIS* 4/3-13, 5.

67. *Apud* Lenine Nequete, ob. cit., pág. 7.

68. "A inflação e suas conseqüências sobre a ordem jurídica", *RDP* 1/54-63, 57.

69. "A aplicação da correção monetária nas condenações em dívida de dinheiro, no juízo civil", *AJURIS* 4/14-23, 23.

70. "A correção monetária nos processos judiciais, independentemente de leis específicas", *AJURIS* 4/103-117, 114.

71. "Correção monetária das indenizações decorrentes de responsabilidade civil", *A Correção Monetária*, Apec, 1970, 133-213, 140-141.

72. *RTJ* 79/515-532, 516.

73. *DJ* 2.4.90, pág. 2.454.

VIII — Créditos atrasados e correção monetária

26. Discutiu-se, não faz muito, a incidência de correção monetária sobre créditos de ICM que os contribuintes — geralmente por ilegítima oposição do Fisco, afinal removida pela via judicial — retardavam em lançar na sua escrituração fiscal. Essa discussão acompanhou muitas vezes, em paralelo, a de outra questão, que se diria principal e foi versada em centenas de acórdãos do Supremo Tribunal Federal: a de gerar, ou não, crédito fiscal na operação subseqüente a isenção do tributo na operação precedente. Como se sabe, a jurisprudência do Tribunal tornou-se maciça no sentido da tese afirmativa, que prevaleceu enquanto vigente o texto constitucional anterior à Emenda n. 23, de 1983, à Constituição de 1967-1969.

Na doutrina, houve divergência a respeito do assunto. Alcides Jorge Costa externou opinião contrária, que recentemente reiterou.[74] Segundo seu entender, somente com previsão legal expressa seria possível a correção monetária de créditos lançados com atraso. Dele divergiram, contudo, outros especialistas, como Ives Gandra da Silva Martins[75] e Antônio Carlos Amaral Leão.[76]

27. A jurisprudência do Supremo Tribunal Federal vacilou, até estabilizar-se no sentido negativo. O Tribunal, a princípio, ora concedia, ora negava a correção monetária. Deferiu-a a Primeira Turma, em vários arestos.[77] Da Segunda Turma, um acórdão, pelo menos, também a concedeu: o *RE 102.572*, Relator o Ministro Décio Miranda, que viria a constituir padrão de divergência nos *ERE 104.963*, que logo mencionaremos. Outros, negaram-na.[78]

À hesitação inicial, o Plenário pôs termo ao julgar, a 6.3.86, por maioria de votos, vencidos os Ministros Sydney Sanches e Oscar Corrêa, os *ERE 104.963*,[79] Relator para o acórdão o Ministro Carlos Madeira, que assim lançou a respectiva ementa:

"ICM. Declaratória do direito ao crédito do tributo isento. Não cabe, porém, a correção monetária do valor desse tributo, se o fisco, apesar de não reconhecer aquele direito, não exigiu o seu pagamento. Não há identidade de situações entre quem pagou indevidamente o imposto e quem deixou de escriturar o valor da isenção, mas também não o recolheu à Fazenda. "Embargos rejeitados."

A partir desse julgamento, pode dizer-se pacificada a jurisprudência ulterior do Supremo Tribunal Federal.

28. O entendimento majoritário, dissemos em outra oportunidade e aqui reiteramos, não parece que se haja assentado em premissas exatas.

Relembre-se o mecanismo do antigo ICM. Em cada Estado, por imposição de norma geral federal de Direito Tributário, a lei devia dispor "de forma que o *montante devido* resulte da diferença a maior, em determinado período, entre o imposto referente às mercadorias saídas do estabelecimento e o pago" (ou dispensado, tratando-se de isenção) "relativamente às mercadorias nele entradas".[80] Na verdadeira conta-corrente fiscal que o mecanismo envolvia, constituía *débito* o imposto referente às mercadorias saídas do estabelecimento, e *crédito*, o pago (ou dispensado, tratando-se de isenção) relativamente às mercadorias nele entradas.

74. "ICM — Créditos...", cit., pág. 43.

75. "Autodireito ao crédito de ICM", *RDT* 25-26/230-238, 235, e *RF* 290/192-196, 196; "ICM — Direito a creditar-se", *RDT* 37/51-67, 58-59.

76. "Correção monetária dos créditos de ICM", *RDT* 39/219-222, *passim*.

77. *V.g.*, *RE 104.151*, *DJ* 15.3.85, Relator o Ministro Oscar Corrêa, que referiu julgados anteriores no mesmo sentido: *RE 101.720*, *RE 102.572* e *RE 102.733*.

78. *V.g.*, *RE 107.110*, *DJ* 4.4.86, Relator o Ministro Carlos Madeira.

79. *DJ* 25.4.86.

80. Art. 3º, § 1º, do Decreto-lei 406, de 31.12.68; itálico da transcrição.

Quer isso dizer que, vencido cada período de declaração e autolançamento, apurava-se o imposto referente às saídas (*débitos*) e dele se abatia o referente às entradas (*créditos*). Se o *débito* excedesse ao *crédito*, como geralmente ocorria, a diferença a maior constituía o *montante* do imposto *devido*; se lhe fosse inferior, a diferença a menor, isto é, o saldo de *crédito* verificado a favor do contribuinte, transferia-se "para o período ou períodos seguintes".[81]

Basicamente, corresponde-lhe, ainda hoje, pelo menos na mais comum de suas formulações, o mecanismo do atual ICMS. Guardam adequação, portanto, as considerações que expendemos em parecer de julho de 1987.

Ora — escrevemos ali —, se, no fechamento periódico da conta-corrente fiscal, o contribuinte teve determinado crédito para ser abatido do débito, mas o Fisco lho obstou, impedindo desse modo a subtração, é evidente que a recusa aumentou, na exata medida do crédito obstado, o *montante devido* e pago. Em outras palavras, o contribuinte pagou montante que embutia crédito ilegitimamente denegado, isto é, pagou parcela, integrada nesse montante, de *imposto indevido*.

Diante de tal situação, pode o contribuinte, sem dúvida alguma, propor ação de repetição do indébito, hipótese na qual, também sem nenhuma dúvida, consoante jurisprudência copiosa do mesmo Supremo Tribunal Federal, já examinada, é-lhe assegurada a correção monetária, independentemente da disciplina da Lei 6.899, de 8.4.81, computada desde cada pagamento indevido. Diante, contudo, do peculiar mecanismo do ICM e/ou ICMS e da permanência da conta-corrente fiscal que ele necessariamente compreende, abre-se ao contribuinte a alternativa, certamente simplificadora e menos onerosa à Fazenda Pública, de demandar o reconhecimento e a escrituração, ainda que tardios, do *crédito* ilegitimamente denegado. Que razão lógica, ou jurídica, *data venia*, pode militar em prol da negativa, nesta via alternativa, da correção monetária pacificamente concedida naquela?

29. Saliente-se, aliás, que a alternatividade a que aludimos nada tem de exótica. Conta ela com bom respaldo, como dissemos, no peculiar mecanismo do tributo e na permanência da conta-corrente fiscal nele compreendido, e encontra símile — abstraída a circunstância de que esta não encerra litigiosidade — na solução adotada pelo direito federal de normas gerais tributárias, para o caso de empregar-se o sistema de apuração por estimativa do montante devido: garantia a lei, então, "ao final do período, a complementação ou a restituição em moeda ou sob a forma de utilização como crédito fiscal, em relação, respectivamente, às quantias pagas com insuficiência ou em excesso".[82] No regime atual, ver o art. 29, § 2º, das Normas Provisórias do Convênio ICM 66/88.

Vale notar que, para esta eventualidade, sustenta-se a incidência de correção monetária.[83]

30. No Superior Tribunal de Justiça, que sucedeu ao Supremo Tribunal Federal na competência para o exame da matéria em perspectiva infraconstitucional, também vacilou a jurisprudência, com acórdãos dissonantes das duas Turmas integrantes da Primeira Seção. Provocada esta, todavia, em embargos de divergência, a maioria de seus juízes confluiu para a uniformização da jurisprudência em favor da tese favorável à admissão da correção monetária dos *créditos* retardatários. Deu-se isso no julgamento, a 21.8.90, dos *EREsp 1.472*,[84] quando se tornou Relator para o

81. Mesmo dispositivo legal, parte final.

82. Art. 3º, § 7º, do Decreto-lei 406, de 31.12.68, acrescentado pela Lei Complementar n. 44, de 7.12.83.

83. Cf. Cléber Giardino, "ICM — regime de estimativa", *RDT* 9-10/207-226, 218.

84. *DJ* 29.10.90.

acórdão o Ministro Ilmar Galvão. A ementa consignou:

"...

"Uniformização que se opera em favor da tese consagrada na decisão embargada.

"Correção monetária irrecusável, em face dos efeitos da inflação sobre o crédito que o contribuinte não pode desfrutar no devido tempo, em razão de embargos opostos pelo Fisco. Ausência de óbice legal ao reconhecimento, em ação declaratória, de direito subjetivo a crédito fiscal pelo respectivo valor corrigido.

"Embargos rejeitados."

No voto condutor desse decisivo aresto, cuja cópia obtivemos e consultamos, o Ministro Ilmar Galvão fez implícito reparo, na mesma linha de nosso entendimento, há pouco reiterado, à orientação afinal prevalecente no Supremo Tribunal Federal. E disse: "O argumento, o fundamento que se invoca para recusar-se a correção monetária, é que se trata de ação declaratória em que não houve pagamento. Então é que vem, no meu entender, a premissa falsa. Porque se o importador, o comerciante, deixou de creditar-se daquela quantia, é claro que desembolsou a quantia, porque o ICM, como se sabe, é um imposto apurado por quinzena, sob sistema de lançamentos correntes de créditos e débitos. Ao final da quinzena, apura o contribuinte o que está devendo e recolhe. Um contribuinte que deixou de creditar-se, naquele período, de uma determinada quantia, claro que teve o seu saldo devedor acrescido da correspondente quantia e, conseqüentemente, também *o quantum* a pagar".

Pouco depois desse julgamento, a mesma Primeira Seção reiterou seu entendimento, ainda por maioria de votos, nos *EREsp 421*, julgados a 13.11.90, tornando-se Relator para o acórdão o Ministro Vicente Cernicchiaro.[85]

85. *LEX Jurispr. STJ* e *TRFs* 24/41.

IX — Créditos acumulados e correção monetária

31. Por todo o exposto, não vemos como se possa razoavelmente repudiar a admissibilidade da correção monetária dos *créditos* de ICM e/ou ICMS que o contribuinte venha a acumular em sua conta-corrente fiscal. Essa situação, quiçá pouco freqüente, não é insólita. "Poderá haver" — exemplifica Gilberto de Ulhôa Canto[86] — "a situação oposta, como a de empresa que tenha tanto crédito que pode deixar por algum tempo de efetuar recolhimentos de ICM, como no caso de quem estocou muitas mercadorias adquiridas por preços relativamente altos e tem de vender num mercado de procura escassa e por preços não muito elevados, caso no qual os créditos acumulados nas aquisições sustentarão os débitos decorrentes das vendas, sem necessidade de recolhimentos."

Todos os caminhos, pelo contrário, levam à conclusão da admissibilidade de tal correção: seja o emprego do instrumental dogmático pertinente à *compensação* que o sistema constitucional impõe como traço da não-cumulatividade do tributo, seja o recurso à analogia ou ao princípio eterno do Direito — na linguagem expressiva de Agostinho Alvim — que proscreve o enriquecimento sem causa.

32. Aos dois últimos processos jurídicos de análise da questão, também preside, latente mas sobranceiro, o princípio isonômico. Registram-no Geraldo Ataliba e Aires F. Barreto, no parecer tantas vezes mencionado (fls. 38-39): "Curioso é que se a situação fosse inversa — ou seja, se o contribuinte se creditasse *por valor maior do que aquele a que fazia jus* — isso implicaria *desembolso menor*, para pagamento do ICMS devido. Equivale dizer que o *Fisco receberia menor quantidade de moeda*. Tais correlações são matemáticas e

86. "ICM — Não-cumulatividade...", cit., *RDT* 29-30/204-205.

inconfutáveis. Só que, neste caso, não se levantariam dúvidas — como até aqui não se levantaram — sobre o direito de o Fisco exigir a reposição do patrimônio estadual, pela aplicação da correção monetária *sobre a diferença a haver*. Ora, que ordenamento jurídico é esse que ao Estado assegura a correção de seus créditos, mas não a correção de seus débitos? Onde o tratamento isonômico entre as duas — substancialmente — idênticas situações?"

Deve acrescentar-se, para reforço do argumento isonômico, que, numa economia marcadamente inflacionária como teima em ser a nossa, a índole e o mecanismo do ICM e/ou ICMS permitem que, numa situação de acumulação de *créditos* do contribuinte, sejam os seus *débitos*, que se originam das saídas e constituem, no reverso, créditos na Fazenda Pública, atualizados de modo virtual, pela só elevação periódica e sistemática — reparadora da erosão monetária, ao invés de incrementadora do lucro real — dos preços de venda das mercadorias.

A doutrina registra o fenômeno que, conquanto econômico, guarda relevância jurídica. "No caso de imposto *ad valorem*" — anotam Henry Tilbery e Ives Gandra da Silva Martins,[87] referindo-se ao ICM e ao IPI — "não há necessidade de indexação já que a base de cálculo desses impostos automaticamente acompanha a evolução dos preços." Outro tanto foi observado por Amílcar de Araújo Falcão,[88] nestes termos: "No mundo econômico, ante a inflação, a correção monetária se faz espontaneamente, por um simples impulso instintivo, no que diz respeito às prestações instantâneas".

X — Conclusão

33. É afirmativa, à luz das considerações anteriormente expendidas, nossa resposta à indagação da consulente.

Brasília, abril de 1992.

87. "Ajustes para fins de tributação em condições econômicas de elevada inflação", *RF* 295/41-49, 48.
88. "A inflação...", cit., pág. 63.

CADERNOS DE DIREITO TRIBUTÁRIO

IPTU: PROGRESSIVIDADE

JOSÉ SOUTO MAIOR BORGES
Professor da Faculdade de Direito da Universidade Federal de Pernambuco

1. Considerações preliminares. 2. Implicações constitucionais do princípio da autonomia municipal. 3. O IPTU e a função social da propriedade imobiliária urbana. 4. Progressividade das alíquotas do IPTU. 5. A progressividade no imposto de renda. 6. O IPTU como instrumento da política urbana. 7. O IPTU no Município de São Paulo.

1. Considerações preliminares

1.1. O imposto municipal sobre a propriedade predial e territorial urbana (IPTU), como o seu próprio nome está a indicar, integra o grupo dos impostos sobre o patrimônio. Não o patrimônio todo, universalidade de direitos e obrigações economicamente avaliáveis e objeto de competência residual da União (CF, art. 145, I), mas apenas uma das suas manifestações específicas: a propriedade de prédio ou terreno situados na zona urbana do Município, ou seja, o patrimômio imobiliário, especificador da competência tributária municipal (CF, art. 156, I). E, se não temermos a viravolta, o passo atrás, retornaremos à lição originária de Amílcar Falcão: há impostos gerais e especiais sobre o patrimônio segundo incidam sobre a totalidade ou parte dele (*Sistema Tributário Brasileiro*, 1ª ed., Edições Financeiras, Rio, 1965, pp. 90-92).

1.2. A CF, no art. 156, § 1º, autoriza os Municípios, observadas as limitações constitucionais do poder de tributar (arts. 150 e 152), a legalmente instituir IPTU progressivo de forma a assegurar a função social da propriedade. A progressividade do IPTU é então um instrumento constitucional da função social da propriedade imobiliária urbana. No poder de tributar se inclui o poder de instituir as alíquotas do tributo — progressivas ou não. A previsão expressa, e não apenas implícita, de alíquotas progressivas deve-se à particular articulação e inter-relação do IPTU com a função social da propriedade. E essa função, muito mais que simples exigência técnica no art. 156, § 1º, corresponde a um princípio que, enquanto tal, permeia a exegese da CF toda. Sendo a função social da propriedade um princípio, deverá ser assegurada sempre que compatível com a estrutura dos impostos. Na competência da União para instituir o imposto de renda (art. 153, III), não há referência à função social da propriedade até porque ele não incide sobre o patrimônio e sem embargo esse tributo deverá considerá-la. Acaso será cabível instituir imposto sobre os rendimentos de imóveis com desconsideração da função social da propriedade? Só se esse tributo estivesse sobranceiro à isonomia. Como não o está, a resposta é seguramente negativa.

No entanto só o IPTU (art. 156, I e § 1º) e o territorial rural (art. 153, VI e § 4º, c/c art. 186), impostos sobre o patrimônio, estão, sob reserva constitucional expressa, vinculados à preservação da função social da propriedade. Genericamente é esse o traço mais importante da outorga constitucional de competência para instituir impostos sobre a propriedade imobiliária, urbana ou rural. Essa arquitetura constitucional da função social da propriedade não deve ser solapada pela exegese isolada dos textos específicos, como o art. 182, onde aliás é reiterada (§ 2º), a evidenciar-lhe a peculiar importância.

1.3. Os limites da progressividade do IPTU acabam por confundir-se com o problema da demarcação da própria competência tributária do Município. Significa o mesmo dizer que lhe são aplicáveis as limitações constitucionais do poder de tributar (CF, art. 150). Não deve a progressividade ser instituída senão por legalidade isônoma (itens I e II); não deve a legalidade tributária revestir efeito retroativo (item III, *a*); nem implicar confisco (item IV); nem muito menos integrar imposto incidente sobre o patrimônio da União, Estados-membros e Distrito Federal (item VI, *a*). Com razão portanto acentua Mizabel Derzi: "O Município pode estabelecer alíquotas progressivas nos impostos sobre a propriedade, seja em aplicação e aperfeiçoamento do princípio da legalidade, fazendo crescer as alíquotas à medida que crescer o valor da matéria tributada, seja no exercício do seu poder regulatório" (Mizabel Derzi e Sacha Calmon, *Do Imposto sobre a Propriedade Predial e Territorial Urbana*, Saraiva, São Paulo, 1982, p. 75).

1.4. Não há porém limites infraconstitucionais à progressividade do IPTU. Ou estão na CF ou simplesmente limites não existem. A atribuição constitucional é de competência legislativa plena. Se a lei integrativa reproduz a limitação, é inócua: se a amplia ou restringe, inconstitucional. Por esse motivo, é de capital importância extrair, da competência constitucional outorgada ao Município para instituir o IPTU progressivo, todas as suas virtualidades e virtudes, mesmo quando elas não transpareçam ao primeiro súbito de vista e à análise superficial.

1.5. De modo que a progressividade do IPTU não deve servir de pretexto para obstaculizar o exercício da competência tributária municipal na sua plenitude. Como aconteceria se a competência para a instituição de alíquotas progressivas, a juízo apenas do intérprete, devesse ficar em suspenso, aguardando a edição de lei da União. Converter a lei federal em instrumento de amesquinhamento da competência municipal é degradar a função tanto de uma quanto da outra. É atribuir-lhes função diversa daquelas a que estão constitucionalmente vocacionadas.

2. Implicações constitucionais do princípio da autonomia municipal

2.1. Diversifica-se formalmente a disciplina da autonomia municipal na CF de 1988 em confronto com a sua regência nas Constituições anteriores. Assim é que, na esteira das Constituições antecedentes, a de 1967, redação da Emenda n. 1/69, art. 15, solenemente proclamava que a autonomia municipal seria assegurada pela eleição direta de Prefeito, Vice-Prefeito e Vereadores (item I) e pela administração própria no que respeitasse ao seu peculiar interesse (item II), especialmente quanto à "decretação" e arrecadação dos tributos de sua competência (*a*) e organização dos serviços públicos locais. A fórmula foi abandonada. Substituída por uma disciplina diversa, a dos arts. 30 e 31 da CF de 1988, pela outorga de competências específicas. Diversificar é contudo um modo de preservar, não de suprimir. Se está diversamente mantida é precisamente porque a automomia municipal não está supressa. Sob esse ângulo da análise, o princípio da autonomia municipal está preservado na CF de

1988: atribuição de competências específicas contrastáveis com as da União, Estados, Distrito Federal e Municípios. Remanesce portanto e por força do art. 30, a competência dos Municípios para legislar sobre assuntos do interesse local (item I), bem como para instituir e arrecadar os tributos de sua competência (item III). E anteriormente a CF já enunciara o caráter formalmente autônomo do Município (art. 18).

2.2. Dantes como hoje, o tributo é um instrumento da autonomia municipal. Se a autonomia municipal é um princípio — e dos mais eminentes — deverá informar toda a interpretação constitucional, do mesmo modo como operam todos os princípios constitucionais. Deve projetar os seus efeitos ao longo das normas constitucionais com ela direta ou indiretamente relacionadas. O todo normativo, a unidade que expressa a forma de sistema tem alicerces nos seus princípios fundamentais. E não se contrapõe, preexcluindo-os, aos multiformes dispositivos constitucionais, p. ex., art. 156, I e § 1º, art. 182, § 4º, relativos ao IPTU.

2.3. Dentre as características da autonomia municipal a serem privilegiadas inclui-se a de que as normas para a sua efetivação são incompatíveis com o condicionamento prévio à legislação alheia, mormente no plano tributário. Se o Município tem uma competência tributária privativa, da qual uma das manifestações é o IPTU, este não poderá ter o seu exercício condicionado à legalidade tributária alheia. Privativo é o regime constitucional de quem está só e não concorre com ninguém na estruturação dos seus tributos. Autônomo, como o revela admiravelmente a sua etimologia (do grego: *autós*, próprio, de si mesmo, *nomos*: lei, norma), é o regime de quem se governa pela sua própria legalidade e não se rege conseqüentemente pela legalidade de outrem. Nem mesmo a lei complementar do art. 146 é condicionante para a instituição de tributos municipais. No passado recente, houve quem o pretendesse, contra a Constituição.

2.4. Dentre os tributos de competência do Município, inclui-se o IPTU (CF, art. 156, item I), o qual poderá ser progressivo, nos termos da lei municipal, de forma a assegurar o cumprimento da função social da propriedade (§ 1º). A progressividade é aí atribuída à lei municipal, sem nenhuma referência ou, muito menos, condicionamento à legislação, p. ex., federal (leis ordinárias ou complementares da União). E a regência não poderia ser diversa sem vitanda incoerência da sintaxe constitucional. Sem comprometer-se o inter-relacionamento entre os seus preceitos — princípios e normas — no interior do ordenamento. E sem inconsistência semântica deles. Porque se a legalidade do Município dependesse da preexistência da lei da União, a rigor ele não seria autônomo. Não se regeria, só pela sua própria legalidade, mas concorrentemente pela legalidade alheia. E quebrar-se-ia substancialmente até a isonomia da legalidade entre as pessoas constitucionais: sem a lei tributária da União, nenhuma lei tributária do Município. Quem demora em editar a legalidade condicionante da instauração da legalidade alheia simplesmente a controla, até a hipótese-limite de nunca vir a editá-la, aniquilando o princípio. Estranhíssima caracterização da autonomia municipal, porque se nega a si mesma.

2.5. Mas a CF não prestigia esse tipo de distorção exegética. O IPTU é explorável pela lei municipal *ex proprio vigore*. Vigor e vigência que extrai da CF, sem intermediação legislativa alguma. A autonomia do município é um princípio constitucional cuja importância ressalta ao exame mais superficial pela só circunstância de tipificar e especificar o sistema constitucional brasileiro (art. 1º).

Há quem afirme — embora em precárias bases indutivas — que não existem municípios dotados do grau superlativo da autonomia com que são contemplados os municípios brasileiros. Mesmo se procedentes as críticas ao art. 1º da CF, pela inclusão dos municípios na enunciação vestibular da composição do nosso sistema federal, ela quando menos servirá para deixar claro que a topologia adequada da autonomia municipal é na região dos princípios expressamente nomeados pela CF como fundamentais.

2.6. O art. 156, § 1º, é expresso ao autorizar a progressividade — e só com isso timbrar-lhe a preferência constitucional — como um conteúdo da lei tributária municipal respectiva. Dito noutros termos: a progressividade é um conteúdo que integra o âmbito material da lei tributária do Município. A CF não cuidou, aí, da simples proporcionalidade desse tributo. Clausulou-o para logo com a progressividade.

As conseqüências desse regime jurídico-constitucional expresso não parece tenham sido bem apercebidas. A CF fornece só alguns — não todos — indicadores do conteúdo das leis tributárias, a matéria a ser por elas regulada. O mais importante, a generalidade da lei, não deflui do art. 153, III, § 2º, que trata apenas da generalidade do imposto de renda. Este é, a assim dizer, um subproduto do art. 2º, muitíssimo mais eminente, que institui o princípio da tripartição do poder. Porque dele se extrai o limite constitucional da legalidade: à lei é defeso invadir a seara do executivo (atos administrativos) e do judiciário (atos sentenciais). O ato administrativo e a sentença põem normas individuais. À lei cabem as normas gerais: este o conteúdo da generalidade da lei, que não consiste então em consectário do art. 153, III, § 2º da CF. Mas as competências do poder executivo e do poder judiciário se definem em função da legalidade e não o contrário. Na CF, o conteúdo da legalidade tributária está inauguralmente disciplinado, na sua consistência e nos seus limites, pelo seu art. 2º — tripartição do poder — é a conclusão.

2.7. Implícito no princípio constitucional da legalidade tributária, o seu âmbito material está explicitado pelo CTN, art. 97, nos seus vários itens. E, dentre esses, o item IV que defere à lei do tributo instituir genericamente as suas alíquotas. Esse texto infraconstitucional não serve para legitimar a análise do texto constitucional que lhe é logicamente preexistente e fundamento de sua validade (CF, art. 150, I). Mas serve muito bem para calçar a conclusão de que a CF deu tamanha importância à progressividade da alíquota do IPTU que desde logo expressamente a autorizou, desconsiderando só com isso a alternativa de sua exclusão na legislação municipal.

2.8. E não se argumente com o singelo "poderá" em que está vazado o art. 156, I, § 1º do texto constitucional. "Poder" aí é o mesmo que "dever". "Poderá" equivale então a "deverá". Poder e dever, o mesmo. Não apenas em virtude dessas considerações singelas, mas de integração desse dispositivo com a isonomia tributária (art. 145, § 1º).

Nessa mesma direção de hermenêutica constitucional, a lição atualíssima de Ruy Barbosa: "Claro está que em todo poder se encerra um dever: o dever de não exercitar o poder, senão dadas as condições, que legitimem o seu uso, mas não deixar de o exercer, nas condições que o exijam" (*Comentários à CF Brasileira*, coligidos e ordenados por Homero Pires, Saraiva, 1932, vol. 1º, p. 151).

3. O IPTU e a função social da propriedade imobiliária urbana

3.1. A função social não é a de um atributo ou apêndice, que possa vir ou não a agregar-se ao domínio. A CF não prevê alternativas para o exercício do direito de propriedade: com ou sem função social. Propriedade só com função social. A propriedade deverá portanto exercer — sempre — função social. Dito noutros termos: nenhuma propriedade sem função social.

3.2. Essas assertivas não correspondem a hipóteses descritivo-explicativas graciosas, porque desvinculadas dos textos constitucionais. Ao contrário, o seu inventário irá apenas confirmar a sua adequação à ordem constitucional. Assim é que, no art. 5º, incluso nos direitos e garantias fundamentais, está dito: "É garantido o direito de propriedade" (item XXII). Mas, logo a seguir, adverte o texto: "A propriedade atenderá a sua função social" (item XXIII).

Ao disciplinar a tributação, pelos Municípios, da propriedade imobiliária urbana, prescreve o art. 156, § 1º, que o IPTU poderá ser progressivo, nos termos da lei municipal, de forma a assegurar o cumprimento da função social da propriedade.

No subconjunto normativo que alguns denominam "Constituição Econômica", a CF preceitua que a ordem econômica será fundada, dentre outros, nos seguintes "princípios": propriedade privada (item II), função social da propriedade (item III).

Nos termos do art. 182, § 2º, a propriedade urbana cumpre a sua função social quando atende às exigências fundamentais de ordenação da cidade expressas no plano diretor.

Para os efeitos de política agrícola, fundiária e de reforma agrária, a regência constitucional é a mesma: a função social da propriedade é cumprida quando a propriedade rural atende aos requisitos do art. 186.

Essa referência algo monótona aos textos constitucionais respectivos é sem embargo necessária para realçar uma conclusão preliminar: não há, na CF de 1988, propriedade cujo exercício não esteja vinculado à sua função social. O problema que remanesce consiste em fixar-lhe o regime jurídico-constitucional e suas implicações necessárias no âmbito do IPTU.

3.3. Não é possível no entanto definir a função social da propriedade. Sequer desejável essa definição ou mesmo necessária. Inviável o intento de demarcá-la conceitualmente. Fixar-lhe limites precisos e incontornáveis, mesmo restrito o problema à função social da propriedade imobiliária urbana. Essa impossibilidade é de ordem lógica. Porque toda definição, como acentuou Popper, introduz novos termos que, por sua vez e por serem, também eles, indefinidos, postulam novas definições. Por essa via, se introduz na matéria o germe do regresso ao infinito (*regressus ad infinitum*).

3.4. Deveras: a propriedade imobiliária urbana pode ser definida como aquela na qual os atributos do domínio são exercidos sobre prédio ou terreno situados na zona urbana do Município. Em que consiste o domínio? Em que consiste a zona urbana? Qual a caracterização jurídica do Município? E se, para efeitos tributários genericamente havida, e não no seu sentido estrito, a propriedade imobiliária abrangerá o domínio útil e a posse (CTN, arts. 29 e 32). Em que consistem o domínio útil e a posse, quais as suas características? E a função social da propriedade? Como se define enquanto social essa função? Em que consiste ela? Como se distingue da estrutura que lhe condiciona o exercício e assim sucessivamente até o infinito. É uma contingência do trabalho intelectual, posto que humano, o ser necessariamente imperfeito. Nada obstante pode-se operar cientificamente com a noção de função social da propriedade, como erigida em princípio na CF, sem preocupação com inúteis definições. Por esse caminho são possíveis avanços efetivos na abordagem da matéria, adotando-se a "regra de ouro" do trabalho intelectual: ir do conhecido em busca do desconhecido: "Jamais se repetirá bastante esta bela regra do trabalho intelectual: ir em tudo do conhecido para o desconhecido" (Jean Guitton, *Le Travail Intellectuel*, Aubier, Paris, s/d, p. 56).

3.5. O art. 170 da CF inclui a propriedade privada (item II) e sua função (item III) dentre os princípios ditos "gerais" da atividade econômica. Esses a CF não os nomeia "fundamentais", ao contrário dos princípios dos arts. 1º a 4º: "Dos princípios fundamentais". Em si, a propriedade privada não é sequer um princípio, mas simplesmente um direito. Somente pode ser havida como princípio se considerada a sua função. Estruturalmente a propriedade privada se diversifica e multiplica na sua tipificação: propriedade urbana, rural, predial, territorial, etc. Funcionalmente ela se reunifica: uma só função, a social, que outra a CF não a reconhece. A diferença entre estrutura e função da propriedade privada ressalta.

3.6. Contudo nenhuma alteração se interporia se a CF houvesse omitido, no art. 170, II, o qualificativo "privada", aposto à propriedade. A explicitação que ele introduz é desnecessária. Não se concebe que, no sistema constitucional em vigor, a propriedade pública venha a exercer senão função social. Não é *munus* do poder público curar de interesses privados, se e enquanto contrapostos aos interesses da sociedade. É essa uma das mais eminentes projeções do princípio da indisponibilidade, pela administração, do interesse público na submissão estrita da função administrativa à legalidade (Celso Antônio).

3.7. Tanto procedem essas ponderações que a CF, no seu art. 5º, garante o direito de propriedade *tout court* (item XXII) e sua função social (item XXIII). Não há menção à propriedade privada, mas é desta que se trata, porque o art. 5º somente dispõe sobre direitos e deveres individuais e coletivos.

Deve-se assinalar que já aí a função social da propriedade não mais é havida como um simples princípio ligado à ordem econômica, mas como "direito e garantia fundamental" (CF, título II). Fundamental é o que está nos fundamentos da ordem constitucional. Como se caracteriza no entanto o princípio diante das outras normas constitucionais?

A resposta a essa indagação terá decisiva repercussão nas conclusões centrais deste estudo. Sejam quais forem as dificuldades teóricas de caracterização dos princípios de direito constitucional positivo, num ponto convergem uníssonas todas as opiniões doutrinárias: o princípio penetra como uma linfa a exegese de todas as normas constitucionais com ele direta ou indiretamente relacionadas. Se a propriedade privada exerce função de princípio *ex vi* do art. 170 da CF, desse atributo — o ser principal — ela não se despe quando inserta no art. 5º. É certo que este último não define os direitos e garantias que elenca como princípios. Mas sem embargo incorpora alguns dos princípios mais eminentes da ordem constitucional, p. ex., legalidade, isonomia, irretroatividade.

Se é de princípio que se trata, quando se cogita da propriedade na sua função social, dever-se-á considerar que todas as normas — sem exceção alguma — com ela relacionadas devem ter aplicabilidade imediata (CF, art. 5º, § 1º). Aplicabilidade imediata equivale a auto-aplicabilidade, característica das normas em-si-mesmas-bastantes, independentes pois de integração ou intermediação legislativa alheia. A CF prestigia a expansão do princípio até onde a "força" e a sua "autoridade" possam alcançar.

Conclusão provisória: por ser princípio, a sua função social é o fundamento constitucional do próprio direito de propriedade e pois da propriedade imobiliária urbana; função que incumbe ao IPTU preservar pela instituição de alíquotas progressivas.

4. Progressividade das alíquotas do IPTU

4.1. A alíquota do tributo integra o âmbito material do princípio da legalidade tributária, implícito na CF, art. 5º, II, expresso e reiterado no art. 150, I. Mas há uma diferença capital, pelas suas repercussões no regime jurídico-tributário, entre ambas as formulações.

Não se deve confundir os direitos e as — deles distintas — garantias individuais. Ensina-o o sumo hermeneuta constitucional entre nós: "Não se encontrará, na Constituição, parte ou cláusula especial, que nos esclareça quanto ao alcance da locução 'garantias constitucionais'. Mas a concepção é óbvia, desde que separemos, no texto da lei fundamental, as disposições meramente *declaratórias*, que são as que imprimem existência legal aos direitos reconhecidos, e as disposições *assecuratórias*, que são as que, em defesa dos *direitos*, limitam o poder. Aquelas instituem os *direitos;* estas, as *garantias*; ocorrendo não raro juntar-se, na mesma disposição constitucional ou legal, a fixação da garantia, com declaração do direito" (Ruy Barbosa, ob. cit., vol. 5º p. 181 — os grifos são do texto original).

Em si mesma, a legalidade não é um direito, mas um pressuposto constitucional para a instituição de direitos e deveres. Direito individual é só o de não ser alguém obrigado a fazer ou deixar de fazer alguma coisa senão em virtude de lei (art. 5º, II). A reserva legal é, sob esse aspecto, a suprema garantia do cidadão contra a ação de tributar. Seus destinatários são os brasileiros e estrangeiros residentes no país (art. 5º, *caput*).

4.2. Diversamente, no art. 150, I, a legalidade tributária é limitação constitucional do poder de tributar, a mais eminente de todas, porque a CF só contempla legalidade tributária isônoma (arts. 5º, *caput* e item I, 145, § 1º e 150, I-II). A isonomia condiciona a efetividade de todos os direitos e garantias constitucionais do art. 5º. É esse um eco distante da lição imorredoura de Francisco Campos sobre a isonomia. Mas os destinatários do art. 150, I, são a União, Estados, Distrito Federal e Municípios. Nesse dispositivo a CF fixa os limites da própria competência tributária: poder repartido já é competência. É então de uma limitação constitucional da competência tributária que se trata. E esse preceito funda por isso mesmo a validade do CTN, art. 97, IV, em cujos termos inclui-se no âmbito material da legalidade tributária a fixação da alíquota do tributo. Esse preceito é norma geral de direito tributário, disciplinada pela CF, art. 146, II, que atribui à lei complementar regular as limitações constitucionais do poder de tributar.

4.3. Mas as alíquotas da lei tributária sobre integrarem o seu âmbito material podem teoricamente diversificar-se. Elas podem, p. ex., ser seletivas ou uniformes, proporcionais ou progressivas, regressivas (v. Aires Barreto, *Base de Cálculo, Alíquota e Princípios Constitucionais*, Ed. RT, 1986, pp. 50 e ss. e 92-93). Em conclusão: se a CF privilegiou, dentre todas as técnicas de fixação de alíquotas do IPTU, a progressiva, é porque essa competência corresponde a uma preferência constitucional (*supra*, 2.6) com relação às outras alternativas de que o Município disporia.

4.4. No tocante ao IPTU, assim está expressa, na CF, a competência para a instituição do IPTU:

"Art. 156. Compete aos Municípios instituir imposto sobre:

"I — propriedade predial e territorial urbana;

(*omissis*)...

" § 1º. O imposto previsto no inciso I poderá ser progressivo, nos termos da lei municipal, de forma a assegurar o cumprimento da função social da propriedade."

4.5. A instituição do IPTU progressivo, sobre preservar a função social da propriedade, assegura a isonomia. Deveras: a graduação conforme a capacidade contributiva (art. 146, § 1º) e vedação de tratamento desigual entre contribuintes em situação equivalente (art. 150, II) são apenas outros nomes com que a CF insiste na isonomia no âmbito tributário. E todas essas normas-princípio "gritam" pela progressividade do IPTU.

4.6. Mas as limitações constitucionais — e pois as relativas à progressividade do

IPTU — incidem diretamente sobre a legalidade tributária do Município, vedadas as intermediações da legalidade editada pelas outras pessoas constitucionais como condicionante do seu exercício.

Não há limites "externos" — é dizê-los decorrentes de competência alheia — para a fixação das alíquotas progressivas do IPTU pelo Município. Limite "interno", com licença da linguagem metafórica, porém expressiva, é a proibição de confisco. A progressividade não pode estender-se ao ponto de envolver o despojamento compulsório, a aniquilação da propriedade (CF, art. 150, IV). Quando se configura o confisco, quais os seus pressupostos é contudo uma questão de que se deve prescindir na abordagem do objeto deste estudo.

4.7. É visível, no art. 156, § 1º, o objetivo de expressar a importância — axiológica porque ligada à isonomia — da progressividade para a estruturação do IPTU. Por isso mesmo o "poderá" em que está literalmente vazada a outorga de competência não deve servir de pretexto, como visto (*supra*, 2.8), para negar-se a sua aplicabilidade imediata pelo Município. Seria desservir à própria CF e seus desígnios. "Sempre que possível" — di-lo o art. 145, § 1º, 1ª parte — "os impostos terão caráter pessoal e serão graduados segundo a capacidade econômica do contribuinte". Logo, se puder o IPTU ser progressivo, deve sê-lo! O poder aí não extrapassa as fronteiras do dever, antes situando-se dentro dos seus limites.

4.8. As críticas a essa cláusula não são de todo razoáveis. Porque ela não objetiva demarcar o âmbito de atuação das normas impositivas ou, mais concisamente, dos impostos, circunscrevendo-os dentro dos comportamentos *possíveis (contingentes)*, os únicos suscetíveis de regulação jurídica e excluindo da pretensão ao imposto os comportamentos inelutavelmente *necessários* e os *impossíveis*: "Nunca será demasiado insistir que tanto a ocorrência factual, como o comportamento regulado, têm de ser *possíveis*, para que a regra venha a ser aplicada, tornando-se individualmente eficaz" — averba-o excelentemente Paulo de Barros Carvalho (*Sobre os princípios constitucionais tributários*, inédito). É bem outra a função da cláusula e meramente *técnica*: vincular a tributação à personalização e graduação do imposto segundo a capacidade econômica do contribuinte. Seu campo de atuação é a *técnica* impositiva (legislativa) e portanto a *arte* da aplicação (integração) constitucional pela legalidade, com fulcro na CF, editada. Há impostos que se não compadecem com a progressividade; logo, ela não se lhes aplica. Mas aos impostos que se compadecem, ela deve aplicar-se, posto que possível essa aplicação. Não é contudo aqui o lugar para discriminar-se os impostos em função de sua compatibilidade ou não com a cláusula inicial do art. 145, § 1º, e pois com a progressividade. Há sensíveis disceptações doutrinárias a respeito (v. Geraldo Ataliba, *RDP*, vol. 93, p. 236; Alcides Jorge Costa, *ibid*, p. 240).

4.9. Não há propriedade legítima no Brasil, já o vimos (*supra*, item 3), sem função social, como seu atributo mais *impregnante*. Sempre que a CF trata da propriedade, é de sua função social que também se trata. A propriedade urbana — predial ou territorial — está, como todas as outras especificações do domínio, submissa à CF, art. 5º, itens XXII: garantia do direito de propriedade e XXIII: sua função social. Ora, as normas definidoras dos direitos e garantias fundamentais têm aplicação imediata (art. 5º, § 1º). Aplicação imediata da CF envolve o prescindir a norma de integração legislativa. É até mais que mera auto-aplicabilidade porque esta apenas exclui a exigência de "integração" (*supra*, 3.7). A aplicação imediata não só exclui a integração de norma, mas também sinaliza para o dever de não omitir-lhe a aplicação — desde logo. Omissão de sua aplicação imediata seria omissão inconstitucional. Ao instituir o IPTU, o Município deve, sempre que possível estruturá-lo com alíquotas progressivas e não desvinculado da progressividade. O único impedimento constitucional para a progressividade das suas alíquotas — e pois o seu limite — será a incapacidade econômica das pessoas submissas à legalidade municipal. Porque não merece discussão séria a caracterização de sua compatibilidade estrutural com a progressividade, de plano reconhecida no próprio texto constitucional (art. 156, § 1º). Se os Municípios, ao instituírem-no, não o gravarem com a progressividade, a ausência de lei municipal respectiva pode ser acoimada de omissão inconstitucional, por desobediência do art. 5º, XXIII.

Conclusão: devem os Municípios instituir IPTU progressivo, independentemente de uma teratológica "suspensão" do exercício de sua competência, já que essa suspensão não tem nenhum respaldo constitucional. É um precário "achado" doutrinário e pois extranormativo. A omissão da progressividade corresponde na hipótese ao descumprimento do dever de legislar.

4.10. O IPTU progressivo é redutível a um imposto proporcional, conquanto aumentando essa proporção na medida em que se eleva o valor da matéria tributável, como já ensinava Rubens Gomes de Sousa. O IPTU progressivo no tempo não se aparta desse regime jurídico-constitucional. É um imposto proporcional que se eleva à proporção da fluência do tempo, numa escala fixada legalmente. E a variação das alíquotas não altera as características tipificadoras do tributo, porque essa variação é apenas um critério legal para a conversão de sua base de cálculo em cifra, como advertiu Alfredo Becker. Todavia nenhuma impugnação se interpôs às alíquotas proporcionais do IPTU: só às progressivas. Porque estas últimas, pretende-se, estariam sujeitas a condicionamentos constitucionais peculiares.

5. A progressividade no imposto de renda

5.1. Há quem apressadamente pretenda extrair da outorga constitucional de competência à União para instituir o imposto de renda, informado pelo critério da progressividade, uma proibição implícita de adotar, o IPTU, alíquotas progressivas, exceto na hipótese do art. 182, § 4º, II da CF. Há aí um equívoco, que a análise serena logo revela.

Prescreve a CF, no seu art. 153:

"Compete à União instituir imposto sobre: (*omissis*)

"III — renda e proventos de qualquer natureza;

"(*omissis*)

"§ 2º. O imposto previsto no inciso III:

" I — será informado pelos critérios da generalidade, da universalidade e da progressividade, na forma da lei."

5.2. Tal objeção à progressividade é desconcertante, porque não passa de uma aplicação indevida do argumento *a contrario sensu*: a inclusão da progressividade no IR implica sua exclusão no IPTU. O art. 153 não prescreve de modo algum, expressa ou implicitamente, que a progressividade é apanágio exclusivo do IR. A mais pedestre das interpretações — a literal — já o revela. Ele não utiliza os advérbios "só", "exclusivamente", "apenas" ou equivalente, de modo a legitimar a conclusão pela circunscrição da progressividade ao IR, com exclusão do IPTU — ou outros quaisquer impostos.

5.3. Descabida é por inteiro a aplicação do argumento *a contrario* na hipótese. A progressividade é um critério que, acabamos de ver, dependendo da estrutura do imposto, ser-lhe-á ou não aplicável. Se compatível com esta, deverá ser aplicada. Se os opositores da progressividade não se detivessem no argumento *a contrario* para logo ter-se-iam apercebido que a interpretação sistemática não o confirma — antes o infirma nos seus fundamentos.

5.4. Porque a visão sistemática evidencia ser, o art. 145, § 1º, de regra aplicável a todos os impostos. Sempre que houver idoneidade técnica do imposto para utilizar-se dela. A cláusula "sempre que possível" poderá merecer todas as críticas (veja-se por todas as de Paulo de Barros Carvalho), mas esse conteúdo semântico mínimo não lhe deverá ser negado: ela contempla a compatibilidade da estrutura do tributo com a graduação — e pois com a progressividade, forma qualificada desta — como limite à sua adoção (*supra,* 4.8). Agora, pretender extrair da formulação positiva do art. 153, § 2º, I, uma proibição implícita não passa do *nec plus ultra* dos descaminhos hermenêuticos.

5.5. Retomo, nesse passo, o que antes escrevi sobre a precariedade da utilização indiscriminada do argumento *a contrario:* "Ora, diversamente do que ocorre na hipótese, só quando expressa ou implicitamente uma norma limita a aplicabilidade de sua disposição a determinada classe de pessoas ou de estados-de-fato, cabe inferir-se pela aplicação do argumento *a contrario,* a existência de outra norma cuja disposição se opõe contraditoriamente à da primeira e cujo âmbito pessoal de validade está compreendido pelas pessoas não contempladas no outro preceito".

Em virtude dessas considerações, me foi possível concluir: "Por isso, o advérbio 'somente' desempenha, na primeira norma, o papel de um 'quantificador' (Kalinowsky), no sentido de que limita quantitativamente (positiva ou negativamente) o seu âmbito de validade" (in *RDT* 2/78).

Só procederia o argumento *a contrario* se o art. 153, § 2º, I, estivesse redigido nos seguintes ou em equivalentes termos: "Somente o imposto de renda será informado pelos critérios da generalidade, da universalidade ou da progressividade". Ou nessa outra fórmula: "O imposto de renda será informado pela progressividade, vedada ao imposto sobre a propriedade predial e territorial urbana, exceto na hipótese do art. 182, § 4º, item II". Essas redações alternativas constituiriam uma "enormidade", porque estariam em aberta contradição com toda a sistemática da CF, particularmente com a isonomia geral e suas especificações no campo tributário.

Muito antes — muitíssimo antes — de o art. 153, § 2º, I, referir-se à progressividade, já eram alíquotas progressivas adotadas pelo IR. E com maior adequação técnica à estrutura desse imposto e mesmo às suas implicações com a justiça fiscal.

5.6. Por outro lado, a proposta exegética ora criticada não resolve o problema da contradição internormativa dela resultante. Porque, em sua decorrência, o art. 153, III, § 2º expulsaria a progressividade do IPTU, ao restringi-la ao imposto de renda, mas o art. 156 a reintroduziria no sistema ao autorizá-la no seu § 1º. Os dois dispositivos estariam em contradição. Não poderiam articular-se sistematicamente e muito menos ser simultaneamente aplicados. Duas normas contraditórias são insuscetíveis de aplicação simultânea. Ou se cumpriria a determinação do art. 153, III, § 2º ou a autorização do art. 156, § 1º. Ou se observa a autorização de pisar na grama ou a proibição de pisar na grama. Conduta facticamente impossível, e pois juridicamente inviável, é pisar e não pisar na grama ao mesmo tempo...

E essa alternativa exegética ainda envolveria maiores contradições porque a progressividade não estaria vedada apenas ao IPTU mas a todos os outros impostos — com a só exclusão (não se sabe bem por quê) do IR.

5.7. Levada a extremo, a tese de vedação da progressividade no imposto territorial urbano com fulcro indireto no art. 153, § 2º, I, envolve estranhíssimas conseqüências, denunciadas pelo prof. Geraldo Ataliba: "Em primeiro lugar esse mesmo preceito da Constituição também estabelece que a legislação do imposto de renda terá os caracteres de generalidade e universalidade. Ora, a valer o argumento de que a progressividade só se aplica ao imposto de renda (por causa desse preceito) seria preciso também afirmar-se que a generalidade e a universalidade também somente são aplicadas ao imposto de renda (porque o preceito é expresso em referi-las a esse imposto, só)" (*RDT*, vol. cit., p. 236).

Subscrevo inteiramente a ponderação do mestre. À qual acrescento que, de uma formulação positiva de competência para a progressividade do IR, no art. 153, § 2º, I não cabe inferir uma formulação negativa implícita da progressividade do IPTU. Na atribuição da competência, a CF utilizou técnicas formalmente diversas. Quanto ao IR, ela foi *expressa* em vincular a União à instituição da progressividade do IR. Porque, de todos os impostos, o IR é o mais compatível com alíquotas progressivas e o mais incompatível com alíquotas uniformes. Quanto aos demais, a CF foi apenas *implícita* na sua generalidade: sempre que possível haveria a graduação do imposto e pois a proporcionalidade e/ou progressividade de suas alíquotas (art. 145, § 1º). Com relação a esses últimos há todavia uma exceção contemplada na própria CF: o IPTU será progressivo de modo a assegurar a função social da propriedade. Basta essa observação para evidenciar o caráter auto-aplicável da competência para instituir o Município alíquotas progressivas do IPTU, com fulcro no art. 156, § 1º.

5.8. Submisso à legalidade, o tributo está *ipso facto* sob o império da isonomia em todas as suas manifestações. Na linguagem doutrinária (descritivo/explicativa), inconfundível com a do ordenamento normativo (prescritiva), legalidade e isonomia podem ser unificadas; reduzidas a um só princípio: a igualdade se manifesta "diante da" lei (igualdade formal) e "na" lei (igualdade material, "contenutística", como diria Pontes de Miranda). Legalidade e isonomia são a rigor um só princípio: o da legalidade isônoma. Pobre direito, a isonomia, se a legislação infraconstitucional fora a sua exclusiva morada. Isonomia é conteúdo necessário da legalidade.

5.9. A isonomia é *positivamente* explicitada, no âmbito tributário, pelo art. 146, § 1º da CF: graduação do tributo segundo a capacidade contributiva. E o é, também *negativamente*, como limitação constitucional ao poder de tributar (tal como a legalidade que a contém), no art. 150, II, 1ª parte: vedação de tratamento tributário desigual entre contribuintes que se encontrem em situação equivalente.

5.10. A alíquota fixa do imposto pode implicar tratamento igual a desiguais: e nessa hipótese constituirá forma qualificada de ocultação da desigualdade. Não há contudo manifestação mais ostensiva da desigualdade do que tratar igualmente os desiguais: estes devem ser desigualmente tratados na medida mesma da sua desigualdade. O dever de discriminação é aí patente. E a proporcionalidade pode, em certos casos, atenuar a desigualdade — não porém erradicá-la. Não será por outro motivo que a técnica da progressividade se impõe como instrumento da isonomia. E esta, no âmbito tributário, se nomeia: capacidade contributiva — seu outro nome.

Mas a progressividade pode exercer duas funções diversas e entre si inconfundíveis: a de adequação do tributo à capacidade contributiva (função fiscal) e a de exercício do poder ordinatório com vistas à política urbana. O pleno desenvolvimento das funções sociais da cidade (função extrafiscal, CF, art. 182, *caput*).

5.11. Ao lado dos limites constitucionais da progressividade, os seus limites técnicos: ela só há-de aplicar-se se compatível com a estrutura do tributo. Apenas exemplificativamente: um imposto sujeito constitucionalmente a alíquotas uniformes seria incompatível com a progressividade, tal como ocorria com o ICM (Emenda 1/69, art. 23, § 5º). Compatíveis com a progressividade das alíquotas são, hoje, p. ex., o imposto territorial rural (CF, art. 153, § 4º), o imposto sobre as grandes fortunas (CF, art. 153, VII), o imposto de renda (CF, art. 153, III) e os impostos sobre o patrimônio, como o ensinam Geraldo Ataliba (art. rev. cits., p. 236) e Alcides Jorge Costa *(ibid*, p. 240).

Em conclusão: na proibição do tratamento desigual entre contribuintes que se encontrem em situação equivalente está contida a proibição de tratamento igual entre contribuintes que se encontrem em situação desigual.

6. O IPTU como instrumento da política urbana

6.1. Porém o cavalo de batalha que os opositores da progressividade pretendem introduzir na cidadela do IPTU é o art. 182, § 4º da CF em cujos termos:

"É facultado ao Poder Público Municipal, mediante lei específica para área incluída no plano diretor, exigir, nos termos da lei federal, do proprietário do solo urbano não edificado, subutilizado ou não utilizado, que promova seu adequado aproveitamento, sob pena, sucessivamente, de:

"I — parcelamento ou edificação compulsórios;

"II — imposto sobre a propriedade predial e territorial urbana progressivo no tempo;

"III — desapropriação com pagamento mediante títulos da dívida pública de emissão previamente aprovada pelo Senado Federal, com prazo de resgate de até dez anos, em parcelas anuais, iguais e sucessivas, assegurados o valor da indenização e os juros legais."

O art. 182 está inserto no capítulo da ordem econômica e financeira e trata da política urbana. A sua locução inicial: "política de desenvolvimento urbano" resume a finalidade do dispositivo todo. Sua função é *promocional*: promover a política de desenvolvimento urbano. Em contraposição à sua tradicional função *repressiva*, a função *promocional* do ordenamento jurídico, e pois do seu subconjunto constituído pelas normas tributárias, é destacada pela doutrina moderna (v. Bobbio, *Della Sttrutura alla Funzione*, Edizzione di Comunità, Milano, 1977).

A função de proteção dos atos lícitos, sejam estes obrigatórios ou permitidos, pode exercer-se mediante a repressão de atos ilícitos. E essa repressão pode dar-se por três modos: tornando-se difícil, impossível ou desvantajosa a ação contraposta à função promocional. Mas esta última se desenvolve tornando necessária, fácil ou vantajosa a ação incentivada (cf. Bobbio, ob. cit., pp. 14 e 27).

Sem esses pressupostos, será precária a exegese do art. 182 e frustrar-se-á o esforço de fixação de sua inteligência, com o comprometimento da autonomia municipal e portanto da competência tributária do Município. Parcelamento ou edificação compulsórios (item I), IPTU progressivo no tempo (item II) e desapropriação com pagamento em títulos da dívida pública (item III) são meios de que o art. 182, § 4º se serve para tornar difícil e desvantajosa a manutenção propriedade imobiliária urbana que não exerça função social (art. 182, § 2º). Difícil ou desvantajosa (itens I e II) ou até impossível (item III) será a sua preservação em desacordo com a política urbana e sua função promocional. Os pressupostos de fato, o seu suporte fáctico (Pontes de Miranda), são a propriedade de solo urbano não edificado, subutilizado ou não utilizado.

6.2. Nesse ponto se interpõe uma indagação cuja resposta é condição *sine qua non* para uma alternativa de exegese do art. 182 mais adequada aos imperativos da lógica do razoável: qual o sentido da expressão: "Poder Público Municipal", a que se reporta o art. 182 tanto no *caput*, quanto no seu § 4º? Noutras palavras: quem é o destinatário desse preceito no particular?

"Poder Público Municipal" é expressão que não convém ao legislativo, mas exclusivamente ao executivo — conclui-se já da formulação do art. 182, *caput*, que expressamente atribui ao seu destinatário *executar* a política de desenvolvimento urbano conforme diretrizes gerais fixadas em lei. Executar é aí literalmente função administrativa, a de aplicar a lei de diretrizes gerais da política urbana. Incumbe à lei fixar as diretrizes gerais da política de desenvolvimento urbano e ao executivo dar-lhe aplicação (= execução). Mas que lei? Qual o qualificativo que se lhe deve pospor? Em suma: é de lei federal ou municipal de que se trata?

6.3. É claro que à lei municipal incumbe, no exercício da autonomia do Município, dispor sobre o desenvolvimento urbano, matéria de peculiar interesse municipal. Comprova essa reserva constitucional de lei a previsão de aprovação, pela Câmara Municipal, do plano diretor, instrumento básico da política de desenvolvimento e expansão urbana (art. 182, § 1º).

6.4. E a "lei específica" a que se refere o art. 182, § 4º — qual o seu regime jurídico? Para respondê-lo é preciso retroceder a artigos antecedentes a esse dispositivo, na enumeração constitucional. Uma coisa é o regime jurídico da lei orgânica do Município para cuja aprovação a CF exige *quorum* especial, o de dois terços dos membros da Câmara Municipal (art. 29, *caput*) e que deverá dispor sobre as matérias elencadas nos itens I a XII desse dispositivo. Está portanto a lei orgânica, que alguns — sem razão contudo — pretendem caracterizar como uma "constituição municipal" — submetida a regime (a) procedimental ou formal e (b) substancial ou material, peculiar e inconfundível com o das demais leis do Município. Esse duplo condicionamento constitucional aproxima muito mais a lei orgânica do Município do regime jurídico formal e material da lei complementar da União.

6.5. Diversa é a competência para editar a lei orgânica, expressão da autonomia do Município — não porém a única e exclusiva. Porque, logo a seguir, no art. 30, a CF atribui aos Municípios diversa competência legislativa não clausulada pela exigência do *quorum* especial. Nos termos desse dispositivo, que disciplina os desdobramentos da autonomia municipal, incumbe aos Municípios não só instituir e arrecadar os tributos de sua competência (item III), mas também promover, no que couber, adequado ordenamento territorial, mediante planejamento e controle do uso, do parcelamento e da ocupação do solo urbano (item VIII). Essas competências tópicas integram, portanto, o desenho do princípio da autonomia municipal.

Uma conclusão preliminar se interpõe na análise do art. 182. É que a matéria nela disciplinada não tem a sua matriz constitucional no art. 29 e portanto não está sob reserva da lei orgânica. É matéria implantada em região normativa diversa — a do art. 30, III e VIII. Se é assim, não passa, a competência legislativa do art. 182, de uma especificação da competência legislativa genérica do art. 30, III e VIII, e logo é também serviente da autonomia do Município. Não é portanto excepcional o seu regime.

6.6. Questão remanescente é a de saber se a enunciação das matérias do art. 29 é exaustiva ou não. Quando se entenda que a mencionada autorização é taxativa, matéria estranha alguma poderia ser inclusa na lei orgânica. Quando reversamente se pretenda que ela é exemplificativa, as conseqüências seriam bem outras: a avocação da matéria pela legalidade editada com fundamento no art. 30 e observância do *quorum* do art. 29 torná-la-ia insuscetível de revogação senão pelo *quorum* especial do art. 30.

6.7. Mas a lei orgânica, como o seu nome está a indicar, se volta sobre a estruturação orgânica do Município, sendo portanto inconfundível com o plano diretor, que se verte sobre a ação administrativa vinculada pelos objetivos da política urbana que vier a ser nele instituída.

6.8. Uma vez aprovado pela Câmara Municipal, o plano diretor é lei (CF, art. 182, § 1º, 1ª parte). E só lei específica para área incluída no plano diretor — di-lo a CF — pode autorizar o poder público municipal — é dizer mais estritamente: a administração municipal — a exigir do proprietário do solo urbano não edificado, subutilizado ou não utilizado o seu adequado aproveitamento.

Que pretende a CF com essa cláusula? Uma lei para a aprovação do plano diretor e outra, dele distinta e apartada, para inclusão de área específica a ser objeto das cominações dos itens I a III do § 4º? Não é fácil responder a essa indagação. O ser difícil representa contudo um motivo adicional para que sua resposta seja intentada.

6.9. Não se deve submeter a uma camisa de força a exegese do art. 182, § 4º, nos três incisos em que ele se desdobra. O que sucede quando se lhes atribui regime jurídico unitário. A evidenciar que não se trata de um só regime jurídico, parcelamento e edificação compulsório são, exclusivamente no tocante às normas gerais, matéria de direito urbanístico, de competência da União (art. 24, § 1º) e, no âmbito do peculiar interesse local, de competência privativa dos Municípios; o IPTU progressivo no tempo, matéria tributária, de competência exclusiva do Município (arts. 30, III e 156, I e § 1º); o ato de desapropriação com pagamento em títulos da dívida pública, matéria de direito administrativo, formalmente apartada da competência privativa da União tanto para legislar sobre direito civil, quanto sobre desapropriação (art. 22, I e II respectivamente).

6.10. O Município, no tocante ao solo urbano, está investido de competência originária para legislar sobre seu parcelamento e edificação compulsórios, não porém sobre desapropriações. Mas detém competência plena para legislar sobre os seus tributos e pois sobre o IPTU progressivo no tempo. Quando no entanto será lícito dizer-se que a plenitude do exercício da competência municipal está resguardado? Sê-lo-á na hipótese de condicionamento — como uma imprópria condição legal suspensiva — desse exercício à preexistência de uma lei federal? Responde-se negativamente. A expressão: "nos termos da lei federal" é equivalente a "observada, no que couber (isto é, no plano das normas gerais), a lei federal", não porém a "observada a lei federal *prévia*". Quer isso significar que a lei federal tanto pode ser antecedente quanto subseqüente à lei municipal do IPTU temporalmente progressivo. Se antecedente, à lei municipal é defeso desconsiderar, já quando da sua edição, as normas gerais editadas pela União e que por isso mesmo lhe devem ser aplicáveis. Se subseqüente, a lei federal suspenderá a eficácia da lei municipal, no que se lhe contrapuser, ou — se se prefira — a derrogará ou ab-rogará.

Agora: condicionar o exercício da lei municipal à preexistência de lei federal, sobre implicar a invalidação do princípio da autonomia municipal, inviabilizará, pondo-a em suspenso, a vinculação do IPTU à sua característica mais eminente, porque desvinculada da mera percepção de recursos financeiros, a de assegurar a função social da propriedade (art. 156, § 1º).

Essas considerações, que introduzem temperamentos à rigidez e uniformidade com que o art. 182, § 4º vem sendo interpretado, têm a virtude de evidenciar o erro de não distinguir. Indistinção entre regimes jurídicos diversos, como acima exposto. Não esquecer que, dentre os direitos e garantias individuais auto-aplicáveis, insere-se a função social da propriedade (art. 5º, XXII e XXIII e seu § 1º). E pois, no tocante à função social da propriedade imobiliária urbana, o seu instrumento tributário: o IPTU progressivo. Aí, a CF visa o fim (a função social) e os meios (o IPTU).

6.11. A expressão: "mediante lei específica para área incluída no plano diretor" não tem portanto o sentido de uma dupla e inelutável exigência de leis municipais: 1º) a lei do plano diretor, 2º) a lei do IPTU temporalmente progressivo e interpondo-se às duas a lei federal que estabeleça as cominações sucessivas do art. 4º, § 2º, itens I *usque* III. Seria burocratizar demasiado a função legislativa. Essa alternativa de aplicação (integração) constitucional é apenas *possível*. Não porém *necessária* — é dizê-la: *indispensável*. Não haverá desarticulação alguma do sistema constitucional se se adotar a flexibilidade de alternativas ora postulada. Ao contrário: sem contra-indicação teórica ou aplicativa, ela poderá ser reconhecida, preservando-se a autoridade tanto da lei federal, quanto da autonomia municipal, com a qual a primeira entretém relações sintáticas (inter-relacionamento normativo) e semânticas (de significado normativo).

6.12. A área a ser incluída no plano diretor corresponde apenas à demarcação do âmbito territorial de validade das normas municipais respectivas. A lei federal não pode dilargar ou restringir esse âmbito de validade especial. Seria penetrar na esfera do peculiar interesse do Município.

6.13. Agora: pretender que, *em qualquer hipótese*, o IPTU somente pode ser progressivo se incluso no plano diretor *mais* lei específica *mais* lei federal é brigar até com a interpretação literal. É contrariar a formulação expressa do art. 182, § 4º, II, que só cogita de IPTU progressivo *no tempo*. Trivial que a progressividade no tempo é apenas uma das manifestações desse fenômeno muito mais amplo, a progressividade: no espaço; segundo o valor do imóvel, a superfície, a sua destinação, o gabarito ou número de pavimentos, critérios mistos (v., por todos, Mizabel Derzi, ob. cit., pp. 296 e ss.).

6.14. Mesmo que procedente fora a contraposição à progressividade do IPTU, ela teria uma limitação congênita: aplicar-se-ia apenas ao IPTU progressivo no tempo. Não às demais formas de manifestação da sua progressividade. Essa conclusão não escapou à argúcia de Geraldo Ataliba: "Mas, a circunstância de o próprio art. 182 prever que pode ser estimulada, induzida — se não mesmo forçada — a edificação e a adequada utilização de imóveis urbanos, mediante a aplicação de um IPTU 'progressivo no tempo', já mostra que as demais razões de progressividade (razões que não dizem respeito à disciplina urbana), bem como outros critérios (que não sejam o tempo) são perfeitamente tolerados" (rev. vol. cits., pp. 235-236).

Essa citação é particularmente importante para afastar o preconceito de uma interpretação literal que não ousa dizer o seu nome: a que vem prevalecendo em face do art. 182 da CF. Mas ainda assim — e nisso reside a abertura de uma senda para o prosseguimento da função exegética — dá também o pretexto para que a hermenêutica não estanque nesse ponto. É preciso, a partir do que está expresso no texto, desvendar o que nele restou inexpresso: em que consiste a progressividade para fins urbanísticos e sobretudo como se caracteriza a observância do art. 182 pelos Municípios. Alcançado esse estágio da construção exegética, deve-se partir dela, o conhecido, para o desconhecido: qual o regime jurídico do IPTU progressivo no tempo *ex vi* do art. 182 da CF?

O IPTU temporalmente progressivo tem, nesse dispositivo, um regime jurídico peculiar e específico, conceda-se. Não porém ao ponto de desvirtuá-lo na sua função basilar, a que está nos alicerces do ordenamento constitucional tributário: é, também ele, um instrumento da autonomia municipal e não algo diverso. Vejamos quais as implicações primeiras dessa colocação do tema. O art. 182, na sua íntegra, fornece alguns indicadores que iluminarão a função exegética. Desde que arbitrariamente não se limite a análise exclusivamente ao teor do seu § 4º, II.

6.15. Há outras evidências de que a competência municipal para instituir o IPTU temporalmente progressivo independe de lei federal prévia. Como um conteúdo seu, inclui-se a fixação, no plano diretor, de área suscetível de aplicação desse tributo (§ 4º, II). Não há portanto impedimento constitucional algum a que essa inclusão anteceda a lei federal respectiva. Essa conclusão não será facilmente objetável, mesmo pela mais pedestre interpretação literal. Por que então estaria vedado incluir no plano diretor o IPTU progressivo no tempo? Essa restrição dificilmente se compatibilizaria com o *caput* do art. 182, em cujos termos a lei municipal tem por função fixar diretrizes *gerais* e o *pleno* desenvolvimento das funções sociais da cidade. E a propriedade urbana cumpre sua função social quando atende as exigências fundamentais de ordenação da cidade expressas no plano diretor (§ 2º). Ou bem a previsão do IPTU progressivo no tempo estará inclusa no plano diretor (mesmo independentemente da lei federal específica) ou, se não estiver, as diretrizes da política urbana não serão a rigor *gerais* e não lhes será possível assegurar o *pleno* desenvolvimento urbano. Porque dela estará excluído um dos principais instrumentos de ordenação do solo urbano — o IPTU temporalmente progressivo. Assim, o *caput* do art. 182 dificilmente se compatibilizaria com o seu § 4º, II e vice-versa. Não há razoabilidade alguma em incluir-se no plano diretor área a ser alcançada pelo IPTU temporalmente progressivo e excluir-se o regime da incidência desse tributo. Se a lei federal não viesse a ser editada, essa previsão não passaria de uma inutilidade balofa. E uma norma-princípio, a autonomia municipal, estaria no particular comprometida.

6.16. Todos os requisitos para a aplicação imediata desse imposto estão constitucionalmente prefixados: a) sujeição passiva precisamente determinada, o ser proprietário do imóvel; b) âmbito material de validade: solo urbano não edificado, subutilizado ou não utilizado e bem assim: c) seu âmbito temporal de validade, posto que recai sobre o IPTU progressivo no tempo. E o benefício da ordem de enunciação do art. 182, § 4º, I *usque* III, não constitui óbice à instituição do imposto. Ao Município somente é defeso legislar sobre desapropriação. No inter-relacionamento das normas constitucionais com as normas municipais, as primeiras determinam o conteúdo parcial — não o conteúdo todo — das segundas. Não incumbe porém a norma superior alguma preestabelecer o conteúdo todo da norma inferior: em tal hipótese, esta não passaria de uma duplicação supérflua (*infra*, 7.4). O *quantum* de normação constitucional é pois, no particular, bastante para firmar a competência legislativa do Município.

6.17. Agora: se a lei federal de normas gerais, no seu âmbito de aplicabilidade, sobrevier ou anteceder a adoção dessas medidas, o Município há de compatibilizar-se com ela. Deverá adaptar a sua legislação à regência da matéria na lei da União. É este um caso excepcionalíssimo em que cabe, no direito brasileiro, a aplicação da regra: direito federal corta direito local (*Bundesrecht bricht Landsrecht*). E, precisamente porque exceção, confirma a regra — o princípio da autonomia legislativa municipal — para os casos não excetuados. Note-se que não é diverso esse regime das normas gerais do direito tributário do art. 146 da CF.

6.18. Não será porém lícito sustentar que o art. 182 não comtempla os imóveis construídos, com fulcro no § 4º. Subutilizado ou não utilizado tanto pode ser o terreno quanto o prédio. Tanto procede essa advertência que o § 4º, II inclui, dentre as suas implicações com a subutilização ou não utilização do solo urbano, o "imposto sobre a propriedade predial (*sic*) e territorial urbana progressivo no tempo".

6.19. Não deve, portanto, a instituição do IPTU temporalmente progressivo ficar na dependência de lei federal sobre leis de tributação. Até porque um tributo *proporcional* pode vir a ser muito mais gravoso do que um tributo progressivo. E nada obstante o primeiro estaria — sem razoabilidade alguma — autorizado e o segundo vedado à lei municipal se e enquanto não sobreviesse a lei federal.

6.20. De notar que o conteúdo do art. 182, § 4º é vinculante tanto para o Município quanto para a União. Seus destinatários são as leis do Município e da União. Se são dois os destinatários, não há como desconhecer que são duas normas de atribuição de competência distintas. Não se deve, portanto, embaralhando o problema, considerar o art. 182, § 4º como uma só norma de *eficácia limitada, para o Município*. Porque, como implicação da exegese equivocada do texto, para a União, o mesmíssimo dispositivo teria caráter *auto-executável*. Essa severa análise do inter-relacionamento entre leis da União e do Município revela a persistência insinuante do preconceito da superioridade formal e substancial das leis da União sobre as municipais. É como se a exceção — a prevalência da lei federal — se convertesse em regra e a regra — a autonomia e pois isonomia da legalidade municipal diante das leis federais — exceção.

6.21. O art. 182, § 4º, I a III, impõe *limitações urbanísticas* à propriedade. Não a rigor ao direito de propriedade, porque em combinação com o § 2º desse mesmo artigo e demais dispositivos constitucionais concernentes à função social da propriedade, apenas lhe completa o constitucionalmente delimitado perfil. Não há direito individual ilimitado precisamente porque toda norma jurídico-positiva tem âmbitos de validade limitados e o direito subjetivo é apenas um direito-reflexo dessas normas.

Após salientar que o poder de polícia o Estado o exerce pela pretensão a uma abstenção do particular, Celso Antonio acentua o caráter excepcional do art. 182, § 4º: "Convém dizer, entretanto, que há uma ordem de casos em que se excepciona esta característica do Poder de Polícia. É a que respeita ao *condicionamento do uso da propriedade imobiliária* a fim de que se conforme ao atendimento de sua função social. Enquadram-se na caracterização de leis de polícia as que imponham ao proprietário uma *atuação positiva em prol de ajustar o uso de sua propriedade à função social*. Isto decorre não apenas do art. 5º, XXIII, da Constituição, mas, sobretudo, do art. 182, § 4º, incluso no Capítulo 'Da Política Urbana'. De conseguinte, serão de 'polícia administrativa' os atos infralegais previstos no § 4º dos incisos I e II do artigo citado" (*Elementos de Direito Administrativo*, 2ª ed., RT, S. Paulo, 1991, p. 240). Essa longa mas necessária transcrição, destinada a caracterizar como limitação administrativa o art. 182, § 4º, deixa contudo em aberto a questão de saber se a lei federal é ou não uma condição *sine qua non* para o exercício da competência municipal.

O fechamento dessa argumentação, fornecendo a resposta adequada, é procedido por Roque Carrazza: "Permitimo-nos observar que a eventual inexistência da lei federal a que alude precitado § 4º, do art. 182, da CF, não inibe o Município de, com base em lei local, tomar as providências ali referidas. Por igual modo, tal *lei federal* deve limitar-se a estabelecer *normas gerais*; não poderá descer a "assuntos de interesse local", de competência privativa dos Municípios, *ex vi* do art. 30, I, da Carta Suprema" (*Curso de Direito Constitucional Tributário*, 3ª ed., RT, S. Paulo, 1991, p. 111 — os grifos são desse autor).

A superveniência da lei federal do art. 182, § 4º, (a) ab-roga ou derroga a lei municipal na medida da incompatibilidade entre ambas ou, se se pretenda que só quem põe a voz a retira (*revogare*), a lei federal (b) suspende a eficácia da lei municipal, solução aliás adotada pela própria CF a outro propósito (art. 24, § 4º) (*supra*, item 6.10).

6.22. A situação que se desenha na hipótese não é igual, mas absolutamente análoga à prevista na CF, art. 156, IV, que atribui aos Municípios competência para instituir imposto sobre serviços não contemplados na competência tributária da União e dos Estados definidos em lei complementar. Sem violência à autonomia municipal, não se deverá pretender que a instituição do ISS está na dependência de lei complementar. Não obstante, houve quem o pretendesse sob o fundamento de que à lei complementar do art. 156, III, incumbe definir os tributos e suas espécies. É o *nec plus ultra* da superficialidade, erigido em cânone de interpretação. A quintessência da subversão do regime constitucional tributário. A desconsideração mais ostensiva dos vínculos que entretêm a tributação com o sistema federal do governo.

As mesmíssimas razões que impedem atribuir essa função distorcida à lei complementar do art. 146, III são, também elas, aplicáveis *mutatis mutandis* à lei federal do art. 182, § 4º da CF. Urge portanto restaurar a dignidade de significado objetivo desses textos constitucionais polêmicos.

Para concluir este tópico, uma ponderação — e nada mais. A política urbana, da qual o art. 182 é serviente, está a serviço dos direitos e garantias individuais. Não se lhes sobrepõe. Não deve portanto ser interpretada como um instrumento para o seu amesquinhamento em detrimento de um princípio jurídico-político fundamental: a autonomia municipal. Até porque os limites de qualquer política, que se contenha num quadro legal, somente podem ser as próprias normas jurídicas.

6.23. Essas considerações iluminarão a exegese do art. 182, particularmente no tocante à função social da propriedade urbana (§ 2º) e da lei federal a que se reporta esse dispositivo (§ 4º). Porque é de função social que se trata, não há que aguardar o Município lei federal alguma para que a sua própria legalidade, e no que lhe incumbe, a garanta, contemplando-a na ordenação do plano diretor ou outra lei municipal. É espantoso que a doutrina tenha entendido — contribuindo para os descaminhos exegéticos no particular — que lei do IPTU progressivo no tempo só com lei federal prévia. Porque nesse caso instaura-se um dilema. Ou bem (a) a função social da propriedade imobiliária urbana deve estar submetida à aplicabilidade imediata (CF, art. 5º, XXII e XXIII, e seu § 1º c/c art. 182, § 2º) e aí, então, não pode estar na dependência de lei federal ou (b) desta efetivamente depende e, em tal hipótese, um dos seus instrumentos — o IPTU progressivo *no tempo* — não poderia ter aplicabilidade imediata — mas simplesmente "mediata". Surpreendente conclusão para quem reconheça as implicações sintáticas e semânticas entre esses textos constitucionais, que todos eles se interpenetram nas implicações de sua significação objetiva.

6.24. As limitações urbanísticas do art. 182, § 4º, têm como pressuposto o ser proprietário de solo urbano não edificado, subutilizado ou não utilizado e a incompatibilidade desse estado de fato e de direito com a função social da propriedade urbana. Promover o seu adequado aproveitamento é dever do proprietário, "sob pena de" — di-lo esse dispositivo — parcelamento ou edificação compulsório, etc. É nítido o seu caráter sancionatório, com razão salientado em estudo pertinente: "Outro é o caso e a situação elencada no § 4º do art. 182 da CF, pois ali, no inc. II, o que o legislador constituinte contemplou foi uma penalidade a ser imposta ao proprietário que não der à sua propriedade destinação desejável dentro das circunstâncias que caracteriza. Ao lado da urbanização ou edificação compulsórias e da desapropriação pagável em títulos da dívida pública, é pena, é pena a que fica sujeito o especulador imobiliário" (Toshio Mukai, *RDT* 93/244).

6.25. Qual é então o regime jurídico da "lei federal" a que se reporta o dispositivo? Se é de lei federal que se trata, não pode ela revestir o regime jurídico das normas previsto no art. 146, II, nem o das normas gerais do direito tributário (item

III), porque ambas somente podem ser veiculadas por lei complementar. Nunca por lei ordinária da União. Esse caminho conseqüentemente deve ser abandonado. Trata-se de lei ordinária federal. A lei do art. 182, § 4º, é lei sobre leis urbanísticas ou restritamente sobre leis tributárias (item II). Sob uma perspectiva axiológica, contudo, há um abismo entre as situações que tipificam os crimes de sonegação fiscal, p. ex., e as situações que constituem suporte fáctico para a aplicação do art. 182, § 4º. É de ilícito administrativo e não estritamente penal que se trata (art. 22, I). Assim sendo, a "sob pena de" do art. 184, § 4º deve ser descrito como equivalente a: "sob a cominação de", "sob a sanção de" e não sob uma cominação penal no sentido estrito.

6.26. Como caracterizar a imediata aplicação das normas garantidoras do direito de propriedade na sua função social? Não há dúvida que o IPTU progressivo no tempo é instrumento da função social da propriedade — e não algo que lhe seja estranho. Qualquer que seja a restrição ou a elasticidade que se pretenda introduzir nesse regime, será incompatível com a delonga que suscitará ordinariamente deixar-se o exercício da competência tributária do Município na dependência da lei federal definidora das condições para a progressividade do IPTU — mesmo que só no tempo. Porém infinitamente pior do que uma limitação infraconstitucional ao poder de tributar do Município (infraconstitucional mas sem embargo normativo) é converter-se uma autorização constitucional para o exercício da competência tributária municipal num limite extranormativo, porque decorrente apenas de opinião doutrinária em descompasso com o sistema todo da CF.

6.27. Finalmente deve-se observar que, se a progressividade do IPTU no tempo estivesse efetivamente vedada sem os pressupostos do art. 182, § 4º, II, e identificados estes não só com a inclusão no plano diretor, mas também com a exigência de lei federal prévia, ela estaria implicitamente admitida para todos os outros casos no só exercício da competência tributária municipal (CF, art. 156, I, § 1º). Quer dizer: somente poderia admitir-se a vedação implícita com o reconhecimento da autorização explícita, fora da hipótese excepcional do concurso entre a competência da União e do Município. IPTU progressivo em função do valor do imóvel, p. ex., nada tem a ver com a hipótese do art. 182, § 4º, II. Não é, em suma, IPTU progressivo no tempo.

7. O IPTU no Município de São Paulo

7.1. Formalmente apartados na Lei 11.152, de 30.12.91, do Município de São Paulo, o imposto predial e o territorial urbano têm como base de cálculo o valor do imóvel. É o que está expresso nos arts. 7º (imposto predial) e 27 (imposto territorial) da Lei 6.989/66, e suas alterações posteriores, na redação que lhes confere o art. 1º da Lei 11.152/91 acima referida.

7.2. Sobre o valor venal do terreno, edificado ou não, devem ser aplicadas alíquotas progressivas. E essa progressividade, relativamente ao predial, varia segundo se trate de imóvel utilizado exclusivamente ou predominantemente como residência ou não, isto é, nos demais casos. Mizabel Derzi a admite sem nenhuma ressalva: "a progressividade que considerar como critério de variação das alíquotas a destinação dos imóveis (industriais, comerciais, residenciais, etc.) sem dúvida atentará para a maior ou menor rentabilidade de sua exploração" (ob. cit., p. 300).

7.3. Que o valor do imóvel seja base de cálculo adequada e perfeitamente compatível com o IPTU é algo que não se discute e obteve até reconhecimento na legislação infraconstitucional (CTN, art. 33). De notar-se que, no tocante às suas alíquotas, o IPTU de São Paulo não adota o tempo como critério para a progressividade, mas apenas o valor venal do imóvel. Não lhes são conseqüentemente oponíveis, sob esses aspectos, as pretensas limitações da CF, art. 182, § 4º.

7.4. Para logo cabe uma advertência: todas as limitações do poder de tributar são *ipso facto* limitações *constitucionais*, isto é, sob reserva da CF. De sorte que a Constituição do Estado-membro que as reproduz torna-se, ao simplesmente reiterá-las, *inócua*. Na linguagem dos que são afeiçoados às leis lógicas, isso se nomeia, de modo algo rebuscado, mas preciso, "idempotência do conjuntor": "Se duas ou mais normas servirem-se do mesmo antecedente e prescreverem a mesma regulação da conduta, então todas elas equivalem a uma só" (Paulo de Barros Carvalho, loc. cit.). Quer-se significar que a reiteração do preceito da CF na Constituição Estadual não lhe acrescenta nenhuma eficácia. Se porém a Constituição Estadual ampliar ou restringir uma limitação da CF, será, no particular, inconstitucional.

7.5. Por isso mesmo, e não por outros motivos, a referência aos preceitos da Constituição do Estado de São Paulo que, no entendimento da inicial da ação direta de inconstitucionalidade n. 14.927-0, "incorporam expressamente princípios constitucionais limitadores da autonomia das entidades políticas, previstas na Carta Magna, de atendimento obrigatório pelos Municípios" (textual) ou bem são reiteração da CF ou bem em algum ponto a restringem ou ampliam, incidindo então nas censuras acima apontadas. É dizer: mais precisamente, devem ser confrontados, também eles, com a CF.

7.6. Pretende-se, com a ação de inconstitucionalidade, o reconhecimento judicial que o valor do imóvel não é um critério adequado para medir, por si só, a progressividade do IPTU, porque expressaria apenas um só elemento do patrimônio, o imóvel tributado (*supra*, 1.1). As razões desse entendimento estão na inicial: para que se alcance a isonomia tributária por via da capacidade econômica do contribuinte, é indispensável a conjugação do valor da propriedade imobiliária com outros dados, tais como rendimentos e atividades econômicas do contribuinte.

7.7. Esse argumento não tem, com o devido respeito, a menor procedência. Afronta de início doutrina vetusta. Imposto que tenha como fato tributável ("fato gerador", na linguagem normativa) a existência de prédio ou terreno situados na zona urbana do Município, mas que adote como base de cálculo, p. ex., o valor locativo do prédio, converte-se em imposto de renda, pois é a base de cálculo que fornece o gênero jurídico e a especificação de tributo (Alfredo Becker, *Teoria Geral do Direito Tributário*, Saraiva, São Paulo, 1963, pp. 104 e ss.).

Na hipótese acima figurada, o rendimento é propiciado pelo próprio imóvel. Se for o rendimento decorrente da exploração de atividades estranhas à destinação do imóvel, tratar-se-á, com muito maiores razões, de IR disfarçado sobre o rótulo de IPTU. Conclui-se pois que a base de cálculo do IPTU somente pode contemplar o valor do imóvel — nunca os rendimentos ou — não se sabe quais — outras atividades econômicas do contribuinte. Se porém o imposto de unicidade nominal, além de adotar o valor venal, recair sobre o rendimento, não será a rigor e substancialmente apenas um. Serão dois impostos: um o IPTU e outro o IR, apenas rotulados unitariamente. Mas, a lei do IPTU pode levar em conta os rendimentos percebidos pelo contribuinte para a instituição de isenções ou estabelecimento de tetos-mínimos de incidência da progressividade, algo que depende exclusivamente de considerações de política legislativa das quais o legislador municipal é o único árbitro. Conseqüentemente a tanto não o obriga nenhum critério constitucional. É a porção não vinculada do ato legislativo. Agora: incluir direta ou indiretamente rendimentos do imóvel ou outros na estrutura e/ou função social do IPTU é manifesta agressão aos cânones constitucionais.

7.8. As alíquotas do IPTU são adiáforas em relação à sua base de cálculo: uma só base de cálculo, várias alíquotas: proporcionais, progressivas, regressivas. Se incompatibilidade houvera — com amparo na inadequada aferição da capacidade contributiva — entre valor venal e o IPTU progressivo, haveria do mesmo modo incompossibilidade constitucional para a instituição do IPTU temporalmente progressivo ou qualquer outro critério. É uma interpretação portanto que destrói o próprio imposto, ao totalmente inviabilizá-lo.

7.9. Mas pretende-se, na inicial, aperfeiçoar a crítica, com exemplificação já aí *ad terrorem*, para demonstrar a pretensa inviabilidade constitucional do IPTU progressivo em função só do valor venal do imóvel: "Basta ver, à guisa de exemplo, o grande número de modestos pensionistas da Previdência Social, aposentados, desempregados, etc. que, por circunstâncias da vida, são proprietários de imóveis cujos valores não refletem sua situação de penúria financeira" (textual). Essa crítica merece também ela alguns temperamentos.

Não há incompatibilidade alguma entre o IPTU progressivo em função do valor do imóvel e a isonomia tributária. O fenômeno é bem outro. Nenhum tributo pode, por si só, realizar a justiça fiscal. Situações como as figuradas demonstram apenas que, como ensinava serenamente Becker, "cada tributo tem suas inconveniências e imperfeições financeiras, porém *elas não interferem no gênero jurídico do tributo* e até representam os aspectos negativos que são específicos a cada gênero jurídico de tributo" (ob. cit., p. 388 — os grifos são dele). E Roque Carrazza não poderia ser mais enfático: "Em relação aos impostos sobre a propriedade (imposto territorial rural, imposto predial e territorial urbano, imposto sobre a propriedade de veículos automotores, etc.), a capacidade contributiva revela-se com o próprio bem, porque a riqueza não advém apenas da moeda corrente, mas do patrimônio, como um todo considerado. Se uma pessoa tem, por exemplo, um apartamento que vale um milhão de dólares, ela tem capacidade contributiva, ainda que nada mais possua. Apenas sua capacidade contributiva está imobilizada. A qualquer tempo, porém, esta pessoa poderá transformar em dinheiro aquele bem de raiz" (ob. cit., p. 60). E no intuito de clarificação do seu raciocínio, conclui: "Não raro, uma pessoa é proprietária de imóvel luxuoso, adquirido enquanto trabalhava. Atualmente, aposentada, recebe minguada pensão. Outra pessoa, apesar de pobre, é proprietária de riquíssima casa, havida por herança. Nada disso importa, a nosso pensar, para fins de tributação por via de IPTU. Por quê? Porque a propriedade de imóvel luxuoso encerra uma presunção absoluta de que o contribuinte possui capacidade contributiva" (*ibidem*, p. 65, nota 47).

7.10. Mesmo que se reconheça *a priori* a ocorrência fáctica dessas circunstâncias acima apontadas, elas são *excepcionais*. E enquanto tais apenas servem para, contrariamente ao desiderato da ação de inconstitucionalidade, evidenciar que, na sua generalidade, a Lei 11.152/91 é insuscetível de apreciação jurisdicional em ação direta. O controle jurisdicional deverá conseqüentemente cingir-se não à apreciação da lei, na sua pura *astratteza*, mas sim na sua aplicação em cada caso concreto que vier a ser submetido eventualmente ao Judiciário.

Uma viúva ou pensionista podem alternativamente receber alta renda desses imóveis, se alugados, e nesse caso nenhum atentado haverá à sua capacidade contributiva quando o IPTU recair sobre o seu valor... A adequação portanto à capacidade contributiva deve ser aferida em cada caso concreto e não no abstrato, na generalidade da ação direta de inconstitucionalidade. Note-se que, se apenas proporcional, também esse tributo poderia, em linha de hipótese, envolver aplicações incompatíveis com a capacidade contributiva individual. É algo que somente poderia ser resolvido em cada caso. Nem se deve incidir no erro elementar de confundir aplicação inconstitucional de lei constitucional com lei inconstitucional em qualquer hipótese de sua aplicação. Se não há *presunção* de inconstitucionalidade de lei, *a fortiori* não o haverá de sua aplicação.

7.11. Uma derradeira observação acerca dessa objeção. Por serem excepcionais as hipóteses que a lastreiam, elas não implicariam nunca a desvalia da progressividade do IPTU em função do valor do imóvel tributado. Precisamente numa elementar aplicação da regra: as leis são feitas para o que normalmente acontece (*quod plerumque fit*) — não a casos raros, excepcionais, como já prelecionava Carlos Maximiliano *(Hermenêutica e aplicação do direito*, 6ª ed., Freitas Bastos, Rio, 1957, p. 322): "Provado um fato comum, não pode o julgador deixar de decidir de acordo com ele pela circunstância de às vezes verificar-se outro, oriundo de causa diversa ou tendente a produzir efeito diferente".

Será necessário insistir que, no IPTU progressivo em função do valor imobiliário, o comum, o usual, o normal, o rotineiro é a correlação entre valor venal do imóvel e capacidade contributiva?

7.12. Que o IPTU possa economicamente figurar como um redutor do patrimônio e até em tese atingir as raias do confisco é eventualmente possível. Mas essa possibilidade, sobre dever ser aferida em cada caso, não é em absoluto exclusividade desse tributo. Tanto que a CF inclui a proibição do confisco entre as vedações tributárias de caráter *geral* (art. 150, III, IV). Também o IR, p. ex., pode chegar a ser confiscatório. Nenhuma especificidade do IPTU progressivo portanto.

7.13. A Lei 11.152/91 discrimina, como visto *(supra*, 7.2), as alíquotas do IPTU segundo sejam os prédios residenciais ou não. Daí a crítica: "A discriminação ocorre, pois, em vista da utilização do imóvel, elemento que, evidentemente, é estranho ao fato gerador do imposto e não pode servir de critério para discriminação" *(sic)*.

7.14. É precisamente o contrário que ocorre. Até o art. 5º, XI da CF viabiliza essa conclusão quando enfatiza ser a casa o asilo inviolável do indivíduo: a mais eminente dentre as funções sociais da propriedade; forma constitucionalmente qualificada que essa função assume e conseqüentemente deve o IPTU preservar, por determinação constitucional expressa: art. 156, § 1º. Na intimidade do lar, o social e o privado se entrelaçam. Tributando diversamente — e com alíquotas progressivamente menores — os imóveis residenciais, o IPTU assegura função social da propriedade. Não há elemento estranho algum à destinação constitucional do tributo. Apenas a análise do problema se desloca da estrutura do imposto (sede inapropriada) para a sua função (sede apropriada). Não há pois nenhum desvio de poder que possa ser caracterizado na hipótese.

Concluo, pois, que é constitucional a Lei 11.152/91, editada pelo Município de São Paulo.

Recife, 14 de abril de 1992.

CADERNOS DE DIREITO TRIBUTÁRIO

TAXA — APONTAMENTOS SOBRE O SEU CONCEITO JURÍDICO*

FLÁVIO BAUER NOVELLI
Professor nas Faculdades de Direito da Universidade
do Estado e Federal do Rio de Janeiro

I — Considerações introdutórias. 1. Primórdios constitucionais duma distinção entre o imposto e a taxa. 2. O caráter problemático da teoria da taxa. II — O problema da distinção entre as espécies tributárias. 3. A distinção entre as receitas tributárias sob o ponto de vista financeiro. 4. A distinção entre as receitas tributárias sob o ponto de vista jurídico. 5. Importância teórica e prática de uma precisa caracterização da taxa. III A taxa no sistema tributário brasileiro. 6. Posição da taxa no sistema constitucional tributário. 7. Características essenciais da taxa. IV — Taxa e "preço público". 8. O problema da distinção entre a taxa e o chamado "preço público". 9. Vinculação do conceito de taxa à noção de serviço público. Crítica. 10. A distinção entre taxa e "preço público" na jurisprudência do STF: o critério da "compulsoriedade". Crítica. 11. Incerteza e falácia da distinção entre serviço público obrigatório e facultativo como fundamento da distinção entre a taxa e o "preço público". 12. Conclusões críticas: ainda sobre o conceito de "compulsoriedade". 13. Fundamento jurídico da distinção entre a taxa e o "preço público": critério da fatispécie ou fato gerador. 14. A "atividade estatal específica" enquanto pressuposto da taxa. 15. O conceito jurídico de taxa na concepção de M. S. Giannini: correspondência no direito positivo brasileiro.

I — Considerações introdutórias

1. Primórdios constitucionais duma distinção entre o imposto e a taxa

Os nomes *imposto* e *taxa*, empregados para designar receitas tributárias mais ou menos bem caracterizadas e distintas, entram para o direito constitucional tributário brasileiro positivo com a Constituição de 24.2.1891.

Antes disso, a Carta Política de 1824 parecia ignorar essa e quejandas distinções, embora aparecesse ali o termo "imposto" (por uma única vez), na disposição que estabelecia a iniciativa legislativa privativa da Câmara dos Deputados (art. 36, 1º). Para referir-se, em outras disposições, quer ao próprio imposto, quer, mais genericamente, a qualquer espécie de tributo, aludia a Constituição a "contribuição", a "contribuição direta" ou, mais vagamente

* O trabalho baseia-se no texto de aula proferida em 7.11.90, em curso promovido pela Faculdade de Direito Cândido Mendes e pela Associação Brasileira de Direito Financeiro. Foram feitos acréscimos e introduzidas as notas bibliográficas.

ainda, a "imposições" (arts. 15, n. 10; 83, § 3º; 171 e 172). Mesmo quando se realizou no Brasil, pelo Ato Adicional de 1834, o primeiro ensaio (aliás frustrado) de uma discriminação constitucional de rendas, continuou o legislador referindo-se tão-somente a "impostos" e a "imposições gerais" (arts. 10, inc. 5º, e 12).

Assim, a fundamental distinção entre imposto e taxa só começa a existir "oficialmente" para o nosso direito constitucional tributário, como dizíamos, com a Carta de 1891. Mas, como é de supor, a terminologia financeira dessa Constituição, moldada, como não se ignora, sob o dominante influxo do (já então) vetusto modelo norte-americano de 1787, embora indiscutivelmente atribuísse àqueles termos significados distintos, estava bem distante de ser precisa, isto é, de estabelecer uma distinção de tais conceitos em conformidade com critério mais rigoroso, a despeito de dever-se a redação final do seu projeto ao então Ministro da Fazenda, Rui Barbosa, que era, como bem se sabe, além de constitucionalista consumado, emérito financista.

Acontece, porém, que o direito tributário — e não só o brasileiro, assinale-se, como também o continental europeu e o norte-americano — ensaiava, àquele tempo, seus primeiros passos, embaraçado ainda — mesmo depois de Otto Mayer, na Alemanha, e principalmente de Myrbach-Rheinfeld, na Áustria — por um lado, numa pujante tradição privatista multissecular, e por outro, nos fortes liames de sua origem próxima na cameralística, sob a perspectiva própria às denominadas ciências política, da administração e das finanças, característica do "setecentos" na Europa central.

Assim, na verdade, falava aquela Constituição em *imposto* e *taxa*, em diversas das suas disposições (p. ex., nos arts. 7º; 9º; 11; 72, § 30), mas bem se percebe a indeterminação, a incerteza de tais conceitos, principalmente quando essa também alude, *v.g.*, a "direitos de entrada, saída e estadia de navios" (art. 7º, n. 2), a "taxas de selo" (arts. 7º, n. 3, e 9º, § 1º, n. 1), a "taxas dos correios e telégrafos" (art. 7º, n. 4), a "contribuições concernentes aos telégrafos e correios" (art. 9º, § 1º, n. 2); ou quando — embora já tendo empregado o verbo "tributar" (p. ex., arts. 9º, § 3º, e 10), e sugerindo, desse modo, pelo menos incerteza quanto ao seu significado técnico — evita o substantivo "tributo", na acepção em que este designa o gênero a que o imposto e a taxa pertencem, para substituí-lo por expressões mais ou menos inadequadas ou vagas, tais como: "fontes de receita" (art. 12) e "rendas federais" (art. 34, n. 4); ou ainda, como na enunciação do princípio da legalidade tributária (art. 72, § 30), para trocá-lo pela expressão "nenhum imposto de qualquer natureza", locução essa que, segundo o depoimento de Aliomar Baleeiro,[1] doutrina e jurisprudência então predominantes vieram, no entanto, pouco mais tarde a interpretar, sob a inspiração do direito constitucional norte-americano, não no sentido de "nenhuma espécie de imposto", exclusivamente, mas no de "nenhum imposto *ou taxa*", ou, como simplesmente diríamos hoje: "nenhum tributo".

O fato é que, como de passagem já assinalamos, essa perplexidade, essa imprecisão de conceitos e, por conseqüência, essa impropriedade ou indesejável vagueza da linguagem jurídica — a denunciar a insegurança ou o desacerto de enunciados da doutrina teórica e jurisprudencial relativamente a institutos e conceitos tributários fundamentais, mercê principalmente da contaminação por conceitos e critérios estranhos ao ponto de vista jurídico — não constituíam um pecado ou uma deficiência só do nosso então incipiente direito tributário e, por conseguinte, das nossas duas primeiras Constituições.

1. Aliomar Baleeiro, *Limitações constitucionais ao poder de tributar*, 6ª ed., atualizada por F. B. Novelli, Rio, Forense, 1985, pág. 10.

Bem ao contrário, ressentia-se mais ou menos dos mesmos achaques, também, a doutrina do direito tributário dos velhos países europeus — a Alemanha, a Áustria, e depois a Itália e a França — onde a nossa disciplina, por primeiro, se formara e desenvolvera. Dá-se que, entre várias outras razões, se a atividade fiscal, a imposição tributária, a própria instituição "tributo" — como já notaram muitos e, dentre esses, especialmente Baleeiro[2] — são coisas velhas e arquiconhecidas, pelo menos tão antigas quanto o próprio Estado-novo, jovem ainda hoje é o direito que disciplina o tributo, que conforma e limita o poder tributário. Novo — atente-se bem — não só, ou não tanto, porque somente em data relativamente pouco distante "ter-se-iam afirmado algumas condições históricas, que são necessários pressupostos da sua existência";[3] quer dizer, novo, não apenas porque — para continuar citando o mesmo ilustre A. — somente com o advento do Estado constitucional (fato histórico que, no Brasil, como é notório, teve em nossa primeira Carta política um desses pressupostos) a atividade financeira — enquanto expressão de poder soberano — tenha vindo a ser "regulada por normas jurídicas exteriormente obrigatórias", normas essas a que caberia reconhecer, concomitantemente, no âmbito do ordenamento, "individualidade distinta, especialmente em relação às que regulam os outros sujeitos e notadamente os cidadãos".[4] O direito tributário era, ou melhor, é ainda novo, também porque não atingiu — de resto, como boa parte do direito público — sua plena maturidade enquanto disciplina científica; e, mercê dessa novidade, ainda está a elaborar alguns dos seus mais importantes instrumentos conceptuais, a conformar paulatinamente, nos planos da experiência e da construção dogmática, vários dos seus institutos fundamentais. Ora, não é de admirar que, como toda novidade, especialmente na ordem da experiência jurídica, também essa esteja prenhe de incertezas, de indefinições, de indagações críticas, numa palavra, de problemas.

2. Baleeiro, ob. cit., pág. 1.

3. Guido Zanobini, *Corso di Diritto Amministrativo*, vol.I/38 ("Principi generali"), 8ª ed., Milão, Giuffrè, 1958, referindo-se, é claro, ao direito administrativo, mas a precisa observação vale, decerto, sob os pontos de vista histórico e sistemático, também para o direito tributário.

4. Zanobini, ob. e loc. cits.

2. O caráter problemático da teoria da taxa

Mas, se o direito tributário é, ainda hoje, sem dúvida mais que outros ramos do direito, uma disciplina carregada de problemas (nem todos, é certo, verdadeiros), seguramente não poderia constituir dentro dele uma exceção, uma ilha de tranqüilidade e de certeza, essa importante parte dele, que forma a teoria da taxa. Bem ao contrário, esta se caracteriza justamente por ser, segundo a opinião predominante, talvez mais que qualquer outra, essencialmente problemática.[5] Começa por ser problemático o próprio conceito de taxa; e é fácil de compreender que assim seja, se nos lembrarmos de que, não faz muito tempo, prevalecia no direito tributário um conceito *não-jurídico* (!), isto é, um conceito *financeiro* — ou, se tal esdruxularia é possível — um conceito *híbrido* de tal tributo, e que, somente a partir dos anos 30, quiçá pouco antes, a mais avisada doutrina tenha afinal se dado conta disso. Com efeito, somente a partir desse decênio, na Itália e na Alemanha — por meio princi-

5. Mario Pugliese, *Le tasse nella scienza e nel Diritto Positivo italiano*, Pádua, CEDAM, 1930, pág. 3; Antonio Berliri, *Principi di Diritto Tributario*, 2ª ed., Milão, Giuffrè, 1972, vol. II/131 e segs.; R. Valdés Costa, *Curso de Derecho Tributario*, Montevidéu, 1970, vol. I/295 e seg.; Hector B. Villegas, "Verdades e ficções em torno do tributo denominado taxa", *Revista de Direito Público* (*RDP*) 17/322 e seg., 1971; Geraldo Ataliba, "Considerações em torno da teoria jurídica da taxa", *RDP* 9/46, 1969; Rubens Gomes de Sousa, *Compêndio de legislação tributária*, ed. póstuma, São Paulo, Ed. Resenha Tributária, 1975, pág. 165.

palmente de algumas importantes contribuições, tais como a monografia de Pugliese, *Le tasse nella scienza e nel diritto positivo italiano*, Pádua, CEDAM, 1930; a de Schröter, "Der Rechtsbegriff der Gebühr", *in Vierteljahresschrift für Steuer und Finanzrecht*, 1931, págs. 718 e segs., e a de A. D. Giannini, "Il concetto giuridico di tassa", in *Rivista Italiana di Diritto Finanziario*, 1937, I/7 e segs. — somente a partir desse decênio, dizíamos, relativamente tão próximo, acordou a doutrina para essa realidade e chegou então a delinear um conceito rigorosamente jurídico de taxa, livre da sua secular confusão com conceitos econômico-financeiros, políticos e administrativos, conceitos, numa palavra, estranhos ao próprio direito tributário, como os de *contraprestação*, *utilidade*, *custo*, *serviço*, e semelhantes.

Mas o caráter problemático da teoria da taxa não se deve apenas a esta razão. A esta importantíssima razão de ordem geral — de ordem geral porque respeitante a todo o direito tributário — outras se acrescentam, não menos importantes talvez, mas de ordem mais particular, enquanto concernem, no âmbito do direito tributário, ou, menos estritamente, no do direito financeiro, especificamente à própria teoria da taxa.

A primeira dentre tais razões de ordem mais estrita está em que o conceito de taxa é, no quadro das receitas públicas, acima de qualquer outro, um conceito limítrofe. Como é sabido, todo conceito, enquanto corresponde também a uma delimitação, a um como que corte na realidade, ordenado à determinação da natureza do objeto, pode, é claro, dizer-se limítrofe em relação aos demais, correspondentes a objetos da mesma espécie ou do mesmo gênero. Mas diz-se aqui que o conceito de taxa é limítrofe, primeiro, porque, por um lado, confina — e, no direito positivo, por força da imprecisão de seus elementos distintivos, às vezes até se confunde — com os conceitos das demais categorias tributárias, nomeadamente o imposto e a contribuição de melhoria. Quanto ao imposto, *e.g.*, foi bem observado por A. D. Giannini[6] que "no nosso ordenamento jurídico, como, de resto, no de outros Estados, a distinção entre impostos e taxas é incerta e oscilante...", pois, "constituindo duas espécies de um mesmo gênero, têm uma estreitíssima afinidade jurídica entre si e com os tributos especiais..."

Mas o conceito de taxa ainda se diz assinaladamente limítrofe, porque, por outro lado, no caso das taxas que correspondem à prestação de serviços, esse convizinha e, na prática, em virtude da incerteza quanto à qualificação ou à natureza da atividade que justifica a exigência fiscal, muitas vezes se confunde com o conceito de uma outra classe de receita pública, esta, não tributária: o chamado "preço público".

Em segundo lugar, a teoria da taxa (e assim, portanto, antes de tudo o mais, o próprio conceito desse tributo) talvez seja, dentre os capítulos do direito tributário, aquele que, por força das vicissitudes próprias à formação histórica desse instituto e das peculiaridades inerentes à sua estrutura, mais ampla e profundamente tenha recebido o aporte de conceitos, noções e até teorias estranhas; estranhas, em primeiro lugar, por isso que provenientes de outras regiões da experiência e do conhecimento, que não o direito, tais como a economia, a política, e as chamadas ciências da administração e das finanças; ou estranhas, ainda, porque externas, em sua origem, ao direito tributário, embora pertinentes ao mesmo domínio do direito, principalmente ao do direito administrativo, tais como a teoria das prestações administrativas aos particulares, a doutrina do serviço público, a do denominado poder de polícia, a teoria do procedimento administrativo, etc.

Por último, a problematicidade da teo-

6. Achille Donato Giannini, *I concetti fondamentali del Diritto Tributario*, Turim, UTET, 1956, págs. 98 e 106.

ria da taxa — e daí, também, a postura predominantemente crítica que caracteriza pelo menos alguns tópicos desta exposição — resulta, outrossim, no direito tributário brasileiro, da imprópria formulação do conceito legal desse tributo, desde o do Decreto-lei 1.804, de 24.11.39, e da codificação aprovada pelo Decreto-lei 2.416, de 17.7.40, até o que se encontra em vigor, o do art. 77 do Código Tributário Nacional (CTN).

II — O problema da distinção entre as espécies tributárias

3. A distinção entre as receitas tributárias sob o ponto de vista financeiro

Gabriel Ardant inicia a introdução geral à sua obra fundamental, *Histoire de l'impôt*, afirmando: "O imposto é uma técnica, uma das técnicas da vida em sociedade, mas sua história é coisa diversa da enumeração dos variados processos inventados pelos governantes para apropriar-se dos recursos dos contribuintes".[7]

Longe de nós a intenção de contestar o exímio historiador e sociólogo do imposto. Mesmo porque, a afirmativa de que o imposto é uma técnica, na mais rigorosa acepção deste termo, pode até, ao que supomos, não primar pela originalidade, mas parece estritamente verdadeira.

Seja-nos permitido, portanto, não, decididamente, retificar a assertiva de que "o imposto é uma técnica", mas simplesmente generalizá-la, para reconhecer que o imposto é (tanto na história quanto no mundo de hoje) apenas uma forma (também jurídica, mas, antes ainda, econômica e política) específica, uma determinada aplicação duma técnica fundamental e mais ampla, a do *tributo*. Ou seja, imposto, taxa e contribuição de melhoria — para referir tão-somente as categorias tributárias fundamentais — são simples variantes ou alternativas — às vezes não muito bem distintas — de uma única técnica tributária, isto é, daquela técnica que o Estado moderno preponderantemente utiliza para a ordinária obtenção coativa de receitas. Ou ainda, colocando-nos no ângulo oposto: imposto, taxa e contribuição de melhoria não são, em suma, do ponto de vista *financeiro*, senão diferentes modalidades duma técnica fundamental (a tributária), de que o Estado se serve para repartir, entre os membros da comunidade, o custo do funcionamento dos "serviços públicos"; por outras palavras, consistem eles em *procedimentos* especiais da mesma técnica essencialmente ordenada a legitimar e a operar racionalmente, por via de autoridade, e segundo específicos critérios políticos, econômicos e jurídicos, a partilha do ônus das despesas públicas.

Examinando, pois, o fenômeno, inicialmente sob o ponto de vista *econômico-financeiro*, pode dizer-se que a técnica do *imposto* é em regra empregada quando há que repartir coativamente o custo dos denominados *serviços indivisíveis*: de ordinário, aqueles serviços (essenciais à existência do Estado enquanto tal) prestados *uti universi* — isto é, prestados em consideração direta e imediata da própria comunidade — tais como os da defesa externa, da manutenção da ordem e da segurança internas, e poucos mais ainda, de natureza e importância análogas, e que, por força duma decisão política, eventualmente àqueles se equiparem. Em face da dita indivisibilidade, que, sempre ao mesmo ângulo, se traduz pela prática impossibilidade de repartir os encargos públicos segundo os critérios econômicos do custo do serviço ou do benefício individualmente auferido pelo usuário (que, aliás, diga-se

7. Gabriel Ardant, *Histoire de l'impôt*, Livro I ("De l'Antiquité au XVIIe. siècle"), Paris, Fayard, pág. 9; idem, *Théorie sociologique de l'impôt*, Paris, S.E.V.P.E.N., 1965, vol. I/21 e segs. Assim, também, mas quanto à taxa, A. Baleeiro, *Uma introdução à Ciência das Finanças*, 14ª ed., revista e atualizada por F. B. Novelli, Rio, Forense, 1984, pág. 235.

de passo, em regra não solicita tais serviços e pode, até, ocasionalmente, deles prescindir), essa repartição se processa necessariamente sob forma *compulsória*, segundo os princípios (não econômicos) da *generalidade* e da *igualdade do sacrifício*; faz-se, pois, a repartição, de conformidade com uma regra de *justiça distributiva* ou *proporcionalidade*, pela qual o dever individual de contribuir "mede-se" tão-somente pela chamada *capacidade contributiva* do sujeito, de regra indiretamente exteriorizada mediante certa relação daquele com um fato qualquer da vida econômica, legalmente qualificado como pressuposto do referido dever de contribuir.

Ainda sob esse mesmo prisma — isto é, o *econômico-financeiro* — as técnicas da *taxa* e da *contribuição de melhoria* são empregadas para repartir, também *coativamente* — vale dizer, mediante o *poder de império* do Estado — o custo dos chamados *serviços divisíveis* [tomando-se aqui o termo *serviço*, por necessidade da exposição, em sentido amplíssimo e impróprio, de modo a abranger, sob essa denominação, além da atividade (prestacional) que constitui *serviço público*, em sentido estrito, igualmente o exercício de função pública, propriamente dita, assim como a própria *obra pública*]. Tais serviços, ditos *divisíveis*, conquanto serviços públicos próprios e, portanto, destinados, por definição, a satisfazer necessidades nas quais o interesse público é ainda predominante, são, todavia, aqueles ministrados *uti singuli* — ou seja, prestados em consideração direta e imediata de pessoa determinada, em relação à qual, em cada caso, a atividade pública vem a ser especialmente exercida. De modo que, como se compreende, a repartição do respectivo custo, ou de parte dele, pelo menos, deve fazer-se restritamente com aqueles que do serviço mais imediata ou diretamente se "beneficiam", ou que, mesmo não auferindo qualquer vantagem especial, dão causa à correspondente despesa, com base, em princípio (*em princípio*, frise-se, mas *não exclusivamente*, uma vez que também aqui logra aplicação o cânon da capacidade contributiva), no critério econômico fundamental da vantagem ou utilidade recebida ou da despesa especialmente provocada (custo individual).

4. A distinção entre as receitas tributárias sob o ponto de vista jurídico

A despeito, porém, da inegável significação histórica e atual que uma tal distinção dos tributos, ao ângulo econômico-financeiro, possa conter; e a despeito, também, de que a própria distinção jurídica deles ostenta, de fato, como *condição material* (ou seja, como um relevante *dado pré-jurídico*), o caráter da divisibilidade ou indivisibilidade do serviço público (em sentido amplo) — não poderia, certamente, a ciência do direito tributário, e assim, também o direito tributário positivo, condescender em fundar aquela distinção básica (vale dizer, em formular os conceitos correspondentes às suas categorias fundamentais), servindo-se de critérios não jurídicos: econômico-financeiros, políticos, administrativos, etc.

Por outras palavras, quando, no âmbito do direito tributário, em razão da investigação teórica ou da aplicação do *ius positum*, deva estabelecer-se a distinção — quer entre as receitas "voluntárias" (preços) e as "compulsórias" (taxas); quer entre os tributos *in genere* (imposto, taxa e contribuição de melhoria); quer, ainda, entre os próprios impostos, ou entre as taxas *in specie* — o critério idôneo para diferenciá-los não poderá ser, logicamente, nem o econômico-financeiro — o da repartição do custo dos serviços públicos — nem o político, nem o administrativo, senão um critério que, além de genuinamente *jurídico*, seja, outrossim, peculiar ao direito tributário.

No direito tributário brasileiro — embora, na prática, isso às vezes seja inexplicavelmente esquecido — esse critério não só existe, como também está positivamente estabelecido. Com efeito, o próprio ordenamento põe, taxativamente, o *fato gerador da obrigação tributária* como o único fundamento hábil para identificar-se determinada prestação patrimonial imposta, como tributo, e para determinar-lhe, enquanto tributo, a natureza jurídica específica. Reza o art. 4º do CTN, *verbis*: "A natureza jurídica específica do tributo é determinada pelo fato gerador da respectiva obrigação, sendo irrelevantes para qualificá-la: I — a denominação e demais características formais adotadas pela lei; II — a destinação legal do produto da sua arrecadação".

Assim sendo, aqueles dados pré-jurídicos a que pouco atrás nos referíamos não se consideram (quer dizer, *não podem considerar-se*) fatores idôneos para uma distinção dos tributos e para a determinação da sua natureza jurídica específica, senão se tiverem, e desde que efetivamente tenham sido antes assumidos, isto é, *qualificados* pelo ordenamento, convertendo-se, desse modo, direta ou indiretamente, em elementos constitutivos (da definição legal) do respectivo fato gerador. "A distinção em exame — escreve precisamente A. D. Giannini,[8] referindo-se à distinção entre impostos e taxas — mesmo podendo coincidir no resultado com a financeira, não pode utilizar senão parcial e imperfeitamente os elementos materiais da mesma. Com efeito, a referência da taxa aos serviços ditos divisíveis torna-se juridicamente relevante, não já enquanto o produto da arrecadação das taxas seja destinado ou efetivamente sirva para cobrir o custo daqueles mesmos serviços, mas somente enquanto a taxa constitui uma prestação devida pelo exercício de uma atividade do ente público que se refere particularmente ao obrigado, o que não se pode verificar senão com respeito aos serviços considerados como divisíveis no ordenamento administrativo do mesmo ente".

5. *Importância teórica e prática de uma precisa caracterização da taxa*

Feitas estas considerações de natureza preliminar, permitimo-nos — antes ainda de passar ao exame das características essenciais da taxa — lembrar, com Hector B. Villegas,[9] que "a caracterização desse tributo tem sua importância, não obstante sua pouca significação econômica atual. Giuliani Fonrouge diz com razão que, a despeito da reduzida importância da taxa no conjunto do regime tributário, assume considerável significação em certos aspectos da atividade financeira do Estado".

Realmente, uma exata caracterização da taxa, além da importância que obviamente reveste no plano da teoria jurídica, tem, na ordem prática, no campo da aplicação do direito tributário, uma significação que transcende de muito à relevância econômica e política desse tributo em si mesmo. Essa distinção correta, especialmente à face do imposto e dos chamados "preços públicos", é fundamental sob vários aspectos.

Primeiro, tanto no âmbito interno da competência da mesma entidade tributante, quanto na recíproca relação entre estas, no que respeita ao rigor da observância da discriminação constitucional de rendas, vale tal distinção para evitar ou remediar o exercício indevido da competência comum (Constituição da República, art. 145, II e III), de que vem a resultar a instituição de verdadeiros "impostos" pertencentes, conforme o caso, à própria ou alheia competência, disfarçados em "taxas"; *segundo*, releva a distinção ao resguardo do sistema constitucional das imunidades tributárias

8. A. D. Giannini, *I concetti fondamentali* cit., pág. 98.

9. H. B. Villegas, "Verdades e ficções" cit., pág. 323. V., ao respeito, Baleeiro, *Uma introdução* cit., pág. 239; Valdés Costa, *Curso* cit., vol. I/324.

(Constituição, art. 150, VI, "a" a "d"), que, como se sabe, em qualquer das suas hipóteses, só exclui a incidência de imposto; *terceiro*, é essa distinção fundamental, também, porque os tratados e convenções internacionais, que estabelecem isenções ou reduções de tributos, bem como as denominadas "imunidades" diplomáticas em matéria tributária, previstas, estas últimas, quase sempre na legislação interna, geralmente sob a cláusula de reciprocidade, não excluem, em regra, a incidência, nem determinam a minoração de taxas; *quarto*, importa, enfim, a distinção, porque no caso de taxa cuja exigência a lei conjuga, ou, por qualquer modo, vincula à incidência ou ao pagamento de determinado imposto (taxas adicionais), salvo disposição legal em contrário, a isenção deste último não se considera, por aplicação da regra *acessorium sequitur suum principale*, extensiva àquela (CTN, art. 177, I).

Por outro lado, uma precisa caracterização da taxa, particularmente com respeito às denominadas receitas públicas contratuais ou voluntárias relativas à prestação de serviços industriais ou comerciais, ou à concessão ou cessão de uso de bens do domínio público (os chamados preços públicos ou de monopólios fiscais, cânones, etc.), interessa fundamentalmente à observância do sistema das limitações constitucionais ao poder de tributar (legalidade, igualdade, anterioridade, etc., excluídas, seria escusado relembrar, as imunidades), a que as taxas, enquanto tributos, se encontram igualmente sujeitas (Constituição, arts. 150, I a V, e 151, I e III).

III — A taxa no sistema tributário brasileiro

6. Posição da taxa no sistema constitucional tributário

Ao dispor sobre a atribuição de competência tributária aos entes políticos, a Constituição Federal qualifica a taxa como um dos dois tributos que podem ser instituídos comumente pela União, pelos Estados, pelo Distrito Federal e pelos Municípios (art. 145, II).

Aliás, ocorre no Brasil, com respeito à taxa, a particularidade de ser essa, ainda hoje, o único dos tributos cujo conceito a própria Constituição prefixa. Não nos recordamos de nenhuma outra carta política, a não ser anteriormente em nossa história constitucional, em que figure, no próprio texto fundamental, a definição do conceito de um tributo. Essa é, ao que supomos, uma singularidade, entre outras, do nosso direito político, embora, como bem sabemos, uma tal singularidade não figure no rol das inovações da Carta de 1988. Relembre-se, a bem da verdade, que, nesse ponto, limitou-se a atual Constituição a reproduzir, com diferença irrelevante, o direito fundamental anterior, cuja origem se depara no art. 18 da Emenda 18 (à Constituição de 1946), que estabeleceu a importante reforma tributária de 1965.

Cabe observar, porém, que a definição do conceito (e assim, do fato gerador) da taxa, explicitamente, pela própria norma constitucional, não constituiu, propriamente falando, uma veleidade ou um acesso de originalidade do legislador constituinte. Ela teve então, em 1965, e, segundo parece, continua tendo agora, por força de circunstâncias concretas bem peculiares à nossa experiência do direito constitucinal tributário, os dois seguintes propósitos: *primeiro*, atribuir base constitucional induvidosa à instituição de taxas, às quais não corresponderia a "prestação de serviço" *a favor* do obrigado, ou a "concessão" a esse do uso de bem público (e, portanto, nenhuma atribuição, ao destinatário da atividade estatal, de *vantagem econômica*), como é o caso de pelo menos algumas das taxas exigidas "em razão do exercício do poder de polícia", ou o daquelas outras em que, segundo a concepção predominante, a "utilização" do serviço público é meramente "potencial"; *segundo*, cercear, como já foi notado, as notórias práticas abusivas, principalmente de governos locais, que, ao abrigo, tanto da competência comum, quanto da anterior pouco rigorosa conceituação meramente legal dos tributos, ora estabeleciam, como "taxas", simples "impostos" adicionais, ora encobriam a indevida apropriação de verdadeiros impostos de alheia competência, mediante a dissimulação da denominação imprópria. Mas a entronização constitucional da definição do conceito de taxa não logrou, por si só, eliminar de todo tais abusos, embora a violação, mais ou menos bem disfarçada, do referido conceito constitucional (e assim, da discriminação de competência impositiva), por meio dos quase sempre primários expedientes da legislação fiscal, tenha dado ocasião, como sabemos, a numerosas decisões judiciais, em que é declarada a inconstitucionalidade dessas falsas taxas. De resto, a própria *Súmula da Jurisprudência Predominante* do Supremo Tribunal Federal conta com vários enunciados nesse sentido (*vide*, p. ex., ns. 126, 135, 136, 138, 274, 348, 551, 595, etc.).[10]

7. *Características essenciais da taxa*

A atual Constituição, mantendo, pois, ao respeito, essencialmente os lineamentos adotados, desde 1965, pela Emenda 18 à Constituição de 1946, determina que "a União, os Estados, o Distrito Federal e os Municípios poderão *instituir taxas*, em razão do exercício do poder de polícia ou pela utilização, efetiva ou potencial, de serviços públicos específicos e divisíveis, prestados ao contribuinte ou postos à sua disposição", aditando ainda — ao nosso ver, em preceito pleonástico, de eficácia, na melhor das hipóteses, preponderantemente didática — que "as taxas não poderão ter base de cálculo própria de impostos" (art. 145, II e § 2º).

Por outro lado, seguindo firme tradição que remonta às origens do nosso federalismo financeiro, mas só se tornou regra explícita em 1934, a Constituição discrimina basicamente a competência tributária em duas classes, a *comum* e a *privativa*: a primeira, compreendendo as taxas e as contribuições de melhoria; e a segunda, os impostos, as nomeadas "contribuições parafiscais" e os empréstimos compulsórios (cf. arts. 145, 148 e 149).

O critério em que assenta essa discriminação fundamental dos tributos entre as duas classes de competência, importando, por certo, uma preliminar distinção substancial entre eles, reside, como é lógico, basicamente, numa particularidade respeitante, em última análise, ao próprio fato gerador da respectiva obrigação tributária, enquanto tão-somente esse é, como bem se sabe, determinante da natureza jurídica específica do tributo.

Assim, a competência (*rectius*: potestade) tributária primária é, relativamente aos tributos da *competência comum*, como que uma *extensão*, no campo fiscal, das atribuições conferidas pela Lei Maior aos entes políticos, em matéria administrativa e (sendo o caso) jurisdicional.[11]

10. Vide, sobre o ponto, entre outros, A. Theodoro Nascimento, "Preços, taxas e parafiscalidade", vol. VII do *Tratado de Direito Tributário brasileiro*, coord. por Aliomar Baleeiro, Rio, Forense, 1977, págs. 150 e segs. e 231 e segs.; Sylvio Santos Faria, "Taxa de licença, localização e funcionamento de escritório de advocacia", *RDP* 9/100 e segs., 1969; Manoel Lourenço dos Santos, *Direito Tributário*, 3ª ed., Rio, Fundação Getúlio Vargas, 1970, págs. 56 e segs.

11. Diz exatamente Franz Meisel (*apud* Pugliese, *Le tasse* cit., pág. 64): "o sistema das taxas não pode ser senão o da administração do Estado". V., outrossim, Christian Flamig, "Gebühr", verb. in *Handwörterbuch des Steuerrechts und der Steuerwissenschaften*, Munique, C. H. Beck, 1972, vol. I/423: "Die Entstehung des Gebührenwesens ist mit der Entwicklung der öffentlichen Verwaltung eng verbunden".

Discorrendo sobre a competência comum, sob o sistema tributário da Constituição de 1946, já salientava, precisamente, Rubens Gomes de Sousa, "Sistema tributário federal", *Revista de Direito Administrativo* (*RDA*) 72/8, 1963, em observação que se ajusta,

Por outras palavras, a competência para *instituir* (o que em regra também compreende regular e cobrar) taxas (e contribuições de melhoria) predetermina-se, materialmente, no plano constitucional, à face de uma subjacente competência "antes" atribuída, pelo ordenamento, para *prestar o serviço público*, ou, mais propriamente, para *realizar a atividade administrativa ou jurisdicional* que a lei tributária prefigura como um fato (jurídico) parcial, componente da hipótese de incidência desse tributo. Por essa razão, a competência para a instituição de taxas (e de contribuições de melhoria) é, pois, *comum*, podendo ser, em conseqüência, *concorrentemente* e, até, se for o caso, *cumulativamente* exercida pela União, pelos Estados, pelo Distrito Federal e pelos Municípios, desde que mais de um deles ou, eventualmente, todos eles venham a concretizar o pressuposto de fato definido em lei: no caso, a *atividade estatal específica* (administrativa ou jurisdicional) a que a norma jurídica vincula a obrigação tributária (cf. arts. 16, 77 e 80 do CTN).

Vale enfim reiterar que, enquanto tributo, a taxa — com a ressalva, já se sabe, das imunidades do art. 150, VI, da Constituição — compreende-se na área de incidência das limitações do poder de tributar, ou seja, daquelas vedações ou deveres constitucionais de abstenção, que as entidades políticas estão sujeitas a observar quando do exercício da sua potestade tributária primária. Entre tais limitações, cabe citar especialmente: a capacidade contributiva (art. 145, § 1º);[12] a legalidade (reserva legal) (art. 150, I); a igualdade (art. 150, II); a irretroatividade (art. 150, III, "a"); a anterioridade (art. 150, III, "b"); a não-confiscatoriedade (art. 150, IV); a proibição de limitações ao tráfego interestadual ou intermunicipal de pessoas ou bens, ressalvada a cobrança de pedágio (art. 150, V); a uniformidade territorial (art. 151, I); a anualidade (art. 165, § 9º, I; Lei 4.320, de 17.3.64, arts. 3º e 51), etc.

IV — Taxa e "preço público"

8. O problema da distinção entre a taxa e o chamado "preço público"

De há muito a doutrina estrangeira do direito tributário tem salientado a notável dificuldade que, especialmente em determinadas circunstâncias, encerra a tarefa de distinguir, teórica ou praticamente, as taxas e os preços financeiros ou tarifas. Observa, ao propósito, A. D. Giannini:[13] "o problema da discriminação entre as taxas e as contraprestações de direito privado é um dos mais delicados do direito financeiro, tendo sido propostos para a sua solução os mais diversos critérios. Daí a grande perplexidade da doutrina e da jurisprudência em classificar determinadas entradas entre as taxas ou entre as contraprestações de direito privado".

Também entre nós esse argumento tem

de modo geral, a essa classe de competência tributária primária: "... no campo comum subsistem as taxas que o art. 30 da Constituição refere apenas como 'taxas'. A elas cabe esse anonimato constitucional inevitável. Inevitável porque, sendo as taxas vinculadas a serviços ou atividades, identificá-las seria predeterminar 'que' serviços o governo pode prestar, 'que' atividades pode desempenhar. Uma enumeração específica de taxas teria fatalmente uma conseqüência paradoxal. Os encargos públicos seriam definidos pelos meios financeiros utilizáveis, em lugar de se prover o governo de meios financeiros adequados aos encargos que, por sua natureza, lhe competem".

12. Dispõe, no entanto, o art. 145, § 1º, da Constituição da República: "Sempre que possível, os *impostos* terão caráter pessoal e serão graduados segundo a capacidade econômica do contribuinte,..." etc. Sobre a redação duplamente imprópria desse dispositivo e sua particularmente complexa interpretação, não é este o lugar para nos estendermos. Não podemos, porém, deixar de observar, embora muito de passagem, que o entendimento estrito dele parece inconciliável com a regra fundamental da igualdade tributária (Constituição, art. 150, II), se já não fosse inconciliável, ainda antes, com o próprio conceito e a função do tributo.

13. A. D. Giannini, *I concetti fondamentali* cit., pág. 107.

freqüentemente merecido as preocupações da doutrina e da jurisprudência. Aliomar Baleeiro,[14] cuja opinião se convoca como suma de toda a nossa mais representativa doutrina, assim se manifesta quanto ao ponto: "os problemas e as controvérsias em torno de taxas residem na sua assemelhação aos chamados 'preços' e resultam, em última análise, de critérios de economistas, voluntária e inteiramente indiferentes aos conceitos dos juristas" (...) "As questões jurídicas mais ásperas, por outro lado, jazem, assim, na delimitação da fronteira entre 'taxas' e 'preços', já que estes últimos, do ponto de vista legal, escapam à regra inflexível do art. 153, § 29 (*observamos*: da Carta anterior; hoje, art. 150, I e III, "b"), da Constituição, matéria que foi amplamente discutida no ruidoso caso das chamadas 'taxas aeroportuárias' e 'portuárias'".

A extraordinária dificuldade da questão está, decerto, em que, se o caráter da divisibilidade do "serviço", a cuja prestação corresponde a imposição tributária (dando ocasião, como foi notado, ao exercício de uma *atividade estatal referida especialmente ao contribuinte*), permite, em regra, desde que qualificado como um aspecto do pressuposto da respectiva obrigação, a induvidosa distinção *jurídica* entre taxa e imposto, esse não vale, é óbvio, para distinguir as *taxas* dos *preços financeiros*, uma vez que estes também constituem, como grande parte daquelas,[15] prestações pecuniárias devidas pelo exercício de atividades que se compreendem, de modo geral, no âmbito do conceito indeterminado (e até hoje vivamente controvertido entre os administrativistas) de *serviço público*.

O problema interpretativo ainda se torna mais delicado, quando acontece de a atividade, em razão da qual o ingresso é exigido, resolver-se na prestação de serviços (públicos) que, embora de natureza "comercial" ou "industrial", sejam, todavia, considerados "essenciais" ou "indispensáveis", porque: de um lado, atendam, não apenas a necessidades individuais do obrigado, mas também, ou principalmente, a necessidades públicas de ordem fundamental; e de outro, porque sejam, em regra, direta ou indiretamente prestados pela administração pública, em regime de maior ou menor restrição à liberdade de consumo, sob forma de monopólio, ou mediante a adoção de modos de aquisição direta ou indiretamente compulsórios, tais como, a utilização obrigatória do serviço, a cobrança pela sua legalmente chamada "utilização potencial" e, em geral, a sujeição do "usuário" a condições (preços, qualidade, regime de utilização, etc.) impostas unilateralmente pela administração. Estão neste caso, entre outros, serviços como os de fornecimento de água e esgotos, varrição e limpeza de logradouros públicos, correios e telégrafos, remoção de lixo, instrução pública, os quais, embora — pelo menos em certos ordenamentos administrativos, ou, em alguns desses casos — normalmente retribuídos mediante preços, já deram ou ainda dão lugar (impropriamente, ao nosso ver) à imposição de taxas.

Sucede que, na prática — suposta a falta de um critério material de distinção en-

14. Baleeiro, *Uma introdução* cit., págs. 237 e segs. Vide, ainda, entre muitos outros, Ataliba, "Considerações" cit., págs. 50 e segs.; Rubens Gomes de Sousa, "Ainda a distinção entre taxa e imposto", *RDP* 21/303 e segs., 1972; Bernardo Ribeiro de Moraes, *Doutrina e prática das taxas*, São Paulo, Ed. RT, 1976, especialmente págs. 94 e segs.; A. Theodoro Nascimento, "Preços, taxas" cit., *passim*, mas especialmente págs. 105 e segs.; Kiyoshi Harada, *Dois temas de Direito Tributário*, São Paulo, Resenha Tributária, 1976, págs. 55 e segs.; VV. AA., "Taxa e preço público", *Caderno de Pesquisas Tributárias* 10, coord. Ives Gandra da Silva Martins, São Paulo, Centro de Estudos de Extensão Universitária-Resenha Tributária, 1985; Caio Tácito, "Imposto, taxa e preço público", in *Direito Administrativo*, São Paulo, Saraiva, 1975, págs. 260 e segs.

15. Quer dizer, segundo entendimento estreito porém tradicional do direito positivo, aquela parte não formada pelas taxas que correspondem ao exercício de *função pública*, em sentido próprio: atividade (administrativa) de polícia e atividade jurisdicional.

tre taxas e preços, posto pelo próprio ordenamento — pareceria admissível que, em "retribuição" a semelhantes *serviços públicos específicos e divisíveis, prestados ao contribuinte ou postos à sua disposição* (CTN, art. 77), poderia, em princípio, instituir-se, indiferentemente, à livre discrição do legislador, uma taxa ou um preço financeiro, desde que observadas, em caso de opção pelo tributo, as limitações constitucionais pertinentes. Ficaria, desse modo, a distinção entre as duas categorias de ingressos reduzida ao aspecto meramente *formal*; para ser mais explícito, resultaria tal distinção tão-somente do diverso *regime jurídico* a que o legislador, a seu exclusivo talante, sujeitasse cada uma de tais receitas. Com efeito, diz A. D. Giannini:[16] "A verdade é que não existe, em minha opinião, um elemento material de diferenciação, ao qual possa atribuir-se uma influência decisiva e constante sobre o caráter jurídico das relações em questão. Este caráter deve ser deduzido, essencialmente, do modo pelo qual a relação é legislativamente disciplinada, tendo em conta sobretudo a sua evolução histórica". E prossegue pouco adiante Giannini, sempre à luz desse estreito normativismo: "é vão pretender encontrar a qualquer custo um critério material, visível e seguro, de discriminação, ali onde domina o arbítrio do legislador e tudo, portanto, se reduz a estabelecer de que modo tenha ele configurado as relações que formam objeto da sua regulamentação".

Entre nós, Geraldo Ataliba[17] aderiu, de início, irrestritamente, a essa orientação formalista, prelecionando nestes termos, não menos categórico: "A taxa é mera forma. Um pagamento juridicamente configura o preço ou a taxa, conforme seu regime jurídico. Ora, tal matéria está no arbítrio puro e simples do legislador. Ele, de modo efetivamente arbitrário, dá ou não forma de taxa — vale dizer, estrutura tributária — ao pagamento. Ele é absolutamente livre para criar uma entidade, como preço ou como taxa. Da mesma maneira é livre para transformar qualquer taxa em preço, ou qualquer preço em taxa (basta-lhe modificar o regime jurídico da relação que tem por objeto o pagamento)".

9. *Vinculação do conceito de taxa à noção de serviço público. Crítica*

Não prosperou, todavia (como não podia, de resto, prosperar), nem na doutrina, nem na jurisprudência, a tese que, com tão discutível fundamento, professa reinar, no ordenamento financeiro, essa irrestrita liberdade do legislador para qualificar tais ingressos, indiferentemente, como receitas patrimoniais (preços) ou tributárias (taxas).

No campo doutrinário, significativamente o próprio Ataliba,[18] pouco depois, modificava radicalmente o seu entendimento. De fato, recolhendo, em trabalho posterior ao citado, a lição de outro ilustre publicista, Marco Aurélio Greco,[19] passou aquele eminente Professor a sustentar com igual firmeza que, se sob "a perspectiva da ciência das finanças — isto é, no plano pré-jurídico — as taxas se podem confundir com as tarifas (preços) — não há, sob o ponto de vista jurídico, possibilidade de confusão entre taxa e preço. Nem há, como muitos supõem — assevera já agora o mesmo Ataliba — liberdade do legislador em converter uma na outra e vice-ver-

16. A. D. Giannini, *I concetti fondamentali* cit., págs. 114 e seg.

17. Geraldo Ataliba, "Considerações" cit., pág. 51. Nesse sentido, com respeito aos serviços que designa como de natureza dúplice, A. Theodoro Nascimento, "Preços, taxas" cit., págs. 47 e 167 e seg.

18. G. Ataliba, *Hipótese de incidência tributária*, 2ª ed., São Paulo, Ed. RT, 1975, págs. 179 e segs.

19. Marco Aurélio Greco, *Norma jurídica tributária*, São Paulo, Saraiva, 1974, págs. 69 e segs., especialmente 76 e segs. Mas, antes ainda, do mesmo A., "Distinção jurídica entre taxa e preço", *Revista dos Tribunais* (*RT*) 456/38 e segs.

sa".[20] E esse critério jurídico, de então em diante esposado por Ataliba — e que, segundo Greco, permitiria distinguir com certeza as taxas dos "preços públicos" — é, nem mais nem menos, o problemático conceito de *serviço público*. "Todas aquelas atividades do Poder Público — diz Greco[21] — que consistirem em serviços públicos só poderão dar ensejo a taxa. Preço público é denominação da remuneração paga ao Poder Público quando ele presta um serviço ou vende um bem em regime jurídico privado".

Permitimo-nos dissentir, porém, firmemente, desse abalizado parecer. Com efeito — e pondo de parte a notória incerteza da própria noção de *serviço público* — afirmar que a taxa corresponde e se vincula necessariamente a "serviço público", e "preço", a regime jurídico privado, importa, primeiramente, na absoluta exclusão da contratualidade, do vasto campo das relações públicas de prestação, e, por via de conseqüência, do regime de preços (políticos, públicos, semiprivados e privados), do campo do direito público, identificando, pois — ao nosso ver, indevidamente — *disciplina publicística* e *tributariedade*, o que contraria, sem a menor dúvida, não só a realidade dos fatos, mas também o pronunciado sentido da evolução do moderno direito público, em sua abertura para uma crescente utilização de módulos convencionais para a atividade administrativa de prestação.

De outro lado, a pretensa necessária correlação entre taxa e serviço público não resolve, desde logo, mas apenas desloca a questão da distinção entre taxa e preço para um momento ulterior. Com efeito, dado o caráter indeterminado e até problemático do conceito de serviço público (que, aliás, não se deixa definir objetivamente),[22] recair-se-á aqui, do mesmo modo, nas malhas dum critério puramente formal — e, portanto, igualmente aleatório — ao reconhecer, como alguns simplesmente pretendem: que "serviço público" será toda aquela atividade, exercida pelos poderes públicos, ou por estes apenas dirigida ou controlada, que a lei (naturalmente por obra de uma opção essencialmente política) sujeite a uma disciplina peculiar, distinta da que é geralmente aplicada aos empreendimentos privados.

Assim, assumido que seja o equivocado critério sob exame, toda a atividade desenvolvida dentro dos quadros de um tal regime pelos poderes públicos, quer direta, quer indiretamente, mediante as várias formas institucionais da descentralização administrativa, e, portanto, até mediante a execução por particulares (concessão ou autorização), deveria, necessariamente, enquanto constitui "serviço público", ensejar a cobrança de taxa (desde que, subentende-se, remunerada a atividade, e referida esta, particularmente, ao "usuário"). Passariam, destarte, à categoria de "taxas" — sujeitas, assim, ao regime jurídico próprio dos tributos — *contraprestações* típicas que tanto a doutrina quanto a jurisprudência têm, com raras exceções, reconhecido sempre como autênticos "preços públicos" ou tarifas, tais como as que são pagas em

20. Ataliba, *Hipótese* cit., pág. 179. Reza a ementa do acórdão do Supremo Tribunal Federal, 4.9.80, RE 89.876-RJ (Pleno), rel. Min. Moreira Alves: "Em face das restrições constitucionais a que se sujeita a instituição de taxa, não pode o Poder Público estabelecer, a seu arbítrio, que à prestação de serviço público específico e divisível corresponde contrapartida sob a forma, indiferentemente, de taxa ou de preço público" (cf. *Revista Trimestral de Jurisprudência* (*RTJ*) 98/230).

21. Hamílton Dias de Souza e M. A. Greco, "Distinção entre taxa e preço público", in VV. AA., "Taxa e preço público" cit., pág. 126.

22. Observa, ao respeito, Massimo Severo Giannini, *Istituzioni di Diritto Amministrativo*, Milão, Giuffrè, 1981, pág. 544, que "em nenhum ordenamento positivo conhecido existem critérios jurídicos objetivos para individuar a noção de serviço público em sentido objetivo; há orientações políticas, ora ideológicas ora econômicas, ora mistas, e em razão das forças políticas e das variáveis espaciais, certas atividades produtivas são consideradas e declaradas serviço público".

contrapartida aos serviços de água e esgoto, de educação e instrução (anuidades ou mensalidades escolares), de transporte ferroviário, rodoviário e aéreo, de manutenção e limpeza de estações aeroportuárias ou rodoviárias, de armazenagem, de correios e telégrafos, de telefonia, de fornecimento de energia elétrica e de gás a domicílio, e assim, muitas outras semelhantes.

Tratando, pois, justamente da laboriosa distinção que nos ocupa, recomenda autorizadamente M. S. Giannini[23] "que se *elimine de logo a principal fonte de confusão: a noção de serviço público*. É incrível constatar — escreve o exímio catedrático da Universidade de Roma — como é difusa a crença em que serviço público signifique *serviço regido por normas de direito público*, em vez de *serviço assumido pelo poder público*. Daí se pretenderia dessumir que as entradas derivadas do 'serviço público' seriam taxas e não contraprestações (*corrispetivi*). Esta crença é radicalmente errada, porque existem serviços públicos prestados segundo normas de direito público, assim como serviços públicos prestados segundo normas de direito privado. Observe-se ainda que se 'normas de direito público' é coisa de fácil compreensão em sede teórica, é de dificílima individuação em sede prática, e não sem razão".

10. A distinção entre taxa e "preço público" na jurisprudência do STF: o critério da "compulsoriedade". Crítica

O Supremo Tribunal Federal, por sua vez, posto ante o árduo problema da incerteza da linha demarcatória entre as taxas e os chamados "preços públicos", entendeu oferecer critério objetivo, capaz de perfeitamente estremá-los. Referindo-se, pois, nesse então, a decisões proferidas em casos ocorridos ainda sob o império da Constituição de 1946,[24] decretou a Corte — fundada no conceito de tributo tacitamente recebido pela norma fundamental (Constituição de 1946, art. 141, § 34; hoje, art. 150, I e III, "b") — o consabido enunciado 545 da *Súmula da Jurisprudência Predominante*, nestes termos: "Preços de serviços públicos e taxas não se confundem, porque estas, diferentemente daqueles, são *compulsórias* e têm sua cobrança condicionada à *prévia autorização orçamentária*, em relação à lei que as instituiu" (o destaque é nosso).

Todavia, o critério consagrado pela ci-

23. M. S. Giannini, "I proventi degli enti pubblici e la riserva della legge", in *Studi in onore di G. M. de Francesco*, Milão, Giuffrè, 1957, vol. II/408.

No mesmo sentido, A. Barettoni Arleri, *Obbligazioni e obblighi pubblici e prestazioni amministrative*, Milão, Giuffrè, 1966, pág. 15. Aludindo, por sua vez, a uma superação da teoria nominalista do serviço público, Umberto Pototschnig, *I pubblici servizi*, Pádua, CEDAM, 1964, pág. 155, identifica o advento de um *corpus* de disciplina comum destinado a reger a atividade econômica que constitui serviço público, não importando qual seja o sujeito (público ou privado) que o exerça.

Assim, também, Renato Alessi, *Le prestazioni amministrative rese ai privati* (*Teoria generale*), 2ª ed., Milão, Giuffrè, 1956, págs. 57 e segs., mas especialmente 83 e segs., que conclui o extenso capítulo dedicado ao exame da qualificação jurídica das relações de prestação administrativa admitindo, a despeito da natureza *normalmente publicística* das relações em questão (pág. 85), a integração de uma disciplina fundamental (publicística ou privatística), por meio da sua contrária (pág. 93).

Entre nós, veja-se Caio Tácito, "Direito Administrativo e Direito Privado nas empresas estatais", *RDA* 151/22 e segs., 1983. Escreve, ao respeito, Maria Sylvia Zanella di Pietro, *Do Direito Privado na administração pública*, São Paulo, Atlas, 1989, pág. 102: "...o próprio conceito de serviço público entrou em crise, já que os chamados serviços industriais e comerciais do Estado, antes executados exclusivamente por particulares, passaram a ser desempenhados também pela Administração Pública, *sob regime jurídico de direito privado*; como conseqüência, *o regime jurídico deixou de ser a baliza que delimitava os conceitos de serviço público e particular*" (grifamos). Vide, da mesma A., *Direito Administrativo*, 3ª ed., São Paulo, Ed. Atlas, 1992, especialmente págs. 78 e 80.

24. ERE 54.194, de 25.3.65, *RTJ* 33/465; RE 54.491, de 3.5.67, *RTJ* 33/147; RE 54.996, de 27.5.68 (Em. 732 - *DJU* de 28.6.68).

tada proposição da Súmula — já teoricamente insustentável, ao nosso ver — não se mostraria capaz de, também na prática, proporcionar a pretendida segura distinção entre as duas classes de receitas, antes de tudo o mais, pela simples razão de que encerra, *data venia*, uma evidente *petitio principii*. Com efeito, não há que inferir-se, *de jure condendo*, a subseqüente *tributariedade* duma receita, como ali se supõe, duma sua presumida anterior *compulsoriedade*; por outras palavras, uma receita não se qualifica juridicamente como tributária porque seja (*antes*) compulsória, mas, justamente ao revés, é "compulsória" porque (*antes*) juridicamente qualificada como tributária. A compulsoriedade se manifesta como atributo, como efeito, portanto, da tributariedade, e não, pelo contrário, como seu pressuposto ou sua causa eficiente. Em suma, as taxas não se reconhecem como tais porque, desde "antes", constituam prestações compulsórias; mas são prestações pecuniárias *compulsórias* em virtude duma prévia definição legal como tributo; ou, mais precisamente, porque o pressuposto da respectiva obrigação configura um tipo de fato que a lei descreve e qualifica como *fato gerador* do tributo denominado taxa.[25] De sorte que, quando se indica, como o faz a Súmula, o vago conceito de *compulsoriedade* qual caráter diferencial da taxa, capaz de distingui-la do "preço público", confundem-se, na realidade, coisas inteiramente distintas, porquanto aí se alude, à evidência, não à compulsoriedade enquanto signo característico e efeito decorrente da tributariedade, não à compulsoriedade enquanto nota conceptual do próprio tributo (CTN, art. 3º), mas à compulsoriedade que se resolve, ainda antes, na demanda forçada do "serviço", na indireta imposição da prestação administrativa ou, mais genericamente, da atividade estatal relativa ao obrigado, e da qual surte, em contrapartida, a obrigação cujo objeto, segundo entendemos, pode consistir, conforme o caso, tanto no pagamento de uma taxa, quanto no de um "preço público". Em conclusão, a compulsoriedade (ou obrigatoriedade) a que alude a Súmula não é, pois, propriamente, *a do tributo*, mas a que decorre, direta ou indiretamente, seja de uma situação geral de sujeição a um poder (administrativo) de polícia, seja, especificamente, de um vínculo, de um dever de direito público (administrativo) distinto *da*, e anterior à própria obrigação tributária, e, em virtude do qual, o "usuário" (obrigado) vem a ser indiretamente constrangido, no interesse público, à utilização do "serviço", ao recebimento da prestação e, por via de conseqüência, sendo o "serviço" remunerado, obrigado também ao pagamento, conforme o caso, do preço (público) ou do tributo (taxa) que lhe corresponde.

Aliás, já notara, com a sua habitual agudeza e precisão, o eminente Ministro Víctor Nunes, no voto proferido nos ERE 54.194,[26] em que se disputava a respeito da natureza da denominada taxa de água e de saneamento: "... o critério da obrigatoriedade é absolutamente insuficiente para caracterização do tributo" (...) "No caso presente, é preciso distinguir se a obrigatoriedade resulta do serviço, que se remunera, ou se resulta de outras considerações, vindo a obrigatoriedade da remuneração do serviço por via de conseqüência" (...) "A obrigatoriedade, no caso em exame, de pagar a *taxa* de água e esgoto não está vinculada ao uso, ou não uso do serviço. Resulta de uma imposição de ordem sanitária, segundo a qual quem quer que construa imóvel urbano há de dotar esse imóvel dos serviços de água e esgoto" (...) "A obrigatoriedade do pagamento é indireta. Direta é a obrigatoriedade de equipar o imóvel urbano com esse serviço" (...) "O

25. Vide, substancialmente neste sentido, criticando, por igual, a Súmula 545, Gilberto de Ulhôa Canto, "Taxa e preço público", in VV. AA., "Taxa e preço público" cit., págs. 88-91.

26. Cf. *RTJ* 33/474 e seg. No mesmo sentido, Oswaldo Aranha Bandeira de Mello, "Tarifa de água", *RDP* 20, 1972, especialmente pág. 376.

que se discute é precisamente isso: saber quando um pagamento obrigatório é taxa ou não é taxa. Não estou sustentando que não possa haver taxa que não seja obrigatória; o que estou sustentando é que há pagamentos obrigatórios, os quais, não obstante, não são taxas".

Pela mesma razão — observamos de passagem, apenas — peca a Súmula 545 também quanto ao outro ponto em que pretende fundar o critério distintivo por ela proposto. De fato, assim como não é a compulsoriedade, nem pressuposto, nem causa eficiente da tributariedade duma receita, também não é, certamente, a sujeição ao princípio da anualidade (ou da anterioridade) ou, se for o caso, a qualquer outro dos princípios constitucionais tributários que qualifica uma receita como tributo, ou como tributo de um certo tipo; mesmo porque, como se sabe, em determinadas circunstâncias, certos tributos não se sujeitam, total ou parcialmente, àquelas ou a outras limitações (cf. Constituição da República, art. 150, III, "b" e § 1º; art. 153, § 1º). A verdade é que, naquelas hipóteses em que estão a elas sujeitos, os tributos o estão (já) *enquanto tributos*; por outras palavras, é justamente em razão da precedente qualificação (normativa) de um ingresso como tributo que a Constituição condiciona sua cobrança, em certos casos, à prévia autorização orçamentária, e não ao contrário, como pretende a Súmula 545.[27]

Mas, no próprio Supremo Tribunal Federal, por ocasião do julgamento, em 26.4.79, do RE 89.876-RJ, em que se discutia a respeito da natureza da prestação cobrada pela Companhia Municipal de Limpeza Urbana (COMLURB), do Rio de Janeiro, pela remoção do lixo dos prédios situados no Município, o critério esposado pela Súmula 545 viria a ser considerado "deficiente", sob o fundamento de que "a Súmula 545 se aplica, como critério distintivo, nos casos em que o legislador ordinário estabeleceu que a contrapartida devida pelo particular em virtude da prestação do serviço público é exigida, ainda que não use do serviço, pelo simples fato de este estar colocado à sua disposição".[28]

Pretendendo, ao que parece, estabelecer um critério material de distinção mais abrangente que o adotado pela Súmula 545, destacou, no caso ora citado, o voto do Relator, o eminente Ministro Moreira Alves: "O que importa, no caso, é examinar a natureza do serviço prestado, para saber se é ele um serviço devido pelo Poder Público (e, portanto, obrigatório para ele), ou se, apenas, este pode, ou não, prestá-lo, o que implica dizer que a prestação é facultativa para ele, e, conseqüentemente, se ele o presta, o particular tem, também, a faculdade de usar, ou não, dele. Note-se que essa obrigatoriedade não é (a) a que alude a Súmula 545 (a de o Poder Público exigir o pagamento pelo simples fato de o serviço ser colocado à disposição do particular), mas, sim, a que decorre do fato de que, se o serviço é propriamente público, pela circunstância de ele, por sua natureza mesma, ser obrigatório para o Poder Público (e, portanto, para o particular, já que está em jogo, em primeiro plano, o interesse de toda a coletividade), este não pode, ainda que queira, dispensar dele o particular, e só pode exigir, como contrapartida de sua prestação, a taxa, com todas as suas restrições constitucionais".[29]

Todavia, a doutrina do RE 89.876, a despeito do que afirma o seu eminente Relator, não é, *data venia*, substancialmente diversa da que servira de fundamento à Súmula 545. Com efeito, não sendo a *compulsoriedade* desta última, como demonstramos, a que caracteriza o tributo

27. Hugo de Brito Machado, "Taxa e preço público", in VV. AA., "Taxa e preço público" cit., pág. 138.

28. RE 89.876-RJ, rel. Min. Moreira Alves, *RTJ* 98/236 e seg.

29. RE 89.876-RJ, *RTJ* 98/238.

em si mesmo, mas, sim, a que decorre de um fato estranho, anterior à relação tributária — e que consiste, já se disse, na demanda "forçada" do serviço, na "imposição" da prestação administrativa — não vemos como distinguir o que, num caso, é chamado "compulsoriedade" (Súmula 545), daquilo que, no RE 89.876, se designa como "obrigatoriedade". A verdade é que, tanto num quanto noutro caso, é sempre da atuação *necessária* do Poder Público, da "obrigatoriedade" da prestação administrativa, enfim, da utilização "forçada" do serviço — nas próprias palavras do Relator: *obrigatório* para o Poder Público e *indispensável* para o particular — é sempre, substancialmente, da mesma "compulsoriedade" que se trata e que se pretende deduzir a tributariedade da prestação pecuniária correspondente, identificada assim, só por isso, como taxa. Por outras palavras: em ambos os casos a obrigação pecuniária que corresponde à prestação pública assume, "necessariamente", a figura de obrigação *tributária*, exclusivamente por constituir o *serviço* — para usar a própria linguagem do RE 89.876 — "função essencial (*sic*) do Poder Público (no caso, a *remoção de lixo*), ou seja, serviço que *tem de ser prestado obrigatoriamente por este, sem poder dispensar dele o particular*, (...) porque esse serviço visa, indubitavelmente, a atender, em plano preferencial, ao interesse da coletividade (...) e, somente em plano secundário, ao interesse do particular...".[30]

11 Incerteza e falácia da distinção entre serviço público obrigatório e facultativo como fundamento da distinção entre a taxa e o "preço público"

Parece lícito concluir, portanto, que, em ambos os casos — isto é, tanto na doutrina da Súmula 545, quanto na do RE 89.876 — pretende-se, em última instância, discriminar as duas espécies de receita, a taxa e o "preço público", com base, tão-somente, na conhecida e falaciosa distinção entre serviço público "imposto", "obrigatório" ou de "utilização compulsória" — o serviço que é, enfim, segundo essa jurisprudência: *propriamente público* (RE 89.876) — e serviço público "voluntário", "facultativo" ou "impróprio".

Ora, se já não fosse pela consabida incerteza da própria noção de "serviço público", e, em conseqüência, pela ainda maior incerteza das problemáticas noções de serviço público "obrigatório" e "facultativo", o critério esposado por essa jurisprudência seria, também por outras razões, *data venia*, inaceitável.

De fato, dando por admitido que caiba falar em serviço "obrigatório" ou "imposto", ou ainda, em prestação administrativa "necessária", porque (em virtude da sujeição: quer a uma limitação de polícia, quer a um dever de diversa natureza posto para o "usuário", com base na lei, em face da administração pública, quer, ainda, ao constrangimento advindo da oferta do serviço sob monopólio legal ou de fato) não

30. RE 89.876-RJ, *RTJ* 98/239 (grifamos). Não poderia, a esse respeito, ser mais explícita a ementa do citado Acórdão: "Sendo compulsória a utilização do serviço público de remoção de lixo — o que resulta inclusive, de sua disciplina como serviço essencial à saúde pública —, a tarifa de lixo instituída pelo Decreto 196, de 12.11.75, do Poder Executivo do Município do Rio de Janeiro, é, em verdade, taxa".

A respeito da imprecisa noção de "serviço público essencial", que declaradamente se encontra na própria base desse julgado, parece apropriado reportar, porque adequada à situação que se verifica em nosso ordenamento, a observação de Salvatore Cattaneo, "Servizi pubblici", verb. in *Enciclopedia del Diritto*, Milão, Giuffrè, vol. XLII/371, 1990, quanto à falta "di una definizione generale a contenuto positivo che sia realmente idonea a far riconoscere una attività come servizio pubblico: e lo stesso vale per la specificazione 'servizio pubblico essenziale'. In effetti quella formale denominazione non può essere attribuita ad alcuna attività 'prima' che lo abbia fatto la legge o l'amministrazione". Cons., também, Fabio Merusi, "Servizio pubblico", verb. in *Novissimo Digesto Italiano*, Turim, UTET, vol. XVII/215 e segs., 1970.

possa o administrado deixar de utilizar-se de um dado "serviço", não parece, contudo, que essa *indireta* "obrigatoriedade" da demanda tenha, por si mesma, a virtude de determinar a natureza jurídica da *prestação pecuniária* necessariamente correspondente à atuação do poder público, convertendo-a, *ex vi propria*, num tributo.[31] E assim não parece, além do mais, principalmente porque o caráter coato ou forçado, *aparentemente da própria prestação pecuniária*, advém, como já fora notado, da circunstância de ser esta simples conseqüência (mediata ou reflexa) necessária da preliminar sujeição legal, seja ao dever (*não tributário* mas *administrativo*) de polícia, seja à restrição da oferta, às vezes acidentalmente imposta por uma situação monopolística, *de jure* ou *de facto*. Como argutamente observa M. S. Giannini,[32] o que, nesse caso, a lei impõe é "non una prestazione pecuniaria, ma l'obbligo di avvalersi di una prestazione di enti pubblici, dalla quale poi la controprestazione pecuniaria deriva come logica consequenza. (...)"; "...oggetto della norma di legge non è l'imposizione di una prestazione pecuniaria, ma piuttosto la privazione parziale, per ragioni di pubblica utilità, di un diritto o di una facoltà dell'amministrato, e l'affidamento del contenuto materiale relativo ad un pubblico potere".

A compulsoriedade tributária — que, nesse caso, equivocadamente se supõe presente — é, como não se ignora, coisa bem diversa: funda-se, ao revés, primariamente, no *poder tributário*, e procede direta e exclusivamente da lei cujo objeto principal (ou único) consiste especificamente na imposição de uma *prestação pecuniária* sob a figura típica de determinado tributo. De resto — como nota ainda o mesmo egrégio A. que vem de citar-se[33] — se é tributo, p. ex., a retribuição pelos serviços de coleta de lixo (no original: *servizi di ritiro immondizie*), porque deles o munícipe não pode deixar de servir-se (*perchè di essi il cittadino non può non servirsi*); ou então, "se se consideram tributos as somas pagas pela aquisição de bens de monopólio estatal, com maior razão devem sê-lo as que se pagam pelo fornecimento da água, do gás ou da energia elétrica, uma vez que aqui o fornecedor é um monopolista e que tais fornecimentos correspondem a necessidades fundamentais do homem" (*verbis*). A tais retribuições, e a outras ainda, referidas no percuciente trabalho de M. S. Giannini, poderia hoje acrescentar-se, a título de exemplo, um sem-número de contraprestações pecuniárias (sempre fixadas unilateralmente mediante ato da autoridade administrativa e relativas ao fornecimento de bens ou serviços de conteúdo econômico, obrigatórios e/ou monopolizados) às quais, sem embargo do seu caráter mais ou menos necessário ou imposto, reconhece a

31. No que respeita particularmente à atuação restritiva do monopólio, assinala Pugliese, *Le tasse* cit., pág. 29: "Per seguire la teoria esposta bisognerebbe dunque anche ammettere, che l'introduzione del monopolio ha la virtù di trasformare un prezzo in una tassa e viceversa, di influire in modo decisivo sulla natura e sui caratteri di una contribuzione, aggiungendogli e togliendoli la natura di tributo. Il che ci sembra inaccettabile, perchè un prezzo non muta la sua natura per il solo motivo che viene a cessare il regime di libera concorrenza".

32. "I proventi degli enti pubblici" cit., pág. 419. No mesmo sentido, Valdés Costa, *Curso* cit., vol. I/200 e seg., e aí, nota 77, a propósito dos seguros obrigatórios; A. Theodoro Nascimento, "Preços, taxas" cit., págs. 36 e seg. Antes de todos, porém, já Pugliese, *Le tasse* cit., págs. 28 e segs.

33. M. S. Giannini, "I proventi degli enti pubblici" cit., pág. 411. Nesse sentido, A. Theodoro Nascimento, "Preços, taxas" cit., pág. 33: "Em verdade, é necessário distinguir duas hipóteses: *a*) o poder público pode exigir a utilização do serviço, porque tal é do interesse da saúde pública, sem qualquer preocupação financeira; e *b*) o fato de ser compulsória a utilização do serviço não desnatura o preço, se o serviço de utilização compulsória continua a ser serviço de natureza comercial e industrial, e não atividade estatal específica". "... a obrigatoriedade do *serviço* — prossegue, à pág. 35, o ilustre A. — *nada influi no caráter da receita que o remunera*" (grifamos). E, transcrevendo, pouco adiante, passagem do voto, aqui já citado, do Min. Víctor Nunes Leal (RE 54.491-PE): "A obrigatoriedade é do serviço, por imposição da polícia sanitária, e não propriamente da contribuição".

doutrina predominante a natureza de "preços públicos", em concordância, aliás, com o tratamento assim geralmente dispensado pelo direito positivo: os prêmios de seguros obrigatórios;[34] os preços dos monopólios fiscais; o monopólio postal; os ingressos relativos às diferenças ou retenções cambiais (confisco cambial); a tarifa de fornecimento de gás encanado, nos casos em que a norma, limitando a liberdade do usuário, proíbe o uso do gás engarrafado; o pedágio, etc.

Impende asinalar, outrossim, em reforço às considerações precedentes, que tais serviços públicos "necessários" ou "obrigatórios" — na linguagem do RE 89.876: serviços de "utilização compulsória" — (p. ex.: serviços de travessia por balsas ou *ferry boats*, coleta de lixo, extinção de incêndios, sepultamento, água e esgoto, saneamento, seguro social, assistência médica e odontológica, etc.), constituem, todavia, nos ordenamentos de vários países estrangeiros e, em alguns desses casos, até em nosso próprio País, objeto de prestação por particulares, mediante *concessão*, *permissão* ou *autorização*. Ora, em qualquer destas hipóteses, não parece absolutamente concebível que a remuneração devida aos sujeitos particulares encarregados da prestação daqueles serviços *econômicos*, de regra em *regime monopolístico*, possa, a despeito de *"imposta" aos usuários*, qualificar-se de outro modo que não como "tarifa" ou "preço público". De feito, referindo-se aos serviços concedidos (mas a observação vale, *a fortiori*, para os permitidos e autorizados), leciona Hely Lopes Meirelles:[35] "O serviço concedido deve ser remunerado por tarifa (preço público) e não por taxa (tributo)". Mesmo porque, prescindindo de outras objeções teóricas, daí resultaria, nesta última hipótese, a absurda figura de um tributo que não seria receita pública (cf. art. 9º da Lei 4.320, de 17.3.64); ou, ao ângulo subjetivo, a hipótese inconcebível de uma obrigação tributária cujo sujeito ativo seria (contrariamente ao art. 119 do CTN) um *particular*.[36] Por outro lado, seria igualmente inconcebível que a remuneração paga, quer aos poderes públicos, quer a um particular, por motivo da prestação de um mesmo serviço, deva mudar sua natureza e converter-se, ora em tributo, ora em preço, como decorrência, tão-somente, da qualidade (pública ou privada) do prestador do serviço.[37]

12. *Conclusões críticas: ainda sobre o conceito de "compulsoriedade"*

Em síntese, a conclusão que, quanto a este ponto, decerto se recolhe é a de que, a despeito de ser a taxa um tributo e, enquanto tal, uma prestação pecuniária *compulsória* (CTN, art. 3º), o critério da "compulsoriedade" (que inspira e domina tanto a Súmula 545 quanto o RE 89.876) não parece bastar a uma segura distinção, no plano jurídico, entre essa e o "preço público". Quando mais não fosse, porque representando a compulsoriedade, na acepção de propriedade essencial da prestação tributária, somente *um* dentre seus vários caracteres distintivos, tal critério, como bem assinalou o Ministro Víctor Nunes, em seu

34. Quanto ao prêmio dos seguros obrigatórios, v., extensamente, Valdés Costa, *Curso* cit., vol. I/200 e segs. Cf., sobre o ponto, o lúcido voto do Min. Víctor Nunes nos ERE 54.194-PE, *RTJ* 33/475.

35. *Direito Administrativo brasileiro*, 14ª ed., São Paulo, Ed. RT, 1989, pág. 346.

36. Idêntica observação em Zelmo Denari, "Taxa e preço público", in VV. AA., "Taxa e preço público" cit., pág. 342.

37. Ensina, ao respeito, A. Theodoro Nascimento, "Preços, taxas" cit., pág. 38: "...ninguém poderá obter água, gás, energia elétrica ou telefone senão comprando tais serviços ao Estado ou ao concessionário beneficiado por esse monopólio de fato. Mas isso não basta para dizer que o preço pago por tal serviço configura tributo. O simples raciocínio de que a quantia paga não passará de *preço de monopólio privado*, se o serviço é prestado sob regime de concessão, é suficiente para induzir à conclusão de que não deixaria de ser preço apenas por haver o Estado, substituindo o concessionário, passado a prestar diretamente o serviço" (grifado no original).

notável voto, já citado, nos ERE 54.194,[38] seria "absolutamente insuficiente para caracterização do tributo", uma vez que "há pagamentos obrigatórios, os quais, não obstante, não são taxas".

Por outro lado, como de passagem já observamos, não é unívoco, nem preciso, mesmo nos estreitos limites do presente contexto, o conceito jurídico de *compulsoriedade*. De fato, ainda mesmo neste âmbito, costuma usar-se tal termo para indiferenciadamente designar: ora (1) um atributo (que, por sua vez, se desdobra na unilateralidade, na obrigatoriedade *ex lege*, na indisponibilidade ou inderrogabilidade, etc.) inerente ao *vínculo tributário*; ora (2) — como na Súmula 545 e no RE 89.876 — uma característica, *não do próprio tributo*, mas da *situação subjetiva* (sujeição ou dever) que, precedentemente ao aparecimento da obrigação tributária, dá origem à *relação de prestação administrativa*, da qual decorre, segundo M. S. Giannini, como lógica conseqüência, a contraprestação pecuniária que, por isso (diríamos: por via reflexa) se qualifica como "tributo". A esses dois inconfundíveis aspectos, ou, melhor dizendo, a esses dois diversos modos de manifestação da *compulsoriedade*, Gian Antonio Micheli assim se refere, com o seu costumado rigor: "...não é possível reduzir o elemento descritivo da noção jurídica de tributo à coatividade da prestação, visto que, de um lado, tal coatividade pode caracterizar, também, outras prestações devidas pelo particular ao ente público e, de outro lado, a mesma coatividade pode ser compreendida (sempre num plano jurídico) de diversos modos e com diferentes significados: seja como falta de liberdade de escolha no sentido de cumprir ou não a prestação; seja como falta de liberdade de escolha na utilização de um serviço da entidade pública. A coatividade é, evidentemente, referida a momentos diferentes e o critério relativo perde, portanto, a sua homogeneidade, enquanto, por outro lado, a obrigatoriedade da prestação não é idônea para diferenciar a prestação tributária, em relação a outras prestações coativas de conteúdo patrimonial".[39]

38. Cf. *RTJ* 33/474 e seg.

Nota Benedetto Cocivera, "Sul concetto di 'tributo' e sulla natura tributaria di alcuni proventi degli enti minori", in *Studi in onore di A. D. Giannini*, Milão, Giuffrè, 1961, pág. 265, que, dentre outros critérios, tampouco é determinante da natureza tributária do provento de um ente público a coatividade da prestação. "Indubbiamente — adita o ilustre A. — le prestazioni tributarie sono coattive e cogenti, come le qualifica lo Zingali, ma non basta che una prestazione pecuniaria sia coattiva perchè essa possa considerarsi di natura tributaria." Com razão adverte, de outro lado, A. Berliri, *Principi di Diritto Tributario*, 1ª ed., Milão, Giuffrè, 1952, vol. I/231 e seg., a respeito do imposto (mas a precisa observação pode, evidentemente, com justa licença, aplicar-se aqui ao tributo em geral): "Allorquando si dice che questa è un'obbligazione coattivamente imposta si vuol dire che essa è un'obbligazione che *sorge* indipendentemente dalla volontà del contribuente, una di quelle obbligazioni che, con espressione piuttosto infelice, si sogliono chiamare obbligazioni *ex lege*; non si vuol dire, invece, che il fatto al quale la legge ricollega la nascita dell'obbligazione debba essere pur esso indipendente dalla volontà del contribuente. (...) Nella obbligazione *ex lege*, l'irrilevanza della volontà dell'obbligato riguarda unicamente la nascita dell'obbligazione, non il verificarsi del fatto al quale la legge ricollega il sorgere dell'obbligazione" (grifado no original).

Vide, no entanto, Ricardo Lobo Torres, "Sistemas constitucionais tributários", vol. II, tomo II, do *Tratado de Direito Tributário brasileiro*, coord. por A. Baleeiro, Rio, Forense, 1986, págs. 185 e 350, com observação crítica ao verb. 545 da Súmula e remissão à nota "a" que apusemos a Baleeiro, *Direito Tributário brasileiro*, 10ª ed., Rio, Forense, 1983, pág. 353.

39. Gian Antonio Micheli, *Curso de Direito Tributário*, trad. de M. A. Greco e P. L. Marrey Jr. da 1ª ed. italiana (1969), São Paulo, Ed. RT, 1978, pág. 65. Todavia, na 2ª ed. italiana, *Corso di Diritto Tributario*, Turim, UTET, 1974, pág. 9, Micheli é ainda mais incisivo: "Per definire quel particolare prelievo coattivo che tradizionalmente è chiamato tributo non è dunque sufficiente richiamarsi alla coattività di esso, innanzitutto perchè la coattività contraddistingue una categoria più vasta di 'prestazioni patrimoniali imposte', ma perchè la stessa coattività può essere intesa in modo differente (sul piano giuridico): o come mancanza di libertà di scelta quanto all'adempimento di un'obbligazione (in quanto l'ente impositore ha il potere di pretendere l'adempimento e se del caso comminando sanzioni di varia natura) oppure come mancanza di scelta circa il mezzo di soddisfare certi

A "compulsoriedade", enfim, no sentido em que a concebe a jurisprudência predominante do Supremo Tribunal Federal, e aí, particularmente o RE 89.876 — ou seja, como *utilização coativa* de um serviço público, enquanto esse é, *verbis*: *obrigatório para o poder público e indispensável para o particular* — não vale de critério distintivo entre a taxa e o "preço público", não só porque é, como já se viu, *nesse sentido*, um elemento indiscutivelmente *estranho ao conceito jurídico de tributo*, mas também porque tal critério não se coaduna com a experiência do direito fiscal. Com efeito, em numerosos casos nos quais a lei vincula o pagamento duma prestação pecuniária ao exercício, pelo poder público, duma atividade administrativa ou jurisdicional (função pública) particularmente referida ao obrigado — quer dizer, em muitos dos casos nos quais ocorre, sem a menor dúvida, a imposição duma verdadeira taxa — inexiste, todavia, a dita utilização coativa, na medida em que existe, justamente ao contrário — no dizer de Micheli — *liberdade de escolha*, no momento em que o sujeito pode determinar-se ou não a solicitar o exercício da atividade em questão (como é o caso das impropriamente ditas "taxas facultativas").[40]

13. Fundamento jurídico da distinção entre a taxa e o "preço público": critério da fatispécie ou fato gerador

As considerações precedentes estão, portanto, a mostrar-nos que o caráter diferencial entre a taxa e o "preço público" deve encontrar-se num outro ponto; e este, como é lógico, não pode deixar de ser senão algo de absolutamente *essencial* e *específico* às próprias entidades que se contrapõem.

Ora, tanto o tributo (obrigação tributária) quanto as contraprestações (correspectivos, "preços públicos") constituem, como sabemos, *efeitos jurídicos*, ou seja, conseqüências cuja realização a norma jurídica condiciona à ocorrência de uma determinada *fatispécie*. Mas, "se a fatispécie é aquele elemento ou aquele complexo de elementos, a que o ordenamento do direito religa um certo efeito jurídico, resulta daí, imediatamente, que a sua essência se acha em estreita relação com o específico efeito que se toma em consideração".[41] E assim é — permitimo-nos explicitar — num duplo sentido. Primeiro, num sentido mais imediato, o de que existe, entre fatispécie e efeito, um nexo de "causalidade jurídica"; e depois, em razão da *correlatividade* da fatispécie, também num sentido menos superficial e mais específico: o de que a fatispécie é determinante da *individualidade*, da *natureza intrínseca* do efeito jurídico que lhe corresponde.

bisogni, in relazione a dati servizi, resi esclusivamente dall'ente pubblico. La coattività è pertanto riferita a momenti diversi, talchè quel criterio distintivo perde di omogeneità".

40. Micheli, *Curso* cit., pág. 80; mas cf. também, idem, *Corso*, 2ª ed. italiana cit., pág. 23: "...la libertà di scelta esiste (quando esiste) nel momento in cui il soggetto può determinarsi o no alla richiesta dell'esercizio di un'attività dello stato, amministrativa o giurisdizionale".

A respeito das ditas taxas "facultativas", vide Baleeiro, *Uma introdução* cit., págs. 237 e seg.

41. Na terminologia do CTN, como se sabe, *fato gerador*. Sobre o conceito de *fatispécie* v. Aldo M. Sandulli, *Il procedimento amministrativo*, reimpr., Milão, Giuffrè, 1959, pág. 41. Vide, também, entre outros, Domenico Rubino, *La fattispecie e gli effetti giuridici preliminari*, Milão, Giuffrè, 1939, págs. 3 e segs.; Giovanni Conso, *I fatti giuridici processuali penali*, Milão, Giuffrè, 1955, pág. 2, nota 2; Carlo Maiorca, "Fatto giuridico-Fattispecie", verb. in *Novissimo Digesto Italiano*, vol. VII/111 e segs., 1961; Antonino Cataudella, "Fattispecie", verb. in *Enciclopedia del Diritto*, vol. XVI/926 e segs., 1967; Fritz Schreier, *Conceptos y formas fundamentales del derecho*, trad. espanhola de E. García Maynez, México, Nacional, 1975, pág. 146; Amílcar de Araújo Falcão, *Fato gerador da obrigação tributária*, 2ª ed., atualizada por G. Ataliba, São Paulo, Ed. RT, 1971 (1ª ed., 1964), *passim*; Geraldo Ataliba, *Hipótese de incidência tributária* cit., *passim*, mas especialmente págs. 45 e segs.; Misabel de Abreu Machado Derzi, *Direito Tributário, Direito penal e tipo*, São Paulo, Ed. RT, 1988, *passim*, mas especialmente págs. 113 e segs.

Aliás, como bem se sabe — e já foi atrás observado — o próprio direito positivo dispõe, expressamente, que o *fato gerador* da respectiva obrigação — ou seja, a *fatispécie* — é o único elemento (juridicamente) *relevante para determinar a natureza jurídica específica dum tributo* (cf. CTN, art. 4º); e, como parece lógico, representa, enquanto tal, também o único critério idôneo para, no mesmo plano jurídico, distinguir-se objetivamente um tributo de uma receita de diversa natureza. De fato, ampliando o alcance duma exata observação de Dino Jarach,[42] poder-se-ia dizer que, tal como na distinção entre os tributos e as outras obrigações legais e entre diferentes espécies de tributos, somente analisando a natureza do fato jurídico tributário — isto é, somente analisando-lhe a substância, a própria essência, e não, isoladamente, uma das suas características, por mais importante que essa seja — é que é possível chegar-se à distinção entre tributos (taxas) e contraprestações financeiras ("preços públicos").

Ora, se, por um lado, a *taxa* é um tributo: isto é, uma prestação pecuniária, devida a um ente público e *juridicamente fundada* (frise-se: tanto quanto o imposto) no *poder de império* do Estado;[43] e se, por outro, enquanto tributo, a sua *differentia specifica*, quer dizer, o seu fato gerador consiste, genericamente, no exercício de uma *atividade estatal específica* relativa ao contribuinte (cf. CTN, arts. 16 e 77), segue-se que:

(1) o critério diferencial entre a taxa e, em particular, o "preço público" há de respeitar à *natureza* e ao *conteúdo* dessa *atividade*, vale dizer: há de respeitar à natureza, à essência do elemento ou do complexo de elementos que constituem a respectiva fatispécie (fato gerador, hipótese de incidência, pressuposto de fato, etc.);

(2) essa atividade, enquanto *fastispécie* ou *fato gerador* da taxa, deve ser, sempre, atividade estatal *específica*: ou seja, atividade não apenas *subjetivamente pública*, mas *pública* no sentido de que necessariamente requeira, como de fato requer, para *fundamento jurídico* da correspondente prestação (pecuniária) do obrigado, o *poder de império* do Estado.

14. A "atividade estatal específica" enquanto pressuposto da taxa

De fato, se assim não fosse — isto é, se a atividade estatal pressuposto da (obrigação de) taxa correspondesse, em todo caso, a uma *prestação*[44] efetuada ao sujeito passivo da referida obrigação; ou antes, como diz exatamente Micheli,[45] se essa atividade correspondesse a uma prestação inserta no contexto de uma *relação obrigatória* entre tal sujeito e o ente público — não haveria por que devesse a lei atribuir à prestação (pecuniária) do obrigado a *forma "iuris"* de *tributo*. Se o ordenamento predispõe, no entanto, para servir de *fundamento jurídico* da prestação (do obrigado), o *poder*

42. Dino Jarach, *El hecho imponible*, 2ª ed., Buenos Aires, Abeledo-Perrot, 1971 (1ª ed., 1943), pág. 83.

43. Entre muitos outros, Pugliese, *Le tasse* cit., pág. 42; A. D. Giannini, *I concetti fondamentali* cit., págs. 58 e 98; B. Cocivera, "Sul concetto di "tributo" cit., pág. 267.

44. Sobre o conceito de *prestação* e, em particular, o de *prestação administrativa*, cf. Alessi, *Le prestazioni* cit., págs. 6 e segs.: "*Prestazione*, infatti, in senso tecnico, come si sa, è un'attività (naturalmente in senso ampio) *personale*, che un soggetto è tenuto a porre in essere a vantaggio di un altro soggetto, in virtù di un rapporto giuridico (rapporto di natura obbligatoria) intercorrente tra i due". V., ainda, M. S. Giannini, *Le obbligazioni pubbliche*, Roma, Ed. Jandi Sapi, 1964, págs. 44 e segs.; Baretoni Arleri, *Obbligazioni e obblighi pubblici* cit., págs. 24 e segs.; J. A. García-Trevijano Fos, *Tratado de Derecho Administrativo*, Madri, Ed. Revista de Derecho Privado, 1967, vol. II/73 e segs.

45. Micheli, *Corso* cit., pág. 24 (na trad. portuguesa cit., pág. 80). Evidente que, na passagem citada, Micheli se refere, não à própria relação tributária, mas sim à relação de prestação (administrativa) que serve de pressuposto àquela.

de império do Estado, sob a forma de tributo, só pode ser porque essa é, no caso, inclusive com a impreterível exigência da imposição mediante lei (Constituição da República, art. 150, I), a *forma necessária* de tal relação; e ela o é, justamente porque e enquanto a prestação do obrigado e a correlata atividade do poder público, que a lei qualifica como pressuposto daquela, *não se coordenam* (quer dizer: não têm como coordenar-se) *no contexto de uma relação obrigatória* (Micheli); ou, para ser ainda mais explícito, porquanto a atuação pública "que concerne individualmente ao obrigado" (A. D. Giannini), e a taxa que a lei com essa correlaciona, não se condicionam e determinam reciprocamente, em virtude de um *vínculo sinalagmático*.[46] E assim, para arrematar, seja porque:

(1) essa atividade do poder público não constitui, no caso, *prestação*, na medida em que é, não raro, inidônea para proporcionar utilidade ou vantagem ao sujeito a quem está pessoalmente dirigida,[47] tal como sucede em muitos casos de exercício do *poder de polícia* (p. ex.: inspeção de veículos, fiscalização sanitária ou de segurança, aferição de pesos e medidas, censura de espetáculos, etc.), ou da *atividade jurisdicional* (atuação da lei penal);[48] seja, antes ainda, porque:

(2) embora também possa esse comportamento corresponder plenamente ao conceito de prestação (administrativa ou jurisdicional), cumpre, contudo, nesse caso, ao Estado efetuá-la, em regime de *gratuidade*,[49] por consistir aquela, não propriamen-

46. Ousamos discordar, assim, de autorizada doutrina, que divisa entre a prestação do poder público e a (obrigação de) taxa que lhe corresponde um *nexo sinalagmático* (assim, Alberto Xavier, *Manual de Direito Fiscal*, Lisboa, 1974, vol. I/43; vide, no entanto, págs. 46 e seg.; Pedro Soares Martinez, *Manual de Direito Fiscal*, 1ª reimpr., Coimbra, Livraria Almedina, 1984, pág. 36; Paulo de Barros Carvalho, *Curso de Direito Tributário*, 4ª ed., São Paulo, Saraiva, 1991, pág. 33), pois entendemos existir radical incongruência entre *tributo* e *sinalagma*. Se o tributo é, por definição, obrigação *ex lege* (de direito público) — relação unilateral, portanto, quanto aos efeitos dela decorrentes — não vemos que possa dizer-se *sinalagmática* a relação (tributária) de taxa, uma vez que, como bem se sabe, sinalagma significa bilateralidade, pluralidade de vontades acordes, quer no plano constitutivo da relação obrigatória, quer no que concerne aos respectivos efeitos: em suma, *correlatividade de prestações*. Na relação (tributária) de taxa, a atividade estatal (específica) representa, porém, como se sabe, simplesmente o *pressuposto* a cuja verificação a lei coliga o surgimento da obrigação do contribuinte, mas não lhe constitui, de modo algum, a "justificação causal", por isso que tal obrigação tem por objeto uma prestação devida ao Estado *em virtude do seu poder de império* (A. D. Giannini).

Vide, no sentido do texto e da presente nota, entre outros, especialmente, Alessi, *Le prestazioni amministrative* cit., pág. 19; Micheli, *Corso* cit., pág. 24 (na trad. portuguesa cit., págs. 80 e seg.); A. M. Sandulli, *Manuale di Diritto Amministrativo*, 12ª ed., Nápoles, Jovene, 1974, pág. 622; M. S. Giannini, "I proventi" cit., especialmente págs. 417 e seg.; idem, *Istituzioni* cit., pág. 582.

47. A. D. Giannini, *I concetti fondamentali* cit., pág. 99; Hely Lopes Meirelles, *Finanças municipais*, São Paulo, Ed. RT, 1979, pág. 12; Alberto Xavier, "Taxas de polícia e entidades públicas", in *O Direito na década de 80 — Estudos jurídicos em homenagem a Hely Lopes Meirelles*, São Paulo, Ed. RT, 1985, pág. 307.

48. A. D. Giannini, ob. e loc. cits.; H. Villegas, "Verdades e ficções" cit., pág. 333.

49. Observa, precisamente, H. Villegas, "Verdades e ficções" cit., pág. 330: "O próprio caráter de atividade imprescindível e não suscetível de ser omitida leva ao princípio diretor que as preside, que é a presunção de sua gratuidade. Se o Estado deve necessariamente prestar tais serviços porque dizem respeito à sua subsistência, é evidente que não pode condicionar sua prestação ao fato de que os serviços correspondentes sejam ou não retribuídos. Entretanto, o que o Estado pode fazer é estabelecer gravames por ocasião do cumprimento de tais atividades e pode também dar um passo mais: fazer tais gravames serem pagos pelas pessoas concretas com respeito às quais a atividade de algum modo se particulariza" (...) "O princípio da gratuidade do serviço se modifica, porém, somente porque o Estado mediante ato de vontade traduzido em lei assim o decide. Daí que os obrigados teriam direito a opor-se à prestação que se lhes exige, se não houvesse lei que concretamente resolvesse sua obrigação".

Aliás, muito antes já assim se manifestava Fritz Fleiner, *Les principes généraux du Droit Administratif allemand*, trad. de Charles Eisenmann, Paris, Delagrave, 1933 (1ª ed. alemã, 1911), pág. 259: "Ce sont en première ligne les impôts qui servent à couvrir les frais occasionnés par l'administration. Le particulier te em prestação de *serviço* (público), mas no exercício de *função pública* (atividade estatal *específica*), correspondente, como tal, a *necessidades absolutas*, cuja satisfação, exclusivamente pelo poder público, é imprescindível e, por conseguinte, insuscetível de subordinar-se às leis da economia privada.[50]

O que essencialmente distingue, portanto, no plano jurídico, a taxa do "preço público" é, não como entende a doutrina da "compulsoriedade", uma determinada característica da relação, ou uma circunstância a ela atinente, isoladamente considerada, mas sim, exclusivamente, a respcitva *fatispécie* ou *fato gerador*, que consiste, neste caso, como sabemos, *a contrario sensu* da definição genérica do art. 16 do CTN, no exercício de uma *atividade estatal específica* (vale dizer, *inerente ao Poder Público*), relativa ao contribuinte.

Reconhece, de fato, quanto a esse ponto, a doutrina mais categorizada, vindo à frente Mario Pugliese:[51] "As taxas são tributos e não preços, porque correspondem sempre a prestações próprias e exclusivas do Estado, que têm por objeto, prevalecentemente, não uma entidade econômica, mas sim uma *entidade jurídica*. É claro, portanto, o critério de determinação das taxas: elas não são pagas como contraprestação (*sic*) de *todos* os serviços que o Estado

qui fait appel à une autorité ou à un service n'a par suite pas, d'une façon générale, *à payer spécialement un prix. L'obligation de payer une taxe ne naît par suite qu'en vertu d'une disposition spéciale de la loi*" (o destaque é nosso).

50. M. S. Giannini, "I proventi" cit., pág. 417; idem, *Istituzioni* cit., pág. 582; Pugliese, *Le tasse* cit., págs. 33 e segs.; Villegas, "Verdades e ficções" cit., págs. 329 e seg.

Para a fundamental distinção entre "serviço público" e "função pública", vide, por todos, clarissimamente, M. S. Giannini, *Diritto Amministrativo*, Milão, Giuffrè, 1970, vol. I/448 e segs.: "Doutrina e jurisprudência, depois de um certo trabalho, fixaram-se neste conceito: que é função pública a atividade (funcional) que seja direta manifestação da autoridade, ou antes, da 'soberania' do Estado. Portanto, aplicando tal noção, a atividade dos poderes legislativo e jurisdicional é sempre função pública, enquanto a atividade do poder administrativo é tal só nas suas manifestações que sejam, em seu conjunto, expressão de autoridade (*autoritative*): tais como as atividades de polícia, militar, tributária; as outras manifestações seriam 'serviços públicos'. Temos assim uma acepção, que poderemos dizer enfática, de função pública, em que há uma função definida por um atributo material (*contenutistico*): o referir-se ao caráter autoritário (*autoritativo*) da atividade". Numa zona intermediária, em que a atividade se apresenta ora como autoritária, ora como não autoritária, diz G. (pág. 450), a doutrina tende a identificar o caráter da atividade mediante um critério empírico, segundo o qual "há *função pública em sentido enfático* ali onde uma administração desenvolve normalmente a própria atividade mediante *provimentos administrativos*" (grifamos). Cons., ainda, G. Miele, "Funzione pubblica", verb. in *Novissimo Digesto Italiano*, vol. VI/686, 1961; Zanobini, *Corso* cit., vol. I/17 e segs.; Maria A. Carnevale Venchi, *Contributo allo studio della nozione di funzione pubblica*, 2 vols., Pádua, CEDAM, 1969-1974, *passim*, mas v. especialmente vol. II/66 e segs. e 137 e segs.

51. Pugliese, *Le tasse* cit., págs. 33 e seg. Essa concepção já figura e até predomina, ao nosso ver, na doutrina mais antiga (entre outros, Rau, Roscher, Schall); mas a sua presença não é menos importante na moderna doutrina tributária, tanto nacional quanto estrangeira: Baleeiro, *Uma introdução* cit., pág. 238; idem, *Direito Tributário brasileiro* cit., págs. 330 e seg.; Rubens Gomes de Sousa, *Compêndio* cit., pág. 162; idem, "Ainda a distinção" cit., pág. 305; Ruy Barbosa Nogueira, *Curso de Direito Tributário*, 6ª ed., São Paulo, Saraiva, 1986, págs. 174 e seg.; Gilberto de Ulhôa Canto, "Taxa e preço público" cit., págs. 89 e segs.; A. Theodoro Nascimento, "Preços, taxas" cit., págs. 108 e segs.; Alberto Xavier, *Manual* cit., vol. I/54; Giorgio Tesoro, *Principi di Diritto Tributario*, Bari, ed. Macri, 1938, pág. 549; Benvenuto Griziotti, *Principios de ciencia de las finanzas*, trad. espanhola de Dino Jarach, Buenos Aires, Depalma, 1949, págs. 205 e seg.; Celestino Arena, "Finanza pubblica", vol. XIV do *Trattato italiano di economia*, dir. por G. del Vecchio e C. Arena, Turim, UTET, 1963, tomo I/621 e segs.; Armando Giorgetti, *Lezioni di scienza delle finanze e di Diritto Finanziario*, Pádua, CEDAM, 1972, vol. I/293 e segs.; M. S. Giannini, "I proventi" cit., págs. 409 e segs.; Micheli, *Corso* cit., pág 24 (na trad. portuguesa cit., pág. 81); Ferreiro Lapatza, *Curso de Derecho Financiero español*, 2ª ed., Madri, Instituto de Estudios Fiscales, 1975, pág. 355; Valdés Costa, *Curso* cit., vol. I/139 e segs. e 301 e segs.; Villegas, "Verdades e ficções" cit., págs. 329 e segs.; idem, *Curso de finanzas, Derecho Financiero y Tributario*, 2ª ed., Buenos Aires, Depalma, 1975, págs. 103 e segs.; Sergio F. de La Garza, *Derecho Financiero mexicano*, 3ª ed., México, Porrúa, págs. 349 e seg.

presta em regime de monopólio, mas só daqueles que, pelo seu caráter, não podem ser fornecidos senão pelo monopolista-Estado e se subtraem, por esse motivo, às leis privadas do monopólio econômico" (...) "... as taxas são correspondentes exclusivamente à prestação de serviços que o Estado fornece agindo na qualidade de ente soberano de direito público, dotado, em tal qualidade, de um monopólio absoluto, total e permanente para a prestação desses mesmos serviços".

Mas se a taxa é — repetindo a expressão incisiva de Pugliese — um *tributo* e não um *preço*, cumpre, também, irrecusavelmente reconhecer, por amor à coerência, que ela não pode, em definitivo, representar — como alguns (e entre esses, já se viu, o próprio Pugliese) ainda dizem — uma *contraprestação*.[52] E não o pode, pela simples razão de que, enquanto tributo, constitui, em verdade, um *gravame*, quer dizer, uma *prestação* (patrimonial) *imposta por lei*, que o Estado (ou uma outra pessoa pública) deve exigir do sujeito ao qual particularmente concerne o exercício, por aquele, de uma *potestade (função) pública* (poder jurisdicional, poderes administrativos de polícia, de ordenação, de certificação, etc.).[53]

15. O conceito jurídico de taxa na concepção de M. S. Giannini: correspondência no direito positivo brasileiro

Acontece que tal *atividade estatal específica* — vale dizer, o exercício de tais potestades públicas — manifesta-se, formalmente, na experiência jurídica, mediante *atos* ou, mais precisamente, *provimentos* (atos conclusivos de um procedi-

52. No sentido do texto, ou seja, abertamente *contra* a concepção, de feição econômico-financeira, da taxa como *contraprestação*, vide, entre outros, Sainz de Bujanda, *Notas de Derecho Financiero*, Madri, 1967, tomo I, vol. II/158 e 160; idem, *Lecciones de Derecho Financiero*, 2ª ed., Madri, Universidad Complutense, 1982, págs. 157 e seg.: "Refiriéndonos al concepto legal de tasa, afirmábamos que incluir en él el término 'contraprestación' desnaturalizaba la naturaleza tributaria de la tasa" (...) "Prestación y contraprestación son términos jurídicos que pertenecen a las relaciones contractuales; más exactamente: al tipo de contratos que la doctrina llama sinalagmáticos o bilaterales; conviene, por tanto, utilizarlos con rigor y no trasladarlos para definir situaciones tributarias"; F. Vicente-Arche Domingo, "Notas de Derecho Financiero a la ley de tasas y exacciones parafiscales de 26 de diciembre de 1958", in *Rev. de Administración Pública* 29/383 e seg., 1959: "Introducir el término *contraprestación* para configurar el presupuesto de hecho de la tasa equivale a dar entrada a la idea del precio como característica de la prestación pecuniaria realizada por los particulares en concepto de tasa. Ahora bien, bajo la perspectiva jurídica es necesario aceptar uno de los dos términos de esta alternativa: la tasa es un precio pagado por un servicio, o, por el contrario, es un tributo. Como del conjunto normativo de la Ley parece deducirse sin lugar a duda que se ha querido configurar a la tasa como un tributo, nada mas erróneo que introducir el término contraprestación como nota distintiva del presupuesto de hecho de la misma, pues no se concibe la idea del precio en una prestación pecuniaria coactivamente impuesta a los particulares"; Alessi, *Le prestazioni amministrative* cit., págs. 19 e 162 e seg.; Alessi-Stammati, *Istituzioni di Diritto Tributario*, Turim, UTET, s/d, mas 1964, pág. 38; M. S. Giannini, "I proventi" cit., págs. 409 e segs., especialmente 418; Federico Maffezzoni, *Il principio di capacità contributiva nel diritto finanziario*, Turim, UTET, 1970, pág. 79; Micheli, *Corso* cit., págs. 16 e 24; Fritz Neumark, *Problemas económicos y financieros del Estado intervencionista*, trad. espanhola de Martín Ovierdo, Madri, Ed. de Derecho Financiero, 1964, págs. 400 e seg.; Bernardo Ribeiro de Moraes, *Doutrina e Prática* cit., pág. 103; Hugo de Brito Machado, "Taxa e preço público" cit., pág. 137.

53. M. S. Giannini, "I proventi" cit., pág. 417; H. Villegas, "Verdades e ficções" cit., págs. 329 e seg.: "Deixando de lado a atuação relativa à defesa externa de soberania que, por ser atividade indivisível, não pode dar lugar a particularização nem, por conseguinte, a taxas, encontramos dois tipos de atividades estatais inerentes à sua soberania que, ao oferecer a possibilidade de divisibilidade, são suscetíveis de dar lugar ao instituto tributário em estudo. São elas as atuações derivadas do poder de polícia (ou atos administrativos em sentido estrito) e as referidas à administração de justiça com poder de império"; Flávio B. Novelli, "Recurso Extraordinário n. 89.876-RJ (memorial)", *Revista de Direito da Procuradoria-Geral (RJ)* 34/372 e seg., 1979.

mento), jurisdicionais ou administrativos; de maneira que estes últimos é que, *concretamente*, vêm a configurar, em cada caso, a *fatispécie*, i. e., o *fato gerador* de que imediatamente deriva a obrigação de pagar determinada taxa.

Assim, a partir desta observação — mas tendo antes constatado, como já se sabe, com toda a respeitável doutrina precedentemente citada, que "à taxa correspondem, antes de tudo, atividades dos poderes públicos que não têm propriamente o caráter de serviços, mas que são, antes, funções" — M. S. Giannini[54] percucientemente assinalou que a natureza da entrada do ente público se ordena *concretamente*, não a uma abstrata atividade, pública, privada ou de direito especial, conforme o caso, mas sim, precisamente, ao ato (jurisdicional ou administrativo) que vem a ser praticado e à conseqüente relação. "Pode dizer-se, nesse caso — precisa ainda Giannini — que *a taxa corresponde e se vincu-*

54. M. S. Giannini, "I proventi" cit., especialmente págs. 409 e 417; conforme Barettoni Arleri, *Obbligazioni e obblighi pubblici* cit., especialmente pág. 184; Micheli, *Corso* cit., pág. 24 (na trad. portuguesa cit., pág. 81): "o ato do indivíduo dá início a um procedimento administrativo que conduz à prática de um ato provimento. Esse pode consistir também num ato que remove um vínculo ou uma limitação à atividade do indivíduo. E aquela correlação entre pedido e provimento constitui o pressuposto típico, mas não exclusivo, daquele tipo de tributo que se costuma definir como taxa".

Ao que nos consta, a vinculação da taxa à prática de um ato ou provimento administrativo (ou jurisdicional) já fora, porém, anteriormente ao citado trabalho de M. S. Giannini (1957), afirmada por Ernst Blumenstein, *Sistema di diritto delle imposte*, trad. italiana de Francesco Forte, Milão, Giuffrè, 1954 (1ª ed. alemã, 1944), pág. 3, e por G. Zanobini, *Corso* cit., vol. I/19. Todavia, de tais afirmações não extraíram, nem um nem outro dos dois ilustres autores, qualquer conseqüência, notadamente no sentido de adotar-se a referida vinculação, consoante mais tarde faria Giannini, como critério de individuação da taxa (no plano jurídico), à face das receitas de caráter contraprestacional.

Para uma crítica, de resto, não convincente, à original concepção de M. S. Giannini, vide B. Coccivera, *Corso di Diritto Tributario*, Bari, ed. F. Cacucci, 1965, pág. 240; A. Berliri, *Principi di Diritto Tributario*, 2ª ed., Milão, Giuffrè, vol. II/145 e segs., 1972.

A vinculação da taxa à prática de um *ato (provimento) administrativo* (assim considerado como o seu fato gerador) é também geralmente aceita, embora *não explicitamente afirmada*, na doutrina brasileira. Mas, conformando-se esta, sem discrepância, à letra do art. 77 do CTN, depreende-se que tal vinculação, se de fato admitida, somente o seja (e ainda assim implicitamente) na hipótese em que o tributo tem "como fato gerador o exercício regular do poder de polícia". Cf., entre outros, Sylvio Santos Faria, "Taxa de licença" cit., págs. 103 e seg.; Bernardo Ribeiro de Moraes, *Doutrina e Prática* cit., págs. 126 e segs.; Bento J. Bugarin, "Notas sobre o poder de polícia como fundamento de tributação", in *Estudos de Direito Público em homenagem a A. Baleeiro*, Brasília, Ed. Universidade de Brasília, 1976, especialmente págs. 49 e segs.; A. Theodoro Nascimento, "Preços, taxas" cit., págs. 116 e segs.; Geraldo Ataliba, "Taxa de polícia: localização e funcionamento", in *Estudos e pareceres de Direito Tributário*, São Paulo, Ed. RT, 1980, vol. III, especialmente págs. 236, 241 e 243 e segs.; Alberto Xavier, "Taxas de polícia" cit., especialmente págs. 307 e segs. Na jurisprudência, Supremo Tribunal Federal, RE 69.957-ES, Pleno, *RTJ* 59/799; RE 76.545-GO, *RTJ* 67/881.

Ao contrário, no caso das chamadas *taxas de serviço* (v. adiante, nota 58), isto é, das taxas que têm "como fato gerador (...) a utilização, efetiva ou potencial, de serviço público específico e divisível, prestado ao contribuinte ou posto à sua disposição" (CTN, art. 77), parece excluir-se que o fato gerador possa (ou antes, deva) igualmente configurar a prática de um *ato administrativo*, ficando a qualificação do pressuposto reduzida à hipótese da *atividade de prestação ou oferecimento de serviço ou de bens* (em regra, de natureza econômico-social ou material). Observe-se, todavia, em sentido contrário: *primeiro*, que não são, de ordinário, "taxas de polícia", mas sim "taxas de serviço" (para não falar na classe das *taxas judiciárias*, sobre as quais v. José Carlos Moreira Alves, "A natureza tributária das custas e dos emolumentos e sua fixação por lei", in *Princípios tributários no Direito brasileiro e comparado — Estudos jurídicos em homenagem a Gilberto de Ulhôa Canto*, Rio, Forense, 1988, págs. 441 e segs.), as exigidas em razão da prática de atos (administrativos) tais como as *decisões* ou *deliberações*, ou os atos de *certificação* (certidões, atestados, laudos técnicos, autenticação de documentos, etc.), de *admissão* (nomeações, matrículas, inscrições, diplomas, etc.), de *concessão*, de *dispensa*, etc.; *segundo*, que, tão-somente às prestações (pecuniárias) devidas em razão da prestação de tais atividades *jurídicas* (atividade estatal específica), é que justamente caberia, de acordo com a concepção adotada, reconhecer como taxas, classificando-se as demais como verdadeiras contraprestações ou, segundo costuma dizer-se, como "preços públicos" ou "tarifas". V. adiante, texto, e aí, nota 57.

la à prática de atos administrativos ou de atos jurisdicionais; desde que, ao contrário, o ato praticado não tem esta natureza, estar-se-á em presença de entradas patrimoniais (ou contraprestacionais) (corrispetive)" (grifado na transcrição).

No intento de desfazer dúvidas surgidas a respeito do exato alcance do seu pensamento, o próprio M. S. Giannini, em trabalho posterior (louvamo-nos, neste ponto, em referências obtidas por intermédio de A. Berliri),[55] teve ocasião de confirmar amplamente que a taxa se deve "individuar somente pela sua coligação com a prática de um provimento administrativo ou jurisdicional", esclarecendo, ademais, que em todos os outros casos a receita deve ser, ao contrário, considerada "contraprestação (*corrispetivo*) pecuniária, se e enquanto as fatispécies devam construir-se como obrigações de prestar e dar, por parte do ente público, e como obrigação de pagar uma soma, por parte do indivíduo". E, ainda mais incisivo, arremata o insigne A.: "a taxa é quanto cabe pagar pelo único fato de que se requer e se obtém o provimento administrativo ou a pronúncia jurisdicional".

Ao conceito de taxa assim delineado por Giannini, e aqui irrestritamente acolhido (tributo que tem como fato gerador a prática de um ato administrativo ou jurisdicional cujo destinatário é o contribuinte), poderia objetar-se, porém, que esse não passa de um conceito doutrinário, que (supõe-se) não corresponde ao conceito do direito positivo, porque, a adotá-lo, ficariam sumariamente excluídas da categoria das taxas pelo menos todas aquelas prestações, distintas das chamadas "taxas de polícia", i. e.: as entradas que não se vinculam (segundo se supõe) ao exercício de uma *função pública* (no caso, o "poder de polícia"), mas sim à hipótese — que, assim, incorretamente se lhe contrapõe — de "*serviço público* específico e divisível, prestado ao contribuinte ou posto à sua disposição" (CTN, art. 77).

A essa objeção caberia, porém, redargüir:

— *primeiro*, que a norma do art. 77 do CTN, enquanto constitui uma proposição jurídica, não pode ser considerada e entendida fora do seu pleno contexto, ou seja, que essa — como impõe um cânone hermenêutico fundamental — há de ser interpretada em conexão com outras proposições a ela atinentes, da lei a que pertence, e muito especialmente em conexão, aí, com o art. 16, o qual, ao definir, *por exclusão*, o imposto[56] ("tributo cuja obrigação

55. Berliri, *Principi* cit., 2ª ed., vol. II/145 e segs. O escrito de M. S. Giannini ali citado por Berliri é: "Canoni e tasse di concessioni comunali", in *Giurisprudenza costituzionale*, 1962, págs. 1.306, 1.315 e 1.316.

Adverte ainda M. S. Giannini, "I proventi" cit., pág. 417, a propósito da idoneidade do critério de distinção por ele sugerido, que "se poderia observar que a presença do ato administrativo ou jurisdicional para individuar a taxa é um índice de reconhecibilidade da taxa, e não uma explicação da natureza dela. A observação — admite Giannini — é exata. Mas como nos servia sobretudo um critério prático para distinguir taxas de contraprestações, parece-nos que o que foi proposto cumpra tal função". Uma explicação da natureza da taxa — reconhece o insigne A. — demandaria que se retomasse o difícil tema da classificação das atividades públicas nas categorias da função pública e dos serviços públicos. Naturalmente — pondera ainda Giannini, "I proventi" cit., pág. 409 — o critério de distinção proposto exige, em sua aplicação, uma certa finura, e poderá, subsidiariamente, integrar-se com critérios atinentes à análise da atividade desenvolvida.

56. Vide, ao propósito, Amílcar de Araújo Falcão, *Introdução ao Direito Tributário*, 3ª ed., revista e atualizada por Flávio B. Novelli, Rio, Forense, 1987, pág. 105; Baleeiro, *Direito Tributário brasileiro* cit., pág. 120; Aurélio P. Seixas Filho, *Taxa: doutrina, prática e jurisprudência*, Rio, Forense, 1990, pág. 3.

Nesse ponto, a definição do art. 16 do CTN certamente tomou por modelo a que figurava na antiga *Reichsabgabenordnung* (§ 1º), cuja dicção aliás se mantém, essencialmente, no atual Código Tributário Alemão (*Abgabenordnung*-77), § 3º, n. 1: "Steuern sind (...) Geldleistungen, *die nicht eine Gegenleistung für eine besondere Leistung darstellen...*", ou seja: "Impostos são (...) prestações pecuniárias *que não representam uma contraprestação devida por uma prestação especial...*". Cf. Klaus Tipke, *Steuerre-*

tem por fato gerador uma *situação independente de qualquer atividade estatal específica, relativa ao contribuinte*"), constitui-se, *ipso facto*, no texto matriz, também, da definição genérica da taxa; conseqüentemente, que esta definição, e aí, em particular, a expressão "serviço público" subordina-se logicamente à antecedente, que a contém e delimita: *atividade estatal específica*, atividade essa da qual, ambos, "serviço público" e "exercício do poder de polícia", representam, pois, no caso, simples momentos ou formas especiais de manifestação; mas, se isto é certo, cabe redargüir, por primeiro, àquela objeção, que o "serviço público" a que se refere o art. 77 do CTN é, logicamente, não *toda* a atividade dos poderes públicos, que o direito administrativo (ou o direito constitucional) assim considera, mas sim tal atividade de *prestação*, enquanto essa constitua ao mesmo passo *função pública*, isto é: *atividade estatal específica*, no exato significado de *atividade peculiar, inerente ao Estado*,[57] só concretizada, como tal, mediante um *provimento administrativo* ou *jurisdicional* cujo "destinatário" seja o contribuinte;

— *segundo*, que, por conseguinte, como pouco antes observávamos, também as impropriamente denominadas "taxas de serviço"[58] podem ser, e somente são, a ri-

cht, 11ª ed., Colônia, ed. Dr. Otto Schmidt, 1987, págs. 69 e 72: "Von der Steuer unterscheidet sich die Gebühr durch die kausale Verknüpfung mit einer Leistung... oder Gewährung" (A taxa se distingue do imposto mediante a vinculação causal com uma prestação ou concessão). Assim, também, C. Flamig, "Gebühr" cit., pág. 423.

57. Cf. Baleeiro, *Direito Tributário brasileiro* cit., págs. 330 e seg.: "Ela (a taxa), como todo tributo, é obrigação *ex lege*. Cabe quando os serviços recebidos pelo contribuinte *resultam de função específica do Estado, ato de autoridade, que por sua natureza repugna ao desempenho do particular e não pode ser objeto de concessão a este*" (grifamos); Ruy Barbosa Nogueira, *Curso* cit., págs. 174 e seg.: "Convém também esclarecer que esse *serviço específico* é aquele que somente pode ser prestado pelo Estado, isto é, serviço *administrativo* ou *jurisdicional*. Só ao Estado compete prestá-lo aos seus jurisdicionados como desempenho de atribuições públicas e como decorrência do *jus imperii*. Uma atividade civil, comercial ou industrial que possa ser prestada dentro da relação negocial não tem a natureza dessa atividade estatal específica. Esse serviço específico há de decorrer do exercício do poder de regular (poder de polícia), do poder de tributar ou da consorciação destes e sempre, para cada pessoa jurídica de direito público, em razão do exercício de atribuições constitucionais de cada governo" (grifado no original); A. Theodoro Nascimento, "Preços, taxas" cit., págs. 108 e seg.: "A quantia paga só configura taxa, quando o serviço que o Estado proporciona é de natureza *administrativa* ou *jurisdicional*" (...) "...o serviço de natureza *administrativa* ou *jurisdicional* constitui prerrogativa estatal, atividade específica, decorrência do *jus imperii*, indelegável, e, por isso, não poderá ser objeto de concessão ao particular. Isso completa a distinção: na taxa o serviço a ela correspondente representa atividade específica do Estado" (grifado no original); Alberto Xavier, *Manual* cit., vol. I/54: "As taxas correspondem a *bens ou serviços que são por essência da titularidade do Estado*, de acordo com a concepção política dominante numa sociedade; (...) E daí ainda que a obrigação de taxa não resulte de um acordo de vontades, antes revista a natureza de uma obrigação legal" (grifado parcialmente no original).

58. Sobre as mal-chamadas "taxas de serviço", entre outros, Bernardo R. de Moraes, *Doutrina e prática* cit., págs. 115 e segs. e 135 e segs.; A. Theodoro Nascimento, "Preços, taxas" cit., págs. 111 e segs.; Alberto Xavier, *Manual* cit., vol. I/48 e segs.; Ricardo Lobo Torres, "Sistemas constitucionais tributários" cit., págs. 346 e segs.; Aurélio P. Seixas Filho, *Taxa: doutrina, prática e jurisprudência* cit., págs. 5 e segs.

A oposição, correntemente admitida, "taxa de serviço-taxa de polícia" parece de fato, a uma análise mais rigorosa, incongruente; assim como igualmente incongruentes parecem essas mesmas denominações para indicar as espécies de receita a que de ordinário se aplicam. De um lado, porque a chamada "taxa de polícia" não deixa de ser, do mesmo modo, uma "taxa de serviço", enquanto a atividade de polícia (função pública), que a contradistingue, constitui, também, "serviço", pode reduzir-se, em regra, a "prestações", e compreender-se, conseqüentemente, em a noção ampla de "serviço público" (cf. Georges Vedel, *Droit Administratif*, vol. II/547, Paris, PUF, 1959; Jean Rivero, *Droit Administratif*, Paris, Dalloz, 1960, pág. 391; Ives Gandra Martins, *Comentários à Constituição do Brasil*, de Celso R. Bastos e I. G. Martins, vol. VI, tomo I/44 e seg., São Paulo, Saraiva, 1990); e de outro lado, porque mediante a expressão "taxa de serviço" indicam-se usualmente receitas que, como pensamos ter demonstrado, caso sejam verdadeiras taxas, correspondem, não a atividades que constituem meramente "serviço público", na gor, *legítimas* taxas,[59] desde que, tal qual as "taxas de polícia", tenham como pressuposto de fato (e é o que na prática freqüentemente sucede) o exercício de "*atividade estatal específica*, relativa ao contribuinte" (CTN, art. 16), sob a *forma iuris* de um *provimento administrativo* ou *jurisdicional* (*v.g.*: decisão ou deliberação, atos de produção de certeza, admissão, autorização, licença, concessão, dispensa, etc.);

— *terceiro*, que, ao contrário, se a receita (prestação pecuniária), embora imposta com a denominação e a "forma" de taxa, *não corresponde*, todavia, à prática de um *provimento* administrativo ou jurisdicional (atividade estatal *específica*), não se conformando, deste modo, ao conceito genérico de taxa — que se deduz, segundo demonstramos, dos arts. 16 e 77 do CTN[60] — deverá essa, à face do que também dispõe o art. 4º, I, do mesmo Código, corretamente qualificar-se como "preço público", ou, se se preferir, mais genericamente, "*contraprestação pecuniária*, se e enquanto as fatispécies devam construir-se como obrigações de prestar e dar, por parte do ente público, e como obrigação de pagar uma soma, por parte do indivíduo"[61] (grifamos).

acepção estrita do termo, mas a atividades de natureza diversa, que a essas se contrapõem, e se subsumem, tal como a atividade de polícia, ao conceito de "função pública", administrativa ou jurisdicional.

59. Vide, ao propósito, as notas 54 e 57.

Assinala, percucientemente, Hector B. Villegas, "Verdades e ficções" cit., págs. 331 e seg.: "... remeter-se, pura e simplesmente, aos direitos positivos para deles deduzir a essência das instituições, significa outorgar aos preceitos normativos uma hierarquia científica de que carecem e implica conceder férias ao jurista, enquanto espera os regimes legais com que o Estado instrumenta suas atividades para, então, saber 'de que se trata'. Não cremos que isso seja compatível com a construção científica das figuras e instituições que compõem um ramo de Direito. É evidente que o legislador nem sempre respeita com suas normas a verdadeira substância dos institutos que regula, apartando-se, às vezes, por imperfeições técnicas ou também por razões de índole prática. Em tais casos, não é vedado ao jurista analisar as coisas em sua substância, examinar as discriminações do legislador e suas causas, criticar a justificação ou não dos critérios de discernimento e as possibilidades de aproximações. O que, pelo contrário, não se pode fazer é deixar tudo entregue ao arbítrio do legislador e aceitá-lo como verdade científica, ainda que advertindo-se serem as regulações intrinsecamente errôneas".

60. Constituem estas a categoria das chamadas "taxas por definição legal". Cons. A. Theodoro Nascimento, "Preços, taxas" cit., págs. 130 e segs.: "... existem casos em que, sob a denominação de taxa, o Estado exige que o particular pague serviço divisível, mensurável, mas que não contém aquela característica de constituir atividade estatal específica. Estão nesse caso, p. ex., a quantia exigida sob as denominações de taxa escolar, taxa de entradas de museu, taxa de água, etc., que absolutamente não correspondem a atividade que somente ao Estado deva deferir-se"; Ricardo Lobo Torres, "Sistemas constitucionais tributários" cit., pág. 352, observa precisamente que "o que importa verdadeiramente é a natureza da prestação e não o seu nome".

61. M. S. Giannini, "Canoni e tasse di concessioni comunali" cit., pág. 1.316, *apud* Berliri, *Principi* cit., 2ª ed., vol. II/146 e seg.

Acertadamente escreve Hector B. Villegas, ob. ult. cit., pág. 332: "... estas prestações que retribuem serviços não inerentes à soberania não são outra coisa senão preços, ainda que o legislador as chame impropriamente de "taxas" e ainda que as "organize" mediante regime jurídico semelhante ao aplicável às taxas".

CADERNOS DE DIREITO TRIBUTÁRIO

CORREÇÃO MONETÁRIA E DEMONSTRAÇÕES FINANCEIRAS — CONCEITO DE RENDA — IMPOSTO SOBRE PATRIMÔNIO — LUCROS FICTÍCIOS — DIREITO ADQUIRIDO A DEDUÇÕES E CORREÇÕES — LEI 8.200/91

MISABEL ABREU MACHADO DERZI
Doutora em Direito Tributário —
Professora da Faculdade de Direito da Universidade Federal de Minas Gerais

Exposição e consulta — Parecer: 1. A competência da União para tributar a renda na Constituição de 1988. 2. Distinção constitucional entre renda e capital (ou patrimônio). 2.1 A competência da União só alcança a renda, não o capital. 2.2 Critérios de aferição do acréscimo de riqueza como renda. 2.3 Lucro e patrimônio ou capital (permanente, circulante, próprio e de terceiros). 3. Ativo patrimonial fixo, permanente ou imobilizado (bens de capital) e seu custo. 3.1 Quotas de depreciação, amortização e exaustão e lucro fictício. 3.2 Soluções para evitar a tributação do lucro fictício, em países onde não se adota a correção monetária do balanço. 4. A correção monetária do ativo imobilizado e os efeitos da insuficiência dos encargos de inversão. 4.1 O IPC como indexador oficial. 4.2 Um cipoal de medidas provisórias e de leis sem validade e sem eficácia para revogar o IPC como indexador substancial de correção monetária. 4.2.1 Ofensa ao princípio da legalidade e da hierarquia entre os atos normativos. 4.2.2 Ofensa ao conceito constitucional de renda em que se funda a rigidez do sistema tributário. 4.2.3 Ofensa ao princípio da capacidade contributiva e ao da igualdade. 4.2.4 Ofensa à irretroatividade e à anterioridade. 5. A inconstitucionalidade da Lei 8.200/91 e os excessos do Decreto 332/91. 5.1 O princípio universal que rege as leis do imposto de renda: a não paridade de tratamento entre lucro e prejuízo. 5.2 A absoluta desnecessidade da Lei 8.200/91. 5.3 Ofensa à irretroatividade das leis. 5.4 Ofensa aos requisitos formais e materiais para instituição de empréstimos compulsórios. 5.5 Ofensa à capacidade contributiva. 5.6 A contribuição social, o imposto sobre o lucro líquido, o adicional de imposto de renda estadual e os excessos do Decreto 332/91. 5.7 A correção monetária da diferença entre a atualização pelo IPC e BTN Fiscal. 6. Conclusões e respostas.

Exposição e Consulta

Ao longo do ano de 1990, se instalaram, entre nós, três critérios diferentes de correção monetária, a saber:

a) até a edição da Medida Provisória de

15 de março de 1990, que se converteu na Lei 8.024, de 12 de abril de 1990, a correção monetária do balanço era expressa em Bônus do Tesouro Nacional (BTN e BTN Fiscal), cujo índice de atualização foi o de preços ao consumidor, IPC-IBGE, como dispunham as Leis 7.777, de 19 de junho de 1989 e 7.799, de 10 de julho de 1989;

b) a partir de 16 de março de 1990, sem respaldo constitucional, o índice oficial de atualização do BTN Fiscal *deixou de refletir a inflação real do período*, sendo *fixado* discricionariamente pelo Ministério da Economia, Fazenda e Planejamento, por delegação legislativa dos arts. 22 e 23 da Lei 8.024/90 e art. 2º, § 6º da Lei 8.030/90;

c) finalmente, a partir de junho de 1990, ainda inconstitucionalmente, os valores do BTN passaram a ser corrigidos pelo Índice de Reajuste de Valores Fiscais (IRVF), divulgado pelo IBGE, que seguia, no entanto, metodologia especialmente ditada pelo Ministério da Economia, Fazenda e Planejamento.

Os índices oficialmente manipulados para *expurgo da inflação*, especialmente nos meses de março e abril de 1990, levaram a uma *defasagem* de 96,64% entre o BTN, corrigido pelo IRVF e corrigido pelo IPC, provocando um *aumento fictício do lucro*.

A Lei *8.200*, de 28 de junho de 1991, reconheceu a ilegalidade e a inconstitucionalidade da metodologia prevista para o ano de 1990, a qual acarretava uma tributação sobre a mera *aparência de lucro* e ratificou a interpretação doutrinária e jurisprudencial correta de que o BTN Fiscal variava de acordo com o IPC (art. 5º, § 2º da Lei 7.777/89 e Lei 7.799, de 10 de julho de 1989).

No entanto, embora reconhecendo que os ativos e o patrimônio líquido ficaram subavaliados em 1990 ao se aplicar o BTN (corrigido pelo IRVF), a referida Lei 8.200/91 *diferiu* a *dedução da diferença*, apurada pela correção segundo o IPC, na determinação do lucro real, para o ano-base de 1993, exercício de 1994 (art. 3º), assim como a indedutibilidade das quotas de depreciação e amortização (art. 4º).

Por sua vez, o Decreto 332, de 4 de novembro de 1991, regulamentando o disposto nas Leis 7.799, de 10 de julho de 1989 e 8.200, de 28 de junho de 1991, *inovando a lei*, estabelece:

"Art. 39 Para fins de determinação do lucro real, a parcela dos encargos de depreciação, amortização, exaustão, ou de custo de bem baixado a qualquer título, que corresponder à diferença de correção monetária pelo IPC e pelo BTN Fiscal somente poderá ser deduzida a partir do exercício financeiro de 1994, período-base de 1993.

"§ 1º Os valores a que se refere este artigo, computados em conta de resultado anteriormente ao período-base de 1993, deverão ser adicionados ao lucro líquido, para determinação do lucro real.

"§ 2º As quantias adicionadas serão controladas na parte B do Livro de Apuração do Lucro Real, para exclusão a partir do exercício financeiro de 1994, corrigidas monetariamente com base no INPC."

A empresa consulta-nos sobre a inteligência dos citados dispositivos, em especial o art. 39 supra-referido, indagando:

1. É constitucional a indedutibilidade da parcela dos encargos de depreciação, amortização e exaustão, que corresponde à diferença de correção monetária pelo IPC e BTN Fiscal (relativa ao ano-base de 1990)?

2. A parcela dos encargos de depreciação e amortização que corresponde à diferença de correção monetária pelo IPC e pelo BTN Fiscal (do período-base de 1990) deverá ser adicionada ao lucro líquido, na determinação do lucro real?

3. Uma vez omisso o citado art. 39 do

Decreto 332/91, é sustentável que a correção monetária dessa diferença mencionada na questão anterior *não* deverá ser adicionada ao lucro líquido em 1991, *para incidência* do imposto de renda, da contribuição social (Lei 7.689/88) e do imposto de renda na fonte sobre o lucro líquido (Lei 7.713/88, art. 35)?

Parecer

1. A competência da União para tributar a renda na Constituição de 1988

A União, no exercício de sua competência privativa, expressa ou residual, à luz da Constituição de 1988, não poderá, de modo algum, miscigenar os conceitos de renda e capital (ou patrimônio). Esse imperativo já se impunha anteriormente, com a Carta Magna de 1967 e Emenda Constitucional n. 1, de 1969, como registram as melhores obras jurídicas da especialidade (v. J. L. Bulhões Pedreira, *Imposto de Renda*, Rio de Janeiro, Justea Ed., 1971; Gilberto de Ulhôa Canto, *Temas de Direito Tributário*, Rio de Janeiro, Ed. Alba, 1971, vols. I, II e III; Rubens Gomes de Sousa, "A Evolução do Conceito de Rendimento Tributável", *RDP* 4/339; Henry Tilbery, *A Tributação dos Ganhos de Capital*, São Paulo, Resenha Tributária e IBDT, 1977 *et alii*).

Falecia, como ainda ocorre, competência à União para tributar *faturamento e receita* de mercadorias e serviços, que são base de cálculo do imposto estadual sobre circulação de mercadorias e do tributo municipal incidente sobre a prestação de serviços de qualquer natureza. Também já não cabia à União, sob a égide da Carta anterior, atingir o *patrimônio imobiliário* (que é *capital acumulado e aplicado*), como se renda fosse, quer no momento de sua transmissão, quer pelo fato de sua posse e propriedade. Mas ela poderia criar *tributo novo*, no exercício de sua competência residual, para isso atingindo o *patrimônio líquido* das empresas ou as grandes fortunas, cujas limitações gerariam controvérsias consideráveis na doutrina e nos tribunais. Para isso bastaria editar simples lei ordinária.

Entretanto, ratificando a doutrina que apontava a inconstitucionalidade da contribuição para o Fundo do Pis-Pasep ou para o Finsocial, porque o objeto do *faturamento* são os valores dos contratos de compra e venda de mercadorias ou de prestação de serviços, que são campo de competência privativa dos Estados e Municípios, *a Constituição de 1988*, para corrigir o descompasso, constitucionalizou o que antes configurava invasão de competência ou então *bis in idem*, permitindo expressamente a criação pela União de contribuição social, que leve em conta o lucro, o faturamento ou a folha de salários. Observe-se, entretanto, que a licença constitucional restringe-se à edição de tributo destinado ao custeio da Seguridade Social (art. 195), com todas as restrições constitucionais de caráter administrativo, arrecadatório e gerencial, contrapostas nos arts. 194, 195, 165, § 5º, 167, IV, VI e VIII, restrições que o tornam *inconfundível com um imposto*. Igualmente não pode a União tributar a receita advinda da transmissão de bens móveis — no sentido de mercadorias — ou imóveis, que são base de cálculo de tributos de alheia competência (imposto sobre operação de circulação de mercadorias, heranças e doações ou transmissão onerosa), nem tributar a propriedade e a posse imobliária, incorrendo em *bis in idem* com o imposto territorial rural, ou em *invasão da área de competência municipal privativa*, nem tampouco, *sem a edição de lei complementar*, instituir tributo incidente sobre as grandes fortunas, empréstimos compulsórios ou impostos e contribuições novos, não previstos na Carta Magna (arts. 153, 154, 155, 156 e 195, § 4º).

Com isso, a *Constituição de 1988*, mais ainda do que as anteriores, condiciona o exercício válido da competência federal, formal e materialmente, à *distinção entre renda e capital (ou patrimônio)*. Encerrando velhas polêmicas sobre a possível equiparação de faturamento e receita à base de cálculo do tributo estadual incidente sobre a circulação de mercadorias ou municipal sobre a prestação de serviços, pondo fim à disputa em torno da admissibilidade do *bis in idem* com o imposto de renda, o art. 195 da nova Carta corrige inconstitucionalidades anteriores mas limita o exercício da faculdade legislativa à instituição de contribuições, afetadas ao custeio e manutenção da Seguridade Social. E, prevenindo discussões posteriores sobre a extensão do imposto sobre as grandes fortunas e sua base de cálculo, ou sobre o *patrimônio líquido*, exige *lei complementar genérica* que disponha sobre os fatos geradores, bases de cálculo e contribuintes dos impostos nela discriminados (art. 146, "a"), ou lei complementar *específica* para o exercício da competência residual, para a instituição de empréstimos compulsórios. A Carta Constitucional não se limita a dispor sobre a *necessidade* de lei complementar definitória dos tributos e de suas espécies em geral, como consta do art. 146 citado, mas dá especial acento ao imposto sobre grandes fortunas, repetindo a exigência de forma específica no art. 153, VII.

A *distinção precisa entre renda e capital* (ou patrimônio), que sempre foi *necessária para assegurar a rigidez do sistema de discriminação de competências*, sob o pálio da Constituição de 1988, é imperativo ainda mais fortalecido, indispensável ao exercício válido do poder tributário da União.

2. *Distinção constitucional entre renda e capital (ou patrimônio)*

A Constituição Federal atribui à União competência para instituir tributo sobre a "renda e proventos de qualquer natureza", art. 153, III. Sobre o sentido dessa expressão muito já se escreveu em nosso País. E, apesar das formas distintas de abordagem do tema, algumas estritamente jurídicas, outras amparadas em argumentos econômicos mais ou menos determinantes, mais ou menos amplos, há pontos incontroversos na doutrina e na jurisprudência nacionais, que aliás têm cunho praticamente universal, sendo aceitos na teoria e na prática do Direito dos mais variados países.

Tanto a Economia como o Direito distinguem os conceitos de renda e de capital. Lembra Rubens Gomes de Sousa que já na metade do séc. XIX, Hermann-Schmöller contribuiu para a formulação desses conceitos de forma decisiva, trazendo a "noção de *livre disponibilidade*, segundo a qual somente seria renda a parcela acrescida de riqueza de que o titular pode dispor sem prejudicar seu capital" (v. importante trabalho escrito pelo autor, ainda atual, a pedido do Prof. Morselli para publicação na revista *Archivo Finanziario*, *RDP* 14/339-346, p. 340).

As teorias limitadoras da acepção de renda (Gustav Cohn, Neumann e Wagner), que exigiam a *periodicidade, regularidade ou recorrência* (excluindo-se então os eventuais e irregulares ganhos de capital, de jogo, etc.), e o requisito de *fonte permanente*, são afastadas para ceder lugar a uma expansão do conceito de rendimento tributável, em todo o mundo. Os argumentos de Rubens Gomes de Sousa são *irrefutáveis*, pois há rendimentos tributados pela maioria das legislações, inclusive a brasileira, cujo recebimento depende da liquidação do título representativo do próprio capital ou patrimônio, como o valor de resgate ou reembolso de ações, o lucro na venda de propriedades imobiliárias, ou o lucro advindo da alienação de bens do ativo fixo da pessoa jurídica. A eventualidade, a liquidação do capital e a cessação da atividade desmentem os requisitos de periodicidade e de permanência da fonte (cf. ob. cit., p. 342).

Há mais de vinte anos, alertava Modesto Carvalhosa para o fato de que, até o início do século, o conceito de riqueza estava sobretudo alicerçado no de propriedade em sentido estático. Após a industrialização para produção em massa, a riqueza passa a ser medida pela *rentabilidade* ou pelo *produto originado da utilização da propriedade* em *determinado espaço de tempo*. "Para os efeitos fiscais, portanto, evoluiu-se do conceito de propriedade para o de patrimônio, no sentido de que toda a disponibilidade possuída por uma determinada pessoa, de bens materiais ou força de *trabalho* produtivo, constituía patrimônio suscetível de produzir riqueza, ou seja, *renda*. Assim, o *patrimônio é tudo aquilo que possa traduzir um acréscimo de riqueza*. O patrimônio rentável de uma determinada pessoa pode se constituir de uma propriedade imobiliária, de um capital mobiliário ou da força do próprio trabalho, na medida em que, quaisquer desses fatores patrimoniais, conjugada ou isoladamente, possam produzir renda" ("Imposto de Renda. Conceituação no Sistema Tributário da Carta Constitucional", *RDP* 1/188-196, p. 189).

Por isso, a concepção de renda nacional é a soma de todas as remunerações pagas aos fatores de produção. E se o resultado econômico é apurado pela soma dos valores líquidos adicionados pela produção, denomina-se produto interno. Mas nem o conceito econômico de renda nacional, nem o de produto nacional prestam-se à noção de *renda*, que é sempre *pessoal*, para fins de imposto de renda. Eles são aqui lembrados apenas porque também repousam na idéia de remuneração dos fatores de produção, ganho ou adição de riqueza nova (v. Bulhões Pedreira, ob. cit., 2.11 (11)).

Para fins de tributação, a renda a ser considerada *é sempre a pessoal*. Representa *ganho econômico* por certo *período de tempo*, assim como a idéia de renda nacional. Mas, por ser de *pessoas*, somente constituirá renda tributável aquela proveniente *de capital* (*ou fonte patrimonial*) *pertencente à própria pessoa* (cf. Modesto Carvalhosa, ob. cit., p. 190).

Bulhões Pedreira explica que toda produção ou acréscimo de riqueza provém do trabalho ou do capital, ou da conjugação de ambos, como aliás refere o Código Tributário Nacional em seu art. 43. A remuneração desses fatores patrimoniais (trabalho e capital) configura os *rendimentos*, a saber, salário e remunerações em geral, aluguel ou *royalty*, juro e lucro. A idéia de *rendimento* é só a de determinado ganho e sua noção *independe do tempo*. Já a *noção de renda* está integrada necessariamente pela idéia de *período de tempo* (cf. ob. cit., p. 2-3). A *soma dos rendimentos pessoais* (como remunerações de fatores produtivos), por certo lapso de tempo, é que configura a renda.

2.1 A competência da União só alcança a renda, não o capital.

Ensina Bulhões Pedreira que a renda realizada no passado e já *cumulada* é *capital ou patrimônio* (v. ob. cit., 2.19). Esse capital possuído em determinado momento no tempo por seu titular não é passível de tributação pelo imposto de renda, nem como pagamento, nem como transferência. Configuram *pagamentos de capital* os meros fluxos de moeda, bens ou serviços que correspondam a simples trocas onerosas entre patrimônios distintos, de forma equivalente, de modo que não advenha daí nenhum acréscimo para algum deles (com a conseqüente perda no outro). O *valor da compra e venda*, em que não há *excedente* ou *lucro*, mas mera *reposição do capital* aplicado, não pode ser tributado. Por essa razão, o imposto de renda não pode atingir o *faturamento* ou a *receita bruta* das empresas, mas tão-somente o *lucro* (que é remuneração de um fator de produção). Nas *transferências de capital*, há fluxo de bens, moeda ou serviços de um patrimônio para outro, sem correspondente contraprestação, troca ou ônus. Reduz-se o estoque de bens em um patrimônio, de forma unilateral, havendo o equivalente acréscimo em patrimônio alheio, como nas transmissões gratuitas, ocorridas em heranças e doações.

A Constituição Federal de 1988 *subtraiu* o patrimônio imobiliário urbano, o de veículos automotores, aquele acrescido por heranças e doações, as meras transmissões onerosas (independentemente de lucro) de imóveis ou de merdadorias ao campo de competência tributária federal. Dentro da área de incidência dos impostos da União, criou uma espécie tributária própria para o patrimônio imobiliário rural, e, embora autorizando a instituição de tributo sobre o faturamento e a folha de salários, submeteu o exercício da faculdade ao regime das contribuições sociais, afetando-as inseparavelmente ao custeio da Seguridade Social (art. 195). Finalmente, não se suponha que a União possa fundir ou *confundir* a idéia de *renda com* a de *capital*, criando imposto sobre grandes fortunas ou uma figura impositiva nova, misto de renda e patrimônio líquido, pois, para isso, deverá editar *lei complementar* genérica ou específica (arts. 146, 153) com as limitações do art. 154, I.

Por meio de lei ordinária e a título de imposto de renda, somente se legitimará a tributação da renda e dos proventos de qualquer natureza, assim entendido o acréscimo de riqueza, o ganho ou o aumento advindo do trabalho e do capital (ou patrimônio) em certo período de tempo.

Será *inconstitucional*, então, a lei federal que tribute a *receita representativa de mera reposição de bens patrimoniais* (por terem sido objeto de aplicação de capital da pessoa), como pagamento de capital ou reembolso das despesas feitas para produção da receita. *Nem* se pode tributar *o preço de alienação do bem*, que é mera *reposição do capital* investido, se não há ganho real.

Observa Bulhões Pedreira que o mesmo ocorre com os "bens, objeto de inversões, utilizados na produção da renda. Esses bens em geral estão sujeitos ao desgaste, que é uma descapitalização, ou seja, transformação do capital em consumo. Se para efeito de determinar o ganho da empresa, a *depreciação* não for deduzida da renda derivada desses bens, o conceito de renda não abrangerá apenas esse ganho, mas incluirá o próprio capital" (cf. ob. cit., p. 2-18).

2.2 Critérios de aferição do acréscimo de riqueza como renda

As definições de diferentes autores para aferir a renda, como acréscimo de riqueza, podem ser reunidas em dois grandes grupos. Ambos têm em comum o objetivo de estremá-la do capital, assim como a nota *essencial* de *acréscimo*, ou *ganho* auferido durante certo *período* de tempo, a saber: a) como o excedente, considerado o fluxo de satisfações e serviços, representados por seu valor monetário, englobadas as entradas e saídas em um período determinado. Completando a noção de Irving Fisher para incluir no fluxo de riqueza consumida a idéia do fluxo de bens ou serviços meramente disponíveis de Hewett, Bulhões Pedreira entende que essa concepção é a que melhor se ajusta ao modelo constitucional brasileiro; b) como *acréscimo* de valor ou de poder econômico ao patrimônio, apurado pela comparação dos balanços de abertura e encerramento do período. Defendida por George Shwanz, desde 1894, aperfeiçoada por Haig e Simons, essa concepção, adotada em parte pelo Código Tributário Nacional, é criticada por alguns, porque ela pode levar ao equívoco de supor que qualquer acréscimo de valor — advindo de doação ou herança, por exemplo, que é simples capital transferido — e subtraído ao campo da competência tributária federal — configure renda (cf. Aliomar Baleeiro, *Direito Tributário Brasileiro*, 10ª ed., Rio de Janeiro, Forense, p. 183; também Bulhões Pedreira, ob. cit., p. 2.10).

A *renda disponível* é considerada como um indicador adequado de capacidade contributiva. E, se assim é, raciocinam os juristas alemães, a lei precisa determinar claramente que, junto a todos os atingidos pelo imposto, seja abrangida e apurada a renda total. Entretanto, na grande massa dos países, há duas importantes e diferentes formas de averiguações de renda disponível. De um lado, junto *aos não empresários*, somente os rendimentos de fonte são tributados, mas não são em geral dedutíveis os prejuízos com a venda de bens econômicos do patrimônio particular ou com seu desgaste pelo consumo. *Os não empresários* avaliam a renda por meio do confronto entre entradas dos rendimentos de distintas fontes com os custos para aquisição e sua manutenção, tributando-se o excedente das entradas sobre os custos (art. 8 EStG). Por outro lado, *as pessoas empresariais* têm de avaliar o lucro (*Gewinn* art. 2 II N. 1 EStG) basicamente por meio da comparação do patrimônio na abertura e no encerramento do balanço (arts. 4 I; 5 I EStG), lucro que representa o saldo — realizado — "dos aumentos de valor do patrimônio empresarial sobre as reduções de valor do mesmo patrimônio" (cf. Klaus Tipke, *Steuerrecht. Ein systematischer Grundriss*, 9. Köln, 1983, p. 214).

Explica Tipke que o dualismo tem longa tradição, pois, ainda no séc. XIX, a lei cedeu às exigências dos empresários do comércio e da indústria, que insistiram em identificar o lucro com o resultado da contabilidade comercial. Essa dualidade permaneceu ao longo do tempo e depois passou a beneficiar também os profissionais autônomos. A dualidade foi justificada pelo legislador alemão de 1925, oficialmente, nos seguintes termos: "A lei distingue entre *dois grupos principais* de rendimentos. Os rendimentos de atividades autônomas de lucro e profissionais formam um grupo principal (...) A esse grupo não é comum apenas a forma como eles conduzem sua empresa ou profissão, pois sua receita é muito mais violentamente atingida pela oscilação da Economia do que a de outros proprietários de renda, mas também o fato de que sua atividade de lucro e profissional não é possível sem um patrimônio regularmente afetado a essa atividade. Na empresa rural e comercial isto é claro e não necessita de nenhum outro esclarecimento. Em atividades de profissionais liberais autônomos, poder-se-ia duvidar. Mas se tomamos em consideração que, para o advogado são necessários, p. ex., um escritório amplo com mobiliário, uma conta bancária, uma escrita sobre adiantamentos e dinheiro de terceiros; para o médico, um grande número de instrumentos, freqüentemente grandes ou até uma clínica; para o pintor ou escultor, um *atelier*, com matéria-prima, objetos prontos ou semiprontos, então, apesar das diferenças relevantes da posição profissional, precisa-se colocar este grupo de contribuintes no mesmo patamar das empresas rurais e industriais" (cf. ob. cit., p. 212).

Essas razões são ainda válidas. Embora não se tirem delas todas as conseqüências possíveis, nem sejam mais aprofundados os estudos sobre igualdade nesse campo, para se verificar em que circunstâncias as duas espécies de apuração, que medem a riqueza com dois critérios distintos, possam infringir o princípio da igualdade, o legislador alemão manteve conscientemente a dualidade e a jurisprudência trabalha em separado os dois sistemas (v. Tipke, ob. cit., p. 213). Também o Direito brasileiro incorporou a mesma dualidade, de forma completa pelo menos em relação às empresas comerciais e industriais, e manteve, como o Direito alemão e a maioria das legislações de outros países, os acréscimos patrimoniais, que correspondem a transferências de capital (como heranças e doações) fora do círculo do imposto de renda, elegendo para isso espécie impositiva própria (sobre os países da Comunidade Econômica Européia, ver Jean-Marc Tirard, *La Fiscalité des sociétés dans la C.E.E.*, Paris, La Villeguerin Ed., 1988).

Com efeito, a dualidade tão nítida no Direito alemão só encontra a mesma precisão na legislação ordinária federal. O Código Tributário Nacional sintetizou-a, acrescentando ao conceito de que renda é o produto do capital, do trabalho ou da combinação de ambos "os proventos de qualquer natureza, assim entendidos os *acréscimos patrimoniais* não compreendidos no inciso anterior" (art. 43, II). A teoria das fontes, como fluxos, que os autores alemães identificam com a espécie de concepção de renda própria das pessoas físicas não empresariais, e a teoria acrescionista de comparação do patrimônio, adequada à tributação das pessoas empresariais, encontra nítida separação na lei tributária ordinária brasileira. O Código Tributário Nacional tem merecido a crítica de muitos pela confusão conceitual. Mas são pontos pacíficos na doutrina e na jurisprudência que:

— renda é produto, fluxo ou acréscimo patrimonial, inconfundível com o patrimônio de onde promana, assim entendido o capital, o trabalho ou a sua combinação;

— provento é forma específica de rendimento tributável, tecnicamente compreendida como o que é "fruto não da realização *imediata e simultânea* de um patrimônio, mas sim, do acréscimo patrimonial resultante de uma atividade que já cessou, mas que ainda produz rendimentos", como os benefícios de origem previdenciária, pensões e aposentadoria. Já proventos em acepção ampla, como *acréscimos patrimoniais não resultantes do capital ou do trabalho*, são todos aqueles de "origem ilícita e bem aqueles cuja origem não seja identificável ou comprovável" (cf. Modesto Carvalhosa, ob. cit., p. 194);

— os *acréscimos patrimoniais* sempre pressupõem a disponibilidade econômica ou jurídica, sendo certo que mesmo não havendo a jurídica, a incorporação física e material ao patrimônio do contribuinte é sempre necessária, como no exemplo de Rubens Gomes de Sousa: "os rendimentos, decorrentes de um título juridicamente sujeito a condição resolutiva, são tributáveis desde o momento em que se incorporam ao patrimônio do titular, ainda que sob ressalva de restituição ou abatimento do imposto quando do implemento da condição. De todo o exposto decorre, portanto, que a tributação das *mais-valias* não configura a imposição de um rendimento não realizado, mas, quando muito, de um rendimento não separado, sendo que a *realização* e não a separação, é significativa para definir o fato gerador do imposto" (cf. ob. cit., p. 345). Assim, a *realização do excedente*, na pessoa física, ou **a** *realização do lucro*, na pessoa jurídica, quer se defina o fenômeno como fluxo, ou como acréscimo patrimonial, é requisito essencial e necessário do conceito de renda.

2.3 *Lucro e patrimônio ou capital (permanente, circulante, próprio e de terceiros)*

Quase todas as leis sobre imposto de renda, em vigor nos mais diversos países, estabelecem uma diferenciação básica entre a tributação das pessoas físicas e das pessoas jurídicas. A distinção, que resultou de uma vitória antiga das corporações comerciais e industriais, em favor de uma equiparação entre lucro apurado pela contabilidade comercial e pela fiscal, é explicada pelos estudiosos alemães, como vimos, por meio das peculiaridades da atividade empresarial, que não é possível sem a afetação de um patrimônio ao seu desenvolvimento. Por isso, esse patrimônio não pode ser atingido pelo imposto de renda, não sendo raras as leis que o cercam de proteção especial, como veremos no tópico 2.4, *infra*.

No Brasil, tradicionalmente, quer na Constituição, quer nas leis, se tem feito a mesma diferenciação, e somente a propósito da pessoa jurídica se fala em patrimônio fixo e circulante, capital próprio e alheio a fim de distingui-los da renda tributável.

Talvez, por isso, Bulhões Pedreira diferencie, hoje, em obra mais recente, o resultado ou produto da atividade econômica da empresa que é mero fluxo, do resultado da pessoa social empresarial — como lucro tributável ou prejuízo — que é a "quantidade de valor financeiro (positivo ou negativo) que aumenta ou diminui o patrimônio líquido" (*Finanças e Demonstrações Financeiras da Companhia*, Rio de Janeiro, Forense, 1989, p. 454). Aproximando-se mais da concepção germânica, observa Bulhões Pedreira que, apenas para a empresa, como unidade econômica de produção, a idéia de fluxo é suficiente, pois, para a pessoa jurídica empresarial, o resultado negativo — designado de prejuízo — é perda de capital próprio, perda decorrente de trocas externas que são *fluxos financeiros*, que saem do patrimônio da sociedade em valor superior ao dos que entram. Mas, além disso, o *prejuízo* pode decorrer também da *perda de valor de bens do patrimônio*, causada pela ocorrência dos riscos a que estão sujeitos, independentemente da saída de fluxo financeiro (ob. cit., p. 448).

O que vêm a ser *patrimônio* e *capital*?

Juridicamente, o conceito moderno de patrimônio identifica-o com o conjunto de direitos e obrigações de que é titular uma pessoa (Caio Mário da Silva Pereira, *Instituições de Direito Civil*, Rio de Janeiro, Forense, 1978, I, n. 66; Francesco Ferrara, *Trattado di Diritto Civile italiano*, Roma, 1921, vol. I, n. 183). É formado de elementos ativos, como os direitos patrimoniais, e de elementos passivos, que são as obrigações-débitos. Do ponto de vista financeiro e jurídico, o patrimônio compreende então dois "subconjuntos: *a*) o ativo patrimonial, formado pelos bens do patrimônio, e *b*) o passivo patrimonial, formado pelas prestações de obrigações que significam valor financeiro negativo" (Bulhões Pedreira, ob. cit., p. 156). Advém daí a noção de *patrimônio líquido* (*capital próprio*), que é patrimônio bruto diminuído do valor negativo das *obrigações* (*passivo ou capital de terceiros*). A parte do valor financeiro, existente no ativo, que corresponde ao valor das obrigações, dos débitos, pertence a capital de terceiros e será mais tarde transmitida aos credores. Em conseqüência, o patrimônio líquido — ou capital próprio — é o que resta após a dedução do passivo, ou capital alheio. Se o ativo é de 100 e o passivo exigível é de 30, então o patrimônio líquido será igual a 70. O patrimônio bruto, como conjunto de todos os direitos e obrigações, é a soma do passivo exigível + o patrimônio líquido.

Assim, por meio da *comparação dos balanços* do início e do fim de um determinado período, *apura-se a renda tributável como lucro real*, realizado no período, que corresponde ao aumento de patrimônio líquido gerado pelo própria empresa durante o mesmo período. Determina-se a renda tributável (lucro) pela comparação entre patrimônios líquidos da pessoa empresarial, pois pressupõe-se que o "patrimônio líquido é estabelecido no início e no fim do *período* de apuração do lucro através do balanço inicial (que coincide com o de encerramento do período anterior) e final" (K. Tipke, ob. cit., p. 225). Se, no início do exercício, no balanço de abertura, correspondente ao balanço de encerramento do ano anterior, o patrimônio líquido era de 70 (100-30, no exemplo acima), e no final do período continua sendo de 70, então não houve acréscimo de valor real, renda gerada pela pessoa, não houve lucro tributável. *O patrimônio não pode ser atingido pelo imposto de renda.*

Mas se o valor do passivo (capital de terceiros, canalizado pela empresa por meio de empréstimos, p. ex.) é superior ao valor do ativo (capital próprio) então há um *déficit* e ausência de patrimônio líquido. Ex.: ativo de 100, passivo exigível de 110, *com déficit de 10*. O direito comercial alemão, para clareza e segurança de sócios e credores, manda registrar em destaque o montante da diferença negativa (10) como *déficit não coberto por capital próprio*

(*Nicht durch Eigenkapital gedeckter Fehlbetrag*), também chamado de "conta de capital negativo" (cf. Tipke, ob. cit., p. 230).

Capital representa *qualquer recurso* de que flua a riqueza. Pode o capital ser denominado de *bem de capital* ou *de consumo*. Será *bem de capital* — designado de fixo ou permanente — quando servir de instrumento para produzir outros bens como equipamentos, máquinas, ferramentas, instalações do estabelecimento produtivo e *não* se consumir em um mesmo ciclo operacional. Daí a expressão permanente, fixo. Será *bem de consumo* ou *parte do capital circulante*, quando participar de um único ciclo operacional, sendo destruído no processo produtivo: matérias-primas ou insumos. Os bens de capital, que são ditos permanentes, ou fixos, ou imobilizados, são destruíveis, porém lentamente, em vários ciclos operacionais (v. Bulhões Pedreira, ob. cit., pp. 189 a 193).

O conceito de *capital circulante ou de giro*, lembra Bulhões Pedreira, abrange não só os estoques de insumos, como os produtos em fabricação e acabados que estão à venda e os bens consumidos pelos fornecedores do trabalho. É que a produção é fluxo completo de serviços até o consumo. Como o produtor e o consumidor são agentes distintos, não há "perfeita sincronização entre a criação do bem e seu consumo e os agentes são obrigados a manter estoques de produtos acabados que são tão necessários à produção quanto os bens indiretos (...) A designação circulante explica-se porque é um conjutno de *bens* que estão *em permanente substituição* e circulam dos estoques de matérias-primas para os de produtos em fabricação e destes para os de produtos acabados" (cf. *Finanças e Demonstrações*... cit., p. 192).

O *capital financeiro* é sempre estoque ou cumulação de moeda ou de valor financeiro (que pode ser medido em moeda). Pressupõe a idéia de patrimônio de forma necessária, porque moeda é elemento do patrimônio e valor financeiro é valor do bem do patrimônio que pode ser expresso monetariamente.

Por isso, formar capital ou *capitalizar* financeiramente significa aumentar o estoque de moeda ou aumentar o valor financeiro do total dos bens do ativo patrimonial, pelo acréscimo de um novo bem ao ativo ou pela adição de valor a bem já existente no ativo (como edificação em terreno da empresa, para aumento de suas instalações). "Na constituição da sociedade empresária, o capital formado no patrimônio social é necessariamente transferido de outros patrimônios, mas depois que a sociedade entra em funcionamento o aumento do capital aplicado no ativo pode ter origem em acumulação de lucros" (cf. Bulhões Pedreira, *Finanças e Demonstrações Financeiras*... cit., p. 203).

Em resumo, capital financeiro, permanente ou circulante, é moeda ou expressão de valor de qualquer bem patrimonial, afetado direta ou indiretamente à atividade da pessoa empresarial na produção da renda. Patrimônio, entretanto, é concepção jurídica do universo da pessoa empresarial, aplicado à sua atividade, expresso em valor financeiro, do lado ativo como capital próprio e, do lado passivo, como capital de terceiros.

Lucro somente haverá se houver acréscimo de valor real ao patrimônio líquido da pessoa, vale dizer, acréscimo ao resíduo do ativo (direitos-bens), após dedução do passivo (obrigações-débitos). Assim, tanto o aumento como a redução do lado ativo, como o aumento ou a redução do lado passivo, afetam substancialmente o lucro ou o prejuízo. A comparação entre os patrimônios líquidos da pessoa jurídica no início e no fim do período, à moda alemã, é importante para se saber se houve *lucro, como renda tributável*.

O lucro ou prejuízo da pessoa sempre alterará o seu patrimônio líquido. O lucro acrescenta-lhe valor e o prejuízo, reduz-lhe o valor. Observe-se que nem todo lucro ou prejuízo advém do *fluxo financeiro* de entrada de receita e saída por meio da despesa. Pode decorrer, como já se registrou, do aumento de valor por aquisição de novo bem do ativo ou de sua perda, ou ainda do acréscimo de valor desses mesmos bens já existentes. Ainda que o fluxo de receita e despesa, relativo à atividade comercial e produtiva da empresa, se mantenha no mesmo nível, o prejuízo pode advir da perda de bens do ativo por ação da natureza, baixa por se ter tornado inservível, ou venda abaixo do preço de custo. Enfim, o patrimônio da pessoa empresarial, afetado a suas atividades, está sujeito a outros riscos, que podem desgastá-lo, reduzir-lhe a utilidade econômica ou torná-lo obsoleto. Esses decréscimos de valor não são e não podem ser ignorados pelo legislador, que os leva em conta, permitindo-lhes a dedução, a fim de que possa ser reposto, recomposto e mantido o patrimônio empresarial, do qual depende a sobrevivência do empreendimento econômico.

Com propriedade observa, entretanto, Bulhões Pedreira que nem todo aumento de valor do patrimônio líquido significa *lucro*, porque as transferências de capital de terceiros para o estoque de capital da empresa *não são lucro tributável*, porque não decorrem do funcionamento da pessoa empresarial, ou seja, da exploração e uso direto ou indireto do patrimônio empresarial, afetado a seus fins (cf. *Finanças e Demonstrações Financeiras*... cit., p. 448). No Brasil, como na Alemanha, Espanha, Inglaterra e outros países, heranças e doações são hipótese de tributo específico, transferências de capital do patrimônio de terceiros, não se incluindo no imposto de renda. Também a subscrição do capital social da sociedade e seu acréscimo para integração e aumento do patrimônio líquido representam transferência que advém do patrimônio de terceiros e não lucro tributável.

3. Ativo patrimonial fixo, permanente ou imobilizado (bens de capital) e seu custo

Verificamos que toda pessoa jurídica necessita de um patrimônio afetado a suas atividades. A parte ativa desse patrimônio é composta não apenas de insumos, produtos em fabricação e acabados, destinados ao comércio, representados financeiramente pelo capital circulante ou de giro, mas também por bens de capital, lentamente destruíveis no tempo, e que servem de meio ou instrumento para a produção dos outros bens. No último caso, temos o ativo fixo ou permanente da empresa (capital permanente) que também tem um custo.

Ativo imobilizado é expressão "usada pela contabilidade para designar, no balanço patrimonial, o grupamento das contas ativas que *registram as inversões de capital fixo da empresa* (...)" ou "conjunto dos valores ativos do patrimônio da empresa nos quais se acha aplicado o seu capital fixo" (Bulhões Pedreira, *Imposto de Renda*, ob. cit., pp. 5-34).

O tratamento do ativo fixo depende basicamente de se saber o que deve ser nele incluído e *como* deve ser nele avaliado.

Não há uma característica essencial de um bem que o defina como bem de capital (ou ativo permanente), mas, antes, tudo depende do fato de a pessoa usá-lo e explorá-lo para obtenção de rendimentos próprios. É então a afetação do bem patrimonial à produção, de forma estável e duradoura, que lhe atribui a conotação de capital imobilizado. "O critério para distinguir se um valor entra ou não na composição do capital fixo, estável ou imobilizado, reside no destino ou emprego dos bens. Se eles são destinados de uma maneira durável ou permanente ao serviço de exploração do objeto social ou tendem a assegurar o funcionamento normal da sociedade, entram na classe de capital fixo, estável ou imobilizado. Se, ao contrário, são destinados à alienação ou à conversão, cedo ou tarde, em dinheiro, formam o capital circulante da sociedade. Não é, pois, o tempo que os bens devem permanecer ou efetivamente permanecem no patrimônio social que oferece o critério diferenciador entre uma e outra sorte de capital" (v. Trajano de Miranda Valverde. *Sociedade por Ações, apud* Bulhões Pedreira, *Imposto de Renda*, ob. cit., pp. 5-34).

A maioria dos sistemas jurídicos atribui importância decisiva à destinação. Assim, segundo o 39 item 1 AO alemão, os bens econômicos devem ser computados ao proprietário de acordo com o Direito Civil. Mas se uma outra pessoa exerce sobre ele a propriedade econômica (embora não seja o proprietário pela lei civil), afetando-o à produção e excluindo influências de outras pessoas, pelo tempo de uso, o bem deverá ser ativado na empresa que exerce a exploração, com direito à dedução dos encargos de inversão (cf. Blümich/Falk, *Einkommensteuergesetz Kommentar*, München, Verlag Vahlen, 1987, § 7, p. 34).

Também nossa lei e jurisprudência determinam que a depreciação será passível de dedução na pessoa que suporta o encargo econômico do desgaste ou da obsolescência. Se o locatário é contratualmente obrigado a devolver um bem novo, embora não seja o proprietário, os encargos de inversão somente para ele são abatíveis.

Portanto, o bem integrante do ativo permanente é aquele afetado de forma durável à exploração e produção da pessoa empresarial, de forma direta ou indireta.

Além disso, esses bens do ativo permanente têm um custo, também chamado de *encargos de inversão* (ou *encargos de inversão do capital*). Esse custo — que a lei brasileira identifica com o custo de aquisição ou de produção — configura o como deve ser registrado o bem no ativo. Como qualquer outro custo, deve ser deduzido da receita bruta, para fins de determinação do lucro. Mas como os bens do ativo fixo ou permanente só se consomem ou destroem de forma lenta no tempo, a lei brasileira não permite, se o bem tem durabilidade superior a um ano, a dedução integral dos encargos de inversão no mesmo ano de aquisiçãpo do bem do ativo. A diminuição gradativa de valor dos bens do ativo fixo — encargos de inversão — é computada paulatinamente nos custos, em períodos sucessivos, por meio de *quotas de depreciação, amortização ou exaustão*, autorizadas e reguladas pela lei tributária. A ordem jurídica brasileira não discrepa das demais, impondo desde o Dec.-lei 2.627, de 1940 (art. 129, parágrafo único), o registro, na época do balanço, da redução de valor dos bens e direitos que integram o ativo fixo.

Tecnicamente, segundo o art. 179 da Lei 6.404/76, incisos III, IV e V, o ativo permanente é conceito mais amplo, que abrange *investimentos* (participações fixas em outras sociedades e outros direitos não classificáveis no ativo circulante); *ativo imobilizado* propriamente dito, que engloba bens e direitos afetados à exploração e manutenção das atividades empresariais; *ativo diferido*, no qual se incluem as inversões de capital pré-operacionais e de ampliação, cujos encargos só serão dedutíveis no prazo mínimo de cinco anos (v. arts. 198 a 207 do RIR/80).

3.1 Quotas de depreciação, amortização e exaustão e lucro fictício

Os bens do ativo permanente podem perder valor graças ao desgaste gerado pelo uso, pela própria ação da natureza ou em razão de avanços tecnológicos, criadores de inovações mais eficientes. Ocorre, no caso, perda de substância física ou técnica. A *quota de depreciação*, feita por estimativa, em regra, tem como limite 100% (cem por cento) do custo de aquisição do bem depreciável, dividido pelo número de anos do prazo de vida útil do bem. Pode ser linear, quando se abatem montantes iguais fixos; regressiva, quando se admite a dedução anual de percentuais idênticos e uniformes sobre o valor de custo, que se torna cada vez menor. A lei, muitas vezes, concede *dedução acelerada*, em razão do número de horas diárias de operação do bem móvel ou como incentivo, na qual se reduz o número de anos em que se divide o custo, ou se permite que se estime a depreciação com base em outros critérios (v. art. 84 da Lei 7.450/85; Lei 8.191/91 e Lei 8.383/91, art. 46).

A regra geral, no Brasil como em outras legislações, é a de que somente a *quota registrada na contabilidade*, e, nos limites da anotação, é dedutível, não se permitindo a compensação extrabalanço ou acima dos limites autorizados.

A *quota de amortização* não corresponde à perda de substância física do bem, como a de depreciação, mas "ao perecimento do capital financeiro, aplicado na aquisição de bens ou direitos", cuja recuperação total não será possível, como o custo de benfeitorias e construções em bens arrendados ou locados; concessão de serviço público; uso de patentes de invenção etc. A quota como regra é calculada de acordo com o número de anos residuais para uso e exercício do direito (v. Bulhões Pedreira, *Imposto de Renda*, ob. cit., pp. 6-59).

Mas a *quota de exaustão*, cuja dedução se admite na exploração de recursos minerais e florestais, aproxima-se daquela de depreciação, porque ambas atendem a reduções de valor por perda de substância física dos bens. Entretanto distinguem-se uma da outra, "quanto à causa dessa discriminação de valor, que nos bens depreciáveis é o desgaste pelo uso ou ação da natureza, ou a obsolescência resultante do progresso tecnológico, e que na exaustão é a redução da quantidade dos recursos naturais decorrente da exploração" (cf. Bulhões Pedreira, *Imposto de Renda*, ob. cit. pp. 6-66). Pode basear-se no custo de aquisição, no custo de renovação ou na receita de exploração.

Neste parecer, não estão em discussão as quotas de depreciação, amortização ou exaustão em si, nem seu critério de cálculo e contabilização, nem sua base de cálculo.

O que nos interessa de perto é saber quais são os efeitos da dedução de um encargo de inversão, menor do que a perda real do valor do bem. Se o bem é imobilizado por ser bem de capital, o seu valor é o valor de seu custo, reduzido paulatinamente das perdas de valor, ou seja, das quotas de depreciação, amortização ou exaustão. Assim, todos os bens do ativo imobilizado, cujo uso ou exploração está limitado no tempo, graças à perda de capacidade técnica (desgaste), econômica (obsolescência) ou jurídica (limitação em contrato do tempo de utilização de um direito autoral), *perdem valor*, sendo necessário que as deduções acompanhem essa perda que representa perda patrimonial e perda do capital neles invertido. O valor do ativo imobilizado de uma pessoa empresarial não é a soma dos valores de custo desses bens, mas a *soma dos valores residuais desses bens*, ou seja, *valor de custo — encargos de inversão* (*quotas de depreciação, amortização ou exaustão*).

"Se a quota registrada for inferior a essa redução de valor, o balanço ao fim do período estará superestimando o valor residual do ativo fixo, ou seja, registrando patrimônio líquido maior do que o verdadeiro. E a conta de resultado do período demonstrará parcela de lucro fictício, pois terá deixado de computar todos os custos incorridos pela empresa durante o exercício social" (cf. Bulhões Pedreira, *Imposto de Renda*, ob. cit., pp. 5-10 e 5-11).

Ora, a correção monetária do balanço visa exatamente a eliminar as distorções decorrentes da perda de poder aquisitivo da moeda em que seus elementos estão registrados, submetendo à tributação pelo imposto de renda apenas os lucros reais e não meramente nominais ou fictícios.

Os lucros fictícios, decorrentes da inflação, podem ter origem:

a) em ganhos de capital aparentes, criados pela alienação de bens do ativo fixo, se esses bens têm seu custo de aquisição subavaliado;

b) na insuficiência dos montantes deduzidos como encargos de inversões (quotas de depreciação, amortização e exaustão), resultando em registro do patrimônio líquido superior ao real;

c) na deficiência da reposição e manutenção do capital de giro, especialmente do capital de giro próprio (v. Bulhões Pedreira, *Imposto de Renda*, ob. cit., p. 5-10). O capital de giro aplicado se apresenta em bens corpóreos estocados ou em moeda em caixa, depósitos bancários ou direitos de crédito. Somente depois de repor o capital de giro, através da conta de lucros e perdas, a empresa realiza lucro real.

As duas primeiras causas (*a* e *b*) advêm, diretamente, do registro contábil do ativo permanente em valores inferiores ao real. A última, da correção monetária insuficiente do capital de giro próprio (do ativo circulante).

3.2 Soluções para evitar a tributação do lucro fictício, em países onde não se adota a correção monetária do balanço

Em países onde não se institui a correção monetária obrigatória e ampla do balanço — como se dá no Brasil — para enfrentamento da depreciação monetária, há a preocupação de submeter os ganhos com a alienação de bens do ativo permanente a um regime especial, mais favorecido do que o regime fiscal dos lucros ordinários. O objetivo é expulsar, com uma tributação mais benéfica, os ganhos puramente nominais, obtidos, pelo menos em parte, com a inflação.

Esse regime mais benéfico é extremamente variado, podendo ser dividido em modalidades distintas e, como aponta Jean-Marc Tirard (v. *La Fiscalité des Sociétés dans la C.E.E*, ob. cit., pp. 15-16), não são raros os países que adotam a conjugação de mais de uma delas, a saber:

— *França, Portugal, Bélgica e Grécia* adotam alíquotas mais baixas para a tributação das mais-valias advindas dos ganhos com a alienação de bens do ativo imobilizado; o benefício é freqüentemente condicionado à detenção do bem por certo período de tempo;

— a *Dinamarca*, apesar de corrigir monetariamente o preço de aquisição, mediante certos coeficientes, ainda exonera parte do ganho advindo da alienação do bem imobilizado;

— *França* (desde 1965), *Alemanha, Espanha, Itália, Reino-Unido, Bélgica e EEUU* isentam todo o lucro advindo da alienação do bem, com a condição de que ele seja reinvestido em novo bem do ativo fixo, com certas limitações. Em alguns deles dá-se o mero diferimento do imposto para futura alienação, sem reinvestimento no imobilizado;

— a *Espanha* autoriza a reavaliação periódica dos elementos do ativo.

A base para a aplicação das deduções dos encargos de depreciação é o custo de aquisição ou fabricação, como regra, nos países da C.E.E. Tal como no Brasil, as depreciações e amortizações somente são dedutíveis, à medida que são contabilizadas, exceto na Inglaterra e na Irlanda. Aliás, esses dois últimos Estados praticam um sistema de depreciação global, pelo método *pooling*, sem discriminação da espécie de bem. As deduções não têm relação com a duração normal de utilização e incidem globalmente, à razão de 25% desde o ano de aquisição, de forma regressiva.

Aliás, a Inglaterra foi o primeiro país do mundo industrializado a desencadear uma ampla reforma tributária cujos princípios se expandiram pelo resto do mundo, a saber:

— eliminação das isenções, subvenções e subsídios;

— conseqüente aumento da massa dos contribuintes;

— redução da carga tributária, com alíquotas mais reduzidas, o que se tornou possível pela eliminação das isenções e grande número de benefícios da lei tributária (cf. Jean-Marc Tirard, ob. cit., p. 191).

Esses princípios de reforma logo depois foram adotados pelos EEUU e implementados no Plano Reagan, daí sendo reaproveitados por muitos outros países da C.E.E. e por outros, como o Brasil.

Algumas dessas simplificações atingiram diretamente os bens do ativo imobilizado, pois, até 1984, na Inglaterra, a edificação de novas instalações da pessoa empresarial e a aquisição de novos materiais gozavam de uma dedução imediata de 100% (cem por cento) do custo, já no mesmo ano de investimento. Mas o princípio do corte de deduções que, posteriormente, vai inspirar os EEUU, levou à supressão do incentivo, e à redução das alíquotas do imposto de renda de 52% para 35% (cf. Jean-Marc Tirard, ob. cit., p. 191-2). Mas lá ainda ficaram as quotas de depreciação à razão de 25% ao ano, dedutíveis em um sistema global ou o diferimento do imposto, na hipótese em que o lucro é reinvestido em novos bens do ativo. É o chamado *roll-over* de que nos fala Henry Tilbery (v. *A Tributação dos Ganhos de Capital*, São Paulo, IBDT/Resenha Tributária, 1977, p. 58).

Seja como for, apesar do corte de isenções e subsídios, todos os países da C.E.E., que não têm a correção monetária como mecanismo de retificação das distorções geradas pela inflação, evitam a tributação do lucro fictício, que poderia advir da subavaliação dos elementos do ativo imobilizado ou dos encargos de inversão. Para isso usam métodos diferentes, às vezes combinados, isentando o lucro ou parte dele, reduzindo a tributação dos ganhos de capital ou reavaliando periodicamente os bens. Jean-Marc Tirard identificou, como vimos, quatro maneiras distintas, encontradas por esses países (cf. cit. *retro*).

Os bens em estoque, que compõem o capital circulante, são avaliados, em regra, pelo preço de custo. Mas para evitar a tributação do lucro irreal, que advém da alta de preços decorrente da depreciação monetária, os países europeus ou usam o método *Lifo* (*last in, first out*), segundo o qual os bens vendidos primeiramente correspondem aos ativos adquiridos mais recentemente, o que aumenta o custo dos produtos vendidos; ou autorizam a constituição de provisões dedutíveis da renda tributável, destinadas a enfrentar os efeitos da alta inflacionária de preços, etc. (v. na Alemanha, Plückebaum-Wendt-Ehmcke-Niemeier, *Einkommensteuer*, 16A, Achim: Fleischer, 1991; Blümich/Falk, *Einkommensteuergesetz Kommentar*, München, Verlag Vahlen, 1987, p. 7).

Enfim, seja para evitar ganhos de capital fictícios nas alienações de bens do ativo imobilizado, seja para impedir a superestimação do patrimônio líquido com a dedução de valores irreais de depreciação e amortização ou, ainda, seja para evitar a perda de capital circulante (ou de giro) próprio, os Estados que não criaram a correção monetária ampla do balanço prevêem sempre outros mecanismos de compensação, de modo a *não* submeterem falsos lucros, ou lucros fictícios, à tributação. Com freqüência, estabelecem regras de tratamento mais vantajosas do que a simples correção monetária, isentando o lucro advindo da alienação de bens do ativo imobilizado ou diferindo o imposto, se o capital é reinvestido em outros bens do ativo.

Além disso, os prejuízos, que *sempre* significam perda e redução do patrimônio líquido, merecem de muitas legislações um tratamento especial. Não nos esqueçamos de que a pessoa jurídica empresarial, para atuar, necessita afetar um patrimônio à sua atividade, o que desencadeia um regime tributário peculiar em toda parte, distinto daquele aplicado à pessoa física.

Ora, se esse patrimônio vem sendo pouco a pouco reduzido ou atingido pela tributação, impossibilita-se o prosseguimento da atividade, confiscando-se-lhe o capital.

Explica K. Tipke que o princípio de cautela, que rege o balanço, visa a impedir a distribuição exagerada de lucros e preservar a responsabilidade substancial do comerciante. Segundo esse princípio, se os lucros tributados devem ser realizados, os prejuízos ainda não realizados, ao contrário, podem ser deduzidos. Daí decorre o subprincípio *da não paridade entre o tratamento do lucro e do prejuízo*. O lucro só está realizado quando se dá efetiva mudança de patrimônio, pela alienação de um bem ou por um intercâmbio similar. O lucro é a diferença a maior — a mais-valia (ganho) — que se tornou em dinheiro, apurada entre o preço da venda e o custo do bem registrado, contabilmente, sendo certo que os aumentos de valor não realizados não podem ser considerados. Mas os prejuízos já causados, provocados, que ameaçam, são dedutíveis *antes de se realizarem*, seja por meio de provisões retroativas acauteladoras, seja por meio da consideração do menor valor (entre dois possíveis acréscimos de valor) a ser tributado no patrimônio circulante, seja pelo princípio do valor mais alto, a ser considerado na avaliação do passivo (obrigações) (cf. ob. cit., pp. 224-226).

Mas não apenas a Alemanha, também os Países-Baixos, a Inglaterra e a Irlanda autorizam o transporte dos prejuízos para períodos anteriores ao de sua realização, com precipitação de deduções. Acresce ainda que os dois últimos consentem na imputação dos prejuízos sobre os resultados dos exercícios posteriores, sem qualquer limitação no tempo.

4. A correção monetária do ativo imobilizado e os efeitos da insuficiência dos encargos de inversão

A correção monetária, no Brasil, foi introduzida pouco a pouco, a começar pela Lei 3.470/58, até que a Lei 4.357, de 1964, veio autorizar a correção monetária do imobilizado, como base para o cálculo da quota de depreciação dedutível. Antes disso, os encargos de inversão só podiam incidir sobre o custo de aquisição originalmente contabilizado. Então, os efeitos nocivos da inflação sobre os encargos de inversão não eram remediados, gerando incidência de imposto sobre lucro fictício, ou seja, sobre ganhos de capital nominais e aparentes.

Alerta-nos Bulhões Pedreira para o fato de que a incidência do tributo sobre a insuficiência dos encargos de inversão provoca danos *não desprezíveis* e já foi, entre nós, uma causa importante de descapitalização das empresaas e de transformação do imposto de renda em imposto sobre o patrimônio (ou capital). Exemplifiquemos com o caso de uma empresa, entre os anos de 1961 e 1965, quando não se permitia a correção monetária dos valores das quotas de depreciação, embora se corrigissem os valores do ativo. O bem do imobilizado, veículo de carga, em 1961 foi adquirido por 100, mas a cada ano, a empresa adquiria novo bem (igual ao anterior), em inflação de 100% ao ano (exemplo extraído de Bulhões Pedreira, *Imposto de Renda*, ob. cit., p. 5-11, feitas adaptações para inflação de 100% ao ano).

Valor do imobilizado (sem atualização)

Em 1961: 100 (1 veículo);

Em 1962: 100 + 200 = 300 (2 veículos);

Em 1963: 100 + 200 + 400 = 700 (3 veículos);

Em 1964: 100 + 200 + 400 + 800 = 1500 (4 veículos);

Em 1965: 100 + 200 + 400 + 800 + 1600 = 3100 (5 veículos).

Quota de depreciação contabilizada (20% anual)

	1961	1962	1963	1964	1965
Ativo fixo:	100	300	700	1500	3100
Quota depreciação:	20	60	140	300	620

Valores atualizados do ativo (mas não da quota)

	1961	1962	1963	1964	1965
Ativo fixo:	100	400	1200	3200	8000
Insuficiência da quota:	-	20	100	300	980

Podemos observar agora os efeitos altamente danosos da insuficiência da quota de depreciação, supondo que o lucro anual da empresa corresponda a 10% de seu imobilizado (capital próprio) atualizado.

	1961	1962	1963	1964	1965
Imobilizado atualizado:	100	400	1200	3200	8000
Lucro de 10% (real):	10	40	120	320	800
Insuficiência da quota:	-	20	100	340	980
Lucro escritural:	10	60	220	660	1780

De acordo com o exemplo dado, já em 1962, 1/3 do lucro escritural (60) já correspondia a lucro meramente nominal, aparente (20). Mas em 1965, o mesmo lucro fictício (980) montava a cerca de 55% do lucro escritural (1780).

A tributação sobre o total de 1780 configura aumento do imposto, que passa a atingir o patrimônio da empresa sem autorização constitucional, acarretando confisco e descapitalização.

Ora, este parecer aborda exatamente esse tema.

Veremos que a diferença entre os índices de atualização monetária, no ano de 1990, entre o IPC (IBGE) e o BTN-IVRF foi de cerca de quase 100% (cem por cento), ou seja, exatamente de 96,64% ao ano.

A Lei 8.200/91 tem caráter meramente interpretativo e acolheu o direito de corrigir plenamente os efeitos inflacionários sobre os elementos do ativo fixo ou circulante — com base no IPC (IBGE) — direito que já estava garantido em princípios da Constituição e de outras leis, e que vinha sendo reconhecido pela jurisprudência.

Entretanto, ao fazê-lo, o que era juridicamente desnecessário, cometeu outras inconstitucionalidades, pois diferiu a compensação dos prejuízos (lucros fictícios) para o ano-base de 1993, exercício financeiro de 1994. O Decreto 332/91, em seu art. 39, igualmente determina que, se as quotas de depreciação, amortização ou exaustão forem atualizadas completamente pelo IPC, em 1990, e levadas à conta de resultado, deverão ser *adicionadas ao lucro tributável*, para serem descontadas só a partir do exercício de 1994! Graças à insuficiência dos encargos de inversão dedutíveis, a legislação pretende *aumentar artificialmente o valor do ativo* (que é igual a seu valor residual, ou seja, custo — encargos de inversão) e conseqüentemente *o patrimônio líquido, incidindo o imposto sobre lucros total ou parcialmente fictícios.*

Veremos a seguir que, no ano de 1990, já tinha o contribuinte o direito de corrigir o balanço e os elementos que o integram pelo IPC (IBGE) e, em decorrência, o direito de deduzir, no mesmo exercício, integralmente, os encargos de inversão. Esbarra em vários óbices constitucionais a legislação posterior que nega tais direitos.

4.1 O IPC como indexador oficial

Há índices que medem a inflação, segundo metodologia e objetivos diferentes, como os índices FGV, FIPE ou IPC-IBGE.

Entretanto há confusão entre *padrão legal nominal ou formal* e *padrão legal substancial*, que efetivamente mede a inflação e serve de indexador básico para o padrão legal formal.

As leis tributárias já elegeram como *padrão legal meramente formal* as Obrigações Reajustáveis do Tesouro Nacional, ORTN, as Obrigações do Tesouro Nacional, OTN, os Bônus do Tesouro Nacional, BTN.

Ora, ORTN, OTN ou BTN são títulos da dívida pública, que têm seu valor reajustado em função da evolução da inflação, medida por índice oficial próprio. Esse índice (que tem sido o de preços ao consumidor IPC-IBGE) é, de fato, o critério substancial e aferidor da inflação, convertido em indexador de título da dívida pública. OTN ou BTN apenas refletiram a inflação apurada, segundo o IPC-IBGE. Metaforicamente e apenas metaforicamente podemos dizer que OTN ou BTN são índices de correção monetária. Ou o são em sentido apenas formal.

Os Decs.-leis 1.598/1977 e 2.341/1987, assim como a Lei 7.799/1989 regularam a correção monetária do ativo permanente e do patrimônio líquido, a fim de expressar em valores reais as demonstrações financeiras, conforme determinação da Lei 6.404/1976, que rege as sociedades anônimas.

A OTN era fixada em função da variação do IPC do mês anterior. Cabia à Receita Federal divulgar os valores diários da OTN, a partir das variações do IPC, conforme art. 40 da Lei 7.450/1985, Resolução do Conselho Monetário Nacional n. 1.395/1987. Os Decs.-leis 2.290/1986, art. 6º, 2.284/1986 e 2.341/1987, arts. 2º, 3º e 9º, disciplinaram a correção monetária das demonstrações financeiras, de acordo com a OTN, indexada pelo IPC (IBGE).

Já no ano de 1989, o Plano Verão, Lei 7.730/89, realizou o primeiro expurgo da inflação ao fixar a OTN para 15.1.89 em NCz$ 6,92, sem levar em conta que ela refletia apenas o IPC do mês anterior.

Interessa-nos, entretanto, comentar o segundo expurgo de natureza similar, empreendido pelo Plano Brasil Novo, no ano de 1990, quando já estava em vigor a Lei 7.799/1989, que estabeleceu em seu art. 10: "*A correção monetária das demonstrações financeiras (art. 4º, inciso I) será procedida com base na variação diária do valor do BTN Fiscal ou de outro índice que vier a ser legalmente adotado*".

O seu art. 1º, § 2º, também dispõe: "*O valor do BTN Fiscal, no primeiro dia útil de cada mês, corresponderá ao valor do Bônus do Tesouro Nacional — BTN, atualizado monetariamente para este mesmo mês, de conformidade com o § 2º do art. 5º da Lei 7.777, de 19 de junho de 1989*".

E o § 2º do art. 5º da Lei 7.777, de 19 de junho de 1989, determinou que o valor nominal do BTN fosse "*atualizado mensalmente pelo IPC*".

O que a doutrina procurou mostrar, a jurisprudência veio acolhendo, e a Lei 8.200/91 cabou por reconhecer em 1991 foi que o *IPC*, em nenhum momento, deixou de ser o indexador oficial, quer para o ano-base de 1990, quer para o de 1991. A Lei 7.799/89 e a Lei 7.777/89, vigentes em 1990, continuaram as únicas normas válidas de indexação para aquele mesmo período.

A conturbação jurídica se instalou em março de 1990, já em andamento, portanto, o ano-base de 1990, com a edição de sucessivas Medidas Provisórias e Leis. Pode ser que a intenção de seus autores fosse, de fato, mudar a ordem jurídica para criar outro índice de correção monetária das demonstrações financeiras, manipulado e manipulável diretamente pelo Ministério da Economia, a fim de se criar a ilusão de ausência inflacionária, projetando a inflação querida pelo governo, mas não a real. É provável até mesmo que outros objetivos fiscalistas e arrecadatórios sedimentassem o afã de aumentar a tributação de forma indireta, burlando os princípios constitucionais da irretroatividade e anterioridade. É possível ainda que o imediatismo para incrementar a arrecadação, facilitado pelo uso fácil das Medidas Provisórias, tivesse obnubilado o raciocínio dos mentores de tais atos normativos, os quais acabaram se esquecendo de que a correção monetária *deficiente* (aquém da perda real de valor) gera efeitos prejudiciais ao contribuinte que se descapitaliza, em relação a terceiros que com ele negociam, pressiona as empresas a elevarem seus preços a fim de atenderem à carga tributária excessiva e gera efeitos administrativos e contábeis, que podem ser eventualmente contrários aos interesses fazendários.

Seja como for, não importam as intenções possíveis do legislador, a série de Medidas Provisórias e de Leis, editadas na matéria em 1990, *não conseguiu* desatrelar o IPC das atualizações das demonstrações financeiras, o que veio a ser expressamente reconhecido *a posteriori* pela Lei 8.200/91.

4.2 Um cipoal de medidas provisórias e de leis sem validade e sem eficácia para revogar o IPC como indexador substancial de correção monetária

Ao longo do ano de 1990, três critérios diferentes de atualização monetária das demonstrações financeiras aparentemente se instalaram, embora em nenhum momento tivessem sido revogadas as Leis 7.777/89 e 7.799/89, a saber:

a) até 15 de março de 1990, a correção monetária do balanço era expressa em Bônus do Tesouro Nacinl (BTN e BTN Fiscal), cujo índice de atualização foi o de preços ao consumidor, IPC-IBGE, como dispõem as Leis citadas, 7.777/89, de 19 de junho de 1989 e 7.799, de 10 de julho de 1989;

b) a partir de 16 de março de 1990, com a edição da Medida Provisória n. 154, convertida na Lei 8.030, de 12 de abril de 1990, estabeleceu-se de forma genérica que o "Ministro da Economia, Fazenda e Planejamento solicitará à Fundação Instituto Brasileiro de Geografia e Estatística-IBGE ou a instituição de notória especialização, o cálculo de índices de preços apropriados à medição da variação média dos preços relativos aos períodos correspondentes às metas a que se refere o inciso III" (art. 2º, § 5º). Também a Medida Provisória n. 168, convertida na Lei 8.024, de 12 de abril do mesmo ano, determinou que o valor nominal do BTN fosse atualizado com a mesma metodologia da Lei 8.030/1990, ou seja, *discricionariamente* pelo Ministério da Economia, Fazenda e Planejamento, por delegação legislativa;

c) finalmente, a partir de junho de 1990, os valores do BTN passaram a ser corrigidos pelo Índice de Reajuste de Valores Fiscais (IRVF), divulgado pelo IBGE, que seguia, no entanto, "*metodologia estabelecida em Portaria do Ministro da Economia, Fazenda e Planejamento*". Somente a partir de 1º de junho se deu a escolha de um indexador, pela Medida Provisória n. 189/90, sucessivamente reeditada através das Medidas Provisórias ns. 195, 200, 212 e 237 e só finalizada pela Lei 8.088, de 31 de outubro de 1990.

Os numerosos atos normativos acima referidos delegaram ao Executivo matéria estrita de lei, além de terem feito desaparecer, num passe de mágica, parte expressiva da inflação. O art. 22 da Medida Provisória n. 168 declarou singelamente: o "valor nominal do BTN Fiscal no mês de abril de 1990 será igual ao valor do BTN Fiscal no dia 1º de abril de 1990", *quando deveria ter declarado que seria igual à variação do IPC do mês de março, segundo o critério em vigor*. A diferença entre os índices de atualização monetária entre o IPC-IBGE e o IRVF, durante o ano de 1990, foi substancial, ou seja, de 96,64%!

O que impressiona é que esse intrincado de Leis e de Medidas Provisórias, em seqüência, *não conseguiu revogar o IPC-IBGE, como indexador oficial das demonstrações financeiras, estabelecido pelas Leis 7.777/89 e 7.799/89*.

Parecer brilhante nesse sentido deu Alberto Xavier, ao escrever sobre "A correção monetária das demonstrações financeiras no exercício de 1990" (*Imposto de renda — Estudos* n. 20, São Paulo, Resenha Tributária, jun/91). Observa esse jurista que o conceito de BTN, pelas leis em vigor, "estava indissociavelmente ligado ao IPC, para o qual remetia, de tal modo que pode afirmar-se que é *este último o indexador legalmente previsto* para a correção monetária das demonstrações financeiras" (v. ob. cit., p. 81).

Se as leis que implementaram o Plano Brasil Novo criaram novos índices, válidos para outros fins (contratos, de modo geral), entretanto, com inteira razão, diz Alberto Xavier, não tiveram o condão de desatrelar o BTN do IPC, na correção monetária das demonstrações financeiras. Vale transcrever seu pensamento:

"Ora, a lei posterior (Medida Provisória n. 189) não revogou expressamente a lei anterior (Lei 7.777, art. 5º e Lei 7.789, art. 1º); também não a revogou *tacitamente*, pois não existe *incompatibilidade* na existência de índices diversos para uma diversidade de fins, como a experiência brasileira revela à saciedade; também a lei nova *não regulamentou inteiramente* a matéria sobre que versava a lei anterior, matéria esta que consiste na correção monetária das demonstrações financeiras para imposto de renda das pessoas jurídicas e sobre a qual não foi publicada regulamentação posterior.

"Não tendo havido revogação da lei anterior em qualquer das modalidades previstas no § 1º do art. 2º, aplica-se o § 2º do mesmo artigo, segundo o qual "a lei nova, que estabeleça disposições gerais ou especiais a par das já existentes, não revoga nem modifica a lei anterior".

"O que sucedeu foi precisamente a entrada em vigor de lei que introduziu disposições *gerais* — o critério de atualização do BTN para uma generalidade de efeitos — deixando porém intacta a lei anterior que previa disposições *especiais* — a adoção do IPC como indexador para o caso específico da correção monetária das demonstrações financeiras.

"Nunca se revelou tão verdadeiro o brocardo *lex posterior generalis non derogat legi priori speciali*. Como bem salienta Carlos Maximiliano, 'em princípio, se não presume que a lei geral revogue a especial; é mister que este intuito decorra claramente do contexto' (cf. *Hermenêutica e Aplicação do Direito*, 10ª ed., Forense, p. 360). E esta também a lição de Caio Mário da Silva Pereira: 'O que o legislador quis dizer (...) foi que a generalidade dos princípios numa lei desta natureza (lei geral) não cria incompatibilidade com regra de caráter especial. A disposição especial irá disciplinar o caso especial, sem colidir com a normação genérica de lei geral e, assim, em harmonia poderão simultaneamente vigorar' (cf. *Instituições de Direito Civil*, vol. I, Forense, 1980, p. 124).

"Pode pois concluir-se que *se mantêm em vigor os mencionados § 2º do art. 5º da Lei 7.777 e § 2º do art. 1º da Lei 7.799* — que determinam a indexação das demonstrações financeiras em questão ao IPC — sendo manifestamente ilegais as tentativas de aplicar às demonstrações financeiras encerradas em 31.12.90 índices diversos, como o BTN artificialmente manipulado" (ob. cit., pp. 82-3).

Ainda convém lembrar que a correção monetária, de acordo com o IRVF, foi finalmente introduzida após sucessivas reedições de Medidas Provisórias (169, 195, 200, 212 e 237), com a conversão na Lei 8.088, de 31 de outubro de 1990, publicada em 1º de novembro. Mas entre a últimas delas, de n. 237, datada de 1º de outubro e a publicação da Lei em que se converteu (8.088/90), decorreu o prazo de trinta e um dias. "A ofensa ao art. 62 da Constituição, confirma Alberto Xavier, segundo o qual as medidas provisórias perderão eficácia, desde a edição, se não forem convertidas em lei no prazo de trinta dias, a partir de sua publicação, devendo o Congresso Nacional disciplinar as relações jurídicas delas decorrentes, significa isto que as medidas provisórias que previam o IRVF em substituição ao BTN (atualizado pelo IPC) *perderam eficácia desde a sua edição*, pelo que até 1º de novembro de 1990 o IRVF não tinha entrado no mundo jurídico" (ob. cit., p. 88).

Assim, a tentativa dos atos administrativos de manipularem os índices de atualização fere princípios constitucionais de suma relevância, como tem demonstrado a doutrina e acatado a jurisprudência.

4.2.1 Ofensa ao princípio da legalidade e da hierarquia entre atos normativos

Não existindo, no ano de 1990, lei que revogasse o IPC, substituindo-o por outro índice de atualização monetária, são inconstitucionais os atos administrativos que estabeleceram, arbitrariamente, e sem base legal, valores do BTN, para os meses de abril e maio. O IPC-IBGE era o índice de atualização determinado por lei em vigor, não podendo ser afastado por mero ato do Executivo. Ora, o Diretor do Depto. do Tesouro Nacional, em Comunicados de ns. 19 e 22, de 30 de março e de 30 de abril de 1990, respectivamente, fixou valores aleatórios de 41,7340 e de 41,7340, para os meses de abril e maio, supondo variação zero (0). Ora, em relação ao IPC-IBGE divulgado oficialmente, a variação dos meses anteriores foi de 84,32% e 44,80%, que não foi incorporada ao BTN, como mandava a lei vigente.

Portanto, em nenhum momento no ano de 1990 foram revogadas as leis que disciplinavam a correção monetária das demonstrações financeiras (7.777/89 e 7.799/89) e que elegeram o IPC-IBGE, como critério substancial de indexação do BTN.

O mais curioso, entretanto, é que, se as Medidas Provisórias e as Leis, que se seguiram ao Plano Brasil Novo, tivessem regulado exaustiva e especializadamente a questão da correção monetária das demonstrações financeiras, alterando o indexador, nem assim teriam validade e poderiam ser aplicadas, porque feririam outros importantíssimos princípios constitucionais, quais sejam:

4.2.2 Ofensa ao conceito constitucional de renda em que se funda a rigidez do sistema tributário

Como demonstra a boa doutrina nacional e estrangeira, se os efeitos da inflação não são corrigidos, o capital da empresa acaba sendo atingido, em lugar da renda. Haverá subavaliação do custo de aquisição dos bens do ativo fixo, criando-se ganhos de capital fictícios, no momento da alienação desses bens; na subavaliação das quotas de depreciação, amortização e exaustão igualmente teremos um aumento artificial do patrimônio líquido, criando-se a ilusória impressão de "acréscimos patrimoniais"; e, finalmente, na deficiência da reposição do capital de giro próprio, apresentam-se lucros fictícios comprometedores da saúde da empresa.

O conceito de renda decorre diretamente da Constituição. É validamente complementado pelo art. 43 do Código Tributário Nacional, que se presta à elucidação dos conflitos de competência tributária. Mas o legislador ordinário não pode criar *ficções jurídicas* de renda-lucro. Se pudesse fazê-lo, estaria falseada a discriminação constitucional de competência tributária, porque ele converteria o que é renda em patrimônio ou capital e vice-versa. Sobre o tema, muito já se escreveu em nosso País e a doutrina como a jurisprudência não discrepam nessa matéria (v. além das obras já citadas, Gilberto de Ulhôa Canto, "Presunções no Direito Tributário", in *Caderno de Pesquisas Tributárias* n. 9, São Paulo, Resenha Tributária, 1984; Hugo de Brito Machado, Ives Gandra da Silva Martins, José Eduardo Soares de Melo, Luciano da Silva Amaro, Carlos da Rocha Guimarães, Wagner Balera, "O fato gerador do imposto de renda e proventos de qualquer natureza", in *Caderno de Pesquisas Tributárias*, vol. 11, São Paulo, Resenha Tributária; João Dácio Rolim, "Efeitos fiscais da correção monetária dos balanços — expurgos inconstitucionais dos índices oficiais de inflação", *Imposto de Renda — Estudos* n. 20, Resenha Tributária, jun/91; Frederico de Moura Theophilo, "Imposto de renda. Adicional estadual do imposto de renda. Reflexos da manipulação dos indexadores do Bônus do Tesouro Nacional", in *Imposto de Renda — Estudos*, n. 17, São Paulo, Resenha Tributária, 1991).

4.2.3 Ofensa ao princípio da capacidade contributiva e ao da igualdade

A correção dos valores registrados em balanço em outros índices, inferiores à inflação real do período oficialmente apurada pelo IPC-IBGE, como mandava a lei em vigor, configura ou um aumento expressivo da carga tributária, quer do imposto de renda, quer da contribuição social sobre o lucro, quer do imposto de renda sobre o lucro líquido ou do adicional estadual — que têm a mesma base de cálculo — ou descaracterização dos tributos, que se reportam ao lucro.

A União, como vimos, só tem competência para tributar o *lucro*. A desconfiguração dos tributos, que incidem sobre o lucro-renda, transforma-os em impostos sobre o patrimônio de alheia competência, ou, quando não for o caso, em tributo novo, cuja instituição dependeria da edição de lei complementar.

Ao contrário de outros países, a lei brasileira não trata de forma diferente os lucros advindos das atividades operacionais da empresa, daqueles resultantes da alienação de bens do ativo imobilizado (ganhos de capital), submetendo-os, no conjunto, às mesmas alíquotas. Quando o lucro advindo da atividade normal da empresa, para superar o impasse, no mesmo período, foi excepcionalmente aumentado, pela pressão sobre os preços promovida pela empresa, pode ser que a insuficiência da correção monetária dos encargos de inversão acarrete apenas uma expressiva majoração do imposto (sem base legal e de forma retroativa). Mas, na maioria dos casos, haverá descapitalização e confisco de parte do patrimônio, afetado à atividade.

Seja como for, a ofensa a distintos princípios da Constituição é evidente. Entre aqueles lesados, é da maior relevância o da capacidade contributiva, consagrado no art. 146.

A tributação dos lucros fictícios (ou

considerados realizados, por ficção legal) já mereceu pareceres primorosos. Um deles o do Ministro Sebastião Alves dos Reis, "IR — Computação de juros e correção monetária — Lucro inflacionário" (*RDT* 50/126-157); o outro, do Professor Geraldo Ataliba e Cléber Giardino, "Imposto de renda — Capacidade contributiva, aparência de riqueza — Renda escritural — Intributabilidade de correções monetárias" (*RDT* 38/140-163, São Paulo).

Cabe transcrever suas conclusões:

"Cuidando já do fenômeno da desvalorização monetária, Emílio Giardina denuncia os incrementos meramente *nominais* e, pois, aparentes, devidos à desvalorização monetária. Sublinha que a inflação exige especial cuidado do legislador e do intérprete, para evitar que a lei resvale para a inconstitucionalidade, ou que sua aplicação torne-se inconstitucional. Alerta contra o risco da oneração de capacidade contributiva *ilusória*, que se vai traduzir em manifestação *fictícia* de capacidade econômica.

"Moschetti, na mesma linha, mostra que a perda do valor da moeda leva a números (mera expressão gráfica) só *formalmente* mais altos, o que obriga a constante revisão legislativa, tendo em vista a necessária idoneidade dos instrumentos legais, para onerar aptidão econômica *efetiva* e não meramente *fictícia*, reveladora de real capacidade contributiva ('em concreto, certa e atual'). Michelli revela idêntica preocupação, diante da perda de poder aquisitivo da moeda, diante do fenômeno inflacionário.

"(...) Por essas mesmas razões, a literatura qualifica como irremissivelmente inconstitucionais todos os tributos que não revelem capacidade contributiva. Isto se dessume quando sua base de cálculo não dimensiona (nem mede) um 'fato da vida econômica' (Dino Jarach, A. D. Giannini)" (cf. Geraldo Ataliba e Cléber Giardino, ob. cit., p. 161).

4.2.4 Ofensa à irretroatividade e à anterioridade

Sem base legal, o afastamento do *IPC-IBGE* como indexador representa ou confisco e descapitalização ou, pelo menos, em circunstâncias excepcionais, aumento do tributo. Sem dúvida, toda majoração de tributo somente poderá advir de lei, que seja publicada antes do início do exercício financeiro de aplicação, conforme art. 150, "b" da Constituição.

Ora, as Medidas Provisórias e Leis que pretenderam (embora sem validade e sem eficácia) elevar o imposto indiretamente, por meio da insuficiente correção monetária das demonstrações financeiras, foram publicadas a partir do dia 16 de março de 1990, e somente poderiam ser aplicadas e gerar efeitos no ano-base de 1991.

"(...) Estamos convencidos de que o princípio da anterioridade não é respeitado, se a lei do exercício financeiro em curso reduz prazos de pagamento do tributo ou altera os paradigmas para a fixação do montante de suas prestações (*v.g.* de OTN para IPC) (...) O legislador não pode, por causa disto, substituir as OTNs por outros padrões mais favoráveis ao fisco e, em contrapartida, mais detrimentosos para o contribuinte" (cf. Roque A. Carrazza, *Curso de Direito Constitucional Tributário*, 2ª ed., São Paulo, Ed. RT, 1991, p. 123).

Mas antes mesmo de se ferir o princípio da anterioridade das leis em relação ao exercício de aplicação, houve ofensa à irretroatividade. A boa doutrina não discrepa nesta parte. Ao imposto de renda aplica-se a lei em vigor no dia 1º de janeiro do ano-base, ou seja, Leis 7.799/89 e 7.777/89, que imperativamente determinavam se procedesse à atualização monetária, de acordo com o IPC do mês anterior (v. Sacha Calmon Navarro Coelho, *Comentários à Constituição de 1988 — Sistema Tributário*, 3ª ed., Rio de Janeiro, Forense, 1991; Alberto Xavier, ob. cit., pp. 90-3;

Carlos Mário Velloso, *Revista Jurídica* n. 133, ano XXXVI, nov/1988; Luciano da Silva Amaro, *O imposto de Renda e os princípios da irretroatividade e da anterioridade*, Ed. Resenha Tributária, Seção 1.3, n. 27/83).

5. A inconstitucionalidade da Lei 8.200/91 e os excessos do Decreto 332/91

Acabamos de registrar que a profunda inconstitucionalidade das Medidas Provisórias e Leis editadas a partir do Plano Brasil Novo — todas sem validade e sem eficácia para desatrelar o IPC-IBGE (do BTN) e, conseqüentemente, da atualização das demonstrações financeiras no ano-base de 1990 — se manifestou na transgressão aos mais caros valores da Constituição Federal, como legalidade e indelegabilidade de funções; sistema federal de discriminação rígida de competência; igualdade, capacidade contributiva e proibição de confisco; irretroatividade e anterioridade; princípio da competência residual e/ou faculdade para instituir imposto sobre grandes fortunas (ou patrimônio) só exercitáveis por meio da edição de lei complementar.

À não validade de ditos atos normativos, por ofensa aos princípios hierarquicamente superiores da Constituição, acresce ainda que não houve revogação dos critérios de correção monetária das demonstrações financeiras, até então vigentes. Como observou magistralmente Alberto Xavier, nem expressa, nem tacitamente, as leis posteriores revogaram o art. 5º, da Lei 7.777 e o art. 1º, da Lei 7.799/89, que disciplinavam os critérios especiais, peculiares e inerentes à atualização monetária, para fins tributários e societários.

Ora, em 28 de junho de 1991, editando a Lei 8.200, o Poder Legislativo apressou-se em acolher as razões bem fundamentadas da doutrina e os reclamos dos contribuintes, que se agasalhavam em número crescente junto ao Poder Judiciário, a fim de garantir o direito constitucional de proceder à correção das demonstrações financeiras, de acordo com o IPC-IBGE. Esse diploma legal interpretou corretamente a ordem normativa em vigor, reconhecendo o direito de atualizar os dados financeiros do balanço, de acordo com índices que refletissem a inflação do período (arts. 1º e 2º). Entretanto, ao fazê-lo, cometeu inconstitucionalidades. Contém critérios distintos, a saber:

1. Em primeiro lugar, restabelece a fidelidade aos índices reais de inflação, e, sem cometer os erros anteriores, dispõe expressamente que "*para efeito de determinar o lucro real — base de cálculo do imposto de renda das pessoas jurídicas, a correção monetária das demonstrações financeiras anuais, de que trata a Lei 7.777, de 10 de julho de 1989, será procedida, a partir do mês de fevereiro de 1991, com base na variação mensal do Índice Nacional de Preços ao Consumidor-INPC*" (art. 1º). Embora valendo para o ano-base de 1991 já em curso, a mudança da Lei 8.200/91 não ofendeu a anterioridade ou a irretroatividade, porque reconheceu apenas que índices reais de inflação devem nortear a correção das demonstrações financeiras. Já a introdução, no curso do ano de 1990, de um novo indexador (IRVF), discricionariamente manipulado pelo Executivo, em quantitativos bem distantes dos reais índices inflacionários, representou confisco do patrimônio ou, em certos casos, aumento retroativo. Deixemos claro, entretanto, que o art. 1º é aplicável, segundo sua formulação, apenas a partir de 1991, só nos interessando o tratamento legal, dado ao ano de 1990.

2. Em segundo lugar, faculta às pessoas jurídicas realizar uma correção monetária especial das contas do Ativo Permanente, com base em índice que reflita, em nível nacional, variação geral de preços (art. 2º), em balanço especial, retroativo a anos anteriores, até a data de sua formação, sem fixação de limites temporais. Os parágrafos do art. 2º dispõem:

"§ 2º A correção monetária deverá ser registrada em subconta distinta da que registra o valor original do bem ou direito, corrigido monetariamente, e a contrapartida será creditada à conta de reserva especial.

"§ 3º O valor da reserva especial, mesmo que incorporado ao capital, deverá ser computado na determinação do lucro real proporcionalmente à realização dos bens ou direitos, mediante alienação, depreciação, amortização, exaustão ou baixa a qualquer título.

"§ 4º O valor da correção especial, realizado mediante alienação, depreciação, amortização, exaustão ou baixa a qualquer título, poderá ser deduzido como custo ou despesa, para efeito de determinação do lucro real.

"§ 5º O disposto nos §§ 3º e 4º deste artigo aplica-se, inclusive, à determinação da base de cálculo da contribuição social (Lei 7.689, de 15 de dezembro de 1988), e do imposto de renda na fonte incidente sobre o lucro líquido (Lei 7.713, de 22 de dezembro de 1988, art. 35)."

3. As inconstitucionalidades da Lei 8.200/91 referem-se ao tratamento dispensado à diferença da parcela da correção monetária das demonstrações financeiras, *verificada no ano de 1990*, entre a variação do Índice de Preços ao Consumidor-IPC e a variação do BTN Fiscal, corrigido pelo IRVF. O art. 3º, item I, dispõe que o saldo devedor só poderá ser deduzido, na determinação do lucro real, a partir de 1993, à razão de 25% (vince e cinco por cento) ao ano, em quatro períodos. O art. 4º abre exceção ao § 3º do art. 2º da própria lei e adia para o período-base de 1993 a dedução dos encargos de inversão, assim estabelecendo: "A parcela da correção monetária especial de que trata o § 2º do art. 2º desta Lei que corresponder à diferença verificada no ano de 1990 entre a variação do Índice de Preços ao Consumidor-IPC e a variação do BTN Fiscal não terá o tratamento previsto no § 3º daquele artigo, servindo de base para a dedução, na determinação do lucro real, a partir do período-base de 1993 de depreciação, amortização, exaustão ou baixa a qualquer título, dos bens ou direitos".

Como se observa, o art. 4º refere-se exclusivamente ao imposto de renda. Não abre exceções à determinação da base de cálculo da contribuição social sobre o lucro (Lei 7.689/88) e do imposto de renda na fonte, incidente sobre o lucro líquido (Lei 7.713/88), reguladas no § 5º do art. 2º. Mas ao dar tratamento especial somente à diferença da correção monetária entre o IPC e o BTN, para fins de determinação da base de cálculo do imposto de renda, excepciona apenas o § 3º, mas não também o § 4º do art. 2º.

Portanto o Decretto 332, de 4 de novembro de 1991, ao regulamentar a Lei 8.200/91, *além de repetir as inconstitucionalidades legais, as excede, inovando-as, expandido-as e infringindo a própria lei.*

O art. 39 do Decreto 332/91 estabelece que:

"Para fins de determinação do lucro real, a parcela dos encargos de depreciação, amortização, exaustão ou de custo do bem baixado a qualquer título, que corresponder à diferença de correção monetária pelo IPC e pelo BTN Fiscal somente poderá ser deduzida a partir do exercício financeiro de 1994, período-base de 1993.

"§ 1º Os valores a que se refere este artigo, computados em conta de resultado anteriormente ao período-base de 1993, deverão ser adicionados ao lucro líquido, para determinação do lucro real.

"§ 2º As quantias adicionadas serão controladas na parte "B" do Livro de Apuração do Lucro Real, para exclusão a partir do exercício financeiro de 1994, corrigidas monetariamente com base no INPC."

E, mais ainda, o art. 41, § 2º, do Decreto 332/91, em regulação extravagante e contrária a dispositivos expressos da Lei 8.200/91, art. 2º, § 5º, dispõe no art. 41, § 2º: "Os valores a que se refere o art. 39, computados em conta de resultado, deverão ser adicionados ao lucro líquido na determinação da base de cálculo da contribuição social (Lei 7.689/88) e do imposto sobre o lucro líquido (Lei 7.713/88, art. 35)".

O regulamento do Decreto 332/91, portanto, *inova* (*ultra* ou *contra legem*) tanto em relação ao imposto de renda, como em relação à base de cálculo da contribuição social sobre o lucro — Lei 7.689/88 — e do imposto sobre o lucro líquido — Lei 7.713/88.

Comentando, nessa parte. o art. 39, assim escrevem Hiromi Higuchi e Fábio Hiroshi Higuchi (*Imposto de Renda das Empresas — Interpretação e Prática*, 17ª ed., São Paulo, Atlas, 1992, p. 32): "A indedutibilidade prevista no art. 39 é totalmente ilegal, porque não consta da Lei 8.200/91. As empresas que têm encargos de depreciação vultosos, certamente vão ignorar aquela restrição porque o Poder Judiciário, sem dúvida, decidirá a favor dos contribuintes".

E, em relação à contribuição social e ao imposto sobre o lucro líquido, asseveram: "A diferença de correção monetária entre a variação do IPC e do BTN Fiscal refere-se ao ano de 1990 e não a períodos-base anteriores. Se o Governo tivesse admitido, na época correta, corrigir o balanço de 31.12.90 pela variação do IPC, o saldo devedor da correção monetária seria dedutível na determinação da base de cálculo da contribuição social e do imposto de renda de 8% sobre o lucro líquido. Logo, não tem amparo legal o Governo determinar a retificação da correção monetária do período-base de 1990 e dar tratamento diferente porque as Leis 7.689/88 e 7.713/88 já estavam em vigor (...). O § 2º do art. 41 é mais ilegal porque os encargos de depreciação, amortização ou exaustão são despesas operacionais ou custos do período-base em que forem registrados de acordo com o regime de competência" (ob. cit., p. 35).

Ora, a Lei 8.200/91 é profundamente inconstitucional quando ofende um princípio consagrado universalmente em matéria de imposto de renda, que os autores alemães, como já observamos, chamam de *não paridade de tratamento entre lucro e prejuízo*. O desrespeito a esse princípio, como regra, transforma a renda em capital, atingindo o coração da pessoa jurídica: *o seu patrimônio, aquele afetado à exploração da atividade, lesando-o, confiscando-o*. No caso brasileiro, em que a Constituição Federal sujeita os entes políticos da Federação a uma rígida discriminação de competência, não só a capacidade contributiva é desrespeitada, como também se abalam as regras do federalismo, cometendo a União invasão de competência, ou instituindo imposto sobre grandes fortunas ou empréstimo compulsório sem edição de lei complementar.

O Decreto 332/91, ao corroborar as *inconstitucionalidades* da lei que regulamenta, ainda as *expande, inovando* na matéria, em franca *ilegalidade*.

5.1 O princípio universal que rege as leis do imposto de renda: a não paridade de tratamento entre lucro e prejuízo

Como já observamos, os autores alemães (v. Pückebaun, Wendt, Ehmcke, Niemeier, *Einkommensteuer*, 1991, ob. cit.; Blümich/Falk, *Einkommensteuergesetz Kommentar*, 1987, ob. cit.; K. Tipke, *Steuerrecht*, ob. cit., pp. 224-226) relatam a importância do princípio da *não paridade de tratamento entre lucro e prejuízo*. Observam que o lucro só é tributável se há uma mudança patrimonial — acréscimo de valor — efetiva, concreta, que se tornou em dinheiro ou em valor equivalente. Enfim, quando *está realizado*. A mera probabilidade não leva à incidência do imposto. Entretanto o *prejuízo ainda não realizado*, meramente causado, provocado, de provável redução futura do patrimônio, é considerado pela lei. Por conseguinte, o legislador não trata da mesma forma o lucro e o prejuízo, pois a atividade da pessoa empresarial somente sobrevive por meio da adequada proteção de seu patrimônio.

O princípio, portanto, da não paridade de tratamento entre lucro e prejuízo decorre dos modelos distintos de imposto, usados em toda a parte, para a pessoa física e para a pessoa jurídica. Os Países-Baixos, a Inglaterra, a Irlanda, a França, Portugal e a Itália (v. Jean-Marc Tirard, ob. cit., loc. cit.) também autorizam a formação de provisões dedutíveis, com maiores ou menores restrições, desde perdas prováveis *in genere*, ou apenas para liquidação de créditos duvidosos determinados, em montantes aleatórios ou não. Pode-se dizer que, de modo universal, admite-se o transporte dos prejuízos para períodos anteriores ao de sua realização, com precipitação de deduções.

Com certas restrições, pode-se dizer que o ordenamento brasileiro adota o mesmo princípio: *o da não paridade de tratamento entre lucro e prejuízo*. E a tentativa legal de se tributar o lucro inflacionário, ainda não realizado, tem sido acoimada de inconstitucionalidade (cf. Sebastião Alves dos Reis, Parecer in *RDT*, ob. cit., loc. cit.). O art. 221 do RIR/80 permite a formação de provisão para créditos de liquidação duvidosa. Também o art. 321 do mesmo RIR disciplina a formação de provisão dedutível, se constituída depois de três anos de aquisição do investimento, em caso de perdas permanentes de impossível ou improvável recuperação.

Por quê?

Ora, há mais de cem anos, como vimos, foi atendida uma reivindicação dos comerciantes e industriais, que pleiteavam uma equiparação entre a concepção de lucro no campo do Direito Comercial e Tributário. Observamos que o legislador alemão de 1925, oficialmente, justificou a diferença entre o tratamento legal dispensado à pessoa física e à jurídica, por meio:

1. do risco do empreendimento, sendo a atividade empresarial muito mais sensível às oscilações da Economia;

2. da necessidade de afetação de um patrimônio às atividades empresariais.

Portanto, esse patrimônio, destinado à atividade produtiva, capaz de produzir renda, é cercado de cuidado especial. É renda apenas o que dele deriva, o que dele se cria ou se acresce. Mesmo naqueles países sem Constituição escrita e rígida, como na Inglaterra, a distinção entre renda e patrimônio é cuidadosamente preservada. Naqueles outros onde se institui imposto sobre o patrimônio das pessoas societárias, como na Alemanha, a distinção também tem grande relevância, porque o peso da exação sobre a renda é elevado (36% e, em certos casos, 56%) mas bastante leve sobre patrimônios líquidos, acima de determinado valor (alíquota bruta de 0,6%, equivalente à efetiva de 0,45%). Entretanto, na atualidade, os países europeus discutem e propõem a isenção total da renda das pessoas jurídicas, para fortalecimento do capital, enfrentamento da concorrência e da competitividade. (V. importante discussão em J. Ferreiro Lapatza, *Curso de Derecho Financiero Español*, 12ª ed., Madrid, Marcel Pons, 1990, pp. 305-6).

Se razões de ordem técnica ou jurídico-econômica impõem uma nítida separação entre renda e patrimônio, nos mais diversificados sistemas jurídicos, pode-se dizer que, no Brasil, a importância da diferenciação se aguça a seu ponto máximo. É que não apenas a capacidade contributiva e a proibição do confisco são limites à tributação do patrimônio como se renda fosse, mas também a discriminação rígida de competência tributária veda a bitributação e a invasão de competência, exige a edição de lei complementar para a criação de imposto sobre grandes fortunas, empréstimo compulsório ou tributo novo, não expressamente previsto no Texto Constitucional.

Ora, a inconstitucionalidade da Lei 8.200/91 está em *postergar* a dedução dos prejuízos *realizados*. Ela não apenas quebra o princípio clássico da *não paridade de tratamento entre lucro e prejuízo*, mas vai além. Em seu art. 3º, determina o adiamento da dedução do saldo devedor da conta de correção monetária, apurado em 1990, na parte correspondente à diferença — entre a variação do IPC e do BTN Fiscal (IRVF) — da correção monetária das demonstrações financeiras. Em seu art. 4º, estabelece a indedutibilidade da parcela de correção monetária especial, correspondente à diferença, apurada no ano de 1990, entre a variação do IPC e a variação do BTN Fiscal, sobre os encargos de inversão, atrasando a dedução para o período-base de 1993.

O rompimento com o princípio de cautela (*não paridade de tratamento entre lucro e prejuízo*), que deve presidir o balanço para fins de tributação, é ainda mais grave porque bloqueia o abatimento do prejuízo *certo, realizado e pretérito*, sendo *retroativo e ofensivo* ao direito adquirido, à igualdade, ao sistema de discriminação rígida de competência tributária, à regra da necessária edição de lei complementar para instituição de empréstimo compulsório ou imposto sobre as grandes fortunas.

É claro que a correção monetária insuficiente, graças a índices manipulados pelo Governo em 1990, muito aquém do real patamar inflacionário, ofende também à capacidade contributiva e à vedação do confisco, pois tributa *ficticiamente* o lucro. Mas essas evidentes inconstitucionalidades, a Lei 8.200/91 apenas reconheceu, sendo, assim, absolutamente desnecessária.

5.2 A absoluta desnecessidade da Lei 8.200/91

Cremos ter demonstrado à saciedade, com fundamento na melhor doutrina e na posição histórica da jurisprudência brasileira, que a não atualização monetária dos encargos de inversão, ou sua correção monetária insuficiente, gera *lucros fictícios* (v. Tópico 4 *retro*). A tributação desses lucros atinge o patrimônio do contribuinte, sem autorização constitucional, acarretando confisco e descapitalização.

Ora, a diferença entre os índices de atualização monetária, no ano de 1990, entre o IPC e o BTN Fiscal foi de cerca de cem por cento (100%), aumentando artificialmente o valor do ativo e gerando, conseqüentemente, *falsos acréscimos patrimoniais*. Assim, no ano de 1990, as Medidas Provisórias e as Leis editadas a partir do Plano Brasil Novo abalariam, se aplicadas às demonstrações financeiras, os mais elevados princípios da Constituição, como sistema federal de discriminação rígida de competência; igualdade, capacidade contributiva e proibição de confisco; irretroatividade e anterioridade. Mas esse mesmo cipoal de atos normativos, que a Administração, erroneamente, pretendeu aplicar às demonstrações financeiras, sequer revogou, de forma tácita ou expressa, o art. 5º da Lei 7.777/89 e o art. 1º da Lei 7.799/89, continuando a ser o IPC, por todo o ano de 1990, o único indexador oficial de atualização monetária, para fins tributários e societários.

Inexistisse a Lei 8.200/91, ainda hoje, aplicaríamos os citados dispositivos reguladores da matéria, sem danos às demonstrações financeiras. Inexistisse a Lei 8.200/91, o IPC, então, o único critério para a correção monetária. Inexistisse a Lei 8.200/91, infalivelmente, o Poder Judiciário teria afastado as pretensões de se aplicarem índices de atualização manipulados e manipuláveis pelo Governo, altamente ofensivos aos mais caros princípios jurídico-constitucionais.

Por isso mesmo, temendo a *perda iminente de receita*, o Governo fez aprovar a Lei 8.200/91, absolutamente inútil para determinar a correta atualização monetária das demonstrações financeiras, mas também absolutamente vazia para servir ao objetivo menor de manutenção do nível de arrecadação (pois articulada em dispositivos inconstitucionais).

Somente se pode consentir, como esclarece João Dácio Rolim (*O Advento da Lei 8.200/91 — Direito à Correção pelo IPC Integral de 1990 — Lei Interpretativa — Dedução imediata*. Inédito), em que a Lei 8.200/91 fez a interpretação correta, autêntica, ao declarar o direito anterior das pessoas jurídicas empresariais de corrigirem o balanço de 1990, pelo IPC integral.

Mas esse direito preexistia à Lei 8.200/91, estava garantido pela Constituição Federal, em face da realidade inflacionária e, coerentemente, confirmado nas Leis 7.777 e 7.799/89, então em pleno vigor.

Também preexistia à Lei 8.200/91 o direito de abater as perdas, especialmente realizadas, como os encargos de inversão (quotas de depreciação, amortização e exaustão).

Assim, os arts. 3º e 4º da Lei 8.200/91, ao consagrarem a indedutibilidade de perdas patrimoniais realizadas e certas, ofenderam a irretroatividade das leis, a igualdade e a necessidade de edição de lei complementar para instituição de empréstimo compulsório sobre o patrimônio ou grandes fortunas. São, assim, sem validade perante a Carta Magna.

5.3 Ofensa à irretroatividade das leis

A hipótese ou fato gerador do imposto de renda, relativo ao ano de 1990, já se tinha consumado, de forma irretorquível, quando do advento da Lei 8.200, de 28 de junho de 1991.

Em 31 de dezembro de 1990, com a consumação irremediável do fato gerador, nasceram para os contribuintes:

1. o direito à correção monetária das demonstrações financeiras, segundo índices reais de inflação, sem expurgos artificiais, a fim de que ficassem coibidas as *ficções de renda*, os *falsos lucros*, tudo segundo princípios constitucionais já fartamente expostos. O indexador oficial, em vigor em 31 de dezembro de 1990, era o *IPC*, de acordo com a Lei 7.799/89 (art. 1º) e a Lei 7.777/89 (art. 5º);

2. o direito de deduzir o saldo devedor da conta de correção monetária, assim como o direito de abater os encargos de inversão do capital em bens do ativo permanente.

Ora, a indedutibilidade parcial das *perdas realizadas* altera a base de cáculo do imposto, majora-a, convertendo o imposto de renda em imposto sobre o patrimônio, sempre com ofensa ao princípio da irretroatividade.

Toda nossa jurisprudência e doutrina têm demonstrado nítida e segura posição em relação ao tema que, em nosso País, é eminentemente constitucional, sendo impossível à lei ordinária ofender a coisa julgada, o ato jurídico perfeito e o direito adquirido. Em passado recente, o Supremo Tribunal Federal repeliu empréstimos compulsórios retroativos, embora criados em situações excepcionais de *calamidade pública* ou *urgente absorção temporária do poder aquisitivo* (com base na Constituição de 1967/69). E, em casos mais sutis, em que a *lei nova* não atinge diretamente o fato jurídico pretérito e sua base de cálculo, mas só *indiretamente*, por meio de seus efeitos já desencadeados, a mais alta Corte do País tem também reconhecido a inconstitucionalidade por retroação. É memorável o voto do Ministro Moreira Alves, como relator, no julgamento da ação de representação de inconstitucionalidade n. 1451-7, do art. 18 do Dec.-lei 2.323/87.

O art. 18 supra-referido determinou a transformação em OTN do montante do imposto de renda a pagar pelas pessoas jurídicas, apurado em 31 de dezembro do ano anterior. Portanto esse dispositivo, declarado inconstitucional pelo STF, não atingiu diretamente o fato gerador ou a base de cálculo do imposto, mas apenas indiretamente, porque mandou atualizar o débito em situação jurídica já consolidada. Escreveu Moreira Alves, em voto unanimemente adotado por seus pares:

"A questão é a de se saber se, no caso, ocorre direito adquirido ou ato jurídico perfeito em favor do contribuinte, porque, em representação de inconstitucionalidade em tese, não há que se tratar de irretroatividade em decorrência de coisa julgada que haja ocorrido concretamente nesse ou naquele caso.

"Sendo o contribuinte o devedor do imposto, para verificar-se a ocorrência, ou não, de direito adquirido, seria mister, preliminarmente, dilucidar a questão relativa a ter ele, ou não, o denominado *direito à liberação do débito*, matéria controvertida, em que se contrapõem duas correntes radicalmente antagônicas: a que sustenta a existência de um direito do devedor à liberação (e seus adeptos não são acordes quanto à natureza desse direito — se subjetivo, com caráter afim ao dos direitos reais; ou se potestativo extintivo, como defendem, entre outros, von Thur, *Der Allgemeine Teil des Deutschen Bürgerlichenrechts*, vol. I, § 10, p. 196, e Andreoli, *Contributo alla Teoria dell'Adempimento*, n. 54, pp. 88/90) e a que nega a ocorrência desse direito à liberação (entendendo vários de seus seguidores, entre os quais Molitor, *Schudrecht*, vol. I, § 14, p. 77, que, nesse caso, não há dever ou sujeição do credor, mas tem este apenas um ônus para não sofrer as desvantagens da *mora creditoris*).

"Para o problema posto nesta representação, não há necessidade de enfrentar-se essa questão, que é mais delicada do que pode parecer à primeira vista.

"E não há necessidade de enfrentá-la, porque o fato gerador já ocorrido se enquadra na noção ampla de ato jurídico perfeito, como decorre, inequivocamente, dos artigos 105, 116 e 144 do Código Tributário Nacional, os quais, interpretando o alcance do art. 153, § 3º, da Carta Magna no terreno tributário, se adstringem a esse aspecto. Como bem acentua Pontes de Miranda (*Comentários à Constituição de 1967 com a Emenda n. 1 de 1969*, t. V, n. 13,9, pp. 67/68), esse texto constitucional alcança, indubitavelmente, o *fato jurídico* já ocorrido no passado: 'O ato jurídico perfeito é fato jurídico, que tem o seu momento-ponto, no espaço-tempo: entrou em algum sistema jurídico, em dado lugar e data (...). Em verdade, a lei nova não incide sobre *fatos pretéritos*, sejam eles, ou não, atos, e — por conseguinte — não pode prejudicar os direitos adquiridos, isto é, os direitos já *irradiados e os que terão de irradiar-se* (...). É claro que o art. 153, § 3º, poderia ter dito que a lei nova não indice sobre o ato jurídico perfeito ou outro *fato jurídico* já ocorrido. Não no disse por influência histórica e, antes de se referir ao ato jurídico perfeito, referiu-se à eficácia dos fatos jurídicos em geral: 'não prejudicará o direito adquirido, o ato jurídico perfeito'. Melhor teria dito: 'não incidirá sobre os fatos jurídicos pretéritos, inclusive atos jurídicos perfeitos'.

"Ora, no caso, é indiscutível que se consumaram em momento anterior ao do início da vigência do art. 18 do Dec.-lei 2.323/87, não só o fato gerador do imposto de renda relativo ao exercício financeiro de 1987 (fato esse que se produziu em 31.12.86), mas também seu efeito imediato que foi a relação obrigacional tributária nesse instante nascida. (...)

"Se o fato gerador dava nascimento — como deu — a obrigação de uma natureza, não pode a lei nova transformá-la em obrigação de natureza diversa, porquanto *a modificação do efeito alcança, prejudicando-o, o fato jurídico consumado de que ele resultou*" (STF-Plenário, 25.5.88).

Ora, a afronta ao fato jurídico perfeito, segundo o entendimento do Supremo Tribunal Federal, se deu por meio da modificação dos efeitos já desencadeados pelo fato, atingindo-o de forma indireta. É inequívoca a correção desse pensamento, do ponto de vista lógico-jurídico.

Sempre entendemos, e já o sustentamos (v. Misabel Abreu Machado Derzi, *Direito Tributário, Direito Penal e Tipo*, São Paulo, Ed. RT, 1988, pp. 230-1), que o fato gerador não é uma categoria ontológica, que subsiste de per si. É uma categoria funcional que se explica na medida em que produza efeitos jurídicos. Mudados os efeitos a serem desencadeados pelo fato jurídico (isenção) ou já desencadeados (retroativamente), *altera-se o próprio fato*, pois a relação de implicação lógica entre hipótese e conseqüência, segundo a qual, dado um fato A será a conseqüência (então deve ser C), é recíproca e intensiva. Isso significa que se não é C (se não ocorrem os mesmos efeitos anteriores da conseqüência), então não A, o fato gerador será outro, alterado.

Ora, no caso que estamos a examinar, a retroatividade da Lei 8.200/91, por ofensa ao fato jurídico perfeito, é muito mais grosseira, clara e evidente. Ela atinge a própria base de cálculo, que é mero aspecto dimensível do fato-renda e, por essa via, transforma-o em patrimônio, ao vedar a dedução dos encargos de inversão plenamente corrigidos, como autorizavam as leis em vigor no ano de 1990, desde o Dec.-lei 1.598/77, o RIR e as Leis 7.777 e 7.799/89. A Lei 8.200/91 não atuou fora da estrutura (aparente) da norma de imposto de renda, só modificando o débito já apurado do contribuinte, como fez o art. 18 do Dec.-lei 2.323/87. Atuou diretamente, *de forma absolutamente retroativa no tempo*, dentro da própria estrutura de determinação do lucro, modificando seus critérios e extensão.

A Constituição de 1988, mais do que as anteriores, insiste no respeito ao princípio da irretroatividade das leis em matéria tributária e, no caminho traçado por Pontes de Miranda, refere-se a *fato jurídico pretérito* no art. 150, III, "a", embora genericamente já o tivesse consagrado por meio da vedação histórica de ofensa ao direito adquirido, ao ato jurídico perfeito e à coisa julgada (art. 5º, XXXVI).

5.4 Ofensa aos requisitos formais e materiais para instituição de empréstimos compulsórios

Não se poderia supor que a Lei 8.200/91, em seus arts. 3º e 4º, ao adiar a dedução das perdas realizadas, prevendo seu abatimento somente a partir do período-base de 1993, teria instituído mero empréstimo compulsório? E que tal empréstimo compulsório incidiria sobre o patrimônio da empresa (por meio de lucros fictícios)?

Sim, em princípio. Entretanto a instituição de empréstimos compulsórios não pode ofender os requisitos formais e materiais adotados pela Constituição, nem ferir a coisa julgada, os direitos adquiridos e o fato jurídico perfeito.

Ora, acabamos de verificar que os dispositivos da Lei 8.200/91 são *retroativos*. Os empréstimos compulsórios, mesmo quando obedientes à letra do art. 148 da Constituição Federal, não podem atingir o direito adquirido ou o ato jurídico perfeito. O Supremo Tribunal Federal já se pronunciou, em diversas oportunidades, na matéria.

Não obstante a Lei 8.200/91 não preenche sequer os requisitos do art. 148, inafastáveis ao legítimo exercício da competência legislativa federal. Os empréstimos compulsórios estão vinculados à despesa que fundamentar sua instituição (parágrafo único do mesmo artigo). Como sabiamente observa Sacha Calmon, inexistindo o gasto ou a finalidade exaustivamente enumerada pelo Texto Magno, como calamidade pública, guerra externa e investimento público urgente e relevante, falece competência à União para sua criação (v. *Comentários à Constituição*... cit., loc. cit.).

Finalmente, tanto para a criação de imposto sobre grandes fortunas (que, em geral, incide sobre patrimônio líquido), como de empréstimo compulsório, a Constituição Federal *exige a edição de lei complementar*, requisito essencial não preenchido pela Lei 8.200/91.

5.5 Ofensa à capacidade contributiva

Já observamos que a incidência do tributo sobre dedução insuficiente (pelo valor desatualizado) dos encargos de depreciação provoca danos substanciais à pessoa empresarial. Essa foi uma das maiores causas de descapitalização das empresas entre os anos de 1961 e 1965, quando *não* se autorizava a correção monetária dos valores das quotas de depreciação e amortização, embora se corrigissem os valores dos bens do ativo.

Aliás a incidência de tributo sobre lucros fictícios descapitaliza a empresa e transforma o imposto sobre a renda em imposto sobre o patrimônio na maioria dos casos ou, então, configura aumento representativo do tributo sem obediência aos princípios da irretroatividade e anterioridade. Lucros fictícios, como registra Bulhões Pedreira, podem advir não apenas da deficiência de reposição e manutenção do capital de giro próprio, mas também da insuficiência dos montantes deduzidos como encargos de inversão. Nesse caso haverá registro do patrimônio líquido superior ao valor real (cf. ob. cit., loc. cit.).

O patrimônio bruto é o conjunto de todos os direitos e obrigações, ou seja, passivo exigível (capital alheio), patrimônio líquido (capital próprio). Patrimônio líquido corresponde ao *ativo* deduzido do *passivo exigível*, ou seja, daquela parte que é destinada a satisfazer os créditos de terceiros contra a pessoa devedora.

Ora, se os bens e direitos do ativo permanente são *superavaliados*, porque os encargos de inversão *não* são deduzidos em montante equivalente à sua perda real de valor, haverá um aumento *fictício* do patrimônio líquido (por meio do aumento irreal do ativo). Teremos um *falso, aparente* acréscimo patrimonial.

Assim, tanto faz proibir a correção monetária dos encargos de inversão diretamente (como fizeram as Leis do Plano Brasil Novo e a Administração Fazendária, ao tentarem impor índices de atualização defasados em 100%), como autorizá-la, porém vedar a sua dedução (o que ocorre na Lei 8.200/91). Em um caso ou outro, atinge-se *renda aparente, fictícia, falsa*, em ofensa direta ao art. 146 da Constituição Federal, que consagra o princípio da capacidade contributiva e da igualdade (v. Tópico 4.2.3 *retro*).

5.6 A contribuição social, o imposto sobre o lucro líquido, o adicional do imposto de renda estadual e os excessos do Decreto 332/91

Juridicamente, por todas as razões e fundamentos expostos, o contribuinte tem o direito de deduzir *integralmente* os encargos de inversão realizados no ano de 1990, vale dizer, corrigidos monetariamente conforme o *IPC*, para determinar a base de cálculo do imposto de renda e de outros tributos, como da contribuição social sobre o lucro, do imposto de renda na fonte sobre o lucro líquido e do adicional estadual do imposto de renda.

Acresce ainda que a Lei 8.200/91 faz alguma restrição à dedutibilidade da parcela diferencial entre a correção monetária apurada pelo *IPC* e pelo *BTN Fiscal*, sobre os encargos de inversão do ano de 1990, *somente* na apuração do lucro sujeito ao imposto de renda (art. 4º). *Apenas*. Assim mesmo na correção monetária especial de caráter facultativo. O § 5º do art. 2º, expressamente, manda deduzir totalmente os encargos de inversão realizados na determinação da base de cálculo da contribuição social sobre o lucro (Lei 7.689/88) e do imposto de renda na fonte incidente sobre o lucro líquido (Lei 7.713/88). Nessa parte não há nenhuma exceção ou limitação constante da Lei 8.200/91.

Inovando a lei, alterando-a, o Dec. 332/91 (art. 32) transforma a correção monetária especial facultativa em obrigatória, pelo menos a correção monetária das demonstrações financeiras do ano de 1990 com base no IPC. Torna indedutível a parcela diferencial da atualização pelo *IPC* e pelo *BTN* (*IRVF*), que, sabemos, eleva-se a cerca de cem por cento (100%), sobre as quotas de depreciação, amortização e exaustão, na determinação do lucro no imposto de renda (art. 39), na contribuição social e no imposto sobre o lucro líquido (art. 41, § 2º). Estabelece a rigor duplo procedimento: não dedução da diferença; anulação da dedução da diferença da correção levada em conta de resultado antes do período-base de 1993, por meio de sua adição ao lucro líquido (arts. 39 e 41, § 2º).

Portanto às inconstitucionalidades inaugurais da Lei 8.200/91 somam-se outras, advindas de um decreto regulamentar que contraria a própria lei. Enfraquece-se, com isso, o princípio da legalidade, quebra-se a regra da indelegabilidade de funções (pela indevida intromissão do Poder Executivo) e da separação de poderes, baluartes da democracia e do Estado de Direito (v. Roque A. Carrazza, *O Regulamento no Direito Tributário Brasileiro*, São Paulo, Ed. RT, 1980).

5.7 A correção monetária da diferença entre a atualização pelo IPC e pelo BTN Fiscal

A Lei 8.200/91, em seu art. 4º, somente torna indedutível a parcela diferencial "*verificada no ano de 1990*, entre a variação do Índice de Preços ao Consumidor-IPC e a variação do BTN Fiscal". O Decreto 332/91, em seu art. 39, também se refere apenas à diferença de correção monetária pelo IPC e pelo BTN Fiscal. Manda, computados os valores relativos a essa diferença em conta de resultado, sejam somados ao lucro líquido, para posterior exclusão.

Literalmente, nem a Lei 8.200/91 (art. 4º), nem o Decreto 332/91 (art. 39) referem que a parcela diferencial da correção a ser adicionada ao lucro líquido deverá ser aquela atualizada.

Não se cogita aqui, em nenhum momento, de alterar procedimento contábil obrigatório. A correção monetária dos encargos de inversão é sempre necessária e disciplinada pelas leis em vigor. Trata-se de saber apenas o que deve ser adicionado ao lucro líquido.

Indaga-se: o que deve ser adicionado ao lucro ou se tornar indedutível? A parcela diferencial entre a correção monetária pelo IPC e pelo BTN Fiscal dos encargos de inversão, pelo seu valor nominal, ou a mesma parcela diferencial, pelo seu valor real, atualizado?

Cumpre observar que, respondendo positivamente a qualquer uma dessas indagações, estamos consentindo em exigências descabidas e inconstitucionais. A indedutibilidade da parcela diferencial da correção, pelo seu valor nominal ou atualizado, será sempre contrária aos direitos e garantias do contribuinte.

Porém, inegavelmente, tanto a Lei 8.200/91 como o Decreto 332/91 referem-se *exclusivamente* à indedutibilidade da parcela diferencial da correção monetária (do ano de 1990) ou sua adição ao lucro líquido, sem qualquer menção à correção monetária de seu valor. A interpretação restritiva, nesse caso, impõe-se, face a dispositivo esdrúxulo, inconstitucional e lesivo aos interesses do contribuinte. Mas ela apenas atenua a inconstitucionalidade.

Se a parcela diferencial da correção for adicionada ao lucro líquido, por seu valor nominal de apuração, mesmo assim deverá ser controlada na parte "B" do LALUR e corrigida monetariamente, ano após ano, pois somente será excluída em 1993 (exercício de 1994), o que, aliás, determinam literalmente os arts. 39, § 2º, e 40 do Decreto 332/91.

6. Conclusões e respostas

1. Se é constitucional a indedutibilidade da parcela dos encargos de inversão, que correspondem à diferença de correção monetária pelo IPC e pelo BTN Fiscal, relativa ao período-base de 1990.

Não. A Constituição de 1988, mais ainda do que as Constituições anteriores, *inadmite* a miscigenação entre os conceitos de renda e capital (ou patrimônio). A União não tem competência para tributar o faturamento (exceto na contribuição social do art. 195, para isso tendo de destinar o produto arrecadado à Seguridade Social), nem instituir empréstimo compulsório ou tributar o capital ou patrimônio das pessoas (grandes fortunas) sem a edição de lei complementar.

Renda é sempre o *excedente* produzido pelo patrimônio em sentido amplo (trabalho, capital ou sua combinação), sendo inconfundível com o próprio patrimônio de onde promana. Na pessoa jurídica, esse excedente é o lucro, necessariamente como *acréscimo ao patrimônio líquido, acréscimo de riqueza.*

Em toda parte, as legislações usam critérios diferentes para tributar as pessoas físicas e jurídicas. E o fazem porque as pessoas empresariais necessitam destacar e afetar um patrimônio especial ao desenvolvimento de suas atividades econômicas, de modo a protegê-lo das perdas de valor dos bens e direitos que o compõem, advindas do consumo, da obsolescência, do uso ou do desgaste pela ação do homem ou do próprio tempo.

Por isso, universalmente, vigora o princípio da *não paridade de tratamento entre lucro e prejuízo*, segundo o qual somente podem ser tributados os lucros realizados, como acréscimo de valor efetivamente incorporado ao patrimônio, enquanto os prejuízos meramente prováveis, mas ainda não realizados, têm sua dedução autorizada em lei.

Ora, a Lei 8.200/91 (regulamentada pelo Decreto 332/91), ao consagrar a indedutibilidade da parcela correspondente à diferença entre a correção monetária dos encargos de inversão pelo IPC e BTN Fiscal, relativa ao período-base de 1990, passa a tributar o *patrimônio* da empresa, seu capital, porque as perdas de valor que diminuem esse patrimônio são ignoradas. Com isso, os bens e direitos do ativo ficam superavaliados, uma vez que não são deduzidas as perdas, produzindo-se um *fictício aumento de valor patrimonial*.

Assim, as inconstitucionalidades do adiamento da dedução integral dos encargos de inversão expressam-se pela ofensa:

1. à distinção constitucional entre renda e patrimônio (ou capital);

2. à discriminação rígida de competência tributária, vedando a Constituição que a União crie empréstimo compulsório, imposto sobre o patrimônio (grandes fortunas) e qualquer outro tributo novo, sem a edição de lei complementar e cumprimento de outros requisitos materiais específicos (art. 148 p. ex.);

3. à capacidade contributiva, proibição de confisco e igualdade, pois se deprecia e se reduz parte do patrimônio das pessoas jurídicas, não se permitindo, ou se adiando, a manutenção e recomposição do capital nele investido;

4. à irretroatividade das leis, uma vez que o direito à dedução das perdas de valor, expressas nos encargos de inversão, já era amplamente assegurado pelas leis em vigor, no ano de 1990.

2. Se a parcela dos encargos de inversão, que corresponder à diferença de correção monetária pelo IPC e pelo BTN Fiscal (IRVF), deverá ser adicionada ao lucro líquido, na determinação do lucro real.

Não. A Lei 8.200/1 é desnecessária. Na parte que autoriza a correção monetária das demonstrações financeiras pelo IPC, apenas realiza interpretação correta e autêntica, já cristalizada na doutrina, acolhida em decisões judiciais e sobretudo *imposta pela Constituição*, no sentido de que os índices de atualização devem expressar a realidade inflacionária. Apenas manda aplicar as Leis 7.777/89 e 7.799/89, que elegem o IPC como indexador oficial, leis essas que estavam vigentes à época da edição da própria Lei 8.200/91, que as repete. Já o art. 4º (absurdamente ampliado pelo Decreto 332/91), que consagra a indedutibilidade dos encargos de inversão, na parte correspondente à diferença de atualização monetária pelo IPC e pelo BTN Fiscal, não tem validade por ofensa à Constituição Federal.

O direito de abater as perdas patrimoniais realizadas pelo seu valor real já estava assegurado amplamente pelas leis em vigor antes da edição da Lei 8.200/91, inclusive pela Lei 6.404/76, que rege as sociedades anônimas. Aliás, o princípio de cautela em relação às perdas e prejuízos é também universal, pois mesmo nos países industrializados, onde não existe correção monetária das demonstrações financeiras (pois a inflação não ultrapassa o percentual de oito a dez por cento ao ano), como vimos, as leis consagram mecanismos para evitar a incidência do imposto sobre lucros fictícios, reduzindo alíquotas ou isentando parte do resultado.

Assim, a parcela dos encargos de inversão que corresponde à diferença de correção monetária pelo IPC e pelo BTN Fiscal (e sua correção monetária) deverá ser integralmente abatida como custo ou despesa da empresa. As exigências do Decreto 332/91, que repetem as inconstitucionalidades da Lei 8.200/91, expandindo-as, são flagrantemente ilegais.

Portanto a consulente tem o direito de *não adicionar* ao lucro líquido o valor dos encargos de inversão levado em conta de resultado, inclusive a diferença de correção monetária pelo IPC e pelo BTN Fiscal, para todos os efeitos tributários (imposto sobre a renda, contribuição social sobre o lucro, imposto de renda na fonte sobre o lucro líquido e adicional do imposto de renda estadual).

3. Se a parcela, que corresponde à diferença entre a correção monetária dos encargos de inversão pelo IPC e pelo BTN Fiscal, deverá ser adicionada ao lucro líquido pelo seu valor nominal ou atualizado.

A consulente tem o direito, como já ficou claro, de *não adicionar* ao lucro líquido tal parcela, nem pelo seu valor nominal, nem somado à correção monetária.

Mas se a consulente insiste em buscar uma interpretação literal, embora não jurídica, é certo que:

1. o art. 4º da Lei 8.200/91 adia a dedução apenas da parcela diferencial, *relativa ao ano de 1990*, sem menção à correção monetária da mesma diferença; mas declara totalmente dedutíveis os encargos de inversão, em relação à contribuição social sobre o lucro e ao imposto de renda na fonte sobre o lucro líquido (art. 2º, § 5º);

2. o art. 39 do Decreto 332/91 omite também a correção monetária da parcela dos encargos de inversão, relativa à diferença de indexação pelo IPC e pelo BTN Fiscal.

Portanto o Decreto 332/91 e a Lei 8.200/91, em relação à parcela dos encargos, correspondente à diferença de correção monetária pelo IPC e pelo BTN Fiscal, mandam adicionar ao lucro líquido *apenas o valor da diferença em cruzeiros, pelo seu valor nominal*, para compor a base de cálculo do imposto de renda.

Assim, se a consulente não pretende deduzir de imediato os valores da diferença de indexação, em relação aos encargos de inversão, como lhe faculta a ordem jurídica, pelos mais elevados princípios constitucionais tributários, poderá seguir *literalmente* o que ordenam a Lei 8.200/91 e o art. 39 do Decreto 332/91, atenuando parcialmente o confisco.

Entretanto, em relação à contribuição social e ao imposto sobre o lucro líquido, enquanto a Lei 8.200/91 autoriza a dedução imediata do valor integral dos encargos de inversão, sem qualquer limitação, inclusive da diferença de indexação pelo IPC e pelo BTN Fiscal, o Decreto 332/91 *inova e altera a própria lei que regulamenta*, ferindo os princípios constitucionais da legalidade, indelegabilidade de funções e separação de poderes.

Belo Horizonte, 8 de maio de 1992.

SUJETOS PASIVOS Y CAPACIDAD ECONÓMICA*

JOSE JUAN FERREIRO LAPATZA
Catedrático de Direito Financeiro e Tributário da Universidade de Barcelona (Espanha)

Sras., Srs.:

Me siento muy honrado al hablar ante un público de expertos en materias fiscales como el que se reune en este V Congreso Brasileño de Derecho Tributario. Y creo que el nivel de conocimientos del público y mi condición de extranjero fuerzan las dos características fundamentales que deseo imprimir a mi intervención y que quiero señalar ya ahora.

Entiendo, en primer lugar, que no puedo pretender dictarles a Vds. una lección. No me siento capacitado para ello. Mis palabras tienen más bien el sentido de una reflexión hecha desde mi oficio de jurista especializado en temas fiscales.

Entiendo, en segundo lugar, que esta reflexión no puede ni referirse exclusivamente al ámbito que mejor conozco, el derecho positivo español, ni tomar como punto de referencia un derecho positivo, el brasileño, que en gran parte desconozco.

Por el contrario, mi intervención pretende tener un nivel de abstracción y generalidad, de universalidad, que, sobre la base del análisis de un tema muy concreto y específico haga ver, una vez más, que el Derecho tributario puede construirse, desde luego, como una ciencia, entendida ésta, en palabras de Bobbio, como "un sistema cerrado y coherente de proposiciones definidas...", "...perfectamente comunicable intersubjetivamente sin graves peligros de malentendidos", capaz, pues, de configurarse como un "conocimiento objetivo o, mejor dicho, intersubjetivo".

Como una construcción científica, como una construcción teórica que puede alcanzar un valor independiente de cualquier sistema positivo. Independiente también del sistema positivo que haya tomado, en su caso, como punto de partida: susceptible de ser aplicada, técnicamente, a cualquier ordenamiento positivo que acepte los mismos principios teóricos, principios generales o normas fundamentales de organización.

Pues, para mi, el Derecho es en esencia, y en una línea que bebe de forma inmedia-

* Conferência pronunciada no V Congresso Brasileiro de Direito Tributário promovido pelo IDEPE, em São Paulo, em 1991.

ta en la lectura de Kelsen y Bobbio, una ciencia o, si se quiere, una técnica (es decir, aplicación de conocimientos científicos a una realidad concreta para la obtención de un resultado inmediatamente útil o práctico) de organización social al margen de toda idea de justicia. Entiendo, en efecto y dejando completamente al margen mis personales convicciones políticas, que el Derecho, como ciencia o como técnica, no impone valores superiores. Acepta como datos los valores, los principios o normas generales impuestos o aceptados en el seno de una Comunidad políticamente organizada y se preocupa por formular y precisar las normas concretas a través de las cuales aquellos principios generales deben de ser aplicados a las particulares y concretas relaciones sociales que se desarrollan día a día en el seno de esa Comunidad.

El tema que ahora voy a desarrollar ante Vds. (sujetos pasivos y capacidad económica) asume, claro está, esta forma de entender el Derecho y pretende determinar las reglas técnicas a las que, en mi opinión, deben responder las normas legales que designan los sujetos pasivos de los distintos tributos en una sociedad que acepta como principios generales de la tributación la igualdad de todos ante la Ley, la capacidad económica con forma de aplicar una igualdad efectiva en la distribución de los tributos y la generalidad en la contribución al sostenimiento y financiación de las cargas públicas, del gasto público.

Una interpretación primaria, quizás demasiado simple y rígida del principio de capacidad exigiría que el legislador escogiese únicamente como hechos imponibles de los distintos tributos hechos que revelasen en quién los realizara una cierta capacidad y que señalara únicamente como sujetos pasivos contribuyentes a estas personas.

Pero esta técnica tan simple, que señala, repito, los hechos que revelan capacidad y obliga a quienes los realizan a pagar el tributo y que constituye, sin duda, el paradigma jurídico del tributo, no garantiza siempre con la fuerza suficiente la eficacia real de un reparto basado en los principios de capacidad y generalidad.

Por el contrario, para que tal reparto sea posible, para que se aplique realmente, los diversos ordenamientos jurídicos han tenido que aplicar siempre en algún momento, por lo que a mi conocimiento alcanza, las técnicas de intermediación o interposición que, en sus líneas más generales, pueden describirse como la interposición de un sujeto entre un grupo de personas, a las que se quiere gravar con un impuesto, y la Hacienda Pública. A tal sujeto interpuesto se le encomienda, dada su normalmente más fácil localización y su mayor significación económica, la tarea de facilitar la aplicación del tributo y de asegurar el cumplimiento de las obligaciones que tal tributo entraña.

Tres son, a mi juicio, fundamentalmente, las formas que esta técnica genérica de interposición puede adoptar:

Primeira. El recaudador ajeno a la Administración. El legislador obliga a una persona ajena a la Administración a recaudar un tributo de otras personas que con ella tienen una particular relación. Por ejemplo, obliga a las empresas de transporte a recaudar de los viajeros el tributo que grava la utilización del servicio.

Segunda. El sustituto. El legislador obliga a una persona, el sustituto o agente de retención, a pagar la obligación tributaria del contribuyente en lugar de éste. Facultando u obligando al sustituto a retener estas cantidades en los pagos que realiza al contribuyente. Por ejemplo, faculta al empresario a retener de los sueldos que paga a sus empleados el impuesto que grava estos sueldos y le obliga a ingresar estas cantidades en el Tesoro.

Tercera. El contribuyente con derecho a repercusión. El legislador señala como contribuyente a la persona que realiza el hecho imponible, pero quiere que el tributo grave a sus clientes y para ello faculta u obliga al contribuyente a repercutir sobre ellos el tributo. El ejemplo más significativo es el Impuesto sobre el Valor Añadido (en adelante IVA).

Mi propósito, en el no muy largo espacio de tiempo que me queda para seguir abusando de su atención, debe consistir ahora en determinar la forma en que estas técnicas de interposición han de utilizarse para que no supongan un obstáculo a la aplicación efectiva del principio de capacidad económica. O, dicho de otro modo, en determinar las exigencias del principio de capacidad que en todo caso han de respetarse a la hora de aplicar las técnicas de interposición.

El recaudador ajeno a la Administración no plantea, en este sentido, graves problemas, pues la utilización de esta técnica no supone cambio alguno ni en el hecho imponible ni en la persona del contribuyente. Plantea, sin embargo, todos los problemas inherentes al ejercicio de funciones públicas por particulares en los ordenamientos que someten a normas de derecho público las relaciones en que interviene un ente público y a normas de derecho privado las relaciones entre particulares. Tales problemas, que exceden obviamente el marco de esta conferencia, actuaron sin duda como razón de fondo del abandono progresivo de esta técnica por parte del ordenamiento español.

Centraremos, pues, nuestra atención en el sustituto y en el contribuyente con derecho a repercusión.

La técnica de la sustitución implica, como es sabido, la tipificación de dos presupuestos de hecho. El hecho imponible del que nace la obligación tributaria con cargo al contribuyente sustituido y el presupuesto de hecho de la sustitución del que nace la obligación de retención y pago del sustituto. En los impuestos que gravan la renta, global o parcial, que es en donde fundamentalmente opera el sustituto, el hecho imponible revela capacidad económica en el contribuyente que la percibe. Por el contrario el presupuesto de hecho de la sustitución no tiene que conectarse, en absoluto, a ningún tipo de capacidad económica del sustituto. El sustituto cumple únicamente con la función de facilitar la aplicación del tributo y de asegurar su cumplimiento, satisfaciendo así los intereses de la Hacienda Pública.

El legislador español, y supongo que el ejemplo sirve también para muchos otros ordenamientos, se preocupa sobretodo de que tal interés quede suficientemente protegido. Y para ello ha establecido en la Ley General Tributaria una sustitución plena. El sustituto está obligado a cumplir la obligación tributaria de todos los contribuyentes en cuyo lugar se coloca. Está obligado él solo respondiendo de esta obligación propia con todos sus bienes presentes y futuros. De tal modo que el contribuyente sustituido, una vez efectuada la sustitución, desaparece del círculo de los obligados al pago frente a la Hacienda Pública.

Se facilitan así enormemente las tareas de la Hacienda Pública. De una Hacienda Pública que ve desaparecer de su campo de trabajo a un gran número de contribuyentes que son sustituidos por un grupo de sujetos pasivos, el de los sustitutos, mucho más reducido. Por un grupo de sujetos en la normalidad de los casos mucho más fácilmente localizables y dotados, también normalmente, de un patrimonio más significativo. La Hacienda Pública ve así, insistimos, facilitada su tarea y asegurado su crédito. Los intereses de la Hacienda Pública, repetimos, se ven asegurados y protegidos con fuerza por la técnica de la sustitución.

Cierto, el interés de la Hacienda Pública es el interés público. Pero inmediatamente debemos afirmar que el interés de la Hacienda Pública en cuanto interés puramente recaudatorio no es todo el interés público. El interés público, el interés de toda la colectividad quiere que los tributos se recauden y se apliquen, pero quiere que se recauden y se apliquen de acuerdo con los principios que la comunidad se ha dado a si misma y, entre ellos, quiere que se recauden de acuerdo con el principio de capacidad.

Y tal principio no se satisface solamente con el pago hecho por el sustituto haya éste efectuado o no la retención. El principio de capacidad quiere que sea el contribuyente el que sufra las consecuencias económicas derivadas para él de la realización del hecho imponible.

Esto se producirá normalmente a través de la retención.

Pero cuando, por cualquier causa, la retención no se produce, es necesario dotar, en todo caso, al sustituto del derecho a repetir lo pagado sobre el contribuyente.

En el Derecho español tal derecho es generalmente reconocido, aunque la Ley no lo haga de modo expreso, sobre la base del enriquecimiento injusto que se produciría en el contribuyente si el sustituto careciese de acción para repetir lo pagado en su lugar. Tal acción debe, en consecuencia, seguir los cauces de una reclamación de pago entre particulares a través, en su caso, de un juicio civil ordinario.

Pues bién, entiendo que no es este el enfoque adecuado para tratar esta cuestión. Pues el sustituto que repite lo pagado no está defendiendo sólo su interés particular. Está defendiendo también el interés público que representa la efectiva aplicación del principio de capacidad. Y, por ello, aún reconociendo que la relación entre sustituto y contribuyente es una relación de derecho privado, debe de darse a este derecho de repetición una protección especial. Tal especial protección puede revestir formas muy variadas: dotar a la carta de pago expedida por la Administración financiera de una especial fuerza ejecutiva que propicie una resolución rápida y eficaz de la reclamación, dotar al crédito del sustituto del carácter de crédito privilegiado, etc. Naturalmente esta especial protección exige también la articulación de medios de defensa adecuados del sustituido frente a reclamaciones del sustituto no conformes a derecho. Tales medios de defensa pueden ser asimismo variados, pero en todo caso deben propiciar la posibilidad de exigir de la Administración Financiera un pronunciamiento expreso sobre la corrección o incorrección de la reclamación del sustituto.

No voy a extenderme más aquí sobre la forma concreta en que ha de regularse la relación entre sustituto y contribuyente y las posibles controversias que surjan en torno a ella. Quiero subrayar únicamente que el Derecho tributario que se ha preocupado fundamentalmente de las relaciones entre los deudores de un tributo y la Hacienda Pública ha de preocuparse, con idéntica atención de las relaciones entre sustitutos y contribuyentes cuando emplea esta técnica de interposición. Y que la Hacienda Pública no puede desentenderse totalmente de los miles de contribuyentes que ha apartado, con la técnica de la sustitución, de su campo de trabajo. Por el contrario ha de procurar, ella también, que el contribuyente se vea efectivamente gravado con el tributo y que el sustituto soporte únicamente la carga de cobrar del contribuyente y de ingresar en el Tesoro lo cobrado.

Pues sólo de esta forma el Derecho tributario y la Hacienda Pública defenderán el interés público que quiere la aplicación efectiva del principio de capacidad.

Puede decirse ciertamente que en el caso del sustituto con retención los supuestos en que esta no se practica y es necesario el ejercicio del derecho a repetir no son frecuentes y que, por tanto, su regulación y protección no tiene demasiada importancia para el ordenamiento tributario de un pais.

Pues bien, aparte de que cualquier contravención o cualquier regulación poco respetuosa con los principios constitucionales es cualitativamente importante y debe ser modificada o suprimida, la relación entre la persona interpuesta y la persona a la que la Ley quiere gravar por haber realizado un hecho revelador de una cierta capacidad económica adquiere una enorme importancia, también cuantitativa, en los impuestos sobre el consumo tipo IVA; un impuesto que, por desgracia dado su carácter regresivo, está protagonizando cada vez con mayor intensidad el sistema fiscal de la Comunidad Económica Europea.

En estos supuestos, como es sabido, la Ley señala como hecho imponible la entrega de bienes y la prestación de servicios por los empresarios; señala como contribuyentes a los empresarios que producen tales bienes o servicios, y faculta u obliga a estos empresarios contribuyentes a repercutir el tributo sobre sus clientes, que son en realidad las personas a las que la Ley quiere gravar por que son ellas quienes realizan un hecho, el consumo, revelador de capacidad económica.

Las consideraciones hechas hace unos momentos en torno a la relación sustituto-contribuyente son trasladables en gran parte a la relación contribuyente-persona que debe soportar la repercusión.

Pues bien, tanto las directivas comunitarias como la Ley española que regula el IVA atribuyem al contribuyente el derecho de repercusión y le obligan a repercutir.

Pero abandonan este derecho al mundo de las relaciones entre particulares sin brindarle la protección especial que, como antes dijimos, debe arroparle.

Pues es esta relación, el ejercicio del derecho a repercutir, el cumplimiento de la obligación de repercutir, la que garantiza el cumplimiento de las exigencias mínimas del principio de capacidad. Es el ejercicio de este derecho y el cumplimiento de esta obligación lo que satisface el interés colectivo que se concreta en un reparto de los tributos conforme a este principio.

El pago del tributo por el contribuyente satisface el interés recaudatorio de la Hacienda Pública. Pero solo la práctica efectiva de la repercusión satisface las exigencias del principio constitucional de capacidad y justifica suficientemente la constitucionalidad de las leyes que utilizan esta técnica de interposición.

Detengámonos un momento en este punto para elevar la conclusión ahora alcanzada sobre el contribuyente con derecho a repercusión a una conclusión general, según la cual la adecuación de una Ley que utilice las técnicas de interposición al principio constitucional de capacidad económica no debe juzgarse, como resulta claro de todo lo que hasta aquí hemos dicho, en relación con el sujeto interpuesto, sino en relación con el sujeto que la Ley quiere gravar por entender que es él quién realiza un hecho, se configure este hecho o no como hecho imponible del tributo, que revela una cierta capacidad económica.

Naturalmente, en este análisis la información económica sobre los efectos del tributo tiene un papel importante en cuanto procura al jurista dos datos necesarios sobre la realidad en la que ha de incidir la Ley; sobre la adecuación de la Ley a esa realidad y sobre la coherencia del texto con las intenciones de la Ley.

Pero esta información, que no investigación, económica no debe entenderse ni enfocarse nunca como un análisis científico mezclado o conjunto con el análisis científico de los aspectos jurídicos del tributo, pues este análisis conjunto sólo puede conducir a errores de mezcla tales como el que confunde el sujeto económicamente incidido con el sujeto jurídicamente obligado.

Cuando de lo que se trata, precisamente, con el análisis jurídico es de determinar si la Ley, coherente con su intención, obliga, jurídicamente hablando, al sujeto que quiere gravar con el tributo al pago de la misma cantidad en que se cifra el tributo al sujeto interpuesto que ha ingresado esta cantidad en el Tesoro público.

Pues entendemos, en este punto, que las exigencias del principio de capacidad económica no quedan satisfechas con una mera declaración de intenciones vacía de contenido real. Es preciso que la Ley prevea los cauces jurídicos necesarios para que el pago hecho por el sujeto interpuesto se desplace realmente, vía retención o repercusión, a la persona que se quiere gravar. De tal modo que sólo si estos cauces se consideran efectivos pueden entenderse constitucionalmente adecuados los mecanismos jurídicos empleados para aplicar el tributo y facilitar y asegurar su recaudación. En esta línea debemos repetir aquí que las técnicas de interposición sólo serán constitucionalmente correctas si no perturban, entorpecen ni, mucho menos, impiden la aplicación real y efectiva del principio de capacidad económica, provocando un desplazamiento de la obligación tributaria desde el sujeto que realiza el hecho que revela la capacidad económica que la Ley quiere gravar al sujeto interpuesto, en algún modo irreversible.

Quiero aquí precisar e insistir en que cuando hablo de "sujeto al que la Ley quiere gravar", de "capacidad económica que la Ley quiere gravar", o de "hecho que según la ley revela capacidad económica" tales calificaciones no deben derivarse de un análisis económico de los efectos de los impuestos sino del análisis jurídico de la Ley que establece el tributo y emplea técnicas de interposición, del análisis jurídico de su texto, de sus intenciones y de sus fines.

Por lo demás han visto Vds., y con estas consideraciones quiero ahondar en las conclusiones hasta aquí alcanzadas insistiendo una vez más en la importancia jurídico-constitucional de la relación entre empresarios y clientes en los impuestos sobre el consumo y cerrar así mi intervención, que al hablar del IVA me he referido siempre al contribuyente y a la persona que está obligada a soportar la repercusión. Sin emplear nunca en relación con esta persona la expresión "contribuyente de hecho" que utiliza parte de la literatura jurídico-tributaria de lengua castellana y que equivale a la expresión "contribuinte de facto" que he visto utilizada por parte de la literatura jurídico-tributaria en lengua portuguesa.

No hace falta resaltar ante Vds. la importancia que en la construcción científica del Derecho tiene el uso de una terminología jurídica precisa, rigurosa y adecuada. Pues bién, en el IVA, la persona obligada a soportar la repercusión ni es contribuyente ni es un deudor de hecho, sino un deudor de derecho, obligado por una norma jurídica contenida en una Ley.

De contribuyente de hecho, entiendo, sólo podemos hablar respecto a los impuestos sobre la fabricación que quieren gravar el consumo, pero que no reconocen al fabricante derecho de repercusión alguno sobre el cliente, confiando el legislador plena y únicamente a las leyes económicas del mercado el traslado de la carga impositiva (por ejemplo, el impuesto español sobre bebidas alcohólicas regulado por D. 511/67, que gravaba su fabricación sin reconocer derecho alguno de repercusión al fabricante sobre sus clientes).

Sólo en estos casos la expresión "contribuyente de hecho" puede ser utilizada en el análisis jurídico para designar a aquella persona que, fuera del círculo de sujetos pasivos de una obligación señalados por la Ley, en la intención del legislador, debe soportar la carga económica derivada del tributo. Y para interpretar la Ley de acuerdo con esta intención. Pero no para incluir en el círculo de sujeto pasivo de una obligación, de obligados en sentido jurídico estricto, a personas que la Ley ha dejado fuera de este círculo.

Sólo la intención del legislador salva, en mi opinión en estos supuestos, y aún con fuertes dudas, la adecuación de la Ley al principio constitucional de capacidad económica. Y tiene, en todo caso, ciertos efectos prácticos en la interpretación de la Ley. En la interpretación, por ejemplo, de las obligaciones de los contribuyentes (el impuesto, p.ej., no se debe pagar por los productos no destinados al consumo sino al proceso productivo, se deben deducir las mermas en los productos ya obtenidos, etc.) y de los contratos que les ligan con sus clientes (en materia, p. ej., de revisión de precios de suministros según coste se debe tener presente la posible variación del tributo).

Pero la adecuación de la Ley al principio constitucional de capacidad económica exige, en estos casos, en mi opinión, al menos, que el texto de la Ley haga ver de modo explícito la intención del legislador de gravar, en términos económicos y en definitiva, no al fabricante sino al consumidor final.

Esta mínima adecuación al principio de capacidad, entiendo, sólo será plena cuando la relación entre el fabricante y el contribuyente de hecho se juridifique, al modo en que, por ejemplo, se ha hecho en el IVA. Y el contribuyente de hecho pase a ser obligado de derecho, obligado por Ley.

Es en este punto, entiendo, en el que los juristas, desde nuestro oficio, como técnicos en organización social, debemos de centrar en la actualidad nuestros esfuerzos para lograr que el principio de capacidad económica se aplique realmente.

Y para que esta aplicación efectiva tenga lugar, insisto, es preciso que el Ordenamiento jurídico reconozca y brinde la protección adecuada a todas las relaciones sociales que conduzcan a que el sujeto que el legislador quiere gravar con un impuesto sea efectivamente el sujeto gravado por este impuesto.

Ni el ordenamiento puede ni los juristas que lo estudiamos podemos desentendermos de estas personas y de estas relaciones y olvidarmos, con ello, de que el Derecho es una técnica de organización social que debe procurar siempre que el dibujo de vida social trazado en sus líneas esenciales por la Constitución sea vivido realmente, en sus trazos más finos, en la normal convivencia diaria de los ciudadanos.

En esta línea, solamente me atrevo a indicar, marcando así un posible lugar de discusión, que la juridificación de la relación entre el contribuyente y la persona a la que la Ley quiere en realidad gravar no debe intentarse, en los ordenamientos que parten de la distinción Derecho público - Derecho privado, por la vía de atribuir carácter público a una relación entre particulares que, por definición, no tiene este carácter. Debe intentarse, por el contrario, si no queremos plantear de nuevo los problemas y confusiones sobre la normativa a aplicar que puede engendrar el ejercicio de funciones públicas por particulares, por la vía de una especial protección a una relación privada, entre particulares con cuya realización se satisface también un interés público de particular relevancia: la efectiva aplicación del principio de capacidad.

Pues este interés público, que satisface también el correcto comportamiento de los ciudadanos en todos los ordenes, que se satisface también, por ejemplo, con el correcto ejercicio de derechos tan "privados" o "particulares" como el derecho de propiedad, no debe desconocer, en mi opinión, el interés superior de que en una sociedad democrática los poderes exorbitantes que conlleva el ejercicio de la función pública sólo deben atribuirse a los entes públicos y a los que por ellos, de modo directo, actuan en el estricto marco del Derecho público, con toda la carga de controles, responsabilidades y medios de defensa del administrado que ello conlleva, que regula esta actuación.

Todos, juristas, economistas, sociólogos, médicos, políticos, taxistas, todos los ciudadanos, estamos legitimados para discutir las normas fundamentales que han de regir nuestra sociedad; y, entre ellas, la forma en que ha de ser entendido y aplicado el principio de capacidad. Esta discusión no es una discusión jurídica ni incumbe al jurista en cuanto tal.

Sólo una vez constitucionalizado el principio de capacidad debe el jurista investigar, discutir, construir y aportar las técnicas necesarias para su efectiva aplicación.

Sólo así el jurista, utilizando con rigor, sin mezclas de otras ciencias sociales, los conceptos y el lenguaje propios de la Ciencia del Derecho, conceptos y lenguaje decantados ya durante siglos, cumplirá con la labor que, de acuerdo con el oficio que él ha escogido, está llamado a atender en la tarea de construcción social que a todos incumbe.

Una tarea que, en una sociedad democrática que acepta como valor supremo la igualdad de todos ante la Ley, pasa también por la aplicación efectiva de los principios de generalidad, igualdad y capacidad en la distribución real de las cargas tributarias.

IRRETROACTIVIDAD DE LA LEY FISCAL*

HECTOR B. VILLEGAS
Professor da Faculdade de Direito da Universidade Nacional de Córdoba (Argentina)

La ley es el lenguaje de los órganos de gobierno. Así como las personas se expresan mediante palabras, los órganos del Estado se expresan mediante normas. Tales normas pueden tener multiples objetos pero en cuanto se propongan interferir conductas solo pueden referirse al futuro nunca al passado ya que las conductas ya se desenvolvieron inmodificablemente (Bulit Goñi, "Las leyes retroactivas son inconstitucionales", en *La Información*, t. LIX, p. 907).

Esto significa que cuando el legislador pone en vigencia una ley, lo natural es que rija para el futuro, o sea, para las situaciones a suceder con posterioridad a dicha vigencia. Ese es el efecto normal de todas las leyes, sean de derecho público o privado. Sin embargo, la realidad demuestra que en ciertos casos no sucede así y que las leyes pueden tener el efecto de retrotraer sus alcances a situaciones ya acaecidas con anterioridad.

La doctrina moderna en la materia ha diferenciado entre la retroactividad propia o genuina e impropia o no genuina.

Se entiende por retroactividad propia o genuina aquélla en que la ley interviene en hechos pertenecientes al pasado ya finiquitados, es decir, donde la ley pretende anudar determinados efectos a situaciones de hecho producidas con anterioridad a su entrada en vigor. En materia tributaria, y según definición de la Corte Constitucional de Alemania Federal, hay retroactividad en sentido propio si la ley grava modificándolos, presupuestos de hecho ya agotados en el pasado. Tal seria el caso de una ley impositiva que estableciera en 1989 un impuesto sobre la ventas de inmuebles formalizadas en 1988 o antes.

Por el contrario, la retroactividad es impropia o no genuina cuando la ley incide en situaciones o relaciones jurídicas actuales aún no concluídas, es decir, no cerradas. En materia tributaria, podríamos decir que hay retroactividad en sentido impropio si la ley grava para el futuro presupuestos de hecho y relaciones jurídicas presentes y aún no concluidas, por ejemplo, una ley que estableciera en 1991 un impuesto fijo a tributar por todos los que egresen de una Universidad, no obstante que hay alumnos que iniciaron sus estudios antes de esa fecha y que no tuvieron en cuenta dicho tributo al momento del inicio de la actividad docente.

De acuerdo a la doctrina alemana, el establecimiento de una retroactividad propia o genuina se considera inadmisible si se trata de una ley onerosa para el ciudadano. Es decir, si esta retroactividad es desfavorable, es ilegítima em principio. En

* Conferência pronunciada no V Congresso Brasileiro de Direito Tributário, promovido pelo IDEPE, em São Paulo, em 1991.

cuanto a la retroactividad impropia, se deve valorar en cada caso si están o no superados los límites derivados del principio de la certeza del derecho.

Las leyes retroactivas han planteado serios problemas doctrinarios y jurisprudenciales, y digamos en primer lugar que en algunos casos ellas han sido justificadas.

Por ejemplo, ello sucede con el efecto denominado "fuga ante el impuesto".

Este efecto económico consiste en la acción deliberada del contribuyente de intentar sustraerse de la imposición o morigerarla orientando su obrar, una vez anunciado un cambio de la legislación tributaria, afin de no quedar encuadrado en los hechos generadores de los gravámenes o estarlo en la menor medida posible.

De tal forma, la doctrina comparada contemporánea ha admitido una limitada retroactividade mediante las "leyes del candado" para abarcar en la imposición el periodo temporal que requiere el trámite parlamentario de sanción del proyecto de ley que agrava la situación del contribuyente, a fin de evitar el aprovechamiento por parte de los particulares del conocimiento previo de las reformas propuestas.

Algunos tribunales constitucionales, como el alemán, el norteamericano y el español, han aceptado la retroactividad que alcanza al período impositivo dentro del cual entra en vigor la ley, o algún período cercano a aquél durante el cual se tramitó o aprobó la ley, teniendo en cuenta el conocimiento por parte del contribuyente, de la posibilidad que se efectúen cambios en la legislación (referencia en Asorey, Rubén, "El principio de seguridad juridica en el derecho tributario", en revista *Derecho Tributario*, t. I-2, p. 116).

Esta situación es remediada en algunos derechos mediante la posibilidad de adoptar reformas tributarias y crear nuevos gravámenes por vía de decretos leyes. Tal el caso del art. 77 de la Constitución Italiana, que exige sin embargo la ratificación legislativa dentro del plazo de 60 dias. Esta norma recibe la crítica favorable de algunos tributaristas, como Ramón Valdés Costa. Sin perjuicio de esto, algunos autores argentinos justifican la legitimidad de la retroactividad. Sostiene este autor que la sociedad está interesada en que la nueva ley tenga el mayor ámbito de aplicación posible. Ello, porque siendo la última, debe presumírsela más justa que la anterior. Giuliani Fonrouge, si bien se muestra contrario a la retroactividad, admite sin embargo que no existe impedimento en el derecho argentino para que las leyes tributarias surtan efectos en el pasado. Agrega que en ocasiones la retroactividad es necesaria para desbaratar evasiones durante el período transcurrido entre el proyecto y la sanción (*Derecho Financiero*, v. 1, p. 136, 4ª. ed.).

Otros autores han sostenido recientemente que la exigencia de que las leyes tributarias no sean retroactivas sólo puede fundarse desde un punto de vista axiológico, mas no jurídico, afirmándose que la irretroactividad no proviene de un análisis científico sino simplemente valorativo. Tal es la posición de Norberto Godoy en "La retroactividad de la ley tributaria en el derecho vigente argentino", en revista *La Información*, t. LVIII, p. 435.

No obstante estas opiniones, debe partirse de que la regla general em materia tributaria debe ser la de la irretroactividad.

Giuliani Fonrouge, no obstante admitirla en algunos casos, dice que es inconveniente y atenta contra la seguridad y certeza del derecho (t. I, p. 136). Miguel Andreozzi afirma que los sanos principios jurídicos indican que el ideal es el de la irretroactividad. Griziotti señala que el principio de la certeza de la tributación es perturbado por la retroactividad, agregando "no hay duda que nada puede producir mayor incertidumbre y lesionar económicamente los intereses de los particulares, que el establecimiento de impuestos con carácter retroactivo, ya que ello desequilibra todos los cálculos de los contribuyentes". En líneas generales, podemos decir que el grueso de la doctrina argentina se inclina por la irretroactividad. Citamos a Jarach, Garcia Belsunce, Bidart Campos, Luqui, Asorey, Bulit Goñi y Casás, entre otros. Entre los autores extranjeros mencionamos a Moschetti, Giardina, Uckmar, González Garcia, Lejeune Valcarcel, Valdés Costa, Kruse, Ataliba, Larenz, Schick, Posadas Belgrano, Falcon y Tella, etc.

Hay Constituciones que receptan el principio de la irretroactividad, como la mexicana en su art. 14, y otras como la de Perú, Costa Rica y Noruega. En cuanto a los ordenamientos tributarios, encontramos también la tendencia de que las normas dispongan sólo para el futuro. Así lo dispone el MCTAL en su art. 9, explicándose en la exposición de motivos que deben evitarse los perniciosos efectos de las reformas intempestivas. Otros ordenamientos consagran en general el principio de la vigencia futura de las normas: México, Chile, Perú, en América Latina.

Se han dado diversos fundamentos de la irretroactividad de la ley fiscal, a veces disímiles pero no necesariamente contrapuestos.

1) Protección a la propiedad individual como derecho adquirido. La teoria de los derechos adquiridos es de vieja data. Predominó em Francia durante el siglo XIX y la siguieron insignes juristas como Demolombe, Aubry y Rau, y Lacantinerie. La ley nueva no puede alterar los derechos adquiridos, que son aquéllos incorporados definitivamente al patrimonio del individuo. Sólo puede alterar los derechos en expectativa, esto es, las simples facultades y esperanzas.

La C.S.N. argentina ha adoptado esta teoria conectándola con el derecho de propiedad. En *Fallos* 161-270 de 1930, dijo: "El poder del E. para sancionar leyes retroactivas no es absoluto y reconoce las limitaciones que nacen de la existencia de otras garantías consagradas en la misma Constitución. Y así, ni las legislaturas ni los jueces podrán en virtud de ley nueva o de su interpretación, arrebatar o alterar un derecho patrimonial adquirido al amparo de un estatuto anterior. En este caso el principio de la no retroactividad deja de ser una simple norma legal para confundirse con la garantía de la inviolabilidad de la propiedad".

Varios años después, en *Fallos* 180-16, se dijo: "Entre el deudor de un impuesto y el Estado puede crearse una situación que ampare el principio de la propiedad, lo que sucede cuando el derecho de que se trata se halla incorporado al patrimonio del contribuyente a raiz de un contrato o de una convención especial. La más frecuente es aquélla en que el E. mediante la intervención de sus funcionarios acepta la liquidación presentada por el deudor u otorga el recibo de pago".

Este criterio fue reiterado en numerosos fallos. *El pago de un tributo* surte pleno efecto extintivo que no permite revivir la obligación al originar una relación de naturaleza contractual que determina el surgimiento del derecho patrimonial que merece la garantía del art. 17, C.N.

2) Otra teoría es la del hecho cumplido o de la situación jurídica. Tuvo su origen en autores alemanes y austríacos del siglo pasado, y fue adoptada luego por tratadistas italianos y franceses. Para ella carece de interés que un derecho haya sido adquirido o no, pues lo importante es la existencia de un hecho cumplido integramente y cuyas consecuencias se han agotado bajo el imperio de la ley anterior. Esta "situación jurídica" no puede ser alterada por ley retroactiva posterior (El concepto coincidiria con el de la retroactividad propia que expusimos con anterioridad).

Consecuencia de esta teoría es que no puede haber retroactividad si se produjo la hipótesis de incidencia en su integridad.

Sostenemos esto en nuestro *Curso*; lo sostiene también Garcia Belsunce, aún cuando sin negar vinculación con la teoría de los derechos adquiridos. Se dice: "El acaecimiento del h. imponible genera un derecho adquirido en el contribuyente: el derecho de quedar sometido al régimen fiscal imperante al momento en que se tuvo por realizado el hecho imponible. *Justamente el h.i. produce un derecho adquirido porque es una situación integramente cumplida*".

En casos de verificación instantánea no hay problemas. Ninguna legislación posterior a la producción puede modificar la obligación.

En casos de verificación periódica, en el derecho tributario argentino se tiene por configurado el hecho en el último momento del período. Si se produce una modificación legislativa durante el curso del ejercicio, la alteración sería válida. Sería un caso de la retroactividad impropia de que hablan los alemanes, ya que la ley incide en un hecho aún no concluído.

El 31 de octubre de 1989 en el caso "Sambrizzi Eduardo", la C.S.N. acepta esta posición al decir: "Sólo existe retroactividad si el hecho imponible, incluída su dimensión temporal, ha tenido íntegra realización antes de entrar en vigor la ley que lo convierte en imponible, lo cual no ocurrió en autos". Es decir, si la nueva ley dicta *en el medio del período,* cuando el h.i. no se tenía por integramente realizado, no se considera retroactiva.

3) Una tercer corriente doctrinaria se inclina a favor de la teoría de Jarach. Este dice que la ley tributaria retroactiva es siempre inconstitucional porque viola el principio de legalidad. Argumenta este autor que el principio de legalidad no significa sólo que el impuesto debe ser creado por ley, sino que ésta debe ser preexistente a los hechos que van a considerarse como imponibles. Ello, de manera tal que cuando esos hechos imponibles se verifiquen, los contribuyentes sean concientes de las implicancias y consecuencias de sus actos. "Admitir el impuesto retroactivo significa aceptar que el mismo pueda aplicarse fuera del marco del principio de legalidad propio del Estado constitucional".

Esta doctrina ha recibido un importante apoyo en la Argentina en los últimos tiempos. El procurador fiscal de la Corte, Dr. José Osvaldo Casás en su dictamen en el caso "Insúa", dice: "El requisito de reserva de la ley propio del régimen republicano y del Estado de Derecho no se agota en que una norma jurídica tipifique el hecho imponible, sino que requiere que esa ley sea anterior al momento de la consumación de la hipótesis de incidencia, entendida la garantía constitucional como una limitación tanto para la creación de nuevos tributos cuanto para el agravamiento de los existentes".

4) Una importante corriente doctrinaria aplica el principio de la seguridad jurídica. Esta corriente se ha consolidado en Alemania a través de las obras de Kruse, Larenz, Schick, y en Argentina adhiere Rubén Asorey. Se asienta en dos pilares: la seguridad jurídica y la interdicción de la arbitrariedad. Quando el Poder Legislativo dicta normas retroactivas se alteran las condiciones básicas del Estado de Derecho, pues los habitantes del país quedan a merced no sólo del derecho vigente, sino a merced también de futuras e imprevisibles decisiones políticas que eventualmente se traducirán en normas retroactivas. Dice la Corte Constitucional Alemana que el ciudadano debe poder prever los actos que el E. emita a su respecto, y actuar en consecuencia. Debe estar seguro y protegido por el derecho. No puede haber consecuencias imprevisibles (cita de Casás en "Insúa").

5) Como una derivación del pensamiento anterior, está la teoría que invoca el principio de protección de la confianza. Esta teoría ha sido desarrollada por Karl Larenz. Dice este autor que la retroactividad propia o genuina es inadmisible si se trata de una ley onerosa para el ciudadano, y la retroactividad se aplica únicamente cuando la confianza en una determinada situación jurídica no estaba objetivamente justificada, o por causas forzosas o de bien común. Se sostiene que la irretroactividad está basada en el principio de protección de la confianza. La retroactividad sólo puede operar si la confianza en una determinada situación jurídica no está debidamente justificada. Se trata de la previsibilidad de las normas. Se mencionan casos en que la retroactividad procede porque la situación no merecía confianza. Por ejemplo, cuando el proyecto de ley se conocía, cuando la ley es equívoca o tiene lagunas, o ha sido declarada nula por la justicia.

Fuera de estos casos, no se admite la retroactividad. Se trata de tener la certeza necesaria para poder confiar en que la regulación vigente en el momento en el cual se tomaron las disposiciones no se verá modificada posteriormente; ello con prescindencia de que se afecten o no derechos individuales adquiridos o cumplidos bajo situaciones anteriores. En concreto, al legislador no le está permitido defraudar el principio de confianza vigente en el estado de derecho.

6) Es también destacable la posición de Geraldo Ataliba, mencionada especialmente por el Procurador Fiscal de la Corte en el caso "Insúa" y expresada en la Comunicación Técnica a las X Jornadas Hispano-Luso-Americanas de Estudios Tributarios (*Memorias*, t. I, p. 163 y ss.).

Para Ataliba la premisa de la irretroactividad es una derivación del principio republicano que se manifiesta en la tripartición del ejercicio del poder y la periodicidad de los mandatos políticos. Una expresión conspicua de estos preceptos es la anterioridad del tributo, que constituye un infranqueable obstáculo a la acción del Estado.

7) Otro fundamento que ha sido señalado fundamentalmente por la doctrina italiana es el del respeto al principio de la capacidad contributiva. Se dice que una ley tributaria con efectos retroactivos podría encontrarse en pugna con el art. 53, inc. 1º de la Constitución de ese país, según el cual todos deben concurrir a los gastos públicos en razón de su capacidad contributiva. Tal disposición exige que el gravamen actúe sobre capacidades contributivas actuales, y no pretéritas, que aún cuando de hecho pudieran haber existido, lo cierto es que al no estar expresamente contempladas por una norma, no eran, antes de entrar en vigor la nueva ley, capacidades contributivas revelantes a los efectos de la tributación. Al mismo tiempo, la norma retroactiva iría en contra de la igualdad ante las cargas públicas. En efecto, puede suceder que un cierto número de sujetos con igual capacidad económica actual y a paridad de todas las otras condiciones, sean llamados a contribuir en distinta medida sólo porque en cierto momento del pasado manifestaron una situación económica diversa. Hace referencia a este principio Casás en su dictamen del caso "Insúa". Asorey, en su trabajo sobre el principio de la seguridad jurídica (revista *Derecho Tributario*, t. I, p. 117), se muestra adverso al principio de la capacidad contributiva que, a su modo de ver, no es fundamento adecuado para la irretroactividad. Sin embargo, agrega que ello no obsta a que un tributo que tenga en consideración capacidades contributivas pasadas, configure un ataque al principio de certeza y seguridad jurídica.

Cabe destacar que ésta es la última posición conocida de la Corte argentina en la materia. Este Tribunal hace una conexión importante entre su tradicional posición de protección al derecho de propiedad, y el principio de capacidad contributiva, cuando dice: "La afectación del derecho de propiedad resulta palmaria cuando la ley toma como hecho imponible una exteriorización de riqueza agotada antes de su sanción, sin que se invoque, siquiera, la presunción de que los efectos económicos, de aquella manifestación permanecen, a tal fecha, en la esfera patrimonial del sujeto obligado" (caso "Navarro Viola de Herrera Vegas, Marta", sentencia del 19 de diciembre de 1989).

Todas estas teorias son válidas y en realidad se complementan, es decir, no son contradictorias entre sí, y todas son aceptables, salvo la teoria sobre el pago que nos parece incorrecta. En realidad la ley tributaria no debe ser retroactiva, en virtud de la protección que merece la propiedad como derecho adquirido, y esa adquisición de derechos se configura cuando el hecho imponible está integramente cumplido. No es menos cierto que para cumplimentar el principio de legalidad no sólo el tributo debe estar contenido en ley, sino que ésta debe ser previa. Es exacto asimismo, que la ley retroactiva altera la seguridad jurídica, permite la arbitrariedad, impide la previsibilidad y defrauda el principio de confianza en el Estado de Derecho.

Es consecuencia también del principio republicano, el de la anterioridad del tributo como obstáculo a la arbitrariedad. Es exacto que la capacidad contributiva actual puede ser distinta a la del pasado y por tanto la ley puede afectar únicamente capacidades actuales y no pretéritas.

Las distintas garantías no son compartimientos estancos, sino que se integran y se complementan (ver Bulit Goñi, ob. cit., p. 911), conformando un arsenal conceptual al que debe ajustar sus actos el Estado de Derecho.

Cuando en definitiva la Constitución establece las diversas garantías (legalidad, equidad, razonabilidad, propiedad, ejercicio de actividades lícitas, promoción del bien general y del desarrollo, etc.) está en definitiva diseñando una Nación viable en que los habitantes sepan a qué atenerse y en la que los Gobernantes, elegidos por todos, proporcionen el marco legal adecuado.

Una Nación de este tipo no puede concebir las leyes tributarias retroactivas en sentido propio que de por sí afectan las garantías constitucionales, ni las leyes tributarias retroactivas en sentido impropio, en cuanto afecten estas garantías.

Como bien dice Bulit, el permiso para las leyes tributarias retroactivas constituye el más seguro antídoto para la viabilidad de la Nación argentina, hoy seriamente comprometida por otras causas (aut. y ob. cit., p. 913).

Creo que estas palabras son aplicables a todos los Estados de Derecho en general.

NOTAS & COMENTÁRIOS

IR — DEMONSTRAÇÕES FINANCEIRAS — INDEXAÇÃO

FÁBIO KONDER COMPARATO
Professor Titular da Faculdade de Direito da Universidade de São Paulo — Doutor em Direito da Universidade de Paris

I — A alegada retroatividade tributária. II — A infundada invocação da isonomia.

Consulta

Em 31 de março de 1992, o Exmo. Sr. Procurador-Geral da República ajuizou, perante o Supremo Tribunal Federal, uma ação direta de inconstitucionalidade dos artigos 3º e 4º da Lei n. 8.200, de 28 de junho de 1991.

A ação foi provocada por representação de alguns Governadores de Estado, na qual patenteou-se a preocupação com uma redução no volume do imposto sobre a renda a ser arrecadado de pessoas jurídicas, com a conseqüente diminuição na quota-parte a ser repassada aos Estados pelo Fundo de Participação correspondente.

A petição inicial invoca, para sustentar a inconstitucionalidade dos mencionados dispositivos legais, o disposto, de um lado, nos arts. 5º, XXXVI e 150, III da Constituição Federal, e de outro lado na regra de princípio, inscrita no art. 150, II do texto fundamental.

Haveria, assim, em primeiro lugar, ofensa ao princípio da não-retroatividade da lei, uma vez que, pelos citados dispositivos legais, a correção monetária das demonstrações financeiras das pessoas jurídicas do exercício de 1990 seria alterada, mudando-se portanto os resultados apurados no exercício seguinte, já encerrado quando da edição da lei.

Ocorreria, ainda, quebra do princípio da isonomia, dado que essa alteração legislativa somente teria aplicação aos contribuintes pessoas jurídicas, não beneficiando os contribuintes pessoas físicas.

A pedido de S. — Empreendimentos Imobiliários, exaro a seguir o meu parecer sobre o fundamento jurídico de dita ação.

PARECER

1. Como se viu, é dupla a razão de pedir na ação direta de inconstitucionalidade, movida pelo Procurador-Geral da República, com relação aos arts. 3º e 4º da Lei n. 8.200, de 28 de junho de 1991. Sustenta ele, de um lado, que ditos dispositivos feririam as regras consubstanciadas nos arts. 5º, XXXVI e 150, III, alíneas *a* e *b* da Constituição Federal, ou seja, que as normas legais em questão teriam produzido efeitos retroativos. De outro lado, argumenta o Procurador-Geral da República que haveria também infringência ao disposto no art. 150, II da Constituição, dado que estaríamos diante de uma desigualdade de tratamento tributário de contribuintes.

Essas razões de pedir, pela sua relevância, merecem uma análise minuciosa e distinta. Vejamos.

I — A alegada retroatividade tributária

2. O primeiro cuidado hermenêutico a ser tomado, por todo aquele que pretenda relacionar algum dispositivo constitucional com determinado fato da realidade social, consiste em qualificar, tanto a norma quanto o fato.

Geralmente, a idéia de qualificação, oriunda da técnica própria do direito internacional privado, é referida à classificação jurídica do fato, ao qual se pretende aplicar determinada norma, em um ramo específico do Direito. Deixa-se de lado, com isto, de modo indevido, uma outra tarefa preliminar de qualificação, indispensável à harmônica conjugação da norma ao fato: a qualificação da própria norma em questão.

A qualificação jurídica da norma, ao contrário do que já se pretendeu[1], não é exigida apenas no campo específico do direito administrativo, mas em todos os ramos do direito do Estado, maiormente em direito constitucional. A norma em exame é de direitos fundamentais, ou de mera organização estatal? Diz ela respeito à ordem econômica, ou a uma questão de competência tributária? Tal seja a resposta, muito diversa será a orientação interpretativa.

Uma indicação importante para a qualificação da norma inscrita no art. 150, III, alíneas *a* e *b* da Constituição Federal de 1988 é o reconhecimento de que ela constava, tanto na Constituição de 1946 (art. 141, § 34), quanto na de 1967/69 (art. 153, § 29), no capítulo consagrado aos direitos e garantias individuais. Parece óbvio que a colocação atual daquele dispositivo no título da Constituição referente à tributação e ao orçamento não alterou a sua natureza: estamos, aí, a todas as luzes, diante de uma norma primária e não secundária, para usarmos da conhecida classificação de H.L.A. Hart[2]. A Constituição, nesse passo, atribui direitos aos contribuintes e não, simplesmente, regula o lançamento tributário.

Não foi outro, aliás, segundo parece evidente, o entendimento do Procurador-Geral da República a esse respeito. Ao ligar o disposto no art. 150, III, alíneas *a* e *b*, à norma geral do art. 5º, inciso XXXVI, da Constituição Federal, Sua Excelência reconheceu que aquele dispositivo seria mera aplicação específica destoutro, no campo das relações jurídicas tributárias. O poder de tributar vê-se, aí, limitado por uma regra de direito fundamental da pessoa humana.

3. Temos, pois, que o princípio da reserva legal e da prévia autorização orçamentária em matéria de tributos existe, única e exclusivamente, em defesa do contribuinte e não no interesse do Poder tribu-

1. cf. Emilio Betti, *Interpretazione della Legge e degli Atti Giuridici*, 2ª ed., Milão, Giuffrè, 1971, pp. 341 e ss.

2. cf. *The Concept of Law*, Oxford, Clarendon Press, 1988, cap. V.

tante. O próprio enunciado constitucional, de resto, torna patente essa verdade elementar: a limitação só existe para as leis que *instituam* ou *aumentem* tributos; portanto, não para as que os suprimam ou reduzam a sua incidência.

O mesmo se diga do princípio inscrito no art. 5º, XXXVI da Constituição, do qual, como se assinalou, a regra do art. 150, III é mera aplicação. Segundo formulação tradicional de nossas Constituições, declara-se que "a lei *não prejudicará* o direito adquirido, o ato jurídico perfeito e a coisa julgada". *A contrario sensu*, nada impede que a lei produza efeitos retroativos, quando e na estrita medida em que beneficia algum sujeito de direito.

Tal entendimento é largamente corroborado por uma análise comparatista da questão.

Na Alemanha, o Tribunal Constitucional reconheceu que o problema dos efeitos retrooperantes da lei, à míngua de disposição expressa na Lei Fundamental de Bonn, obedece ao princípio da confiança que toda pessoa deve ter em relação ao ordenamento jurídico. Assim, quando a lei nova estende os seus efeitos ao passado para prejudicar os sujeitos de direito, ela é inconstitucional, pois os cidadãos foram, com isso, iludidos em sua confiança e boa-fé. De onde se segue que a proibição de retroatividade somente alcança as leis onerosas, não as benéficas[3].

Observe-se que, para a doutrina germânica, a admissibilidade de uma eficácia regressiva benéfica aplica-se não só à chamada retroatividade autêntica (*echte Rückwirkung*), como também à inautêntica, correspondente à aplicação imediata da lei aos efeitos — posteriores à sua promulgação — de atos ou situações jurídicas pretéritas[4].

3. cf. Klaus Stern, *Das Staatsrecht der Bundesrepublik Deutschland*, vol. I, 2ª ed., Munique, Beck, 1984, pp. 832/3.

4. cf. Ekkehart Stein, *Staatsrecht*, 11ª ed., Tübingen, J.C.B. Mohr, 1988, pp. 159/160.

Em Portugal, a Constituição de 1976 explicita essa solução no art. 18º, alínea 3: "As leis restritivas de direitos, liberdades e garantias têm de revestir caráter geral e abstrato e não podem ter efeito retroativo nem diminuir a extensão e o alcance do conteúdo essencial dos preceitos constitucionais". Como explicam J. J. Gomes Canotilho e Vital Moreira[5], tal preceito se apresenta "como conseqüência imediata e irrecusável daquilo que constitui o cerne do Estado de um direito democrático, a saber, a proteção dos cidadãos contra a prepotência e o arbítrio (especialmente por parte do Estado)". Ou seja, é um princípio de defesa dos sujeitos de direito e não de garantia do interesse estatal.

Na Constituição espanhola de 1978 (art. 9º, alínea 3), lê-se: "La Constitución garantiza el principio de legalidad, la jerarquia normativa, la publicidad de las normas, *la irretroactividad de las disposiciones sancionadoras no favorables o restrictivas de derechos* y la interdicción de la arbitrariedad de los poderes públicos".

A expressão "disposições sancionadoras", nesse texto, suscitou a princípio alguma dúvida interpretativa. Mas a doutrina constitucionalista afastou-a sem dificuldades. Como escreveu um comentador, "considera-se sancionadora, não apenas a disposição que dá lugar a uma sanção (em seu sentido clássico de reação do ordenamento diante de uma atividade antijurídica penal, civil ou administrativa), mas também e em geral toda disposição que de algum modo venha restringir os direitos individuais reconhecidos no Título I do Texto Fundamental"[6].

4. Lamentavelmente, a argumentação da douta Procuradoria Geral da República

5. *Constituição da República Portuguesa Anotada*, 2ª ed., 1º vol., Coimbra, 1984, p. 74.

6. *Constitución Española de 1978*, t. I, Preámbulo y Artículos 1 a 9, *Comentários a las Leyes Políticas*, dirigidos por Oscar Alzaga Villaamil, Madri, Editorial Revista de Derecho Privado, 1983, pp. 375/6.

cingiu-se ao nível meramente tributário da questão, buscando a defesa do interesse financeiro do Poder Público, e não se alçou, como devera, ao plano constitucional do respeito aos direitos fundamentais da pessoa humana. Declarou, nesse diapasão, a petição inicial que não seria invocável o dispositivo do art. 106, II do Código Tributário Nacional, porque não se cuidaria, na espécie, de norma punitiva.

A assertiva é obviamente incontestável, mas o argumento, pela sua impertinência à matéria em debate, configura autêntica *ignoratio elenchi*. O dispositivo do art. 106 do Código Tributário — como indicado, de resto, no próprio título do capítulo onde se insere — dirige-se ao *aplicador da lei*, não ao legislador. Ainda que a lei não o diga expressamente, o aplicador está autorizado a estender os seus efeitos ao passado, naquelas expressas hipóteses aí indicadas. Mas isto não significa — como é óbvio — que o Código Tributário haja, nesse passo, limitado constitucionalmente os poderes legislativos do Congresso Nacional...

É esse paralogismo, no entanto, que fundamenta a ação em foco.

Observe-se, por fim, que esse trôpego argumento, além de ser impertinente à matéria em debate, ainda prova demais. Com efeito, se se entende que, pelo disposto no art. 106 do Código Tributário, o legislador estaria sempre impedido de editar normas retroativas benéficas ao contribuinte, como justificar as leis de anistia fiscal?

5. Para se entender o sentido e o alcance da Lei n. 8.200, de 28 de junho de 1991, é preciso remontar ao passado e analisar os desmandos da política governamental de combate à inflação.

A Lei n. 7.799, de 10 de julho de 1989, determinou que a correção monetária das demonstrações financeiras, com o fito de se exprimirem em valores reais o ativo patrimonial e o lucro das pessoas jurídicas — base de cálculo do imposto sobre a renda —, seria efetuada "com base na variação diária do valor do BTN Fiscal, ou de outro índice que vier a ser legalmente adotado" (art. 10).

Em 30 de junho de 1990, o Governo baixou a Medida Provisória n. 195, que determinou a atualização do valor nominal do BTN pelo índice de Reajuste de Valores Fiscais — IRVF, de acordo com metodologia estabelecida em portaria do Ministério da Economia, Fazenda e Planejamento. Essa Medida Provisória foi reeditada, sob o n. 200, em 27 de julho de 1990, e novamente, com alterações, pela Medida Provisória n. 212, de 29 de agosto de 1990. Esta última, por sua vez, foi reeditada pela de n. 237, em 28 de setembro do mesmo ano, vindo afinal a ser convertida na Lei n. 8.088, de 31 de outubro de 1991.

Iniciou-se, a partir dessa série de medidas provisórias, uma prolongada e viciosa manipulação do valor nominal desse título público, de sorte que, até a sua extinção, pela Medida Provisória n. 294, de 31 de janeiro de 1991, a sua variação de valor, em relação ao IPC, Índice de Preços ao Consumidor, foi além de 100% (cem por cento)!

Importa saber que essa manipulação do índice de correção monetária aplicável ao cálculo do imposto sobre a renda provocou *acentuada redução dos ativos patrimoniais das pessoas jurídicas e, conseqüentemente, aumento indevido do chamado imposto inflacionário*. Em outras palavras, o distorcido mecanismo de tributação da renda redundou em verdadeiro confisco patrimonial, numa escandalosa infringência do disposto no art. 150, IV da Constituição Federal.

Reconhecendo — pelo menos uma vez — a sua culpa, o Governo Federal enviou projeto de lei ao Congresso Nacional, autorizando as pessoas jurídicas a procederem aos ajustes contábeis devidos, no montante da diferença verificada, durante o ano de 1990, entre a variação do IPC e do BTN Fiscal. Ora, a realização desse ajuste contábil *provocaria, como provocou, necessariamente, uma alteração na conta de resultados de 1991*, por efeito da regra constante do art. 186 da Lei de Sociedades por Ações. E essa alteração de resultados *não poderia deixar de repercutir na apuração do lucro tributável desse mesmo ano de 1991*, ainda que a lei não o explicitasse, pois a base de cálculo do imposto sobre a renda das pessoas jurídicas é o lucro real, correspondente ao período-base de incidência (Regulamento do Imposto sobre a Renda, art. 153).

Temos, portanto, que a Lei n. 8.200, ao determinar, por emenda no Congresso, o diferimento da dedução dos efeitos desse reajuste contábil em quatro exercícios, a partir de 1993, acabou sendo mais gravosa ao contribuinte do que o projeto governamental.

Em suma, o Governo da República procedeu a um confisco de bens, sob a capa de tributação de renda, e os representantes do povo, no Congresso Nacional, determinaram que o ressarcimento desse confisco seja feito, não de imediato, mas em quatro prestações anuais. Não se pode dizer que a moralidade administrativa tenha sido reforçada, em todo esse lamentável episódio.

II — A infundada invocação da isonomia

6. Como segunda razão de pedir, na ação direta de declaração de inconstitucionalidade dos arts. 3º e 4º da Lei n. 8.200, o Procurador-Geral da República invoca o princípio da isonomia tributária, inscrito no art. 150, II da Constituição Federal. Trata-se, ainda aí, de mera especificação de um princípio maior, com o qual se abre, no art. 5º da Constituição, a declaração dos direitos fundamentais.

Ora, de todos os princípios constitucionais, este é, seguramente, o de mais fraca compreensão em nosso meio jurídico, como demonstra a multiplicidade dos pleitos judiciais infundados, de que dão notícia os nossos repertórios de jurisprudência. Mais do que em qualquer outra matéria constitucional, por conseguinte, importa analisar os litígios sobre o assunto com aquela *prudentia* romana, toda feita de cautelosa distinção entre *genera* e *species*, conforme o modelo dialético grego[7].

A compreensão do que seja a igualdade perante a lei não se esgota, escusa dizê-lo, na repetição da banalidade de que o legislador não pode tratar de modo igual situações desiguais, nem de forma desigual situações de igualdade. É antes mister, como bem salienta o Professor Konrad Hesse, procurar entender, preliminarmente, o que seja a igualdade jurídica, que não se confunde com a identidade[8]. Se duas situações a serem normadas ou decididas fossem idênticas, não haveria, obviamente, nenhum problema jurídico a resolver, quer de legislação, quer de aplicação da lei. A igualdade jurídica supõe, portanto, logicamente, alguma diferença entre uma situação e outra, entre uma hipótese de incidência e outra.

Cada situação ou fato jurídico qualifica-se por um conjunto de notas, as quais podem ser tidas por essenciais ou não, conforme digam ou não respeito ao objeto direto da lei em causa, ou à natureza do instituto assim regrado. Ora, um instituto jurídico, qualquer que seja a concepção — normativista ou sociológica — que dele se tenha, caracteriza-se por um regime jurídico próprio, isto é, por um sistema próprio de normas jurídicas.

Há institutos-gênero e institutos-espécie. No gênero pessoa, por exemplo, há as naturais ou físicas e as morais ou jurídicas.

7. Sobre a importação do método dialético grego na fundação da *iurisprudentia*, cf. a exposição ainda insuperada de Fritz Schulz, *History of Roman Legal Science*, Oxford, Clarendon Press, 1967, pp. 62 ss.

8. *Grundzüge des Verfassungsrechts der Bundesrepublik Deutschland*, 15ª ed., Heidelberg, C.F. Müller, 1985, n. 432.

As pessoas naturais, por sua vez, distinguem-se pelo sexo, pela capacidade, pelo estado civil. As pessoas jurídicas são públicas ou privadas. Estas últimas são societárias ou não-societárias. As sociedades privadas são civis ou mercantis. E assim por diante, num desdobramento de classes praticamente sem fim.

De acordo com o princípio de isonomia, ou igualdade jurídica formal, se a lei tem por objeto o gênero, não pode, obviamente, discriminar entre as espécies. Mas se, ao contrário, ela se dirige a uma espécie determinada, é obviamente incongruente pretender que houve discriminação relativamente a outra espécie do mesmo gênero. Se se trata de lei relativa ao estatuto da mulher casada, não se há, obviamente, de pretender que a lei em questão feriu o princípio da isonomia, pelo fato de não se aplicar às mulheres solteiras, viúvas ou divorciadas. Mas se, ao contrário, a lei tem em vista a proteção da maternidade, haveria uma discriminação inconstitucional caso ela somente se aplicasse às mulheres casadas.

Na sistemática do imposto sobre a renda, o instituto do contribuinte divide-se em duas espécies, com regimes jurídicos destacados e inconfundíveis: o contribuinte pessoa física e o contribuinte pessoa jurídica. Se determinada lei se dirige unicamente aos contribuintes pessoas jurídicas, constitui inépcia jurídica falar-se em atentado à isonomia porque não foi considerada a situação dos contribuintes pessoas físicas. Dir-se-á talvez que, conforme as circunstâncias, essa extensão dos efeitos da lei, de uma espécie a outra, é exigência de justiça social, ou igualdade material. Mas não se trata aí, evidentemente, de um problema de isonomia.

7. Ora, a Lei 8.200 teve, estritamente, por objeto regular a correção monetária das demonstrações financeiras, "para efeito de determinar o lucro real — base de cálculo do Imposto sobre a Renda das pessoas jurídicas", como se declara em seu art. 1º. Os contribuintes pessoas físicas não são tributados com base em lucro apurado em demonstrações contábeis.

A petição inicial da ação em exame, no entanto, incorporando considerações constantes da representação feita ao Procurador-Geral da República, enxergou atentado à isonomia no fato de que os "aplicadores em poupança em bancos, os correntistas tiveram correção em BTN; a eles não se aplicou o diferencial, levado só a crédito ou proveito das pessoas jurídicas, agora agraciadas com a diferença".

O argumento, com a devida vênia, é de manifesta inépcia. Em primeiro lugar, como se viu, os contribuintes pessoas jurídicas tiveram, pela Lei n. 8.200, apenas um ressarcimento diferido da redução confiscatória de seu patrimônio, provocada pela manipulação da correção monetária durante o ano de 1990.

Em segundo lugar, a questão em foco não é de ganhos ou perdas em aplicações financeiras ou operações bancárias, mas de apuração do lucro real dos contribuintes pessoas jurídicas. Quebra de isonomia haveria, sem dúvida, se o legislador discriminasse, nesse particular, entre as próprias pessoas jurídicas — distinguindo abusivamente, por exemplo, entre as instituições financeiras e as demais sociedades. Mas, pretender que o mesmo regime de *correção monetária de balanço* seja aplicado também aos contribuintes pessoas físicas é mergulhar na absurdidade.

CONCLUSÃO

Bem examinadas as razões de pedir da ação direta de inconstitucionalidade que o Procurador-Geral da República ajuizou relativamente aos arts. 3º e 4º da Lei n. 8.200, de 28 de junho de 1991, sou de parecer que a demanda não tem nenhum fundamento jurídico.

São Paulo, 8 de maio de 1992.

NOTAS & COMENTÁRIOS

TRATADOS INTERNACIONAIS EM MATÉRIA TRIBUTÁRIA (PERANTE A CONSTITUIÇÃO FEDERAL DO BRASIL DE 1988)

SACHA CALMON NAVARRO COÊLHO
Professor Titular de Direito Tributário da Universidade Federal de Minas Gerais

1. Prólogo. 2. O federalismo brasileiro: seus aspectos peculiares. 3. A União Federal na ordem jurídica internacional e na ordem jurídica interna. 4. A superioridade da lei complementar tributária de normas gerais sobre os ordenamentos jurídicos parciais da União, dos Estados e dos Municípios. 5 A questão do ICMS. Possibilidade de ser objeto de tratado internacional celebrado pela República Federativa do Brasil. 6. A questão do adicional estadual do imposto de renda. 7. O controle prévio dos tratados e convenções internacionais pelo Supremo Tribunal Federal.

Art. 5º, § 2º, da CF: "Os direitos e garantias expressos nesta Constituição não excluem outros decorrentes do regime e dos princípios por ela adotados, ou dos *tratados internacionais*".

Art. 98 do Código Tributário Nacional (Lei Complementar da Constituição): "Os tratados e as convenções internacionais revogam ou modificam a legislação tributária interna e serão observados pela que lhes sobrevenha".

1. Prólogo

1.1. Assisti em Barcelona, durante o Congresso da "International Fiscal Association" (IFA), em evento paralelo, simpósio em que se discutiu a eficácia dos tratados assinados pela União relativamente aos Estados-Membros nos países federativos. Participaram do Simpósio os EEUU, o Canadá, a Suíça, a Alemanha e o Brasil. O referido simpósio tinha portanto, por objeto, saber se os acordos sobre bitributação, matéria aduaneira e outros de índole fiscal, firmados pelos Governos centrais, obrigavam ou não os Estados-Membros ou, noutro giro, se tais acordos atingiam ou não os *tributos de competência desses Estados-Membros*. Dado que o Federalismo brasileiro apresenta denotações muito especiais, certo que a nossa Constituição reconhece os tratados como fonte de direito e o Código Tributário Nacional impõe a prevalência dos tratados sobre a legislação interna, resolvi escrever sobre a matéria.

1.2. Por outro lado, o imposto sobre a circulação de bens e serviços, doravante ICMS, principal imposto dos Estados-Membros (com o feitio de imposto sobre o valor agregado, à semelhança dos IVAS europeus) apresenta decisiva importância na formação dos custos e dos preços das mercadorias, com incidência nas importações e exportações do país. Portanto, repercute nos acordos subscritos pelo Brasil. O assunto passa a interessar diretamente ao Mercado Comum dos países do cone sul da América (MERCOSUL) e ao GATT e aos acordos sobre bitributação do imposto de renda, tendo em vista o adicional do Imposto de Renda dos Estados-Membros.

1.3. Finalmente, há no Brasil vozes abalizadas que restringem os efeitos dos tratados e acordos internacionais à esfera jurídica da União, desobrigando os Estados-Membros, sem falar nos pregoeiros da prevalência da Legislação interna sobre a derivada dos Acordos e convenções, com base no avelhantado, e no particular, deletério conceito de *soberania*.

1.4. A convergência desses aspectos acima descritos, uns práticos, outros doutrinários, confere ao presente estudo uma importância especial, face à constante e crescente interação das economias dos diversos países que formam a comunidade jurídica internacional.

2. O federalismo brasileiro: seus aspectos peculiares

2.1. A compreensão do tema exige ligeira comparação da federação no Brasil com as que são adotadas por outros países. O federalismo brasileiro, antes de tudo, é obra de razão política ao contrário de outros como o americano, o canadense, o suíço e até o alemão, que surgiram ao sabor de circunstâncias históricas. Nos EEUU, *v. gratia*, as colônias anglófonas, ciosas de suas respectivas autonomias, se reuniram primeiramente numa confederação de Estados soberanos para fazer a guerra contra a Inglaterra, e, vencida a pátria-mãe, continuaram confederados nos primeiros dias da paz que se seguiu ao tempestuoso conflito. Quando os pais da pátria se reuniram, quase secretamente, para dar ao "bom povo das colônias" uma Constituição verdadeira, tiveram que lidar com este senso arraigado de autonomia dos *estados confederados*, muito embora a confederação tivesse demonstrado a sua extrema ineficiência durante a guerra da libertação assim como nos primórdios da subseqüente paz, trazendo enormes dificuldades à governabilidade dos Estados Unidos da América. Fizeram, pois, uma federação cheia de susceptibilidades. Até mesmo a competência da Suprema Corte como órgão de controle da constitucionalidade das leis ficou subentendida. Federalistas e Republicanos, uns forcejando pela autonomia dos Estados, outros pelo reforço das prerrogativas do Poder Central, se opuseram ferrenhamente. E foi a Suprema Corte que nos primeiros tempos reforçou o poder da União perante os Estados-Membros, única maneira de fazer vingar o projeto nacional americano, enclausurado na tese compromissória da "dupla soberania" entre a União e os Estados-Membros, consagrada na Constituição.

2.2. A autonomia legislativa dos Estados-Membros nos EEUU é perceptível ainda hoje. É ver que nalguns a pena de morte existe, noutros não. Nuns é possível divorciar-se com maior facilidade. Diferem as leis mercantis entre os Estados. Cada qual possui o seu direito, amplo e diversificado. O Direito federal sobrepaira os direitos locais mas não é extenso como no Brasil. Aqui a quase totalidade das fontes legislativas são federais; a União legisla privativamente sobre as principais matérias e ainda emite normas gerais em matérias deferidas à legislação dos Estados e Municípios.

2.3. Impende notar que inexiste nos EEUU um sistema orgânico e exaustivo de repartição de competências tributárias e de conseguinte uma discriminação constitucional de receitas tributárias, como ocorre no Brasil, cujo federalismo é, rigorosamente, uma construção jurídica e política. Neste ponto, como noutros, a Constituição americana é um "living document", que escritores de nomeada dizem ter sido proposital para que a Suprema Corte, arbitrando as circunstâncias, pudesse lhe atribuir o conteúdo devido em cada época, algo parecido com a "legem terrae" (*law of the land*) dos ingleses. Bem diferente é a situação no federalismo brasileiro, de arquitetura complexa, com atribuições minuciosas de competências legislativas, administrativas e jurisdicionais. Tudo isto converge para a conclusão de que a autonomia dos Estados-Membros nos EEUU é muito grande, o que obsta à interferência da União.

2.4. O federalismo suíço, como o norte-americano, é histórico. Ao contrário do que possa sugerir a Suíça nem sempre foi uma nação pacífica e neutra. Outrora belicosa, a Helvécia foi vítima de pressões partidas de todas as partes, em que pese a sua abrupta geografia. A união dos *Cantões* decorreu de uma absoluta necessidade de autodefesa para a preservação de interesses comuns. Por isso mesmo, independentemente de a Suíça ser um país trilíngüe, o que entremostra a diversidade de sua formação histórica, os Cantões conservaram uma gama ampla de competências legislativas e administrativas. O modelo básico é o federalismo dualista. Há o direito federal e o direito cantonal, mais antigo, telúrico, arraigado. Portanto, a interferência da União na esfera dos interesses cantonais, como nos EEUU, só é permitida à luz de considerações consistentes em prol da comunidade jurídica total (nacional).

2.5. O Canadá apresenta um federalismo ímpar. Existe o Canadá francófono e o Canadá anglófono, com nítidas diferenças. É certo que Ontário (inglês), o Quebec (francês), principais províncias, não esgotam a federação canadense;[1] todavia a bipolaridade da nação em função dessas duas grandes províncias é inquestionável. Diante de um Quebec intensamente seccionista, a federação canadense teria mesmo que conferir às províncias signatárias do pacto federal uma parcela maior de autonomia, de tal modo que a interferência do centro nas ordens jurídicas das províncias se faz com extrema cautela, não propiciando a *centralização*.

2.6. A Alemanha é quem mais se parece com o Brasil. A centralização é bem maior. A derrota militar lhe permitiu organizar um Estado-federal, em meados do século XX, amoldado às circunstâncias modernas e com um grande aporte de racionalidade. Aliás, já se disse com certa dose de exagero que a Alemanha é uma pseudofederação fiscal em razão da magnitude das prerrogativas do Poder Central. Os *Lander* seriam mais divisões político-administrativas do que Estados-Membros. A própria palavra *Lander* (Estado, país) nos remete a uma época em que a Germânia, antes de sua bismarckiana unificação,[2]

1. Entre os povos anglófonos, o Canadá, ainda que bilíngüe, é que mais se aproxima da *patria mater*, em que pese a influência do Quebec francófono. O regime é parlamentarista, com o rei ou rainha substituído pelo governador geral, indicado pela Coroa Britânica. O Domínio, no entanto, possui como nos Estados Unidos, uma Constituição escrita, alterável pelo Parlamento. Este possui duas câmaras. A câmara alta é o Senado, uma espécie de câmara dos lordes, cujos membros são nomeados pelo governador geral, após recomendação do Primeiro Ministro. Representam, como no modelo norte-americano e também no brasileiro, os Estados-Membros, que lá são as "provinces". Todavia, não é paritária a assembléia senatorial, mas proporcional. Ontário e Quebec têm 24 senadores. Nova Escócia e Novo Brunswick mandam 10 cada qual. São indicados seis respectivamente por Alberta, Colúmbia britânica, Saskatchewan, Manitoba e Terra-Nova. A ilha do Príncipe Eduardo tem 4. Yukon e os territórios do nordeste, apenas 1. Exerce a casa as funções típicas dos senados modernos. A câmara baixa, à guisa de câmara dos comuns, no entanto, é que legisla e decide. Os deputados são eleitos pelo povo. O gabinete governa. O 1º Ministro, teoricamente apenas o chefe do governo, na prática é Chefe-de-Estado. O governador-geral, assim como os reis da Inglaterra, representa a coroa britânica mas não governa. É a tradição das ilhotas inglesas transportada para os longes gelados do Canadá, um país que reúne o melhor da América ao melhor da Europa.

2. A Alemanha e a Itália foram os *Estados Nacionais* que mais tardiamente se formaram na Europa. A primazia coube à França.

formava uma confederação de principados, com larga tradição de autonomia, sem embargo da passada e pesada hegemonia da Prússia. Seja lá como for, a Alemanha tem um federalismo concentracionário. A Corte Constitucional alemã exerce, ademais, um controle prévio (ao lado do controle sucessivo da constitucionalidade das leis) dos tratados internacionais para permitir o seu ingresso, sem problemas, na ordem jurídica interna do país.

2.7. Este ligeiro escorço histórico foi debuxado para demonstrar que a análise da eficácia e extensão dos tratados internacionais subscritos pelo Brasil, por intermédio da União, enquanto pessoa jurídica de direito público com representação externa, não pode ser empreendida à luz dos padrões federais existentes noutras plagas do mundo. Ao revés deve ser empreendida a partir de nossa ímpar fisionomia federal, como veremos em seguida, quando será enfatizada a importância da lei complementar em nosso sistema jurídico e a relevância das normas gerais de direito tributário sobre a União, os Estados e os Municípios.

3. A União Federal na ordem jurídica internacional e na ordem jurídica interna

3.1. A União representa na ordem jurídica internacional o Estado brasileiro, uno e indivisível. Para o direito das gentes existe apenas o Estado Brasileiro como sujeito de direitos e deveres. Para o chamado direito nacional, a União, simples pessoa jurídica de direito público interno, ao lado de Estados e Municípios, expressa uma ordem jurídica parcial. A conjunção das ordens jurídicas parciais da União, dos Estados-Membros e dos Municípios forma a ordem jurídica total sob a égide da Constituição.[3] Geraldo Ataliba aduz com propriedade que: "A relação de oposição se estabelece entre União e Estados federados e não entre estes e o Estado Federal. É que o Estado Federal não se opõe a Estados Federados mas, pelo contrário, é associação, união sem síntese destes". E, prossegue: "Explicitando o que está explícito na melhor doutrina, distinguimos a pessoa jurídica de direito público interno (União) do Estado Federal, àquele reconhecendo paridade às unidades federadas, enquanto o Estado Federal sobre todos se põe eminente" (*Leis Nacionais e Leis Federais no Regime Constitucional Brasileiro — Estudos Jurídicos em Homenagem a Vicente Ráo*, Ed. Resenha Tributária, 1976, p. 133).

José Afonso da Silva é enfático:

"O Estado Federal, a República Federativa do Brasil, é que é a pessoa jurídica de direito internacional.

"Na verdade, quando se diz que a União é pessoa jurídica de direito internacional, não se está dizendo bem mas quer-se referir a duas coisas: (*a*) as relações internacionais da República Federativa do Brasil realizam-se por intermédio de órgãos da União, integram a competência desta, conforme dispõe o art. 21, incisos I-IV, (*b*) os Estados federados não têm competência em matéria internacional, nem são entidades reconhecidas pelo Direito Internacional, são simplesmente de direito interno" (*Curso de Direito Constitucional Positivo*, Ed. Resenha Tributária, 6ª ed., p. 426).

Quer-me parecer que o Quebec, no Canadá, tem competência para assinar tratados como a Califórnia nos EEUU e o Cantão de Vaud, na Suíça, sob certas condições autorizativas. No federalismo brasileiro isto é impossível.

3.2. É imperioso, pois, distinguir a União Federal quando representa o Estado Brasileiro na ordem internacional e a União como pessoa jurídica de direito público interno. Assim quando o art. 151, III

3. A federação brasileira é triádica, consagra o Município como Pessoa Jurídica de Direito Público Interno e partícipe do pacto político básico.

da C. Federal veda à União a faculdade de "instituir isenções de tributos da competência dos Estados, do Distrito Federal e dos Municípios" não está limitando a competência do Estado Brasileiro de concluir acordos tributários que envolvam tributos estaduais e municipais mas apenas proibindo, na ordem jurídica interna, a isenção heterônoma e ditatorial que existia na Carta autoritária de 67, aspecto dentre outros da hipertrofia brutal da União no quadro federativo, em paralelo com a hipertrofia do Executivo Federal nas relações entre os Poderes.

3.3. De resto, a proibição de isenção pela União em tributos de alheia competência não é tão absoluta como parece. A regra geral é a vedação (art. 151, III da CF/88). Contudo, em nome do interesse nacional, a Constituição permite, em dois casos, que a União, na qualidade de pessoa jurídica de direito público interno, conceda mediante lei complementar, que exige quórum qualificado de votação, isenção de imposto estadual (ICMS) e municipal (ISS). A isenção heterônoma é permitida nos artigos 155, XII, e 156, § 4º, II. Por aí se vê que nas hipóteses de exportação de bens e serviços a União pode determinar a isenção dos impostos sobre circulação de mercadorias e prestação de serviços de qualquer natureza. A mensagem do Legislador visa favorecer o "export-drive", política intimamente legada ao interesse nacional (e por isso geral) cabente à União, como Pessoa Jurídica de Direito Público Interno, porém com projeção internacional. O adminículo bem demonstra que o interesse nacional no plano internacional (*jus gentium*) sobrepuja o interesse meramente estadual e municipal, a projetar para a exegese dos tratados internacionais, em matéria tributária, uma visão ampla em favor dos interesses do Estado brasileiro, enquanto totalidade jurídica e política, perante o concerto das Nações.

3.4. Sem razão, *data maxima venia*, Alcides Jorge Costa, quando afirma não mais poder a União "conceder isenção de impostos estaduais, como não pode celebrar tratados que sejam contrários a Constituição", ao que tudo indica, querendo dizer que os acordos internacionais em matéria tributária só poderiam versar tributos da competência da União ("O ICMS na Constituição" — *RDT* 46/170). "O tratado celebrado por quem pode fazê-lo, a União, uma vez referendado pelo Congresso Nacional, não fere nem a teoria nem a prática do federalismo. A uma, por isso que a celebração do tratado é feita pelo Estado brasileiro (o todo) envolvendo todas as partes (União, Estados e Municípios). A duas, porque a Constituição, como vimos de ver no pórtico do presente trabalho, acolhe o tratado válido como fonte de direitos para os justiçáveis (art. 5º, § 2º da CF). A três, em razão de o Código Tributário Nacional, nesta parte recepcionado pela nova Constituição, dispor no art. 98 que "os tratados e as Convenções internacionais revogam ou modificam a legislação tributária interna e serão observados pela que lhes sobrevenha". E dispõe assim, exatamente para dar credibilidade e garantia aos terceiros países acordantes. Seria inútil o Estado brasileiro celebrar acordos sem um *minimum* de estabilidade jurídica. Derradeiramente o Federalismo brasileiro prevê mecanismo jurídico para submeter as ordens jurídicas parciais aos *tratados* (em matéria fiscal).

4. A superioridade da lei complementar tributária de normas gerais sobre os ordenamentos jurídicos parciais da União, dos Estados e dos Municípios

4.1. A disposição legal supratranscrita (art. 98 do CTN) está posta em texto de lei complementar da Constituição, na parte em que cuida da Interpretação e Vigência no tempo e no espaço, da Legislação Tributária da União, dos Estados-Membros e dos Municípios. É um dispositivo sobre como interpretar e aplicar leis fiscais, sejam federais, estaduais e municipais, que ao lado de outros mostra que os destinatários desses preceitos são os intérpretes e aplicadores das leis tributárias. São *normas gerais* aplicáveis às três ordens do governo indistintamente. Dá-se à estampa o teor dessas *normas gerais imperativas*, contidas no Código Tributário Nacional. O Código é nacional, não meramente federal.

"Art. 96. A expressão "legislação tributária" compreende as leis, os tratados e as convenções internacionais, os decretos e as normas complementares que versem, no todo ou em parte, sobre tributos e relações jurídicas a eles pertinentes."

"Art. 98. Os tratados e as convenções internacionais revogam ou modificam a legislação tributária interna, e serão observados pela que lhes sobrevenha."

"Art. 100. São normas complementares das leis, dos tratados e das convenções internacionais e dos decretos:

"I — os atos normativos expedidos pelas autoridades administrativas;

"II — as decisões dos órgãos singulares ou coletivos de jurisdição administrativa, a que a lei atribua eficácia normativa;

"III — as práticas reiteradamente observadas pelas autoridades administrativas;

"IV — os convênios que entre si celebrem a União, os Estados, o Distrito Federal e os Municípios.

"Parágrafo único. A observância das normas referidas neste artigo exclui a imposição de penalidades, a cobrança de juros de mora e a atualização do valor monetário da base de cálculo do tributo".

"Art. 102. A legislação tributária dos Estados, do Distrito Federal e dos Municípios vigora, no País, fora dos respectivos territórios, nos limites em que lhe reconheçam extraterritorialidade os convênios de que participem, ou do que disponham esta ou outras leis de normas gerais expedidas pela União".

4.2. A lei complementar, evidentemente, complementa a própria Constituição, conferindo-lhe eficácia plena. Portanto, põe-se eminente, como diria Ataliba. E, por isso, obriga a União, os Estados e os Municípios. Quando o art. 98 do CTN, que só pode ser mudado por outra lei complementar — e portanto sob o ponto de vista material é lei complementar —, dispõe que o tratado revoga a legislação tributária interna e não pode ser revogado pela legislação tributária interna superveniente, o art. 98 do CTN não está se referindo apenas à legislação federal. Refere-se às legislações parciais da União, dos Estados e dos Municípios, que juntas formam a ordem jurídica tributária total do Estado Brasileiro, como é da índole do Estado Federal. Não menos do que por isso, o Ministro Rezek, que pertenceu à Suprema Corte, pôde dizer que o art. 98 construiu no domínio tributário uma regra de primado do direito internacional sobre o direito interno ("Tratado e Legislação Interna em Matéria Tributária" — *ABDF* n. 22) Hans Kelsen, corifeu da teoria monista que dava primazia aos Direitos das Gentes sobre os Direitos Nacionais, ficaria finalmente satisfeito. O Ministro Rezek indubitavelmente está certo.

4.3. A Constituição de 1988 reforçou o poder das normas gerais de direito tributário sobre as ordens jurídicas parciais que formam a ordem jurídico-tributária total, i. é, reforçou o caráter de supremacia do Código Tributário sobre as legislações tributárias da União, dos Estados e dos Municípios. Proclama a Lei Maior:

"Art. 146. Cabe à lei complementar:

"I — dispor sobre conflitos de competência, em matéria tributária, entre a União, os Estados, o Distrito Federal e os Municípios;

"II — regular as limitações constitucionais ao poder de tributar;

"III — estabelecer normas gerais em matéria de legislação tributária, especialmente sobre:

"a) definição de tributos e de suas espécies, bem como, em relação aos impostos discriminados nesta Constituição, a dos respectivos fatos geradores, bases de cálculo e contribuintes;

"b) obrigação, lançamento, crédito, prescrição e decadência tributários;

"c) adequado tratamento tributário ao ato cooperativo praticado pelas sociedades cooperativas."

As matérias enunciadas no artigo foram rol meramente exemplificativo (*numerus apertus*). Sempre se entendeu no Brasil que as normas sobre vigência, interpretação e aplicação da legislação tributária são, por excelência, normas gerais de direito tributário, de observância obrigatória pela União, Estados e Municípios. Ao que o art. 98 do CTN encartado no capítulo que trata precisamente dessas matérias harmoniza-se com a Constituição à perfeição. A compreensão da superioridade das normas gerais de direito tributário sobre as ordens jurídico-tributárias da União, dos Estados e dos Municípios é de fácil acesso. A contrário senso, se não fossem superiores ou seja, se não formassem *fundamentos de validez* para certo grupo de temas tributários, comuns às três ordens de Governo que convivem na federação brasileira, teríamos, só para exemplificar, a possibilidade jurídica de a União ou cada um dos Estados-Membros ou os numerosíssimos municípios brasileiros, fixarem conceitos diversos de *tributo, obrigação tributária, lançamento, sujeição passiva, responsabilidade de terceiros, prazos de prescrição, interpretação e aplicação da legislação tributária*, "*et caterva*", transformando o Direito Tributário pátrio numa verdadeira babel, incompatível com a hirsuta e minuciosa repartição de competências tributárias da Constituição, a mais extensa do mundo, e que de sobredobro atribui à Lei Complementar a tarefa de integrá-la, complementá-la, completando a disciplina constitucional do Direito Tributário Brasileiro.

4.4. A constitucionalização do Direito Tributário no Brasil começou a acendrar-se na Constituição de 46 e alcançou o seu ápice na Constituição de 88. Sob o Império até a proclamação da República fomos um Estado-Unitário. O Federalismo surge com a primeira Constituição Republicana de 1891, quando a descentralização, no sentido de maior autonomia jurídica aos Estados-Membros, prevaleceu, a ponto de irritar Ruy Barbosa!

"Não somos uma federação de povos até ontem separados e reunidos de ontem para hoje. Pelo contrário, é da união que partimos.

"...

"Grassa por aí um apetite desordenado e doentio de federalismo, cuja expansão sem corretivo seria a perversão e a ruína da reforma federativa.

"...

"Ontem de federação não tínhamos nada. Hoje não há federação que nos baste" (*Obras Completas*, vol. XVII, tomo I, pp. 146, 148 e 151).

Fato é que a partir da revolução de 1930 a tendência sempre foi a de simplificar e racionalizar o sistema jurídico atribuindo-se ao Congresso Nacional a quase totalidade da competência legislativa. Data dessa época, principalmente a partir de 46, o surgimento das "normas gerais" de observância obrigatória, sobrepairando as ordens jurídicas parciais da União, dos Estados e dos Municípios. Uma segura resenha dessa evolução fê-la o Prof. Mesquita Lara, da UFMG, que teve a gentileza de me entregar em mãos a sua pesquisa e eu a fiz inserta no meu livro de Comentários à Constituição de 1988, editado pela Forense, em 1990. Vejamos alguns entrechos:

"Assentou-se, ainda sob a Constituição de 1946, que a força da lei federal de normas gerais provinha não de sua forma, que era a mesmíssima forma ordinária das regras produzidas pelo Congresso Nacional e aprovadas por maioria simples, mas de seu conteúdo, o qual, embora constituído de matéria de interesse também dos Estados e Municípios, os impedia de prover em sentido contrário. Este impedimento, todavia, não decorria de hierarquia, mas sim de competência, já que no caso não se caracterizava a superioridade da regra federal sobre a estadual e/ou municipal, mas sim o monopólio de competência da União para legislar excepcionalmente sobre matérias também afetas ao interesse de Estados e Municípios, competência exclusiva e personalíssima, pois a estes não cabiam senão poderes para a edição de simples normas complementares supletivas.

"Estas linhas doutrinárias permaneceram vivas durante todas as vicissitudes por que passou a Constituição de 1946 e nenhuma das emendas que lhe foram feitas afetou seus artigos 5º, XV, *b*, e 6º, incluída a de n. 18 de 01.12.65, de funda repercussão no sistema tributário nacional.

"Excluindo da competência dos Estados e Municípios matérias ínsitas a ela; diminuindo o poder de legislar destas entidades, e editadas por um poder legislativo estranho, sem ser em sede constitucional, as normas gerais, embora sob a roupagem simples das leis ordinárias, constituem, realmente, regras quase-constitucionais, pelo inusitado de sua eficácia.

"A Constituição de 24 de janeiro de 1967 trouxe importantes inovações ao regime das normas gerais em foco: separou-as em dois grupos, um das regras de direito financeiro e outro das regras de direito tributário; para as primeiras manteve o regime das leis ordinárias (art. 8º, XVII, *c*), estabelecendo para a segunda a lei complementar aprovada pela maioria absoluta dos membros do Congresso Nacional (art. 19, §§ 1º e 5º); além disso, consagrou a dupla função das normas gerais de direito tributário: estabelecer regras comuns em matéria tributária para a União, Estados e Municípios, como tal compreendidas também as limitações ao poder de tributar, e dispor sobre seus conflitos nessa matéria, havendo tudo isso sobrevivido após a Emenda Constitucional n. 1, de 17.10.69 (arts. 8º, XVII, *c*, e 18, § 1º).

"A inovação constitucional brasileira relativa às normas gerais constitui um dos mais importantes aportes para a teoria do estado federativo neste século. Com ela facilita-se a solução dos problemas tão comuns às federações, relativos à competência das entidades que as integram e às suas disputas sobre o âmbito do respectivo poder de legislar.

"Com efeito, uma federação, pela dualidade de governos num mesmo território — o da União e o do Estado — exige sempre uma perfeita discriminação de competência, dificilmente alcançada no texto constitucional. Complicam-se as coisas e os conflitos são acrescidos quando há ainda a variável do município, que, em algumas federações, constitui uma terceira entidade diretamente dotada pela Constituição do poder de editar autonomamente leis sobre matéria de interesse local, como no caso brasileiro. Há então, três ordens jurídicas independentes, três sistemas normativos próprios a referenciar matérias nem sempre com precisas linhas demarcatórias.

"Um exame histórico revela que as soluções constitucionais para a composição de conflitos intrafederativos de competência sempre deixam a desejar. São imperfeitas as fórmulas de se enumerarem as matérias de competência da União e de se deixar o resíduo aos Estados, depois de subtraído das matérias de interesse do Município, ou de se arrolarem as matérias dos Estados, deixando o resíduo à União, depois de diminuído da parte do Município: é falha também a solução de certas matérias ficarem promiscuamente na competência comum de todas as entidades, com o prevalecimento, no caso de contradição, do direito federal sobre o estadual e o municipal e do estadual sobre o municipal.

"A Constituição de 5 de outubro de 1988 mantém a denominação, normas gerais, para as regras jurídicas que, sem serem formalmente constitucionais, têm características destas, como serem editadas pelo Congresso Nacional; versarem sobre matérias que, em princípio, são de competência também dos Estados e Municípios; padronizarem a normatividade de matérias inerentes a estes e à União; limitarem os respectivos poderes de legislar e disporem sobre seus conflitos de competência.

"Permanecem as normas gerais, assim, como regras imediatas à Constituição Federal — regras quase-constitucionais — como um sobredireito em relação aos sistemas normativos parciais da União, Estados e Municípios. Seu *situs natural*, por isso, deveria ser a própria Constituição Federal, por serem inusuais normas de tal natureza sob outra forma" (*Comentários à Constituição de 1988 — Sistema Tributário*, Sacha Calmon Navarro Coêlho, Ed. Forense, p. 141).

Sobre as normas gerais, também eu aduzi que: "A sede jurídica de estudo das normas gerais situa-se na área da repartição das competências legislativas nos Estados federais. A doutrina costuma referir-se a dois tipos de repartições: a horizontal e a vertical. Na horizontal, as pessoas políticas, isônomas, recebem cada qual suas áreas competenciais, devidamente apartadas. São lotes, por assim dizer, perfeitamente delimitados. Em se tratando da repartição vertical, o discrímen se faz por graus, pois as matérias são regradas por mais de uma pessoa política. Para evitar a promiscuidade impositiva, faz-se necessário graduar, na escala vertical, o ponto de incidência do regramento cabente a cada pessoa política". Entre nós, determinadas províncias jurídicas não ensejam repartição vertical de competências legislativas. Tais são os casos dos Direitos Civil, Comercial, Penal, Processual Civil, Processual Penal, Trabalhista, etc. Estes são direitos cujas fontes legislativas são privativas da União Federal. Outros ramos jurídicos, mormente aqueles que se incrustam no que se convencionou chamar de Direito Público, oferecem ensejo a que ocorra o fenômeno da repartição vertical de competências legislativas, ocasião em que mais de uma pessoa política normatiza, por graus, uma mesma matéria jurídica. Em Direito Administrativo e Direito Tributário o fenômeno é evidente. Ora, precisamente em razão da repartição vertical de competências é que surgem as normas gerais. Assim, as normas gerais de Direito Tributário são da competência legislativa da União Federal, através do Congresso Nacional. Na verdade, inexiste aí competência concorrente, senão partilhada. A concorrência é meramente substitutiva, i.é, se a União não emitir as normas gerais, a competência das pessoas políticas (Estados-Membros e Municípios) torna-se plena. Emitidas que sejam as normas gerais, cumpre sejam observadas quando do exercício das respectivas competências privativas por parte de Estados e Municípios, sem prejuízo da eventual e limitada competência supletiva do Estado, na própria temática da norma geral, conforme se pode verificar a uma simples leitura da repartição geral de competências levada a efeito pela Constituição de 1988.

"Art. 24. Compete à União, aos Estados e ao Distrito Federal legislar concorrentemente sobre:

"...

"§ 1º. No âmbito da legislação concorrente, a competência da União limitar-se-á a estabelecer normas gerais.

"§ 2º. A competência da União para legislar sobre normas gerais não exclui a competência suplementar dos Estados.

"§ 3º. Inexistindo lei federal sobre normas gerais, os Estados exercerão a competência legislativa plena, para atender às suas peculiaridades.

"§ 4º. A superveniência de lei federal sobre normas gerais suspende a eficácia da lei estadual, no que lhe for contrário" (*rec-*

tius: onde se lê lei federal, tratando-se de matéria tributária, leia-se lei complementar).

4.5. Sob o ponto de vista da Teoria Geral do Direito estas características do Direito Tributário Brasileiro se encaixam na teoria da formação do direito por graus, tão bem elaborada por Kelsen, Merkl e, no Brasil, por Pontes de Miranda, José Souto Maior Borges e Misabel de Abreu Machado Derzi. Significa que a Ordem Jurídica sustenta-se por cima. A sua base está no cume. De cima para baixo as normas somente terão validade ou validez material ou formal se estiverem de acordo com uma norma que lhes estiver acima e que representa o seu *fundamento de validez*. O ponto de partida, por suposto, é a *Constituição*. Dá-se assim que a Constituição brasileira, como vimos de ver, atribui à *lei complementar dela mesma* a função de fixar as *Normas Gerais de Direito Tributário*. O fundamento de validez das normas gerais é, pois, a Constituição. Por sua vez, as Legislações tributárias da União, dos Estados-Membros e dos Municípios devem catar obediência às normas gerais, sob pena de não o fazendo perderem validez, ou seja, serem inválidas. Isto posto, quando o art. 98 do CTN dispõe que a matéria acordada em tratado revoga a Legislação interna que lhe for contrária e não pode ser revogada por lei superveniente, estamos diante de uma *norma geral* posta por lei complementar da Constituição, de observância obrigatória pela União, Estados e Municípios.

Souto Maior Borges discorre muito bem sobre "os fundamentos de validez". Diz ele:

"O direito regula a sua própria criação, enquanto uma norma jurídica pode determinar a forma pela qual outra norma jurídica é criada, assim como, em certa medida, o conteúdo desta última. Regular a sua própria criação, de modo que uma norma apenas determine o processo mediante o qual outra norma é produzida ou também, em medida variável, o conteúdo da norma a ser produzida é assim uma particularidade do direito. A validade de uma norma jurídica depende portanto de seu relacionamento com normas superiores processuais, reguladoras da atuação do órgão, e as normas superiores materiais, determinantes, até certo ponto, do conteúdo possível da norma a ser editada. A norma jurídica é válida então porque foi criada na forma estabelecida por outra norma que funciona como o seu fundamento ou razão de validade. Dado o caráter dinâmico do direito, uma norma jurídica somente é válida na medida em que é produzida pelo modo determinado por uma outra norma que representa o seu fundamento imediato de validade. Para Kelsen, a relação entre a norma que regula a produção de outra e a norma assim regularmente produzida pode ser figurada por uma imagem espacial de supra-infra-ordenação.

"Trata-se pois de um mero recurso a imagens espaciais, figuras de linguagem de índole espacial. A norma determinante da criação de outra é superior a esta; a criação de acordo com a primeira lhe é, ao contrário, inferior. A criação de uma norma — a de grau mais baixo — é determinada por outra — a de grau superior — cuja criação é, por sua vez, determinada por outra norma de grau mais alto. Outro valor e outra significação não tem o problema de hierarquização dos diferentes níveis de normas. O ordenamento jurídico, para atualizarmos a "imagem espacial" de Kelsen, não está constituído por um sistema de normas coordenadas entre si, que se encontrassem umas ao lado das outras" (*apud* Sacha Calmon, ob. cit., p. 121).

5. A questão do ICMS. Possibilidade de ser objeto de tratado internacional celebrado pela República Federativa do Brasil

5.1. A proibição de isenção heterônoma na ordem interna não deve ser utilizada como argumento para impedir que a República Federativa do Brasil disponha sobre o regime tributário de bens e serviços tributados pelo ICMS em encerros de tratado internacional. De tudo quanto vimos sobraram as seguintes conclusões:

a) A Constituição reconhece o tratado como fonte de direitos.

b) O tratado, assinado pelo Presidente ou Ministro plenipotenciário e referendado pelo Congresso, empenha a vontade de todos os brasileiros, independentemente do Estado em que residam.

c) O CTN assegura a prevalência do tratado sobre as legislações da União, dos Estados e Municípios.

d) A proibição de isenção heterônoma é restrição à competência tributária exonerativa da União como ordem jurídica parcial e não como Pessoa Jurídica de Direito Público Externo.

e) O interesse nacional sobreleva os interesses estaduais e municipais internos e orienta a exegese dos tratados.

f) A competência da União para celebrar tratados em nome e no interesse da República Federativa do Brasil não fere a teoria do federalismo, se é que existe, ante as diversidades históricas das federações, nem arranha o federalismo arrumado na Constituição do Brasil de 1988.

g) O Federalismo brasileiro é concentracionário.

5.2. De fato, o art. 1º da Carta Política atesta que a Nação brasileira é uma República Federativa formada pela união indissolúvel dos Estados, Municípios e Distrito Federal. Esta República tem como um dos seus fundamentos básicos, entre outros, o da *Soberania*, atributo cabível apenas aos *sujeitos de direito internacional*. O desenho constitucional diz competir à União manter relações com outros Estados (art. 21, I) em nome da República, na pessoa do seu Presidente (art. 84, VII) a quem foi atribuída a específica competência de celebrar tratados, atos e convenções internacionais (art. 84, VIII) com o beneplácito do Congresso Nacional (art. 49, I).

5.3. A jurisprudência da nossa Suprema Corte em matéria tributária vem se mantendo inalterada neste ponto, prestigiando a supremacia do tratado internacional sobre o direito pátrio, seja ele federal, estadual, distrital ou municipal, sem embargo de opiniões minoritárias relativamente à inconstitucionalidade do art. 98 do CTN. Confiram-se "*interplures*" os recentes acórdãos nos recursos extraordinários 119.814-1-SP, 116.335-6-SP, 116.198-1-SP e 113.759-2-SP.

5.4. Nem se olvide que o ICMS é um imposto estadual que deveria ser federal, pois interfere com as linhas de política de caráter nacional. Por isso mesmo é tão minguada a competência do Estado-Membro para regê-lo. Aliás os impostos sobre valores agregados são impostos típicos de países unitários. E, quando assim não é, pertencem à competência do poder central (nas federações).

Desde a Emenda n. 18/65 à Constituição de 46, após o movimento militar de 1964, quando se intentou, simultaneamente, a racionalização do sistema tributário (Emenda n. 18) e a codificação do Direito Tributário (CTN), que o ICM, agora ICMS, vem se apresentando como um imposto problemático, tomado de enfermidades descaracterizantes. À época do movimento militar de 1964, receptivo às críticas dos juristas e economistas que viam no imposto sobre vendas e consignações dos Estados (IVC) um tributo avelhantado, "em cascata", propiciador de inflação, verticalizador da atividade econômica, impeditivo do desenvolvimento da Federação e tecnicamente incorreto, resolveu-se substituí-lo por um imposto "não cumulativo", que tivesse como fatos jurígenos não mais "negócios jurídicos", mas a realidade econômica das operações promotoras da circulação de mercadorias e serviços, no país, como um todo. Destarte, surge o ICM, não cumulativo, em lugar do IVC cumulativo. A idéia era tomar como modelo os impostos europeus sobre valores agregados ou acrescidos, incidentes sobre bens e serviços de expressão econômica, os chamados IVAS. ("La taxe sur le valeur ajoutée, imposta sul valore aggiunto, impuesto sobre el valor anedido"). Duas aporias se apresentaram então. A primeira, a realidade de que tais impostos, nos países europeus, se davam em nações de organização unitária onde inexistiam Estados-Membros e, quando assim não fosse, a competência para operá-los ficava sempre em mãos do Poder Central. A segunda, a constatação de que no Brasil, Estado federativo, os Estados-Membros estavam acostumados a tributar o comércio das mercadorias (IVC); a União, a produção de mercadorias industrializadas (imposto de consumo) e os Municípios, os serviços (indústrias e profissões).

Ora, estas duas dificuldades atrapalham as idéias reformistas e modernizantes. Temeu-se que as pessoas políticas, traumatizadas pela reforma tributária em gestação, demorassem a se adaptar à nova estruturação, pelo despreparo de suas máquinas fiscais, e, em conseqüência, sofressem dramáticas perdas de receita, gerando problemas políticos e sociais de monta. A solução ficou no meio-termo, quebrantando os intuitos reformistas. Daí advieram, logo de início, algumas perversões.

(*a*) O ICM, por sua própria natureza um imposto global sobre circulação de mercadorias e serviços de expressão econômica, apequenou-se, para ceder espaço ao IPI federal (ex-imposto de consumo, tributando indiretamente os produtos industrializados) e ao ISS municipal (que conservava em sua base tributável, parte dos serviços ligados à produção, antes tributados pelo imposto Indústrias e Profissões). A realidade de um país federativo com três ordens de governo impunha-se desafiadora.

(*b*) O ICM, por ser, na genealogia dos IVAS, um imposto nacional que difunde os seus efeitos pelo território inteiro do país, em razão, principalmente, do seu caráter não cumulativo, viu-se — o imposto deveria ser da União — na contingência de ser retalhado em termos de competência impositiva entre os diversos Estados-Membros da Federação, o que antecipou sérias dificuldades no manejo do gravame que deveria ter "perfil nacional" uniforme. A conseqüência foi o massacre da competência estadual, já que o imposto teve que submeter-se a um regramento unitário pela União através de leis complementares e resoluções do Senado. E, para evitar políticas regionais autônomas e objetivos extrafiscais paraninfados pelos Estados *de per se*, foram ideados os convênios de Estados-Membros, espécies de convívio forçado em que um só podia fazer o que os demais permitissem ou tolerassem.

(*c*) Dada a diversidade nos estágios de desenvolvimento das várias regiões do país, e a ânsia generalizada dos Estados de se desenvolverem, o ICM já esparramado sobre um mapa de 22 Estados e mais de 4 mil Municípios, foi logo agarrado pelas unidades federadas como uma ferramenta hábil para partejar o desenvolvimento econômico, se bem que, em parte, contido pelos convênios. Oriundo, na sua concepção, de países já desenvolvidos, unitários em sua maior parte, o nosso ICM contorceu-se para conviver com as ânsias de crescimento dos Estados e a profunda diversidade econômica dos "países" componentes da Federação.

Em 1987 advém a Assembléia Nacional Constituinte e nela plantam-se com extraordinário vigor os anseios dos Estados de "independência e autonomia financeiras" na esteira da descentralização do poder central.

Opera-se, então, a construção do maior conglomerado tributário de que se tem notícia na história do país, com a adesão de deputados "expertos" em tributação. As constituintes modernas, que se seguem a rupturas institucionais, são radicais. As que se seguem a "acordos de transição" são compromissórias, embora em ambas existam sempre o "elemento radical" e a "componente compromissória". Sobre a nossa Constituinte — compromissória aqui e radical acolá — convergiam pressões altíssimas de todas as partes. Dentre os grupos de pressão há que destacar o dos Estados-Membros em matéria tributária, capitaneada pela tecnoburocracia das Secretarias de Fazenda dos Estados, que atuavam com uma única e exclusiva preocupação: abocanhar o maior naco de recursos que fosse possível, custasse o que custasse. Este fisiologismo caiu em solo fértil, qual seja, a necessidade de descentralizar o poder central hipertrofiado. E surge o ICMS, outra vez à revelia das serenas concepções dos juristas nacionais, senhores das experiências européias e já caldeados pela vivência de 23 anos de existência do ICM.

5.5. Pode-se extratar, ainda, a submissão do ICMS, aos tratados, examinando-se o rol avantajado de temas a ele pertinentes que podem ser versados por lei complementar. Desejo aqui ressaltar que a Lei complementar, acima dos Estados, *pode* definir e redefinir quem são os *contribuintes do imposto* (art. 155, XII, "a"). Isto posto pode o Congresso Nacional definir nas transações internacionais (o ICMS incide na importação de mercadorias e serviços) quem seja, sob determinadas circunstâncias, contribuinte do imposto, para adequar a fiel observância dos tratados em matéria fiscal da Nação como um todo à realidade interna. As isenções, como se sabe, podem resultar do manejo do sujeito passivo da obrigação. A política tributária, seja em razão da formação de mercados comuns, como o Mercosul, seja em razão das técnicas de livre comércio partejadas e acordadas no GATT, não pode ser embaraçada pelas veleidades dos Estados-Membros, que o nosso federalismo não tem viés histórico, como o americano e o suíço.

Todavia, essa lei complementar é até despicienda por isso que uma outra, o Código Tributário Nacional, já dispõe sobre a prevalência dos tratados no art. 98.

5.6. Tem toda razão Natanael Martins, em monografia que me entregou em mãos e não pude pesquisar se já foi publicada, quando averbou com prudência e tirocínio:

"Deveras, no concerto do direito das gentes, a República Federativa do Brasil é representada pelo Chefe da Nação, o Presidente da República, que nas relações internacionais, como proclama a Carta Magna, rege-se, dentre outros, pelos seguintes princípios: independência nacional; prevalência dos direitos humanos; autodeterminação dos povos; e cooperação entre os povos para o progresso da humanidade.

"Nesse contexto, não se pode compreender por que a Nação, representada pelo Chefe do Poder Executivo, ratificando tratados ao lado dos demais Estados do mundo, no palco do direito das gentes, no mais das vezes visando uma maior integração dos povos, validamente introduzidos no ordenamento jurídico por ato do Congresso, possa ver seu acordo frustrado nas modificações operadas no direito interno, sem que tenha havido expressa intenção de nulificá-lo.

"O Congresso Nacional, ao legislar sobre o ordenamento jurídico nacional, o faz sob a ótica dos problemas internos onde não figura a questão da integração de nações ou de povos. Ao se colocar um projeto de lei em votação nada disso está em jogo, sobretudo em matéria tributária. Daí não ser lícito concluir que qualquer inovação legislativa que houvesse afastaria de imediato matérias contidas em tratados que com aquele conflitassem, quando, à evidência, a função legislativa não tivesse visado esse fim.

"No direito interno o cidadão é livre para contratar, mas uma vez que contrate, obriga-se ao cumprimento do que contratou. "Pacta sunt servanda".

"Por que seria diferente no direito internacional? É verdade que aqui o direito de contratar é advindo não de uma lei superior a ambas as partes, mas do que é estatuído na lei suprema de cada uma das partes. Porém, uma vez contratado, a obrigação de se cumprir o que livremente se contratou é igual.

"Isso em relação a qualquer ramo do direito. Se o Brasil aceitou estabelecer uma lei uniforme para cheques, notas promissórias e letras de câmbio, não pode, sem denunciar o que aceitou, estatuir de forma diferente para viger em seu território.

"Na área do direito tributário o fato é mais grave. Se dois países aceitam uma limitação para a tributação de rendimentos ou mercadorias enviados de um para o território do outro, não pode um deles, unilateralmente, passar a tributar de forma mais gravosa, enquanto o outro continua a cumprir essa limitação".

6. A questão do adicional estadual do imposto de renda

6.1. Como adverti, de início, em Barcelona, vimos as reticências dos demais países federais em afirmar se podiam dispor sobre Tributos dos Estados-Membros em tratados internacionais, em razão naturalmente de suas respectivas formações históricas e, também, da extrema pobreza jurídica de suas respectivas Constituições, que desconhecem o notável instrumento da lei complementar de normas gerais de direito tributário, como demonstrado pelo Prof. José de Mesquita Lara, no item 4.4 retro desse trabalho. Tais reticências, todavia, foram encampadas pelo Brasil ao propósito dos acordos para evitar a bitributação em matéria de imposto de renda. Ora, nos EEUU, *v. gratia*, os Estados podem instituir imposto de renda e, de fato, contraria a índole do federalismo norte-americano a União imiscuir-se em tributo do Estado-Membro. Nada disso, penso eu, ocorre entre nós, como já exposto. Por outra razão, ademais, aqui prevalece o art. 98 do CTN. A União, com espeque neste magnífico artigo de sintaxe federativa, faz prevalecer o Estado Nacional sobre as suas partes e preserva os interesses da República Federativa, evitando a rebeldia dos Estados-Membros, ao mesmo tempo, reforçando a credibilidade do país na ordem internacional.

6.2. No particular, porém, comparece mais um dado. É o que o adicional dos Estados-Membros segue a sorte do imposto-base. Se a União suprimir uma dada incidência, o adicional não prevalece. Se a União reduzir a incidência, o adicional se reduz na mesma proporção. Valdir de Oliveira Rocha (Repertório de Jurisprudência IOB — Informações Objetivas, 2ª quinzena de janeiro de 1992, n. 02/92, Texto 3/6538) tece interessantes considerações sobre este novo imposto dos Estados-Membros, bem diferente do imposto de renda estadual, autônomo, existente nos EEUU. Não constitui demasia frisar esse aspecto pelas conseqüências que acarreta à compreensão do assunto. Diz o monografista citado:

"Diz-se que quando ente competente para instituir determinado tributo estabelece-lhe adicional nada mais faz do que elevá-lo. No caso do AIR que podem os Estados e o Distrito Federal instituir sobre o imposto de renda devido à União (previsto no art. 153, III, da Constituição), passa-se situação diferente: quando instituído, não se eleva o imposto de renda da União mas resulta criada outra exação, devida diante de outro ente.

"O que há de diferente nesse imposto, discriminado como adicional de imposto, é que ele toma como base de cálculo grandeza representada por outro imposto. E, sendo outro, guarda com aquele profunda relação. Mas não se deve tomar a profundidade dessa relação como relação de dependência, se é certo que os Estados e o Distrito Federal só podem criar esse imposto adicional ao imposto de renda da União se este estiver instituído, e em relação à parte do seu campo de incidência possível (lucros, ganhos e rendimentos de capital), não se pode pretender que — também quanto ao mais — aqueles devessem ficar na posição de espectadores daquela, para captar apenas e tão-somente o que lhes viesse a caber se a União os colhesse. Fosse essa a posição reservada pela Constituição aos Estados e ao Distrito Federal e ter-se-ia que convir que ela não faria sentido, porque mais fácil e desenvolvido seria simplesmente atribuir-lhes participação na receita do imposto de renda da União. Por isso, Estados e Distrito Federal, desde que instituam o AIR, devem diligenciar para obter sua recepção (com atividade administrativa plenamente vinculada)".

6.3. Seja lá como for, ao celebrar acordos sobre bitributação deve a União, por comodidade:

a) Levar em conta, nas incidências em que o adicional existe, considerar como carga total do IR dos *domiciliados no Brasil* o somatório do IR federal e do Adicional Estadual com fito de harmonizá-la com o imposto do país signatário.

b) Não considerar o imposto sobre remessas para o exterior como *Base do Adicional*.

É que o adicional só incide sobre os lucros, ganhos e rendimentos de capital (os salários e outras remunerações estão fora do campo de incidência assim como os impostos conexos, tipo "remessa de juros, lucros, aluguéis e dividendos para o exterior"). Demais disso somente os domiciliados, i. é, *os residentes no país, no âmbito dos respectivos Estados*, podem ser sujeitos passivos do AIR. Isto posto, *entes* residentes em terceiros países não estão sujeitos ao adicional, como é o caso de condomínios, espólios, massas falidas, nascituros e "fundos" de terceiros, com sede no exterior.

7. O controle prévio dos tratados e convenções internacionais pelo Supremo Tribunal Federal

7.1. Ao STF compete a guarda da Constituição (art. 102). Cabe-lhe o controle jurisdicional difuso e concentrado, em rito sucessivo, da constitucionalidade das leis e atos normativos (artigo 102, I, *a* e III, *a*, *b*, *c*). Por oportuno o STF exercita o controle misto de constitucionalidade (diferentemente do controle exclusivamente concentrado exercido pelas Cortes Constitucionais européias e diferentemente, também, do controle difuso exercido nos EEUU, por isso que os dois tipos de controle, ao mesmo tempo, é que caracterizam o sistema misto). Estamos propondo que antes do decreto legislativo que homologa o *acordo* pronuncie-se a Suprema Corte sobre a sua constitucionalidade, como faz a Corte Constitucional Alemã de modo próprio, embora não exista uma palavra sequer na Lei Fundamental de Bonn, conferindo-lhe tal prerrogativa. O exame prévio decorre exatamente da cláusula geral de guarda da Constituição. A razão é simples. Evitar que tratados referendados pelo Congresso venham depois ser inquinados de inconstitucionais, gerando dúvidas e prejuízos às partes e aos seus nacionais.

NOTAS & COMENTÁRIOS

IR — NEGÓCIO JURÍDICO INDIRETO — INEXISTÊNCIA DE SIMULAÇÃO

SIDNEY S. APOCALYPSE
Advogado em São Paulo

O Parecer Normativo 46/87 — Comportamento menos oneroso. Liberdade de escolha — A cogitação de simulação — A estrutura negocial e o conceito de simulação.

Parecer

1. Fomos consultados a respeito da aplicação, ou não, do Parecer Normativo CST 46, de 17 de agosto de 1987, à estrutura negocial abaixo descrita. Tal estrutura objetivou evitar a incidência do imposto de renda sobre ganhos de capital, que ocorreria caso as partes realizassem negócio jurídico sob o regime da compra e venda.

(...)

O Parecer Normativo 46/87

6. O Parecer Normativo CST n. 46, de 17 de agosto de 1987 ("PN 46/87"), foi elaborado pela Coordenação do Sistema de Tributação (CST), na esteira da Lei 7.450, de 23 de dezembro de 1985, art. 51, que assim dispõe: "Art. 51. Ficam compreendidos na incidência do imposto de renda todos os ganhos e rendimentos de capital, qualquer que seja a denominação que lhes seja dada, independentemente da natureza, da espécie ou da existência de título ou contrato escrito, bastando que decorram de ato ou negócio que, pela sua finalidade, tenha os mesmos efeitos do previsto na norma específica de incidência do imposto de renda".

7. Segundo a exposição de motivos que acompanhou o anteprojeto de lei que deu origem a esse dispositivo, o mesmo visa a "coibir prática de operações simuladas com o objetivo de escapar à incidência do imposto".

8. O PN 46/87 tem a seguinte ementa: "A realização de operações simuladas, com o objetivo de elidir o surgimento da obrigação tributária principal ou de gerar maiores vantagens fiscais, não inibe a aplicação de preceitos específicos da legislação de regência, bastando que, pela finalidade do ato ou negócio, sejam obtidos rendimentos ou ganhos de capital submetidos à incidência do imposto de renda, qualquer que seja a denominação que lhes seja dada".

9. Do cotejo da ementa do PN 46/87 com o acima transcrito art. 51 da Lei 7.450/85, é iniludível a conclusão de que as autoridades fiscais buscaram, como única regra matriz, o disposto nesse dispositivo. Trata-se, ainda, de parecer que analisou uma situação específica, dela extraindo conceitos que pretende aplicar à generalidade das operações que visem economizar imposto de renda.

Comportamento menos oneroso. Liberdade de escolha

10. O sistema constitucional tributário brasileiro, diferentemente do que ocorre em outros países, recebeu da Constituição de 1988 amplo e minucioso tratamento, o que acarreta ao mesmo acentuada rigidez. Além da discriminação das competências tributárias, através da qual a Constituição outorga às pessoas políticas (União, Estados, Municípios e Distrito Federal) competência para instituir tributos que enumera, dispõe a Carta Magna a respeito de princípios que, apesar de já formulados como direitos e garantias individuais, são repetidos, enfatizados e repisados de modo a constituir expressas "Limitações do Poder de Tributar". Esse regime jurídico específico, ao lado de outros princípios constitucionais gerais (até mesmo implícitos, como, por exemplo, o da segurança jurídica), delineia, como indicamos no trabalho "Sistema Constitucional Tributário Brasileiro", *in Parceiro Econômico* — Revista das Câmaras de Cómercio e Indústria Brasil-Alemanha, pp. 27 e ss., o chamado "estatuto do contribuinte".

11. Desse sistema exsurge o princípio da estrita legalidade da ação de tributar (princípio da legalidade) que, na Constituição brasileira, está contemplado em duas expressões: (i) no capítulo "Dos Direitos e Deveres Individuais e Coletivos", art. 5º., II ("ninguém será obrigado a fazer ou deixar de fazer alguma coisa senão em virtude de lei"); e (ii) no capítulo "Do Sistema Tributário Nacional", quando cuida "Das Limitações do Poder de Tributar", art. 150, I ("... é vedado ... exigir ou aumentar tributo sem lei que o estabeleça"). Refere-se, ainda, o texto constitucional, à necessidade de *lei* criadora de tributos, quando cuida de proibir a cobrança de tributos em relação a fatos anteriores à sua vigência, ou no mesmo exercício em que tenha sido publicada (art. 150, III, "a" e "b"). Há, pois, no texto constitucional brasileiro, especial relevo no tocante à exigência de lei que prevèja este ou aquele comportamento com efeitos tributários.

12. Diante de tamanha exigência constitucional de outro lado repetida no Código Tributário Nacional, é que a doutrina, como assevera Alberto Xavier (in *Direito Tributário e Empresarial Forense*, p. 7), acabou por denominá-la de "princípio de estrita legalidade": "Uma análise, ainda que superficial, do direito comparado revela que o direito brasileiro colocou uma vigorosa ênfase na proclamação do princípio da legalidade em matéria tributária, quando confrontado com outros sistemas jurídicos, que não raro se bastam com uma simples cláusula geral do tipo da constante do parágrafo 2º do art. 153. Este fato, aliado ao caráter repetitivo das suas fontes de formulação, não passou despercebido à doutrina nacional, que passou a referir-se a um 'princípio da estrita legalidade', para o distinguir do príncipio geral que domina a generalidade dos ramos de direito, ao menos daqueles que regem quaisquer formas de intervenção na liberdade ou na propriedade dos cidadãos".

13. Resulta, pois, da ordem constitucional brasileira, a necessidade de lei para que se exteriorize a vontade do Estado no sentido de arrecadar tributos. Trata-se de reserva absoluta de lei. No entanto, essa conduta do Estado também está condicionada a que a lei esgote todos os aspectos da hipótese descrita como apta a determinar, se e quando realizada no mundo fático, o comportamento conseqüente de pagar tributo. É o que, dentre outros, preleciona Alberto Xavier (op. cit., p. 10):

"O fato de o princípio da legalidade em matéria tributária se articular como uma reserva de lei formal significa a exigência de *lex stricta*, com exclusão do costume e do regulamento; e o fato de se configurar como uma reserva absoluta significa a exigência de *lex stricta*, com exclusão das formas de subjetivismo na aplicação de lei consistentes na analogia ou na discricionariedade administrativa.

(...)

"O caráter do princípio da legalidade em matéria fiscal como reserva absoluta de lei formal — em especial a sua natureza de *lex stricta* — envolve a afirmação de um princípio da tipicidade da tributação, de natureza e função em tudo análogo ao que ele há muito é reconhecido e consagrado no Direito Penal."

14. E arremata Alberto Xavier (op. cit., p. 14): "o legislador não pode descrever o tributo pela utilização de conceito ou cláusula geral abrangendo todo o quadro das situações tributárias". Para Xavier "os tributos devem constar de uma tipologia, isto é, devem ser descritos em tipos ou modelos, que exprimam uma seleção pelo legislador, das realidades que pretende tributar". E prossegue, para apresentar o que chama de "princípio de seleção": "Existem assim — o que é próprio da tipologia por oposição à classificação — realidades *excluídas* pela atividade seletiva do legislador". Em decorrência do princípio da legalidade se configurar como de reserva absoluta de lei, e, por conseguinte, se constituir em exigência constitucional de tipicidade da lei tributária (tal como a lei penal), dá-se, em relação à lei com esse conteúdo, a necessidade de que sua tipologia seja *taxativa*. "... o fato tributário é um fato típico o qual, para produzir os seus efeitos, necessário se torna corresponda, em todos os seus elementos, ao tipo abstrato descrito na lei: basta a não verificação de um deles para que não haja, pela ausência da tipicidade, lugar à tributação" (Alberto Xavier, op. cit., p. 14).

15. Exemplificando com o art. 114 do Código Tributário Nacional, Alberto Xavier (op. cit., p. 14) demonstra que a tipicidade da descrição normativa tributária é *fechada*, isto é, não comporta "quaisquer elementos adicionais não completamente contidos na descrição normativa", ou como prescreve o citado artigo 114, que define o fato gerador da obrigação tributária como a "situação definida em lei como necessária e suficiente à sua ocorrência". E mais, também por força do princípio da estrita legalidade, da reserva absoluta de lei, a hipótese de incidência escolhida pelo legislador há que descrever o tipo de forma precisa e determinada, de modo a que os órgãos de aplicação não possam, nas palavras de Xavier, introduzir critérios subjetivos de apreciação na sua aplicação concreta.

16. Resulta, pois, que se o particular estiver diante de dois comportamentos (um que, por força de lei, gera conseqüência tributária mais onerosa que o outro), poderá este adotar o comportamento menos oneroso (ou mesmo "isento" de conseqüência tributária). A questão que aí se coloca não é, pois, de ter, ou não, o particular essa liberdade. Demonstrado está que tem. A questão é saber qual é o limite desse "direito".

17. Alberto Xavier, que do tema se ocupou em três oportunidades (nas IV Jornadas Luso-Hispano-Americanas de Estudos Tributários, realizadas no Estoril, Portugal, em setembro de 1970, com a tese de relator nacional português, publicada em 1971, sob o título "O negócio indirecto em direito fiscal"; na *Revista de Direito Público*, com o artigo "A evasão fiscal legítima"; e no Parecer "Liberdade Fiscal, Simulação e Fraude no Direito Tributário Brasileiro"), demonstra só haver duas ordens de limites à liberdade fiscal dos cidadãos: "a validade e a licitude dos atos jurídicos pelos quais essa liberdade se exerce. Donde resulta a conseqüência de que no caso de tal liberdade se haver exercido por intermédio da prática de atos válidos e lícitos, não é possível ao Estado formular qualquer pretensão tributária ao abrigo de uma eventual terceira ordem de limitações, expressa numa cláusula geral interpretativa" (op. cit. p. 18).

18. A busca pelo particular de economia tributária, mediante meios válidos e lícitos, consiste em elidir a incidência do imposto, ou como ensina Fábio Fanucchi em seu *Curso de Direito Tributário* (Ed. Resenha Tributária, 1975, p. 300), "consiste essencialmente na escolha do caminho mais econômico, sob o aspecto tributário, pelo qual o particular conduz os seus procedimentos potencialmente tributáveis; segundo, que ela só se legitima quando o particular, atingindo um mesmo resultado econômico, escolhe, em vez de forma jurídica tributada, ou mais gravosamente tributada, uma outra forma jurídica, legítima e não tributada, ou menos gravosamente tributada; terceiro, que a escolha do caminho mais econômico se faça antes da prática do ato caracterizador de fato gerador de obrigação tributária".

A cogitação de simulação

19. Como visto acima, os particulares têm o que Alberto Xavier denomina de "liberdade fiscal", e que consiste na possibilidade de, mediante atos jurídicos válidos e lícitos, o cidadão escolher forma, ou negócio menos oneroso tributariamente, ou mesmo desonerado de imposto, para realizar operações que, implementadas através de outros atos, gerariam conseqüências tributárias indesejadas. Deflui tal conclusão especialmente da formulação do sistema tributário brasileiro que adotou, na sua essência, o princípio da legalidade, e em seu bojo, o da estrita legalidade, onde o particular deve pagar o imposto tão-somente se realizar a hipótese descrita em lei como suficiente à realização desse mandamento. Vale dizer, no Brasil, é cânone constitucional o que Hensel reduz na fórmula: "Il comando — tu devi pagare delle imposte — è sempre condizionato dalla frase: se tu realizzi la fattispecie legale (non: se tu miri ad un determinato effeto economico!)" *(apud* A.R. Sampaio Doria, in *Elisão e Evasão Fiscal*, Ed. Bushatsky, p. 96).

20. Isto significa que no Direito Brasileiro podem os cidadãos, através de meios válidos e lícitos, tirar vantagens fiscais, na ausência de lei expressa que contemple tais conseqüências, ou que, mesmo consignando conseqüências de ordem tributária, o faça de forma menos onerosa. Diante de tal situação, não pode o administrador público, a seu juízo, impor a conseqüência mais onerosa a fato que não tenha sido legalmente previsto. É o que, em caso judicial, decidiu o Juiz Federal Sacha Calmon Navarro Coêlho (in *Imposto de Renda — Estudos*. Ed. Resenha Tributária, p. 33): "... em Direito Tributário, tão marcado pelo princípio da legalidade, não deve o intérprete aplicador, mesmo diante de casos de elisão, superpor-se à lei. A função de reprimir a evasão em razão de lacunas é do legislador, nunca do administrador.

"...

"... penso que as lacunas da lei, os *loopholes* como dizem os americanos, só devem *ser suprimidos pela lei*, para o bem de todos. Ainda que alguns estejam levando vantagem é preferível manter o princípio da legalidade do que estender ao Administrador poderes que amanhã se tornariam muito difíceis de controlar, além de impor ao Judiciário, como *poder revisor do ato administrativo*, a obrigação de estar a verificar, caso a caso, *a razoabilidade fiscal dos contratos*. Haveria, neste caso, grandes divérbios, pois cada juiz julgaria com seu próprio subjetivismo as situações e os interesses dos justiçáveis."

21. Tais conceitos sequer passaram despercebidos ao julgador administrativo, em sua última instância. A esse respeito pronunciou-se a Câmara Superior de Recursos Fiscais, através do acórdão 01-0.892, de sua 5ª Câmara, no Recurso RP/105-0.101, em que foi recorrente a Fazenda Nacional. Nessa decisão, unânime, sublinhe-se, negou-se provimento ao recurso fazendário, adotando-se o relatório e o voto do Conselheiro Urgel Pereira Lopes que, relembrando o Acórdão n. 105-2.607, prolatado em 15.4.88, por aquela mesma Câmara, decidiu a questão nos seguintes termos:

"Também merecedor de reparos o recurso à interpretação econômica, na amplitude com que foi utilizada. A interpretação das leis há de ser, acima de tudo, jurídica.

"Se a lei foi mal elaborada, como não é

raro, infelizmente, no âmbito da legislação tributária, por modo a permitir expedientes destinados a alcançar, com facilidade, a chamada elisão fiscal, não se pode consertá-la com soluções de circunstância".

22. O PN 46/87 em questão cogita de dar conseqüências tributárias não expressamente previstas *a operações simuladas*. O conceito de simulação nos atos jurídicos está previsto no Código Civil, art. 102:

"Art. 102. Haverá simulação nos atos jurídicos em geral:

"I — Quando aparentarem conferir ou transmitir direitos a pessoas diversas das a quem, realmente, se conferem, ou transmitem;

"II — Quando contiverem declaração, confissão, condição ou cláusula não verdadeira;

"III — Quando os instrumentos particulares forem antedatados ou pós-datados."

23. As características principais da simulação residem em (i) intencional divergência entre a vontade e a declaração; (ii) acordo intencional das partes para essa divergência; e (iii) objetivo de enganar terceiro. Pontes de Miranda *(Tratado de Direito Privado*, Borsói, p. 373) frisa, sem tergiversar, ser elemento necessário de qualquer das hipóteses do art. 102, "que haja a intenção de prejudicar a terceiros, ou de violar regra jurídica (art. 103) ou que se dê tal prejuízo ou violação".

24. Diferente é, pois, a posição daquele que, mediante meios *lícitos* busque uma estrutura de negócio, visando a certas conseqüências tributárias — menos onerosas — conseguindo, assim, vantagens tributárias que não seriam obtidas caso adotasse estrutura negocial diversa, embora com o mesmo resultado econômico (mas sem as vantagens tributárias almejadas). Neste caso, o agente sujeita-se, declarada e intencionalmente, aos efeitos da estrutura negocial adotada (só que nessa hipótese ou a conseqüência tributária é menos onerosa, ou inexistente). Não há fraude, tampouco simulação. Não haveria negócio simulado.

Negócio simulado é aquele que tem uma aparência absolutamente contrária à realidade, ou porque não existe absolutamente, ou porque é diverso do que se mostra o negócio que existe. Entre a forma extrínseca e a essência íntima há um contraste estridente: o negócio que aparentemente se mostra sério e eficaz, é, ao invés, mentiroso e fictício, uma simples máscara para esconder negócio diverso... Querem os simuladores fazer brilhar aos olhos dos terceiros a formação de uma relação jurídica, que, na realidade, não deve existir, cuja aparência enganadora, porém, se quer mostrar por meio de uma declaração destituída de sentido volitivo. Trata-se, portanto, de uma declaração efêmera, vazia, fictícia, que não representa uma vontade real, e, assim, nula..." (Ferrara, *apud* Sacha Calmon Navarro Coêlho, op. cit., p. 46).

A estrutura negocial e o conceito de simulação

25. A estrutura negocial em exame foi o recurso adotado pelas partes para alcançar o objetivo final de permitir que a ... adquirisse... Trata-se de estrutura que evita seja configurado um ganho de capital tributável na ... o que ocorreria caso a ... simplesmente viesse a comprar esses ativos segundo o preço ajustado pelas partes.

26. Através dessa estrutura, as partes visam associação na... e se sujeitam à forma e à disciplina jurídica dos negócios adotados (...) ao invés de, como se afirmou, adotar forma diversa, da qual resulta ônus tributário mais gravoso.

27. Vale dizer, no caso presente, o negócio é seriamente desejado pelas partes. As partes objetivam, além disso, fim diverso da finalidade típica de cada um dos negócios previstos, pois pretendem que no final de tudo seja alcançada pela... a propriedade (exclusiva) de ... No entanto, repita-se, submetem-se as partes ao regime jurídico dos negócios que adotaram, com todas as implicações e efeitos decorrentes, embora com fim prático diverso. O efeito jurídico do negócio é exatamente igual ao ostensivamente declarado. O fim prático é alcançado justamente entre o que se contrata e a vontade das partes.

28. Enfim, mediante institutos de direito privado (por exemplo...), as partes pretendem alcançar um fim prático, fazendo de modo a evitar ou minimizar a carga fical que deveria ser suportada caso fosse adotado um outro negócio. Diversamente do que ocorre na simulação, *in casu*, não há discordância entre a vontade e a declaração.

29. A este passo da argumentação, vale examinar o Código Tributário Nacional, art. 110, que assim dispõe: "Art. 110. A lei tributária não pode alterar a definição, o conteúdo e o alcance de institutos, conceitos e formas de direito privado, utilizados, expressa ou implicitamente, pela Constituição Federal, pelas Constituições dos Estados, ou pelas Leis Orgânicas do Distrito Federal, ou dos Municípios, para definir ou limitar competências tributárias".

30. Esse preceito veda unicamente a alteração da definição, conteúdo e o alcance de institutos, conceitos e formas de direito privado, quando utilizados pela Constituição na discriminação de competências tributárias, o que obviamente jamais poderia ocorrer, mesmo na inexistência de tal preceito, dada a supremacia da Carta Magna. Por outro lado, entende-se que o mesmo não inibe semelhante alteração, quando a modificação se refira tão-somente aos conceitos utilizados na legislação ordinária.

31. O PN 46/87 invoca como matriz legal de seu entendimento o art. 51 da Lei 7.450/85. Como se pode verificar, em simples leitura, esse preceito legal em nada altera a definição, o conteúdo, nem o alcance de instituto de direito privado. É o que também entende Nilton Latorraca (in *Direito Tributário — Imposto de Renda das Empresas*, Ed. Atlas, llª ed., p. 38). Esse mesmo autor, examinando o citado art. 51, assevera que o dispositivo tem por finalidade tão-somente "reafirmar ser inaceitável a simulação" (op. cit. p. 40), e que o mesmo não colhe o negócio jurídico indireto, como, de resto, é a estrutura negocial em pauta.

32. A operação em causa não está inquinada por qualquer invalidade, ou implica ação ou omissão destinada a evitar ou retardar o pagamento de imposto devido, ou a pagar imposto menor que o devido. Não há, como se viu, intenção de violar norma jurídica qualquer. O que a estrutura negocial visa, objetiva, é alcançar um fim prático segundo regime jurídico que a legislação tributária previu. Trata-se, como já se afirmou, de uma opção consciente, voluntária.

33. Sequer poderia o aplicador da lei submeter a estrutura de negócio em causa ao negócio direto correspondente (compra e venda de ativos ou ações), através de uma interpretação analógica. O sistema constitucional tributário brasileiro impede essa prática, porquanto baseado no princípio da estrita legalidade (só a lei pode criar tributos). Ademais, também em matéria de analogia, o Código Tributário Nacional contempla preceito expresso:

"Art. 108 ...

"§ 1º. O emprego da analogia não poderá resultar na exigência de tributo não previsto em lei."

Conclusão

À vista do exposto, é nossa opinião que a estrutura de negócio acima descrita não se caracteriza como operação simulada e que à mesma não se aplica o Parecer Normativo n. 46/87 que, a propósito, não é válido para tornar tributável, nos moldes do negócio direto, o efeito prático, conscientemente e voluntariamente alcançado pelas partes, mediante a adoção de estrutura negocial lícita que se caracteriza como negócio jurídico indireto.

São Paulo, 20 de maio de 1992.

NOTAS & COMENTÁRIOS

TAXA OU PREÇO? INMETRO — AFERIÇÃO DE INSTRUMENTOS DE MEDIÇÃO — FISCALIZAÇÃO — ESSENCIALIDADE DO SERVIÇO EM FAVOR DO CONSUMIDOR

EDISON ARAUJO PEIXOTO
Advogado em São Paulo

Lendo o Diário Comércio & Indústria, edição de 19 de setembro último (pág. 15), chamou-me a atenção a entrevista do Presidente do INMETRO, que prometeu punir empresas que comercializassem produtos seus fora das normas de qualidade previstas no recém-editado Código do Consumidor.

Disse aquele presidente que: "A cultura industrial dos países desenvolvidos foi, em boa parte, criada a partir da aplicação de multas pesadas sobre os infratores".

Segundo ele — presidente do INMETRO — algumas inovações constam do projeto que visa adequar a Lei Federal 5.966/73 ao Código do Consumidor, entregue ao então Ministro da Justiça, Bernardo Cabral.

Todavia, ao analisar a mencionada lei, não vislumbrei possibilidades de aplicação de multas às empresas. Explico melhor.

O marco deste ensaio é a Lei Federal 5.966, de 11 de dezembro de 1973 (que instituiu o Sistema Nacional de Metrologia, Normalização e Qualidade Industrial), editada sob a égide da Constituição Federal de 1967, na redação da Emenda n. 1, de 1969. Para mim, esta lei é inconstitucional desde a sua edição, porque não criou nenhuma obrigação.

Em seu art. 1º, diz a prefalada lei que a instituição do INMETRO (Instituto Nacional de Metrologia) se fazia necessária a fim de formular e executar a política nacional de metrologia, ou em outras palavras, o controle nacional do sistema, como forma de garantir a eficiência industrial. Nesse sistema de controle integrariam entidades públicas e privadas (execução direta e indireta).

Criou-se, ainda no extinto Ministério da Indústria e Comércio, o CONMETRO (Conselho Nacional de Metrologia), órgão normativo do sistema nacional. Referidas entidades tomaram a forma de autarquia federal.

Ao CONMETRO atribuíram a seguinte competência:

— formular, coordenar e supervisionar a política nacional de metrologia, normalização industrial e certificação da qualidade de produtos industriais, prevendo, assim, mecanismos de consulta que harmonizem os interesses públicos das empresas industriais e do consumidor;

— assegurar a uniformidade e a racionalização das unidades de medida utilizadas em todo o território nacional;

— estimular as atividades de normalização voluntária;

— estabelecer normas referentes a materiais e produtos;

— fixar critérios e procedimentos para certificação de qualidade;

— fixar critérios e procedimentos para aplicação de penalidades na hipótese de infração a dispositivo da legislação referente à metrologia, à normalização etc. e aos atos normativos dela decorrentes.

O primeiro vício identificável está na indevida delegação de poderes ao CONMETRO, para aplicação de penalidades, isto porque a Constituição Federal, tanto a anterior quanto a atual, veda tal prática (arts. 6º, parágrafo único, EC n. 1/69, e 2º, CF/88).

O segundo vício identificável está em que somente a lei poderá estabelecer penalidades, em homenagem ao princípio constitucional da reserva legal absoluta (arts. 153, § 2º, EC 1/69, e 5º, II, CF/88).

O terceiro vício se vê na possibilidade de o CONMETRO ou INMETRO impor penalidades quando em contrapartida não se estabeleceu na lei nenhuma obrigação às empresas. Aliás a mencionada lei apenas desenhou as diretrizes daquelas entidades.

Continuando, no art. 4º da mencionada lei, criou-se o comentado INMETRO, órgão de execução daquela política, atribuindo-se ao Executivo a competência para baixar o regulamento geral.

É interessante observar que, se a lei citada não impôs nenhuma obrigação às empresas, o regulamento geral, baixado por decreto, *não poderá inovar*, pois a sua função é facilitar a aplicação daquela. É que no Brasil não existe a figura do "regulamento autônomo", como assevera o saudoso administrativista Hely Lopes Meirelles (in *Direito Administrativo Brasileiro*).

Em matéria tributária principalmente, posto que as obrigações devem ter sede em preceito de lei.

Esta afirmação é feita porque, dada a essencialidade do serviço de aferição dos instrumentos de medição, utilizados no processo industrial, visando resguardar os interesses do consumidor, só se encontra legitimidade se a modalidade de cobrança for a de taxa (serviço público essencial à comunidade).

Por sua vez, o INMETRO sucedeu o INPM (Instituto Nacional de Pesos e Medidas) e FUMET (Fundo de Metrologia), na fiscalização das empresas em geral.

Nessa condição, o INMETRO passou a receber os seguintes recursos, dentre os quais destacamos:

— *preços públicos* (?) que venham a cobrar pela prestação de serviços decorrentes da comentada lei (art. 7º, alínea "b");

— o produto resultante da aplicação de *penalidades* (art. 7º., alínea "c").

Ora, se a modalidade de cobrança prevista no dispositivo legal é a de *preço público*, significa que o serviço prestado pelo INMETRO *não é obrigatório*, o que me leva a concluir ser incabível a aplicação de penalidades.

Seria incoerência impor penalidades àqueles industriais que, no seu mister, não se valessem dos serviços públicos *facultativos*, os quais são remunerados através de preços públicos.

Notando-se a essencialidade do serviço público de aferição dos instrumentos de medição, utilizados no processo industrial, que visa assegurar ao consumidor tranqüilidade na aquisição de produtos, torna-se absolutamente incompatível tal serviço com a modalidade de cobrança escolhida pelo legislador, ou seja, preço público.

Logo, mesmo sendo essencial à comunidade o serviço de aferição, mas se o legislador não o tratou assim, descabe impor penas às empresas industriais, até porque a lei não estabeleceu nenhuma obrigação.

O serviço público *obrigatório* ensejaria, a meu ver, a cobrança de taxa (espécie tributária, sujeita a limites e princípios). Já o serviço público *facultativo* ensejaria a cobrança de preço público (gênero).

Seria obrigatório o serviço exatamente em função de sua essencialidade, gerando a incidência de taxas (de serviço ou em razão do poder de polícia), mas não a de preço público (não sujeito às regras tributárias).

Assim, sendo obrigatório o serviço público, a imposição de penalidades encontra coerência. Mas, se o serviço é *facultativo*, como impor penalidades? Será que alguém pode ser punido se não utilizar o serviço de transporte coletivo?

O Colendo Supremo Tribunal Federal tem entendido que: Súmula 545 — "Preços de serviços públicos e taxas não se confundem, porque estas, diferentemente daqueles, são compulsórias e têm sua cobrança condicionada à prévia autorização orçamentária, em relação à lei que as instituiu."

Logo, se a lei previu a cobrança de preço público, é ela *inconstitucional*, posto que a essencialidade do serviço reclama taxa (espécie tributária). Afirmar o contrário é pretender descaracterizar a essencialidade do serviço público de aferição de instrumentos de medição, que visa resguardar interesses da coletividade nas relações de consumo.

Para entender a lei e afirmar a sua constitucionalidade é necessário que se considere o serviço público prestado pelo INMETRO como não essencial e, por isso mesmo, facultativo. Nessa trilha, é incabível a imposição de penalidades, uma vez que o serviço prestado não é obrigatório, se assim for considerado.

Certo de que a intenção do legislador não foi esta, tenho que a modalidade de cobrança é inconstitucional por não ser compatível com o serviço prestado, que é obrigatório e essencial à comunidade.

Por outro lado, a exigência de preço público parece inconstitucional na medida em que o produto da sua arrecadação não segue para o órgão prestador do serviço, no caso o INMETRO.

As receitas provenientes da arrecadação estão, ao que consta da legislação (art. 4º., § 1º, alínea "e", do Decreto Federal 86.550, de 06.11.81), *inteiramente vinculadas* ao estranho "Fundo de Amparo à Tecnologia" (FUNAT).

Este parece ser o entendimento do Colendo Supremo Tribunal Federal: "Fundo Nacional de Telecomunicações. Sobretarifa sobre serviços de telecomunicações. Inconstitucionalidade dessa sobretarifa. — Se é da essência da tarifa — como preço público que é — ter como destinatário o prestador do serviço, que dele se torna proprietário para os fins aos quais ela visa, quer isso dizer que a sobretarifa, para ser um adicional da tarifa (e, portanto, também preço público), há de ter o mesmo destinatário — o prestador do serviço —, ainda que tenha por fim reforçar apenas uma das parcelas (como é o caso da relativa ao melhoramento e à expansão do serviço) que se levam em conta na fixação de seu valor. Não é o que ocorre com a sobretarifa em causa, que desde a sua origem não tem a natureza de preço público por lhe faltarem os requisitos essenciais destes: que o destinatário seja o prestador dos serviços e que — se tiver destinação específica com relação aos componentes que integram a tarifa, como sucede com o relativo aos melhoramentos e expansão do serviço — se destine aos serviços da própria concessionária, e não aos serviços de telecomunicações do país, prestados por outras concessionárias que não aquela a que está ligado o usuário. Por ser o destinatário outrem que não a concessionária prestadora do serviço, e por ter essa sobretarifa destinação genérica como integrante de um Fundo Público cujos recursos se destinavam aos serviços de comunicações do país em geral, desde sua origem, se apresentava ela como imposto sobre serviços de telecomunicações, como se evidenciou paulatinamente com os destinatários e com as destinações diversas que as leis posteriores lhe vieram dar até que, posto de lado o artifício da nomenclatura que se lhe deu, foi instituído o imposto sobre serviços de comunicações pela mesma lei que extinguiu essa pseudo-sobretarifa" (RE 117.315-7 — RS, Relator Ministro Moreira Alves, Pleno, maioria, STF, *DJU* de 22.6.90, pág. 5.871).

Assim, parece ser inconstitucional a exigência, qualquer que seja a modalidade de cobrança (taxa ou preço público).

É o que penso a respeito.

São Paulo, setembro de 1991.

É CONSTITUCIONAL O IPTU/92 DO MUNICÍPIO DE SÃO PAULO?

YOSHIAKI ICHIHARA
Juiz de Direito em São Paulo

1. Introdução. 2. Perfil constitucional. 3. Perfil da lei municipal. 4. Análise de eventuais inconstitucionalidades: 4.1 O IPTU fere o princípio da igualdade? — 4.2 O IPTU de São Paulo é confiscatório? — 4.3 o IPTU fere o princípio da capacidade contributiva? — 4.4 A questão da base de cálculo (valor venal) — alíquota progressiva e proporcional. 5. Conclusões.

1. Introdução

O Imposto sobre Propriedade Predial e Territorial Urbana, na Constituição de 1988, basicamente, não sofreu nenhuma alteração na sua estrutura.

Todavia, no § 1º do art. 156, e item II do § 4º do art. 182 — expressamente foram inseridas a faculdade de se instituir uma tributação progressiva, objetivando o cumprimento da função social da propriedade.

Tendo em vista as controvérsias sobre o assunto, questiona-se a constitucionalidade ou não da Lei Municipal de São Paulo de n. 11.152/91, considerando os critérios eleitos para a aplicação da progressividade, em face dos princípios da isonomia, da legalidade, da capacidade contributiva etc., além da vedação expressa do confisco contida na Carta Magna.

Com tais pressupostos e diante da atualidade e importância que o assunto está a exigir, serão analisados os dispositivos da lei municipal, à luz das regras e princípios constitucionais, apresentando as conclusões a final.

2. Perfil constitucional

A competência dos Municípios para instituir o imposto sobre propriedade predial e territorial urbana, na Constituição Federal de 1988, está prevista no art. 156, item I, que diz: "Compete aos Municípios instituir impostos sobre: I — propriedade predial e territorial urbana".

No que pertine à descrição da hipótese de incidência este imposto não sofreu qualquer alteração em relação ao que era previsto no art. 24, item I da Constituição anterior.

Nesta mesma linha de raciocínio conclui o Prof. Ives Gandra da Silva Martins: "O perfil do IPTU continua o mesmo. Se se pretender manter a estrutura anterior e o perfil conformado pelo CTN, o legislador complementar poderá rigorosamente fazê-lo. A denominação permanece a mesma. E não houve alteração em seu desenho legislativo em todo o texto constitucional" (in *Sistema Tributário na Constituição de 1988*, Saraiva, p. 244).

A *materialidade* deste imposto é a *propriedade predial e territorial urbana*, que é entendida como imóvel na sua generalidade, albergando as suas espécies construções e terreno.

O *aspecto espacial* de aplicação e competência, decorrente de lei Municipal, deve ser imóvel localizado na zona urbana ou em área urbanizada de um determinado Município.

No *aspecto pessoal*, como sujeito ativo aparece o Município, ou ainda, a União e o Distrito Federal, na forma do art. 147 da CF, se a hipótese prevista ocorrer. No pólo passivo, aparece como contribuinte o sujeito do verbo "ser proprietário, titular do domínio útil ou possuidor com o ânimo de ser proprietário ou dono".

O *aspecto temporal*, ou o momento da ocorrência do fato gerador, ocorre uma vez por ano, ou seja, em 1º de janeiro de cada ano, facultando assim ao Município lançar e cobrar este imposto, a partir do momento da ocorrência do fato gerador.

O *aspecto valorativo* que é formado pela base de cálculo e alíquota, é fixado por lei Municipal.

Fixado o perfil desse imposto, diante das problemáticas que vêm sendo levantadas para argüir a inconstitucionalidade da Lei Municipal de São Paulo de n. 11.152, de 30 de dezembro de 1991, impõe-se a análise de alguns dispositivos da Constituição Federal.

3. Perfil da lei municipal

A Lei 11.152, de 30 dezembro de 1991, que modificou a legislação relativa aos Impostos Predial e Territorial Urbano e às Taxas de Limpeza Pública e de Conservação de Vias e Logradouros Públicos, alterou os arts. 7º, 17, 19, 27, 29, 87 e 94 e respectivos paragráfos, todos da Lei n. 6.989, de 29 de dezembro de 1966, com a redação que foi conferida pelas Leis ns. 10.394, de 20 de novembro de 1987, 10.805, de 27 de dezembro de 1989 e 10.921, de 30 de dezembro de 1990.

Referida lei descreveu a hipótese de incidência de forma completa, como exige o art. 97 do Código Tributário Nacional.

Em outras palavras, tanto a alíquota como a base de cálculo estão previstas na lei, sem qualquer possibilidade de a administração ter que preencher as lacunas ou omissões na realização do lançamento.

Não deixou, assim, qualquer campo de discricionariedade ao Executivo no exercício do ato privativo do lançamento a que se refere o art. 142 do CTN.

4. Análise de eventuais inconstitucionalidades

Preliminarmente, uma lei poderá ser declarada inconstitucional, analisando os seus aspectos formal ou material.

A inconstitucionalidade formal poderá ocorrer pela não obediência das formalidades legais, seja de prazo, origem, competência, forma de aprovação etc.

A inconstitucionalidade material poderá ocorrer quando o conteúdo material da lei contrariar a norma superior ou o texto constitucional, seja este simples agressão a regras ou princípios constitucionais implícitos ou explícitos na Carta Magna.

Assim, juridicamente uma lei é válida ou inválida, sendo válida quando extrai o conteúdo de validade na norma superior e não a contraria (Hans Kelsen, *Teoria Pura do Direito*, 3ª ed., Armênio Amado, Editor) e também é editada por órgão competente, atendendo às formalidades legais exigidas.

Ainda, a inconstitucionalidade poderá ser argüida em ação direta (contra lei em tese) ou indireta (diante de um caso concreto, em qualquer instância ou Tribunal).

4.1. O IPTU fere o princípio da igualdade?

A igualdade, como princípio constitucional explícito, está prevista genericamente no art. 5º, "caput" e item I, e especificamente, em matéria tributária, no art. 150, item II, da CF.

Apesar da redação *"todos são iguais perante a lei"*, a interpretação jurídica não pode levar a uma igualdade fática de igualar todos, inclusive os desiguais, tanto assim que o art. 150, item II, diz expressamente sobre a vedação de "instituir tratamento desigual entre contribuintes que se encontrem em situação equivalente".

Com efeito, desigualar os desiguais e tratar igualmente os iguais é o cerne do princípio da igualdade.

Prevalece a interpretação da igualdade jurídica propugnada por Aristóteles de "tratar igualmente os iguais e desigualmente os desiguais na medida em que se desigualam".

Sobre esta questão ensina o Prof. Celso Antonio Bandeira de Mello: "Ora o princípio da isonomia preceitua que sejam tratadas igualmente as situações iguais e desigualmente as desiguais. Donde não há como desequiparar pessoas e situações quando nelas não se encontram fatores desiguais. E, por fim, consoante averbado insistentemente, cumpre ademais que a diferenciação do regime legal esteja correlacionada com a diferença que se tomou em conta" (in *Conteúdo Jurídico do Princípio da Igualdade*, Ed. RT, 1978, p. 45).

Assim o critério adotado pela lei Municipal, de diferenciar a base de cálculo e a alíquota, em razão da localização do imóvel, do tamanho da propriedade, em razão da sua utilização, se residencial ou não, não fere o princípio constitucional da isonomia ou da igualdade.

Ao contrário, vem de encontro às disposições constitucionais previstas explicitamente nos arts. 156, § 1º; 150, II; 145, § 1º, da CF, dentre outros.

Preceitua o art. 150, II, retrocitado: "Sem prejuízo de outras garantias asseguradas ao contribuinte é vedado à União, aos Estados, ao Distrito Federal e aos Municípios:. II — Instituir tratamento desigual entre contribuintes que se encontram em situações equivalentes, proibida qualquer distinção em razão da ocupação profissional ou função por estes exercida, independentemente da denominação jurídica dos rendimentos, títulos ou direitos".

Apesar de a Constituição falar explicitamente em proibição ao tratamento desigual entre contribuintes que se encontrem em situação equivalente, *a contrario sensu* está implicitamente proibido o tratamento igual aos desiguais, ou pelo menos, sempre que possível, cabe ao legislador tratar desigualmente os desiguais, atendendo ao verdadeiro sentido da igualdade jurídica.

Não há, nesse particular, qualquer lesão do princípio da isonomia na lei que alterou o IPTU/92.

4.2. O IPTU de São Paulo é confiscatório?

O art. 150, IV, da Constituição veda a "utilização do tributo com efeito de confisco".

Alfredo Augusto Becker, dissertando sobre a proporcionalidade e progressividade do tributo, conclui: "A proporção e a progressividade de qualquer tributo em relação à base de cálculo não lhe altera a natureza jurídica, ainda que a proporção final seja superior a cem por cento" (in *Teoria Geral do Direito Tributário*, Saraiva, p. 262).

Ao legislador impõe-se o dever de respeitar, seja em virtude da proporcionalidade ou da progressividade, evitando a tributação confiscatória.

O saudoso Prof. Aliomar Baleeiro, sobre a questão do confisco, ensina: "O tributo que absorvesse todo o valor do patrimônio, destruísse a empresa ou paralisasse a atividade não se afinaria pela capacidade econômica nem se ajustaria à proibição do confisco. Mataria a capacidade econômica que a Constituição quer proteger na sua existência e atingir progressivamente, na medida inversa da sua utilidade individual e social" (In *Limitações Constitucionais ao Poder de Tributar*, Forense, 5ª ed., p. 265).

Todavia, analisando a base de cálculo (valor venal) e alíquotas (percentagem), mesmo considerando a alíquota máxima (2,4%), não há que se falar em tributo com efeito confiscatório. Uma alíquota que incida sobre a base (valor venal) em percentual máximo de 2,4%, até demonstrável por simples operação aritmética, não caracteriza o confisco vedado pela Constituição de 1988.

Aliás, confisco no sentido genérico quer significar "a apreensão do bem a favor do fisco" e especificamente significa "apreensão do bem a favor do fisco, via tributação".

Evidentemente, em cada caso concreto, se o contribuinte conseguir provar que o valor venal encontrado com a aplicação da Lei Municipal n. 11.152/91 é superior ao valor real de venda na data da ocorrência do fato gerador, nesse caso, naquilo que exceder, poderá ser declarado inconstitucional.

Quando a lei complementar (Lei n. 5.172/66, art. 33) diz que "a base de cálculo do imposto é o valor venal do imóvel", está colocado como limite máximo da base e este não poderá ultrapassar este limite, sob pena de desvirtuar o conceito legal de valor venal.

As especulações econômicas e sociais de que o contribuinte não tem condições de pagar, especialmente, levando-se em conta os seus ganhos, não podem ser consideradas como argumento jurídico válido. No caso do IPTU, não se trata de tributo sobre a renda, mas sobre a propriedade. Analisando friamente, não é o IPTU que é elevado, mas a renda do aposentado que é insignificante, pelas causas que não compete discutir nesta oportunidade.

A capacidade contributiva está atrelada à capacidade econômica e não à financeira, sendo esta posição explícita no texto constitucional e pacífica no entendimento jurisprudencial e doutrinário.

Evidentemente, quem possui propriedade de alto valor econômico e localizada em local privilegiado, sem dúvida alguma, deve pagar igualmente o tributo devido, sem levar em conta a capacidade financeira do contribuinte.

Sendo o IPTU um tributo incidente sobre a *"propriedade"* e não sobre *"a pessoa do contribuinte"*, qualquer distinção elegendo como elemento do *discrimen* a renda do proprietário, esta distinção estaria ferindo o princípio da isonomia.

A caracterização do confisco só ocorreria no caso de haver uma tributação tão pesada que levasse o proprietário a perder o bem em favor do fisco. Este seria o cerne da questão analisada por critério eminentemente objetivo e jurídico. Quando há um descompasso entre a situação econômica (valor do imóvel) e a situação financeira (renda do contribuinte), obrigando até a dispor do imóvel para a satistação da exação fiscal, tal situação não caracteriza uma tributação confiscatória. Mesmo que tal ocorresse, numa situação em que o contribuinte fosse obrigado a vender o imóvel para solver a obrigação tributária, considerando que a tributação máxima não ultrapasse sequer a 2,4% do valor venal, o fisco não estaria tomando o imóvel "via tributação", visto que o contribuinte teria, em tese, 97,6% do valor da venda, ainda como montante integrando o seu patrimônio.

Há uma diferenciação fundamental entre tributação e confisco.

Sobre o assunto, conclui o Dr. Toshio Mukai: "O confisco, por sua vez, não é qualquer tributação excessiva. Mister se faz, para que se configure, o fato de o contribuinte, para fazer face à tributação, tenha que se despojar da própria propriedade tributada" (in, "O imposto predial e territorial progressivo — A função social da propriedade e a Constituição de 1988", *RDP* 93/244, Ed. RT).

A tributação recai num percentual da renda, da operação ou do bem, enquanto que o confisco é caracterizado por uma situação em que o particular fique numa situação, obrigado a entregar o bem ou toda a renda ao Estado.

Tal inocorre no caso do IPTU em análise.

4.3 O IPTU fere o princípio da capacidade contributiva?

O princípio da capacidade contributiva, na Constituição Federal de 1988, está previsto explicitamente no art. 145, quando diz: "A União, os Estados, o Distrito Federal e os Municípios poderão instituir os seguintes tributos:

"I — Impostos;

"II — Taxas, em razão do exercício do poder de polícia ou pela utilização efetiva e potencial, de serviços públicos específicos e divisíveis, prestados ao contribuinte ou postos à sua disposição;

"III — Contribuição de melhoria, decorrente de obras públicas.

"§ 1º. Sempre que possível, os impostos terão caráter pessoal e serão graduados segundo a capacidade econômica do contribuinte, facultado à administração tributária, especialmente para conferir efetividade a esses objetivos, identificar, respeitados os direitos individuais e nos termos da lei, o patrimônio, os rendimentos e as atividades econômicas do contribuinte."

Pela dicção *sempre que possível*, conforme a melhor doutrina tem entendido, a graduação da tributação segundo a capacidade contributiva, sendo possível, é de aplicação obrigatória. Tal dispositivo é dirigido especialmente ao legislador.

Sobre o assunto já disse o seguinte: "Entendemos que a redação como colocada na nossa Carta Magna, obriga o legislador "sempre que possível", a graduar na instituição do imposto, levando em consideração a capacidade contributiva do contribuinte, em outras palavras, esse "sempre que possível" deve ser entendido como "sendo possível, o legislador tem o dever legal de graduar o peso da tributação, segundo a capacidade contributiva do contribuinte eleito" (in *Direito Tributário*, Atlas, p. 37).

Ademais, o princípio da capacidade contributiva deve ser aferido em relação a cada imposto e não em relação ao conjunto dos impostos integrantes do sistema jurídico brasileiro.

Sendo a capacidade contributiva atrelada ao conceito de capacidade econômica e não à capacidade financeira, impertinente se torna a invocação deste princípio para fugir da tributação, sob alegação de que em virtude do baixo rendimento auferido pelo contribuinte, por exemplo, no caso do aposentado, inválido etc., este não tem condições para solver a obrigação tributária.

Nem se diga que o Estado, que é a criatura, sendo o homem seu criador, não pode levar através da tributação a ter que dispor do bem para pagar o imposto. Tais argumentos extrajurídicos não servem como fundamento para afastar a tributação prevista em lei.

Ademais, a tributação decorre do poder de império do Estado; sendo a receita destinada a atender ao interesse público, na esteira de que o interesse público sobrepaira sobre o interesse particular, mesmo aceitando tal argumentação como sendo "jurídica", não pode prevalecer.

Com efeito, em matéria tributária ou de finanças públicas, tem-se insistentemente batido nos argumentos de que, por exemplo, "o Estado não pode pagar sob pena de grave lesão às suas finanças" ou "que o pagamento do tributo levaria o contribuinte a ter que vender o bem para solver a obrigação tributária", ambos como óbice ao adimplemento da obrigação, do Estado ou do contribuinte; são baseados em premissas falsas.

Quando o poder público, sob alegação de que não tem condições de pagar determinada obrigação, sob risco de grave lesão às finanças públicas, escusa-se de fazê-lo, está-se acobertando uma irresponsabilidade, desequilibrando a relação jurídica, o que na realidade é contrário ao direito. O princípio da responsabilidade está explicitamente previsto no art. 85 da CF.

O mesmo ocorre, quanto à invocação social de que o contribuinte não possui condições financeiras para solver a obrigação tributária, ou que o seu adimplemento obrigaria o contribuinte a dispor do bem; nesse caso, estar-se-ia, além da quebra do princípio da isonomia, criando um privilégio sem qualquer previsão legal. Nem o Judiciário, no caso, poderia fazê-lo, pois se tal ocorrer estaria substituindo o Legislativo, o que é vedado pelo que dispõe o art. 2º da CF.

No caso específico do IPTU de São Paulo, examinando a alíquota e a base de cálculo, não configura, por mais que se queira, quebra do princípio constitucional da capacidade contributiva.

4.4 A questão da base de cálculo (valor venal) — alíquota progressiva e proporcional

A questão da alíquota e base de cálculo, como regra, está sujeita ao princípio da estrita legalidade.

O artigo 97, item IV do CTN diz expressamente que "somente a lei pode estabelecer a fixação da alíquota e base de cálculo".

No caso do IPTU e a respeito desta questão não há nenhuma ressalva, devendo tanto a alíquota como a base de cálculo ser fixadas por lei em sentido estrito.

Aliás, analisando a Lei 11.152/91, esta não só fixou a base de cálculo e as alíquotas, como também discriminou expressamente os critérios da aplicação progressiva das alíquotas.

Não pode ser neste particular questionada e nem impugnada, sob o fundamento de que o princípio da legalidade deixou de ser observado.

Aliás, o § 1º do art. 156 da CF diz expressamente que: "O imposto previsto no inciso I poderá ser progressivo, *nos termos da lei municipal*, de forma a assegurar o cumprimento da função social da propriedade".

Diversos juristas de escol analisaram o significado da progressividade, atrelado ao conceito de cumprimento da função social da propriedade a que se refere o art. 156, § 1º, da CF.

Conclui o Prof. Geraldo Ataliba: "Tanto a progressividade extrafiscal ou urbanística como a fiscal podem e devem ser aplicadas pela lei municipal: ao contrário de serem inconstitucionais, realizam à perfeição os princípios constitucionais, sistematicamente interpretados" (in "IPTU, Progressividade", *RDP* 93/238, Ed. RT).

No mesmo sentido o Prof. Alcides Jorge Costa: "A progressividade prevista no art. 156, § 1º, deve relacionar-se com o valor do imóvel. Tamanho da propriedade, infra-estrutura que serve, são fatores determinantes do valor, de modo que considerá-los em apartado para regular a progressividade equivaleria a instituir um valor irreal apenas para efeitos tributários, não denotativo de capacidade contributiva" (in "IPTU Progressivo", *RDP* 93/242).

Mais incisivo o Prof. Toshio Mukai: "O § 1º do art. 156 da CF autoriza a que o Município faça uso do IPTU de forma progressiva a fim de 'assegurar o cumprimento da função social da propriedade'. Portanto, aqui, o comando é claro: se o Município, nos termos da lei (e não da lei do plano diretor), fizer uso da progressividade, ele estará 'assegurando' o cumprimento daquele princípio" (in artigo cit., p. 243).

Como ficou bem claro, na terminologia do Prof. Geraldo Ataliba, de tributação fiscal e extrafiscal, ao contrário das conclusões do Prof. Marco Aurelio Greco ("IPTU — Progressividade — Função social da propriedade" *RDT* 52/110-121) e Dra. Aurelia Sampere Scarcioffolo ("Imposto predial e territorial urbano", *RDT* 51/219-229) — que colocam como pressuposto da progressividade, mesmo fundamentado no art. 156, 1º da CF, a preexistência da Lei do Plano Diretor — na realidade existem duas progressividades permitidas pela Constituição (art. 156, § 1º e art. 182, § 4º e item II).

A progressividade prevista no art. 156, § 1º, da CF decorre do pressuposto de atendimento da função social da propriedade, dependente apenas da lei tributária; desde que o *discrimen* da progressividade seja de acordo com a dicção constitucional, é legal e constitucional; enquanto que a progressividade do art. 182, § 4º, item II, da CF, este sim dependente da lei do plano diretor, aparecendo como uma tributação extrafiscal para obrigar o proprietário a se adequar à diretriz do plano, devendo, todavia, antes ser notificado para que promova o adequado aproveitamento, com oportunidade para ser instado a promover o "parcelamento ou edificação compulsórios" (art. 182, § 4º, item I).

A progressividade da Lei municipal n. 11.152/91 está fundamentada na primeira hipótese, do art. 156, § 1º, e o *discrimen* eleito, da localização, valor da propriedade, infra-estrutura, uso, se residencial ou não etc., são critérios que vêm de encontro ao atendimento da função social da propriedade, colocado como faculdade do poder tributante.

Aliás, a progressividade do IPTU já era permitida mesmo antes da Constituição de 1988.

Vejam-se as lições de Ives Gandra da Silva Martins e Aires Fernandino Barreto: "Caracteriza a progressividade no espaço pela utilização de alíquotas diferenciadas consoante região em que se situe o imóvel, construído ou não" (in *Manual do Imposto sobre Propriedade Predial e Territorial Urbana*, Ed. RT, 1985, p. 124).

Ademais, existia a progressividade não só em função da progressividade no espaço, mas em função do valor do imóvel, em razão da superfície, destinação do imóvel, infra-estrutura ou equipamentos urbanos, conforme o gabarito das construções ou número de pavimentos, critério misto de aplicação da progressividade, dentre outros (cf.ob. cit., pp. 124-128).

Não é outra a lição dos Profs. Misabel de Abreu Machado Derzi e Sacha Calmon Navarro Coêlho: "Por progressividade entende-se a majoração da alíquota, à medida que cresce o valor da matéria tributária. Não é incompatível com o princípio da igualdade e da proporcionalidade. Ao contrário, é hoje aceita, e, segundo relata Uckmar, da Alemanha à Áustria, da França à Itália, da Holanda à Suíça, da Inglaterra à Dinamarca, à Suécia, à Noruega, à Espanha, aos Estados Unidos, ao Canadá, ao México, à Austrália, ao Japão, pode-se dizer que não existiu um Estado onde, no fim do século passado ou no princípio do presente, não existissem impostos com alíquotas progressivas" (*Do Imposto sobre a Propriedade Predial e Territorial Urbana*, Saraiva, 1982, p. 68).

Não se confunda, de outro lado, progressividade com proporcionalidade, uma vez que a progressividade importa no aumento da alíquota, enquanto que na proporcionalidade, apenas em virtude da maior base (valor venal), o tributo se torna maior, ou vice-versa, se este for menor.

Nem se diga que existe dupla progressividade, por o proprietário do imóvel maior já pagar um IPTU maior, pelo critério da proporcionalidade, que não se confunde com a progressividade prevista no texto constitucional.

Inexiste, também aqui, qualquer inconstitucionalidade, analisando a consistência da base de cálculo ou o critério de formulação da progressividade.

5. *Conclusões*

a) A Lei 11.152/91, do Município de São Paulo, sobre o IPTU é constitucional;

b) A progressividade prevista no art. 156, § 1º, da CF não se confunde com a progressividade prevista no art. 182, § 4º, II, da CF;

c) A progressividade prevista no art. 156, § 1º, depende apenas da lei tributária municipal, independentemente da existência ou não da Lei do Plano Diretor;

d) Os critérios tomados como *discrimen* para a aplicação da progressividade aferem e completam o sentido da dicção constitucional "função social da propriedade";

e) A progressividade do IPTU de São Paulo, mesmo levando-se em consideração a alíquota máxima (2,4%), não fere os princípios constitucionais da capacidade contributiva e isonomia, nem está caracterizada a tributação confiscatória;

f) Na descrição da base de cálculo e alíquota, foi observado o princípio da estrita legalidade;

g) A progressividade prevista na Lei municipal 11.152/91 está fundamentada na faculdade prevista no art. 156, § 1º, da CF;

h) Não há que se falar em inconstitucionalidade da lei em tese (ação direta), exceto em cada caso concreto, apenas quando o valor venal ultrapassar o valor de mercado na data da ocorrência do fato gerador (ação indireta).

DIREITO TRIBUTÁRIO ATUAL

Responsabilidade: TREVISAN AUDITORES E CONSULTORES

PROVISÃO PARA DEVEDORES DUVIDOSOS — INSTITUIÇÕES FINANCEIRAS

A consulente (instituição financeira) indaga-nos acerca dos procedimentos a serem observados na constituição da provisão para créditos de liquidação duvidosa, notadamente nos balanços semestrais encerrados a partir de 12/88; seguem nossos comentários a respeito.

Evolução das normas

As normas que disciplinam a constituição desta provisão pelas instituições financeiras tiveram sua evolução da seguinte forma:

I — Instrução Normativa-SRF 176, de 30.12.87 - DOU de 31.12.87

Estabelece que as instituições financeiras "poderão computar, como despesa operacional, provisão destinada a fazer face aos créditos de liquidação duvidosa até *o máximo de 1,5% (um vírgula cinco por cento) do total dos créditos existentes no encerramento do período-base*, excluídos desse total os valores referentes:

"a) às operações garantidas com reserva de domínio ou alienação fiduciária;

"b) às operações com garantia real.

"Alternativamente, é facultado às instituições financeiras constituir provisão a valores *não excedente a 1% (um por cento) do montante total dos créditos a receber*.

"Em uma terceira opção, é facultada a adoção de percentual superior a esses, desde que limitado ao máximo correspondente à relação observada entre os créditos em liquidação e o total de créditos a receber, evidenciados no balanço a que se referir a provisão."

II — Resolução 1.423, de 27.11.87

O Conselho Monetário Nacional, por sua vez, estabelece através do item V, letras *b* e *c*, da Resolução 1.423/87, que "as instituições credoras ficam obrigadas a constituir provisões em montantes adequados para ajustar seus direitos creditórios aos valores prováveis de realização, de acordo com as regras estabelecidas nesta Resolução e observado o seguinte:...

"b) em cada balancete mensal ou balanço semestral, a provisão não poderá ser inferior aos percentuais a seguir mencionados, incidentes sobre o valor dos créditos, atualizados segundo normas contábeis em vigor, sem prejuízo da responsabilidade dos administradores das instituições financeiras pela constituição de provisões em montantes suficientes para fazer face às perdas prováveis na realização de créditos:

"1. 100% (cem por cento) dos créditos inscritos em Créditos em Liquidação e sobre parcelas de créditos não cobertas pelas garantias reais ou penhoras judiciais;

"2. 100% (cem por cento) dos créditos garantidos por fiança, aval ou outra modalidade de garantia fidejussória, vencidos há mais de 150 (cento e cinqüenta) dias, à razão de 15% (quinze por cento) ao trimestre; e

"3. 10% (dez por cento) dos créditos garantidos por direitos reais de garantia ou penhora em valor suficiente à cobertura desses créditos, mensalmente e a partir de 450 (quatrocentos e cinqüenta) dias de vencidos;

"c) as provisões previstas na alínea *b* precedente não poderão, no seu conjunto, *ser inferiores a 1% (um por cento) do total de operações de crédito e de arrendamento mercantil, independentemente de contarem ou não com garantia real.*"

III — Instrução Normativa-SRF 86, de 2.6.88, DOU de 3.6.88

Introduz alterações no item 3 da Instrução Normativa 176, de 30.12.87, que passou a vigorar com a seguinte redação:

"3. A provisão poderá ser superior à determinada de acordo com os itens 1 e 2, desde que não exceda ao valor calculado segundo o disposto no item V, alínea *b*, da Resolução 1.423, de 27 de novembro de 1987, do Conselho Monetário Nacional".

IV — Resolução 1.551, de 22.12.88

O inciso VIII desta resolução introduz alterações na Resolução 1.423, de 27.11.87, fixando novos percentuais em relação à provisão das instituições financeiras, revogando, portanto, aquela resolução:

"VIII — Em cada balancete mensal ou balanço semestral, a provisão para créditos de liquidação duvidosa não poderá ser inferior aos percentuais a seguir mencionados, incidentes sobre o valor dos créditos, atualizados segundo normas contábeis em vigor, sem prejuízo da responsabilidade dos administradores das instituições financeiras pela constituição de provisão em montantes suficientes para fazer face às perdas prováveis, na realização dos créditos:

"a) 20% (vinte por cento) sobre as operações de responsabilidade do *setor privado* amparadas por garantias suficientes à cobertura do saldo devedor atualizado, registradas em Contas em Atraso;

"b) 50% (cinqüenta por cento) sobre as operações de responsabilidade do *setor privado* amparadas por garantias que, a juízo da instituição, não sejam suficientes à cobertura do saldo devedor atualizado;

"c) 100% (cem por cento) dos créditos inscritos na conta específica de "Operações de Crédito em Liquidação"."

V — Resolução 1.675, de 21.12.89

Esta resolução, também, dispõe sobre os percentuais de provisão das instituições financeiras, revogando a Resolução 1.551, de 22.12.88, ao estabelecer:

"Art. 9º. Em cada balancete mensal ou balanço semestral, a provisão para créditos de liquidação duvidosa *não poderá ser inferior ao somatório decorrente da aplicação dos percentuais a seguir mencionados, incidentes sobre o valor dos créditos atualizados segundo normas contábeis em vigor, sem prejuízo da responsabilidade dos administradores das instituições pela constituição de provisão em montantes suficientes para fazer face às perdas prováveis, na realização dos créditos*:

"I — 20% (vinte por cento) sobre as operações de responsabilidade do *setor privado* amparadas por garantias que, a juízo das instituições, sejam consideradas suficientes à cobertura do saldo devedor atualizado, registradas em contas em atraso;

"II — 50% (cinqüenta por cento) sobre as operações de responsabilidade do *setor privado* amparadas por garantias que, a juízo das instituições, não sejam consideradas suficientes à cobertura do saldo devedor atualizado, registradas em contas em atraso;

"III — 100% (cem por cento) dos créditos inscritos em contas de créditos em liquidação."

VI — Instrução Normativa - DRF 105, de 3.8.90

A Instrução Normativa 105/90 alterou o disposto no item 3 da Instrução Normativa - SRF 86, de 2.6.88, fazendo expressa remissão à Resolução 1.675/89. Vejamos:

"3. A provisão *poderá ser superior à determinada de acordo com os itens 1 e 2, desde que não exceda ao valor calculado segundo o disposto no art. 9º da Resolução 1.675, de 21 de dezembro de 1989, do Conselho Monetário Nacional*".

VII — Resolução 1.748, de 30.8.90

Finalmente, com o advento da Resolução 1.748/90, a Resolução 1.675/89 foi revogada, passando o limite da provisão para créditos de liquidação duvidosa a ser disciplinado da seguinte forma:

"Art. 9º. Em cada balancete mensal ou balanço semestral, a provisão para créditos de liquidação duvidosa não poderá ser inferior ao somatório decorrente da aplicação dos percentuais a seguir mencionados, incidentes sobre o valor dos créditos atualizados segundo as normas contábeis em vigor, sem prejuízo da responsabilidade dos administradores das instituições pela constituição de provisão em montantes suficientes para fazer face a perdas prováveis na realização dos créditos:

"I — 20% (vinte por cento) sobre as operações amparadas por garantias que, a juízo das Instituições, sejam consideradas suficientes à cobertura do saldo devedor atualizado, registradas em contas em atraso;

"II — 50% (cinqüenta por cento) sobre as operações amparadas por garantias que, a juízo das Instituições ou a critério do Banco Central do Brasil, não sejam consideradas suficientes à cobertura do saldo devedor atualizado, registradas em contas em atraso;

"III — 100% (cem por cento) dos créditos inscritos em contas de créditos em liquidação.

"Parágrafo único. Os créditos a serem computados na base de cálculo de provisão para créditos de liquidação duvidosa são os inscritos nos subgrupos, desdobramentos de subgrupos, títulos e subtítulos integrantes do Plano Contábil das Instituições do Sistema Financeiro Nacional — COSIF, constantes do quadro anexo a esta Resolução, considerados pelo seu valor presente."

Nossos comentários

Antes de verificarmos o período de eficácia de cada uma das resoluções, transcreveremos o que a doutrina estabelece em relação à revogação de normas legais.

"Revogação, do latim *revocatio*, de *revogare* (anular, desfazer, desvigorar), entende-se, em ampla significação, o ato pelo qual se desfaz, se anula ou se retira a eficácia ou efeito de ato anteriormente praticado.

"Revogação da lei — em sentido genérico, e referentemente à lei, revogação entende-se a cessação da obrigatoriedade da lei, supressão ou cassação da lei" (*Vocabulário Jurídico*, De Plácido e Silva, vol. II, Forense, 1984).

A revogação representa o processo que a lei considera normal da cessação da vigência da lei.

O art. 2º da Lei de Introdução ao Código Civil diz-nos que a lei só deixa de vigorar quando revogada por outra lei.

Podemos distinguir a revogação: a) expressa ou por declaração; b) tácita ou por incompatibilidade; e c) global ou por substituição.

"*Expressa*. É freqüente o legislador indicar quais os diplomas que a nova lei revoga. Substitui-se o regulamento do pessoal de certo serviço por novo regulamento; declara-se que fica revogado o decreto que aprovará o primeiro. Ou então se diz discriminadamente que são revogados os artigos X e Z de dado diploma.

"*Tácita*. Mesmo que o legislador nada diga, uma lei é revogada se há incompatibilidade entre ela e os preceitos da nova lei. Com a lei que fixa a taxa em 5% é revogada a lei que fixava a taxa em 4%.

"*Global*. Se uma lei nova regula todo um instituto jurídico (por exemplo o arrendamento rural) ou todo um ramo de direito (por exemplo processo civil), os preceitos da lei anterior ficam revogados, sem ser necessário demonstrar a incompatibilidade específica de cada um deles com o preceituado na nova lei" (*Enciclopédia Saraiva de Direito*, vol. 66).

Assim, na revogação expressa, ou manifesta, a norma revogadora determina declaradamente qual a norma revogada. No momento em que a norma revogadora entra em vigor, cessa a eficácia da norma revogada.

Por outro lado, ocorre que na revogação tácita, ou implícita, não há declaração expressa, mas existe uma incompatibilidade entre duas normas que tratam sobre o mesmo assunto. Para esses casos a doutrina estabelece, num princípio genérico, que a norma mais recente prevalece sobre a mais antiga, pois o legislador não poderia dispor diferentemente sobre o mesmo assunto.

A revogação pode dar-se de forma total ou parcial. À primeira dá-se o nome de *ab rogatio* e à segunda de *derogatio*.

Caio Mário da Silva Pereira, em seu livro *Instituições de Direito Civil*, Forense, 5ª ed., pág. 125, ao tratar da matéria, assim dispõe:

"O que o legislador não incluiu nos princípios que assentou sobre a revogação das leis, mas é uma imposição da lógica mais elementar, *é que a ab-rogação não afeta apenas o dispositivo diretamente compreendido na norma revogadora, porém, abrange todas as disposições dependentes ou acessórias, resultantes da lei revogada*" (grifos nossos).

Convém ressaltar que, uma vez revogada uma norma legal, esta não poderá, em hipótese alguma, ser "ressuscitada", pois o nosso ordenamento constitucional não prevê a repristinação de normas legais, ou seja, a reaplicação de certa norma, já posta à margem direta ou indiretamente.

Aplicabilidade dos limites fixados nas resoluções

Considerando que a norma posterior revoga a anterior, quando versa sobre a mesma matéria de forma diversa, passamos a comentar a eficácia das normas anteriormente mencionadas, nos balanços semestrais das instituições financeiras.

A Resolução 1.423, de 27.11.87, teve aplicação no balanço semestral encerrado em 12/87, pois, nesta ocasião, vigorava a Instrução Normativa 176, de 30.12.87, que em seu item III facultava a adoção de percentual superior ao fixado nos seus itens I e II, limitando, entretanto, ao máximo correspondente à relação observada entre os créditos em liquidação e o total de créditos a receber, evidenciados no balanço a que se referir a provisão. Esta instrução, como vimos, não faz menção expressa a uma determinada resolução, antes dispõe, genericamente, sobre a matéria.

Tal limite foi reconfirmado pelo disposto na Instrução Normativa 86, que, no entanto, cuidou de mencionar expressamente a Resolução 1.423/87, sujeitando, assim, o balanço semestral encerrado em 6/88.

Com a publicação da Resolução 1.551, de 22.12.88, e conseqüente revogação da Resolução 1.423/88, a provisão para devedores duvidosos ficou restrita aos limites fixados nos itens I e II da Instrução Normativa 176/87, dado que a Receita Federal não manifestou entendimento no sentido de que a provisão pudesse ser calculada a valores superiores aos nestes itens estabelecidos.

Ressaltamos, neste ponto, que a Lei federal 4.506/64 atribui à Secretaria da Receita Federal competência para fixar os percentuais relativos aos créditos de liquidação duvidosa; então, vejamos:

Lei 4.506, art. 61: "... § 1º. *O saldo adequado da provisão será fixado periodicamente pela Divisão do Imposto de Renda, a partir de 1º de janeiro de 1965, para vigorar durante o prazo mínimo de um exercício, como percentagem sobre o montante dos créditos verificados no fim de cada ano, atendida a diversidade de operações* e excluídos os de que trata o § 4º".

"§ 4º. Além da percentagem acima, a provisão poderá ser acrescida de:

"a) diferença entre o montante do crédito e a proposta de liquidação pelo concordatário nos casos de concordata, desde o momento em que esta for requerida;

"b) até 50% (cinqüenta por cento) do crédito, nos casos de falência do devedor, desde o momento de sua decretação."

Importa lembrar que a fixação desses limites pela Receita Federal decorre de delegação de competência, sendo, portanto, vinculada ao disposto no ato delegante.

Depreendemos então que, em razão do item III da Instrução Normativa 176/87 ter sido alterado pela redação da Instrução Normativa 86/88, quando da revogação da resolução a que esta última instrução faz menção, aquela outra não poderia produzir efeitos novamente, pois, conforme já exposto, a norma revogada não sofre o efeito da repristinação. Desta forma, os balanços semestrais encerrados em 12/88 e 6/89 ficaram sujeitos, exclusivamente, aos limites de que tratam os itens I e II da Instrução Normativa 176/87, não podendo ser automaticamente reconhecidos os limites da nova resolução, por falta de manifestação expressa neste sentido.

Com a promulgação da Resolução 1.675/89 a Receita Federal permaneceu silente acerca da utilização ou não de percentuais superiores aos fixados nos itens I e II da Instrução Normativa 176/87; portanto, os balanços semestrais encerrados em 12/89 e 6/90 tiveram que observar estes limites.

Em 6.8.90, a Receita Federal manifestou-se quanto à utilização de percentuais superiores aos fixados nos itens I e II da Instrução Normativa 176/87, quando fez publicar a Instrução Normativa DRF 105, estabelecendo que a provisão poderia ser calculada conforme o art. 9º da Resolução 1.675/89. Todavia, em 3.9.90, entrou em vigor a Resolução 1.748 revogando totalmente a Resolução 1.675, o que impediu que o limite fixado naquela resolução pudesse ser utilizado no balanço levantado em 12/90.

Entendemos que, na verdade, a Instrução Normativa 105 sequer chegou a ter eficácia, pois, conforme já exposto, ela reportava-se à Resolução 1.675 e, com a revogação desta, não seria possível sua aplicação.

Diante desses fatos, os balanços semestrais encerrados a partir de 12/90 devem observar estritamente, no cálculo das provisões, o disposto nos itens I e II da Instrução Normativa 176/87.

A Lei 8.541, de 23.12.92, que introduziu novas regras para apuração e pagamento do imposto de renda das pessoas jurídicas, através do disposto no parágrafo único do art. 9º, reduziu para 0,5% o percentual a ser aplicado na determinação do valor da provisão para créditos de liquidação duvidosa das instituições financeiras (sem nenhuma exceção aos créditos existentes).

Ou seja, a partir de janeiro/93, na apuração do lucro real, as instituições financeiras não mais poderão, na determinação da provisão, aplicar o percentual de 1,5% sobre o total dos créditos existentes, incluídos os referentes às operações garantidas com reserva de domínio ou alienação fiduciária e às operações com garantia real, ou de 1% do montante total dos créditos sem restrição, conforme estabelecia a Instrução Normativa 176/87, que vigorou até a edição da Lei 8.541/92. Esta medida certamente acarretará aumento da carga tributária para essas pessoas jurídicas.

Lucro inflacionário

I — A evolução do instituto da correção monetária no Brasil

Antes de nos atermos ao estudo do lucro inflacionário, faremos breves considerações sobre o fenômeno do processo inflacionário brasileiro, que desencadeou a indexação de nossa economia como meio de ajuste de convivência com a inflação.

Logo após o término da II Guerra Mundial, a maioria dos países latino-americanos passou a conhecer um fenômeno econômico que provocava o desgaste do poder aquisitivo da moeda, assumindo proporções astronômicas, que se convencionou chamar de inflação galopante.

Esse fenômeno passou a desestruturar a política sócio-econômica dos países, que, até hoje, se armam para derrubar o monstro que aniquila as classes trabalhadoras e atinge sobremaneira a livre iniciativa.

O jurista Henry Tilbery, citando o Presidente do Senado da Suprema Corte Tributária Germânica, Dr. Wilhelm Hartz, escreve que a inflação se traduz numa espécie de "tributação de fato", constituindo-se em um "imposto menos diferenciado, mais injusto e mais anti-social".

Diante da impossibilidade de erradicar a inflação a curto ou a médio prazo, o governo brasileiro optou pela indexação como ajuste de convivência com o processo inflacionário, cujos primeiros passos foram dados com a criação, pela Lei 4.357/64, das Obrigações Reajustáveis do Tesouro Nacional — ORTNs, atualizáveis de acordo com os índices de correção monetária.

Esta lei introduziu, também, a obrigatoriedade da correção monetária do ativo imobilizado, que, durante anos, passou por uma série de adaptações contábeis e fiscais até o advento da Lei 6.404/76, que veio definir a forma atual do método de correção monetária, que consiste na aplicação do índice imposto pela legislação, atualmente UFIR (Unidade Fiscal de Referência), sobre o ativo permanente e sobre o patrimônio líquido, itens não-monetários expostos aos efeitos da inflação, que se encontram registrados pelo custo histórico correspondente ao valor da moeda na época da aquisição.

Na lista dos itens não-monetários sujeitos à correção monetária não se incluíram os estoques, devido à sua rotatividade, evitando uma desvalorização gritante. Recentemente, no entanto, a CVM — Comissão de Valores Mobiliários, através da Instrução 192/92, determinou a obrigatoriedade da correção monetária dos estoques para as companhias de capital aberto a partir do exercício de 1993, procedimento ainda não definido pela ótica fiscal.

As determinações da Lei 6.404/76 foram adaptadas à legislação societária pelo Decreto-lei 1.598/77, posteriormente modificado pelo Decreto-lei 1.648/78 e pelo Decreto-lei 1.733/79.

Neste momento surge a figura do lucro inflacionário, cujas características, forma de apuração e tributação trataremos no tópico seguinte.

II — Lucro Inflacionário

A figura do lucro inflacionário gerou muitas discussões entre juristas e financistas. Este conflito foi lembrado por Yuichi Tsukamoto e João Francisco Bianco em artigo publicado pela *Revista de Direito Mercantil*:

"O que nos tem surpreendido na análise do lucro inflacionário das empresas (seja lucro ou prejuízo), porém, é a diversidade de opiniões nas 'explicações' do mesmo fenômeno econômico, dependendo da formação do profissional que efetua essa análise.

"Assim, os advogados explicam o lucro inflacionário como mero ajuste contábil representativo de um lucro em potencial, ainda não disponível, decorrente do ativo permanente da empresa ser superior ao seu patrimônio líquido. Já os financistas preferem explicá-lo como lucro efetivo da empresa pois originado da diferença a maior entre os ganhos com os passivos monetários e as perdas com os ativos monetários, ou seja, ativos e passivos expostos à inflação."

O Decreto-lei 1.598/77 definiu que o saldo da correção monetária, se devedor, poderia ser deduzido do resultado para fins tributários e, se credor, deveria ser computado como resultado tributável, facultado o seu diferimento, nos moldes que passamos a expor.

A legislação tributária definiu a seguinte fórmula para apuração e tributação do lucro inflacionário:

LI = SCCM - (DF + VMP) - (RF + VMA), onde:

LI = Lucro inflacionário

SCCM = Saldo credor de correção monetária

DF = Despesas financeiras

VMP = Variações monetárias passivas

RF = Receitas financeiras

VMA = Variações monetárias ativa

Do saldo credor de correção monetária é excluído o excedente das despesas financeiras pelo fato de que parte do saldo credor pode originar-se de investimentos efetuados com recursos de terceiros que geram variação monetária, cujos efeitos devem ser eliminados para se determinar o lucro inflacionário. Sobre o tema, assim discorre Henry Tilbery:

"No regime inflacionário, a empresa devedora com estas aplicações lucra à custa do credor — mas lucra na medida em que as dívidas não forem reajustáveis por variação cambial ou cláusula de indexação. Se houver encargos financeiros desta natureza, o respectivo débito da variação monetária dos financiamentos neutraliza o crédito da correção monetária do balanço, pelo menos em parte.

"É por este motivo que a lei considera como 'lucro inflacionário' o saldo credor de correção monetária — não na sua íntegra — mas somente após deduzido o montante pelo qual as variações monetárias passivas excedem as variações monetárias ativas."

Definido o lucro inflacionário, o Decreto-lei 1.598/77 facultou à pessoa jurídica o diferimento da tributação, de forma que somente seria computada na determinação do lucro real a parcela do lucro inflacionário correspondente às realizações do ativo permanente ocorridas no período, assim consideradas as baixas a qualquer título, inclusive as quotas de depreciação e os lucros e dividendos recebidos de investimentos permanentes.

O saldo diferido não tributado deve ser controlado no LALUR — Livro de Apuração do Lucro Real, a fim de ser tributado, nos mesmos moldes, nos exercícios posteriores.

A forma atual de apuração do lucro inflacionário, salvo as alterações da Instrução Normativa 98/92, que comentaremos adiante, é a mesma determinada pelo decreto-lei de 1977. A forma de tributação, no entanto, sofreu uma mudança significativa através do Decreto-lei 2.341/87.

Este decreto-lei, em seu art. 23, com a redação alterada pelo Decreto-lei 2.429/88, determinou que a pessoa jurídica deveria realizar, no mínimo, 5% do saldo do lucro inflacionário em cada exercício, se a porcentagem de realização efetiva do ativo permanente fosse inferior.

Esta exigência imposta pela legislação gerou inúmeras discussões entre os juristas, que sustentavam, com base no art. 43 do CTN — Código Tributário Nacional, não haver disponibilidade jurídica ou econômica tributável pelo imposto de renda.

Dispõe o art. 43 do CTN:

"O imposto de competência da União sobre a renda e proventos de qualquer natureza tem como fato gerador a aquisição de disponibilidade econômica ou jurídica:

"I — de renda, assim entendido o provento do capital, do trabalho ou da combinação de ambos;

"II — de proventos de qualquer natureza, assim entendidos os acréscimos patrimoniais não compreendidos no inciso anterior."

A doutrina é vasta de estudos sobre o exato sentido da expressão "disponibilidade econômica ou jurídica" usada pelo legislador.

Para ilustrar, citamos o ensinamento de Rubens Gomes de Sousa, citado pelo ex-Ministro do TFR, Sebastião Reis, em parecer publicado na *Revista de Direito Tributário*: "'disponibilidade econômica' corresponde a 'rendimento (ou provento) realizado', isto é, dinheiro em caixa. E 'disponibilidade jurídica' corresponde a 'rendimento (ou provento) adquirido', isto é, ao qual o beneficiário tem título jurídico que lhe permite obter a respectiva realização em dinheiro (p. ex. o juro ou dividendos creditados). Assim, a disponibilidade 'econômica' inclui a 'jurídica', a recíproca não é verdadeira, mas, pelo art. 43, qualquer das duas hipóteses basta para confirmar o fato gerador do imposto".

O mesmo jurista, analisando a tributação da *plus-valia*, já ensinava em 1950: "Um segundo ponto importante a considerar no estudo geral das mais-valias é o da sua realização, da sua efetiva tradução em dinheiro ou valores. Evidentemente essa efetiva transformação da mais-valia em dinheiro ou valores somente pode ser obtida através da alienação dos bens valorizados. Desta observação decorre a consideração fundamental de que, enquanto não sejam alienados os bens reavaliados, a mais-valia encontrada na reavaliação será sempre e em qualquer hipótese uma simples expectativa de lucro: unicamente a alienação dos bens reavaliados permitirá a verificação da presença ou ausência de ganho efetivo".

O antigo TFR já se pronunciou sobre a matéria no Ac. 46.904 da 5ª Turma, rel. Min. Justino Ribeiro, *DJU* 20.4.81:

"Tributário — IR — Disponibilidade de renda — Inteligência do art. 43 do CTN. A disponibilidade econômica ou jurídica implica a possibilidade de entrega da coisa (arts. 675 e 676 do CC), pressuposto indispensável à interpretação do art. 43 do CTN. Quem apenas possui título de crédito está em condições de vir a possuir renda, mas não possui renda".

O ex-Ministro Sebastião Reis, no parecer citado, conclui que: "O art. 23, trazido à colação, ao equiparar para efeito dos 5% ali referidos, o lucro inflacionário não realizado — hipótese sem conteúdo econômico efetivo, não configurativa de signo presuntivo de capacidade contributiva, situação que não se enquadra, seja no conceito de renda, seja no de proventos, por não envolver incremento patrimonial efetivo — com a ocorrência concreta de lucro realizado, em que se verifica a efetiva tradução em dinheiro ou valor, valeu-se do expediente técnico da ficção legal, inadmissível no Direito Tributário Brasileiro, para efeito de estruturar fato gerador válido, à luz da Constituição Federal e do Código Tributário Nacional".

Apesar das discussões, a realização mínima de 5% do lucro inflacionário imposta pelo Decreto-lei 2.341/87 resistiu e vigora até hoje como exemplo do exercício arbitrário do poder tributante que, diante da necessidade de arrecadar, impõe obrigações que, inúmeras vezes, vão de encontro às disposições da Lei Maior ou do Código Tributário Nacional.

III — Alterações introduzidas pela Lei 8.383/91

A Lei 8.383, de 30.12.91, introduziu profundas alterações na tributação das pessoas jurídicas. As principais foram a tributação em bases correntes e a volta da indexação diária pela UFIR — Unidade Fiscal de Referência.

Até o advento desta lei o imposto de renda das pessoas jurídicas era calculado com base em período encerrado em 31 de dezembro de cada ano, denominado período-base, para recolhimento no ano seguinte, denominado exercício financeiro, na forma de antecipações, duodécimos e quotas.

A partir do mês de janeiro/92 o imposto de renda passou a ser devido mensalmente, à medida que os lucros são auferidos, sendo facultada ao contribuinte, durante o ano-calendário de 1992, considerado como período de adaptação, a opção pelo recolhimento em bases estimadas, nos termos da Portaria MEFP 441/92.

No presente estudo, o que nos interessa enfocar é o novo tratamento a ser dispensado pela tributação do lucro inflacionário, diante da nova forma de apuração e recolhimento do imposto de renda.

Diante das dúvidas suscitadas pelos contribuintes, a Receita Federal publicou a Instrução Normativa 98/92, dispondo sobre o tratamento a ser dispensado na realização do lucro inflacionário a partir de 1992. Para isto, essa instrução determina a segregação de três espécies de lucro inflacionário, considerando o período em que foi gerado:

— Lucro inflacionário diferido de ano-calendário anterior;

— Lucro inflacionário diferido de meses anteriores;

— Lucro inflacionário do mês.

O valor mínimo a ser tributado a título de realização será o maior entre:

— 5% do lucro inflacionário do mês somado a 1/12 de 5% do lucro inflacionário diferido do ano-calendário anterior;

— o montante realizado do lucro inflacionário acumulado com base nas baixas efetivamente ocorridas no próprio mês de apuração.

Assim, será considerado lucro inflacionário acumulado o somatório das três espécies de lucro inflacionário.

Para ilustrar as determinações da instrução normativa, elaboramos o seguinte exemplo:

— Lucro inflacionário diferido de ano-calendário anterior = Cr$ 3.000

— Lucro inflacionário diferido de meses anteriores = Cr$ 1.200

— Lucro inflacionário do próprio mês = Cr$ 800

— Lucro inflacionário acumulado = Cr$ 5.000

— Média dos ativos = Cr$ 2.000

— Baixas no mês = Cr$ 600

— Percentual de realização = 30%.

Calculando:

— Realização mínima: (5% do lucro inflacionário do mês) + (1/12 x 5% do lucro inflacionário diferido do ano-calendário anterior) = (5% de 800) + 1/12 (5% de 3.000) = Cr$ 52,50

— Realização efetiva: (% de realização dos ativos) x (lucro inflacionário acumulado) = 30% de 5.000 = Cr$ 1.500.

Comparando:

— Realização mínima = Cr$ 52,50

— Realização efetiva = Cr$ 1.500,00

— Valor a ser tributado = Cr$ 1.500,00.

A instrução normativa dispõe, em seu art. 5º, § 3º, que: "A parcela do lucro inflacionário acumulado, realizado em cada mês, com base nas baixas efetivas do próprio mês, deverá ser proporcionalizada para fins de dedução nos saldos dos lucros inflacionários de que tratam os incs. I e II e nos saldos relativos aos meses anteriores do ano-calendário, se houver".

Isso significa que, após a apuração do lucro inflacionário a ser oferecido à tributação, a pessoa jurídica deverá amortizar o valor dos três tipos de saldo de lucro inflacionário, de maneira proporcional. Vejamos, no exemplo, como se verificaria tal dedução:

— Lucro inflacionário realizado = Cr$ 1.500

— Saldo do lucro inflacionário diferido do ano-calendário anterior = Cr$ 3.000

— Saldo do lucro inflacionário diferido de meses anteriores = Cr$ 1.200

— Saldo do lucro inflacionário próprio do mês = Cr$ 800

— Lucro inflacionário acumulado = Cr$ 5.000.

Esquematizando:

	(I)	(II)	(III)	(IV)
Lucro inflacionário diferido de ano-calendário anterior	3.000	60	(900)	2.100
Lucro inflacionário diferido de meses anteriores	1.200	24	(360)	840
Lucro inflacionário do próprio mês	800	16	(240)	560
Lucro inflacionário acumulado	5.000		1.500	3.500

I — Saldo

II — (Saldo/Lucro inflacionário acumulado) x 100

III — II x 1.500 (lucro inflacionário realizado) = parcela a amortizar

IV — Saldo remanescente.

IV — Contratos de mútuo entre empresas ligadas

Com o advento da Lei 8.200/91, regulamentada pelo Decreto 332/91, as contas representativas de créditos ou débitos decorrentes de contratos de mútuo entre pessoas ligadas passaram a se sujeitar à correção monetária do balanço.

Assim, as realizações dos mútuos registrados no ativo passaram a ser computadas na realização do lucro inflacionário.

Quanto a este aspecto, a mencionada Instrução Normativa 98/92 dispôs sobre as normas aplicáveis a partir de janeiro/92 às liquidações dos contratos de mútuo.

Assim, a pessoa jurídica mutuante deverá adotar os seguintes critérios para determinar o montante realizado em cada período:

— Relativamente a cada conta de mútuo, deverá ser apurado o saldo em UFIR diária no início e no final do mês.

1. Se o saldo no final do mês, expresso em UFIR diária, for igual ou superior ao existente no início do mês, não será considerada realizada nenhuma parcela de mútuo, ainda que tenham ocorrido baixas no mês de apuração.

2. Se o saldo no final do mês, expresso em UFIR diária, for inferior ao existente no início do mês, será considerada realizada a diferença, em quantidade de UFIR diária, entre os dois saldos.

3. As baixas, expressas em UFIR diária, deverão ser consideradas como ocorridas no primeiro recebimento de mútuos no mês, e serão multiplicadas pelo valor da UFIR diária vigente na data, para fins de conversão do valor realizado em cruzeiros.

4. No caso de inexistir saldo no início do mês de apuração e existir no final, a empresa ficará dispensada do cálculo de baixas no mês.

5. No caso de não existir saldo no início e no final do mês de apuração, será considerada baixada a parcela da correção monetária relativa aos saldos existentes no mês.

Quadro exemplificativo de realização do mútuo

Mês	Saldo inicial	Saldo final	Realização S/N	Montante realizado
01	100	100	N	0
02	100	130	N	0
03	100	90	S	10
04	0	80	N	0
05	0	0	*S	**

* A realização está condicionada à existência de saldos durante o mês.

** Havendo movimentação, o montante de realização será igual à parcela de correção monetária relativa aos saldos existentes no mês.

Os valores expressos na tabela acima estão em UFIR diária.

Quando ocorrerem as hipóteses dos itens 1 ou 4, o saldo dos mútuos não deverá ser computado na média do ativo permanente para fins de determinação do lucro inflacionário.

V — Alterações introduzidas pela Lei 8.541/92

A Lei 8.541/92, que introduziu alterações na legislação do imposto de renda das pessoas jurídicas, no art. 30 estabelece que, a partir de 1993, a pessoa jurídica deverá considerar realizado, mensalmente, 1/240 ou o valor efetivamente realizado, do lucro inflacionário acumulado.

Por sua vez, o art. 32 desta lei estabelece que a partir do exercício financeiro de 1995 a referida parcela de realização será de, no mínimo, 1/120.

Consoante nosso entendimento, essas novas determinações significam que o lucro inflacionário passa efetivamente a ser tributado em 20 anos. A legislação até então vigente estabelecia uma realização mínima de 5% ao ano calculados sobre os saldos remanescentes, o que na prática não significava realização em 20 anos, pois o percentual aplicado nos anos subseqüentes ao primeiro era menor que 5, visto que era aplicado sobre o lucro acumulado após a dedução dos 5% iniciais e assim sucessivamente.

Outra modificação introduzida pela Lei 8.541/92 consiste no estímulo dado às pessoas jurídicas que tributarem o lucro inflacionário acumulado existente em 31.12.92 em prazos mais reduzidos. Dispõe o art. 31 que, à opção da pessoa jurídica, os lucros inflacionários existentes em 31.12.92 poderão ser considerados realizados mensalmente e tributados da seguinte forma:

a) 1/20 à alíquota de 20%;

b) 1/60 à alíquota de 18%;

c) 1/36 à alíquota de 15%;

d) 1/12 à alíquota de 10%;

e) em cota única à alíquota de 5%.

Para efeito desta realização, o lucro inflacionário será convertido em quantidade de UFIR diária pelo valor desta no último dia do período-base, e o respectivo imposto será de tributação exclusiva, ou seja, o lucro inflacionário assim realizado não será computado na determinação do lucro real.

A lei prevê ainda que a pessoa jurídica que utilizar esta opção poderá quitar o imposto incidente sobre a parcela que exceder o valor da realização mínima ou efetiva do lucro inflacionário, com títulos da Dívida Pública Mobiliária Federal. Neste caso, o imposto será calculado à alíquota de 25% (art. 34).

Finalmente, a Lei 8.541/92 estabelece que as regras para os casos de fusão, incorporação e cisão permanecem as mesmas, ou seja, será considerado integralmente realizado o valor total do lucro inflacionário na data do evento (art. 35).

DIREITO TRIBUTÁRIO APLICADO

FERNANDO ALBINO

Como o título dessa seção está a indicar, o seu objetivo é o de informar os leitores sobre as tendências jurisprudenciais.

Mas a informação não será "neutra". Ao contrário, a idéia é colocar frente a frente as alternativas de interpretação da Constituição e da legislação infraconstitucional e mostrar como os tribunais têm optado por decidir.

Como afirma Hans Kelsen, o juiz tem diante de si algumas interpretações possíveis, optando por aquela que melhor atende, na sua opinião, a intenção da lei. Ou seja, o exercício da jurisdição pressupõe uma opção valorativa.

Será esse "valor" o que procuraremos realçar.

A seção agradece o envio de contribuições, não só de magistrados que queiram ver determinados problemas debatidos, como de advogados, professores, membros do Ministério Público e de todos os juristas que fazem do direito, e sobretudo do direito tal como aplicado pelos tribunais, a sua razão de existência profissional.

Para o primeiro número, foi escolhido um tema que vem sendo exaustivamente debatido nos tribunais e que ganhou novos contornos com a Constituição de 1988.

ICMS — FORNECIMENTO DE ALIMENTAÇÃO

A incidência do imposto sobre circulação de mercadorias nas operações de fornecimento de alimentação tem sido objeto de discussão entre os fiscos estaduais e os contribuintes desde longa data.

A pendência contém dois aspectos: (*1*) a natureza do fornecimento de alimentação; e (*2*) a previsão legal a respeito, observadas as várias leis estaduais que regularam e regulam o assunto.

O primeiro dos dois aspectos citados implica em saber se o fornecimento de alimentação, em si mesmo considerado, como transação do mundo dos negócios, constitui um serviço ou implica em operação mercantil evidenciadora de circulação de mercadorias.

A respeito, a doutrina já se posicionou por vozes autorizadas, como Aires Barreto e Roque Antônio Carrazza. Este último, por exemplo, entende que "... ninguém vai a um restaurante com o fito de comprar mantimentos... Pelo contrário, é evidente que quem procura um restaurante, vai em busca de um serviço, que se perfaz não só com o fornecimento de alimentos senão, também, de bebidas, de cigarros, de fósforo e, eventualmente, até de flores. Em outros termos, mais técnicos, o bem (o alimento) não é o objeto do contrato que se celebra entre o restaurante e o freguês; o objeto deste contrato é o esforço pessoal (o serviço)..." (*RDT* 6/42).

Ontologicamente um serviço, é a conseqüência, não pode ser tributado pelo imposto de operações mercantis.

Essa questão jamais chegou a ser apreciada pelos tribunais. Se houvesse sido, eles teriam que ter enfrentado o problema da constitucionalidade das leis estaduais que instituíram o imposto sobre circulação de mercadorias no fornecimento de alimentação.

Provavelmente, a razão dessa omissão foi o item 29 da Lista de Serviços do Decreto-lei 406/68 que incluiu "organização de *buffet*" como passível de imposto sobre serviços excetuando o "fornecimento de alimentos e bebidas", "sujeitos a ICM".

Com base nessa exceção, e no entendimento de que a "lista de serviços" "é taxativa", "instituída por diploma legal com força de lei complementar", a discussão se centrou em outros dois pontos, a necessidade de previsão da hipótese de incidência do "fornecimento de alimentação" nas leis estaduais e de distinção das mercadorias e dos serviços na fixação da base de cálculo.

Os tribunais, assim, ficaram com o segundo aspecto, que lida com o direito posto, legislado. Os fiscos estaduais, independentemente do que dispôs o Decreto-lei 406/68, jamais aceitaram a tese de que em "essência" a atividade era um serviço e sempre entenderam que o fornecimento de alimentação implica venda de mercadorias, devendo se constituir hipótese de incidência do imposto sobre a circulação de mercadorias. Quando muito se trataria de uma operação mista, compreendendo tanto serviços, quanto fornecimento de mercadorias.

A pendência dos contribuintes com os fiscos estaduais levou o STF a editar a Súmula 574: "Sem lei estadual que a estabeleça, é ilegítima a cobrança de ICM sobre o fornecimento de alimentação e bebidas em restaurante ou estabelecimento similar".

Os fiscos estaduais não desistiram. Passaram a editar leis prevendo a hipótese. Em se tratando de operação mista, continuava o raciocínio, e não sendo o serviço efetivamente tributado pelo Município, por não estar incluso na "lista de serviços", poderia ser tributado pelos Estados-membros.

A jurisprudência evitou enfrentar a questão da essência da atividade, julgando com a lei posta e sua adequação ao texto constitucional.

Os julgados, então, como se disse, fixaram-se na necessidade de uma distinção na base de cálculo entre o que era fornecimento de mercadorias e serviços. Dessa fase são, por exemplo, os RE 100.563-7, 104.593-1, 106.295-9, 106.048-4, 107.097-9, 107.769-7, 107.770-1, 108.110-4 e 108.934-2.

Com base nesses acórdãos o STF continuou julgando inconstitucionais as leis estaduais que não estabeleciam uma diferença entre o serviço e o fornecimento de mercadorias.

A Constituição de 1988 adicionou um elemento aparentemente novo à questão, ao determinar no art. 155, IX, *b*, que o imposto sobre operações relativas à circulação de mercadorias incidirá "sobre o valor total da operação, quando mercadorias forem fornecidas com serviços ... não compreendidos na competência tributária dos Municípios".

Aparentemente novo, apenas, pois remanesce a velha discussão sobre a extensão do "... não compreendidos na competência tributária dos Municípios". Seriam não compreendidos todos os serviços não incluídos na lista do Decreto-lei 406/68, tal como modificado pelo Decreto-lei 834/69, ou seriam "não compreendidos" apenas os serviços de transporte interestadual e intermunicipal e de comunicação?

A se adotar a primeira posição, a atual Constituição teria resolvido a questão do dispositivo supramencionado, pois o valor total da operação seria a base de cálculo, sendo desnecessária a distinção recomendada pela jurisprudência.

O Min. Peçanha Martins, do STJ, perfilha esse entendimento. Em voto vencido, proferido no REsp 8.198-SP, afirma: "Vigente a Constituição Federal de 1988, não há mais que discutir, a meu ver, quanto à incidência do ICM sobre o valor total da operação, quando mercadorias forem fornecidas com serviços não compreendidos na competência tributária dos municípios (art. 155, IX, *b*)".

Porém, a maioria do Tribunal, pelas suas 1ª e 2ª Turmas (REsp 15.447-SP e 15.723-SP, da 1ª, e 10.092-SP e 10.388-DF, da 2ª; a título de exemplos), já vinha decidindo que continua válida a antiga jurisprudência que determina a separação da base de cálculo entre serviços e mercadorias.

Mais recentemente, esse entendimento tem-se mostrado francamente majoritário naquele Tribunal. Decisões proferidas pelos Ministros da 1ª Seção, por ampla maioria, têm dado ganho de causa aos contribuintes.

Podem ser citados os seguintes embargos de divergência proferidos em recursos especiais: 1.313-RJ (90.12023), 1.869-RJ (90.52254), 2.360-SP (91.0003570-0), 3.256-RS (90.0012581-2), 3.903-SP (91.37990), 4.506 (91.5035-0), 5.565 (91.3142-9), 5.868-SP (91.00085871), 9.398-SP (91.0015831-3), 10.092 (91.0018886-7), 10.641-SP (91.0021642-9) e 11.546-RS (91.0021045-5).

Para ilustrar e resumir a discussão, na sua versão mais atual, após a vigência da Constituição de 1988, os EDiv em REsp 1.313-RJ (90.12023), do STJ, relator o Min. Carlos Mário Velloso, hoje no STF, constitui erudito e excelente exemplo.

EDiv em REsp n. 1.313-RJ (9012023) — relator: o Exmo. Sr. Min. Carlos M. Velloso — Embargante: Estado do Rio de Janeiro — Embargado: Novos Hotéis da Guanabara S/A (Hotel Caesar Park)— *DJ* de 21.5.90.

Ementa: Tributário. ICM. Base de cálculo. Fornecimento de alimentação, bebidas e outras mercadorias em restaurantes, bares, cafés e estabelecimentos similares.

I — O que se exige é que seja fixada, na lei estadual, base de cálculo própria da hipótese de incidência específica — fornecimento de alimentação, bebidas e outras mercadorias em restaurantes, bares, cafés e estabelecimentos similares — não sendo aceitável o que a legislação estadual fez, equiparando, analogicamente, a saída da mercadoria com o fornecimento de alimentação, bebidas e outras mercadorias, sem distinguir entre o fornecimento de mercadorias e a prestação de serviços.

II — Embargos de Divergência rejeitados.

ACÓRDÃO

Vistos e relatados os autos, em que são partes as cima indicadas.

Decide a Primeira Seção do Superior Tribunal de Justiça, por maioria, rejeitar os embargos, nos termos do relatório e notas taquigráficas anexas, que ficam fazendo parte integrante do presente julgado.

Custas, como de lei.

Brasília, 3 de abril de 1990 — Ministro *Pedro Acioli*, Presidente — Ministro *Carlos M. Velloso*, Relator.

RELATÓRIO

O Exmo. Sr. Ministro Carlos M. Velloso: Trata-se de mandado de segurança impetrado por Novos Hotéis Guanabara S/A (Hotel Caesar Park) contra ato do Senhor Inspetor da Inspetoria Seccional da Fazenda 12.05, consubstanciado na cobrança do ICM sobre o fornecimento de alimentos e bebidas no estabelecimento do impetrante.

A sentença denegou a segurança (fls. 99/102), sendo confirmada pela 3ª Câmara Cível do Tribunal de Justiça do Estado do Rio de Janeiro, em acórdão assim ementado:

"Ementa: Imposto de circulação de

mercadorias. Fornecimento de alimentos e bebidas em bares, restaurantes e similares. Mandado de segurança — Definido, expressamente, o fornecimento de alimentos e bebidas como fato gerador de I.C.M. em lei federal (Dec.-lei n. 406, de 1968, art. 1º, III e art. 2º, I) e em lei estadual (Dec.-lei n. 05, de 1975, arts. 4º, III e 14, I), inegável é a incidência de tal imposto, já que, como assentado em jurisprudência e na melhor doutrina, entende-se como "saída" ou circulação de mercadorias a transferência da respectiva titularidade, quando consumidas pelo cliente, mesmo sem que sejam fisicamente deslocadas do estabelecimento do vendedor. Não constando da lista de serviços sobre os quais incide I.S.S. (art. 8º, § 2º do Dec.-lei n. 406 com a redação que lhe deu o Dec.-lei 834, de 1969, art. 3º, III), as operações antes referidas estão expressamente declaradas sujeitas à incidência de I.C.M. (§ 2º do referido artigo 2º). E prevista está, na legislação estadual, a base de cálculo (art. 14, I do cit. Cód. Tributário Estadual), cuja expressão pode ser genérica, não se exigindo específica. Provimento da apelação, para denegação da segurança." (fl. 140).

Inconformado, o impetrante interpôs recurso extraordinário, com fundamento no art. 119, III, "a", "c" e "d", da Constituição anterior, argüindo a relevância da questão federal.

Admitido o recurso, subiram os autos à Corte Suprema, sendo posteriormente remetidos a este Egrégio Tribunal, para o julgamento da matéria infraconstitucional.

A Colenda Segunda Turma, por unanimidade, conheceu do recurso especial e deu-lhe provimento, reconhecendo o direito do impetrante de não pagar o ICM até o dia da vigência da lei específica que fixou a sua base de cálculo.

É a seguinte a ementa do acórdão de fls. 297/302:

"*ICM — Fornecimento de alimentação, bebidas e outras mercadorias em restaurantes, bar e estabelecimentos similares.* É legítima a cobrança do tributo a partir da vigência de lei estadual que prevê o fato gerador e fixa a base de cálculo. Princípio da anterioridade respeitado." (fl. 302)

Às fls. 304/308, o Estado do Rio de Janeiro interpõe embargos de divergência, apontando acórdão da Egrégia Primeira Turma desta Corte que entende ser desnecessária a fixação da base de cálculo por lei estadual específica, para que possa ser exigido o ICM sobre o fornecimento de alimentação e bebidas em hotéis, bares e restaurantes. O acórdão divergente, prolatado no REsp 1.054-RJ, foi assim ementado:

"*Tributário — ICM — Elaboração, preparo e fornecimento de alimentação e bebidas.*

"Estabelecendo o Código Tributário Estadual (Decreto-lei 5/75), no inciso I do seu art. 14, que o ICM incidirá sobre "o valor da operação de que decorrer a saída de mercadoria", norma que tanto atinge a mercadoria vendida simplesmente, como aquela na qual, como ocorre com o fornecimento de refeições, se compreendem não somente os produtos utilizados para sua feitura mas também o trabalho efetuado para tal fim, não se verificou conflito entre o julgado recorrido e a Súmula 574 do S.T.F. e nem divergência com acórdão do mesmo Tribunal no qual se assentou ser "inafastável a exigência de que conste da lei local a definição da base de cálculo do ICM, distinguindo o fornecimento de mercadorias e a prestação de serviços em bares e restaurantes.

"Recurso desprovido." (fl. 309)

Às fls. 318/319, admiti os embargos, considerando a ocorrência da divergência que autoriza a sua interposição.

O embargado apresentou sua impugnação, alegando que o Pretório Excelso "firmou jurisprudência mansa e pacífica, no sentido de considerar ilegítima a cobrança de ICM sobre fornecimentos de alimentação e bebidas em bares, restaurantes e estabelecimentos similares, por falta de definição de base de cálculo pela lei estadual". Por esse motivo, o Estado promoveu a alteração de sua legislação, através da Lei estadual RJ n. 1.241, de 30 de novembro de 1987, para adequá-la à tese vencedora.

Sustenta, ainda, que o aresto mencionado não considerou "a questão pertinente à alteração, pela Lei 1.241/87, da redação do inc. I do art. 14 do Decreto-lei n. 5/75 (CTE/RJ)" e que "o julgamento do REsp 1054-RJ (1ª Turma) somente confrontou a decisão então recorrida com um acórdão isolado de uma das Turmas do STF, ao passo que, no REsp 1.313-RJ (2ª Turma), foram trazidos à colação, pelo Recorrente, mais de uma dezena de julgados das duas Turmas do Supremo."

Por fim, requer o não provimento dos embargos, para a confirmação do julgamento embargado e manutenção da segurança concedida.

É o relatório.

VOTO

O Exmo. Sr. Ministro Carlos M. Velloso (Relator): Há, no caso, divergência que autoriza o conhecimento dos embargos. Com efeito: conforme esclareci no despacho de fls. 318/319, enquanto o acórdão embargado, da 2ª Turma, entende que, tratando-se de fornecimento de alimentação, bebidas e outras mercadorias em restaurantes, bares e estabelecimentos similares, a exigência do ICM somente se legitima fixando a lei estadual base de cálculo própria da hipótese de incidência, o acórdão-padrão, tomado no REsp n. 1.054-RJ, da 1ª Turma, entendeu desnecessária essa providência. Configura-se, portanto, divergência entre as Turmas, que autoriza a interposição dos embargos (RI/STF, art. 266).

Conheço, pois, dos embargos.

No REsp n. 1.216-RJ, por mim relatado, decidiu a 2ª Turma:

"*Tributário. ICM. Base de cálculo. Fornecimento de alimentação, bebidas e outras mercadorias em restaurantes, bares, cafés e estabelecimentos similares.*

"I — O que se exige é que seja fixada, na lei estadual, base de cálculo própria da hipótese de incidência específica — fornecimento de alimentação, bebidas e outras mercadorias em restaurantes, bares, cafés e estabelecimentos similares — não sendo aceitável o que a legislação estadual fez, equiparando, analogicamente, a saída da mercadoria com o fornecimento de alimentação, bebidas e outras mercadorias, sem distinguir entre o fornecimento de mercadorias e a prestação de serviços.

"II — Recurso Especial conhecido e provido."

No meu voto, após trazer ao debate o parecer da Subprocuradoria-Geral da República, disse eu:

"No Estado do Rio de Janeiro, segundo consta das informações prestadas, no 1º grau, pela autoridade impetrada (fls. 143/144), o Código Tributário Estadual, Decreto-lei estadual n. 5, de 1975, estabeleceu:

"Art. 4º. O Imposto sobre Circulação de Mercadorias tem como *fato gerador*: ...

"III — o fornecimento de alimentação, bebidas e outras mercadorias em restaurantes, bares, cafés e estabelecimentos similares."

"No que tange à base de cálculo, estabeleceu o mesmo Decreto-lei estadual n. 5/75:

"Art. 14. A base de cálculo do imposto é:

"I — o valor da operação de que decorrer a saída da mercadoria;

"II — na falta do valor a que se refere o inciso anterior, o preço corrente da mercadoria, ou de sua similar, no mercado atacadista da praça do remetente;

"III — na falta do valor e na impossibilidade de determinar o preço aludido no inciso anterior..."

"Destarte, verifica-se que a legislação estadual, ou o Código Tributário do Estado do Rio de Janeiro estabelece como base de cálculo do ICM o valor da operação. Na falta desse valor é que seriam buscados outros critérios para apuração do tributo devido.

"No voto que proferiu, na Corte Suprema, ao julgar o RE n. 99.410-SP (RTJ, 114/696), o eminente Ministro Néri da Silveira esclareceu, com a acuidade jurídica que o caracteriza, toda a matéria, inclusive nos seus aspectos históricos. Disse S. Exa.:

"No RE n. 85.262-DF, o Plenário do STF afirmou que a possibilidade de se exigir o ICM sobre os alimentos, bebidas e demais mercadorias fornecidos dentro do próprio estabelecimento — bares, restaurantes, etc. — somente passou a ter base legal, com a vigência do Ato Complementar n. 34/67 e do Decreto-lei 406/68. Como anotou o eminente Ministro Cunha Peixoto, Relator para o acórdão, no referido julgamento, "o legislador compreendeu que a definição genérica de saída da mercadoria do estabelecimento comercial não abrangia o fornecimento de alimentos e bebidas dentro da casa comercial e entendeu de criar, através do Ato Complementar n. 34/67 e do Decreto-lei n. 406/68, novo fato gerador do Imposto de Circulação de Mercadorias: o fornecimento de alimentos e bebidas no próprio estabelecimento". A possibilidade de exigir o ICM sobre os alimentos e bebidas fornecidos dentro do próprio estabelecimento só apareceu, pois, depois desses últimos diplomas legais. O Código Tributário não a incluiu entre as obrigações fiscais do comerciante". (in RTJ, vol. 89/178). Nos RREE ns. 76.907, 79.251 e 77.943, o STF proclamou ser inexigível o ICM de bares, antes do Decreto-lei n. 406/1968 e, depois dele, só se a lei estadual decretar a respectiva incidência nesses estabelecimentos.

"Com efeito, o Decreto-lei n. 406, de 31.12.68, em seu art. 1º, ao definir o fato gerador do ICM, previu, no inciso III, "o fornecimento de alimentação, bebidas e outras mercadorias, em restaurantes, bares, cafés e estabelecimentos similares."

"De outra parte, discorrendo sobre o artigo 97, do CTN, Aliomar Baleeiro anotou que "a decretação só se integra e completa com o *quantum* do tributo e a base para calculá-lo. Os incisos III e IV são conseqüência necessária dos incisos I e II, todos do art. 97". (*apud Direito Tributário Brasileiro*, 10ª Ed., pág. 408). Noutro passo, observou: "A lei fiscal não se limita a definir o fato gerador, o sujeito passivo, o *quantum* a pagar. Ela, salvo casos raros, como os dos impostos fixos, estabelece também os elementos ou atributos do fato gerador para sobre eles ser calculada objetivamente a alíquota do tributo, mediante simples operação aritmética. A esses elementos, legalmente designados, dá-se o nome de "base de cálculo" do imposto — (...)" (ob. cit., pág. 409).

"Ora, em São Paulo, a Lei Estadual n. 440, de 24.09.74, que dispõe sobre o ICM, estabeleceu no artigo 1º, III, repetindo o Decreto-lei n. 406/1968 (artigo 1º, III), ser fato gerador do tributo "o fornecimento de alimentação, bebidas ou outras mercadorias em restaurantes, bares, cafés e estabelecimentos similares".

"Quanto à base de cálculo do ICM, nessa hipótese de incidência, explicitamente, não a previram nem o art. 2º, do Decreto-lei federal n. 406/1968, nem o art. 19, da Lei Estadual Paulista n. 440/1974.

"Quanto ao diploma estadual, no artigo 19 e seu inciso I, preceituou-se:

"Art. 19. Ressalvadas as hipóteses expressamente previstas, a base de cálculo do imposto é:

"I — o valor da operação de que decorrer a saída da mercadoria."

"Ora, o enunciado do inciso I do artigo 19 suso-transcrito coincide com a fórmula do inciso I, do artigo 2º, do Decreto-lei n. 406/1968, que reza:

"Art. 2º. A base de cálculo do imposto é:

"I — o valor da operação de que decorrer a saída da mercadoria".

"Em nenhum dispositivo, entretanto, a lei estadual em foco, de expresso, fixou a base de cálculo do ICM, quando se tratasse da terceira hipótese de sua incidência, descrita em seu artigo 1º, III, ou seja, "o fornecimento de alimentação, bebidas ou outras mercadorias em restaurantes, bares, cafés e estabelecimentos similares". Viu o acórdão recorrido, todavia, no mencionado inciso I, do art. 19 da Lei Estadual 440/1974, a base de cálculo do ICM, no caso, sendo assim, coincidente com a base de cálculo, quando se cogita de saída de mercadoria de estabelecimento comercial, industrial ou produtor.

"Ora, se se entende que o fato gerador, quanto a base de cálculo do tributo hão de estar definidos em lei, parece correto concluir que não é possível entender aplicável a base de cálculo do ICM, na hipótese de saída da mercadoria do estabelecimento, — cuja disciplina, de resto, é desdobrada em vários dispositivos do diploma estadual, — para o caso de incidência outra do tributo, qual seja, o "fornecimento de alimentação, bebidas ou outras mercadorias em restaurantes, bares, cafés e estabelecimentos similares". Tenho como invocável, aqui, o entendimento que veio a informar o julgamento do RE n. 85.262/DF, quando o Plenário, a 2.6.77, afirmou que, antes de estabelecida a possibilidade de nova hipótese de incidência ou de novo fato gerador por lei nacional, e antes de instituído o tributo incidente sobre tal fato gerador por lei local, não podia ser cobrado o imposto de que ora se cogita. Tornou-se, aí, certo que o fornecimento de alimentos em restaurantes e bares não se podia ter como saída de mercadoria do estabelecimento. A pretendida ficção jurídica fez-se inaceitável, em ordem a equiparar, à saída, o fornecimento para consumo *in loco*. Exigiu-se lei, definindo o fornecimento em referência, como fato gerador distinto, qual condição básica à exigência do ICM, nesse caso (RTJ, 89/180).

"Ora, tenho por igual que não se pode, pendente como é de lei a fixação da base de cálculo, adotar, pura e simplesmente, aquela estipulada para a hipótese de saída da mercadoria de estabelecimento comercial, industrial ou produtor, em ordem a quantificar o ICM a ser pago na hipótese distinta de fornecimento de alimentação, bebidas e outras mercadorias, em restaurantes, bares, cafés e estabelecimentos similares. É de ter presente, nesse sentido, o que bem sinalou Aliomar Baleeiro, *in* op. cit., pág. 221, *verbis*: "Note-se que, nessa modalidade, muitas vezes, o fornecimento está consorciado a uma prestação de serviços: — utilização de mesas, copos, louça, talheres, guarnição de toalha e guardanapos, trabalho de garçons, o próprio local aprazível ou panorâmico, música de fundo, pista de dança, etc. etc.". Noutro trecho, referindo-se a outras situações semelhantes, aduz: "O preço da "consumação", em sua maior parte, disfarça o valor daqueles serviços. O custo da mercadoria é ínfimo comparado ao do total cobrado. O mesmo se dirá do hotel que fornece o pequeno almoço de manhã. O problema poderia ser resolvido pelo faturamento em separado, ou por um *forfait*" (op. cit., pág. 221).

"Tudo isso está, entretanto, a demonstrar a necessidade de a lei local fixar a base de cálculo do ICM, na hipótese do fornecimento de alimentação, bebidas ou outras mercadorias em bares, restaurantes e estabelecimentos similares. Não cabe, assim, invocar a norma genérica segundo a qual a base imponível é o valor da operação de que decorrer a saída da mercadoria, fórmula adequada ao caso em que o fato gerador é a saída de mercadorias de estabelecimento comercial, industrial ou produtor."

"O que se exige, pois, é que seja fixada, na lei, base de cálculo própria da hipótese de incidência específica — fornecimento de alimentação, bebidas e outras mercadorias em restaurantes, bares, cafés e estabelecimentos similares — não sendo aceitável o que a legislação estadual fez, equiparando, analogicamente, a saída da mercadoria com o fornecimento de alimentação, bebidas e outras mercadorias. Porque, bem lecionou, no Supremo Tribunal Federal, o Ministo Soares Muñoz, "no fornecimento de bebidas, alimentação etc. em bares e restaurantes há venda de mercadorias e prestação de serviços, tais como os provenientes da utilização de mesa, toalha, guardanapo, gelo, trabalho de garçons, porteiro, cozinheiro, etc. A lei estadual deve distinguir o preço dos serviços do preço das mercadorias, erigindo este em base de cálculo do ICM. A ausência de legislação nesse sentido torna impossível a cobrança do mencionado tributo." (RE 100.563-SP, RTJ, 109/1211).

"É perfeito o raciocínio, convindo registrar que a jurisprudência do Supremo Tribunal Federal firmou-se, iterativamente, nessa linha, conforme demonstrado nas razões de recurso e no parecer da Procuradoria Geral da República (*Inter plures*, RE 99.410-SP, Rel. Min. Néri da Silveira, RTJ 114/696; RE n. 100.563-SP, Rel. Min. Soares Muñoz, RTJ 109/1211; RE 107.770-SP, RTJ 117/427; RE 104.715-SP, RTJ 116/1212).

"Registre-se, aliás, que a jurisprudência desta Turma não destoa da jurisprudência do Supremo Tribunal (REsp n. 610-RJ, Relator Ministro Ilmar Galvão, "DJ" 16.10.89; REsp n. 999-RJ, Relator Ministro Ilmar Galvão, "DJ" de 13.XI.89; REsp n. 564-BA, idem, idem).

"Do exposto, conheço do recurso e a ele dou provimento."

Nada seria preciso acrescentar às considerações que expendi por ocasião do julgamento do REsp 1.216-RJ, acima transcritas.

Em conclusão, rejeito os embargos.

VOTO

O Senhor Ministro Américo Luz: Sr. Presidente.

Na Turma relatei vários recursos especiais sobre a mesma matéria, entendendo na forma da ementa ao acórdão do Recurso Especial n. 1.071, *inter pluris*: (lê)

"*Tributário. ICM. Fornecimento de alimentação e bebidas em bares, restaurantes e estabelecimentos similares.*

"— Inexistência na legislação estadual da definição da base de cálculo do tributo. Ilegitimidade da cobrança. Precedentes.

"— Recurso provido.

"— Remessa dos autos ao STF."

No voto que proferi e que prevaleceu à unanimidade, disse: (lê)

"Essa interpretação, também adotada pelo acórdão recorrido, é contestada no brilhante parecer de fls. 200/206, que adoto e do qual transcrevo o seguinte tópico:

"Assim, como o ICM não pode, jamais incidir sobre a soma do fornecimento de mecadoria com o valor do próprio serviço, parece certo que, no fornecimento de alimentação, em restaurantes, o imposto estadual não pode ser cobrado sobre o "valor total da operação de saída" ou sobre o valor total cobrado pelo restaurante ao consumidor, porque, neste valor, estão incluídos tanto o fornecimento da mercadoria (sujeita ao ICM), como o valor do serviço de sua preparação (não sujeita ao ICM).

"— Para resolver tal situação, é necessária a previsão expressa de lei, porque a base de cálculo de tributos é matéria a ela reservada não podendo a autoridade administrativa, à falta de disposição legal, usar seus próprios critérios para separar o que é tributado do que não o é.

"— É isto, precisamente, o que vem sendo decidido pelo Supremo Tribunal Federal:

"ICM sobre alimentação e bebidas fornecidas em bares, restaurantes e similares. Embora um único imposto incida na operação, dela se há de deduzir o que é estranho à base imponível. A ausência de definição da base de cálculo do tributo torna ilegítima sua cobrança." (RE 109.707-8-SP e RE n. 109.922-4-SP, 2ª Turma, rel. Min. Carlos Madeira, D.J. de 05.09.86, pg. 15.843)."

"No despacho de admissão do RE, assim se manifestou o ilustre Desembargador Geraldo Arruda Guerreiro, *verbis* (fls. 302):

"Estabelecer a cobrança de um tributo é instituí-lo, definir seu fato gerador e fixar sua base de cálculo.

"— A decisão recorrida aplicou, por analogia, o artigo 14, I do Decreto-lei n. 5/75, que se refere ao "valor da operação de que decorrer a saída da mercadoria", ou seja, ao fato gerador do artigo 1º, inciso I do Decreto-lei n. 406/68.

"— Divergiu, portanto, da Súmula 574.

"— Na verdade, só a partir do exercício de 1988 o Estado do Rio de Janeiro fixou, por lei, a base de cálculo relativa ao fato gerador de que tratam os autos."

Com essas considerações, acompanho, na íntegra, o voto do eminente Ministro-Relator.

VOTO VENCIDO

O Exmo. Sr. Ministro Geraldo Sobral: Senhor Presidente, com a devida vênia do Sr. Ministro-Relator, meu voto é no sentido de acompanhar o ponto de vista unânime da Egrégia Primeira Turma.

Assim sendo, recebo os embargos.

É o meu voto.

VOTO

O Exmo. Sr. Ministro Ilmar Galvão: Sr. Presidente, conforme já foi dito pelo Eminente Ministro-Relator, tenho votado, na Segunda Turma, no sentido de que é incabível o tributo, sem definição legal da sua base de cálculo, acompanhando assim a jurisprudência tranqüila do Supremo Tribunal Federal sobre a matéria.

Trata-se de casos que não se repetirão, já que os Estados, em face da orientação do Supremo Tribunal Federal, definiram em lei a base de cálculo do ICM sobre alimentos e bebidas consumidos no próprio estabelecimento que os fornece, julgo mais do que adequado aplicar-se, aqui, o princípio do *stare decisis*, para se manter a orientação que já estava firmada pelo Supremo Tribunal Federal, em relação aos casos remanescentes, como é o presente.

APARTE

O Exmo. Sr. Ministro Carlos Velloso (Relator): Em reforço ao argumento de V. Exa. gostaria de dizer que isso levou os Estados-Membros a editar lei. O Estado do Rio de Janeiro editou lei a respeito, em 1988. Se estivermos enganados, o Eminente Procurador do Estado poderia esclarecer.

Seria um retrocesso do Superior Tribunal de Justiça e, num certo sentido, uma decisão política desastrosa, já que os Estados-Membros editaram lei, ou seja, acolheram a jurisprudência do STF. Vale relembrar que esta é uma questão anterior a 1988.

VOTO

O Sr. Ministro José de Jesus Filho: Ouvi atentamente o voto do Eminente Ministro-Relator, Carlos Velloso, que foi acompanhado pelos Srs. Ministros Américo Luz e Ilmar Galvão. A sustentação de S. Exa., realmente, acabou por convencer-me de que a Lei Estadual, na verdade, deve fazer esta distinção. Votei até então, na Primeira Turma, acompanhando seus Ilustres Pares no sentido de que não haveria necessidade de se fazer a distinção. Todavia, hoje, estou convencido de que a Lei Estadual deve estabelecer, como o fez, as alíquotas próprias para distinguir a incidência do imposto sobre os serviços e sobre o preço de mercadorias.

Na hipótese de não se fazer a distinção, prejudicado estaria o Imposto sobre Serviços, que não é devido ao Estado, mas à Prefeitura.

Com estas breves considerações, peço vênia aos meus Ilustres Colegas da Primeira Turma para acompanhar o voto do Eminente Ministro-Relator.

VOTO (VENCIDO)

O Sr. Ministro Garcia Vieira: Sr. Presidente. Na primeira Turma, a questão é totalmente pacífica. Temos, inclusive, várias decisões unânimes, dentre as quais se pode citar o Recurso Especial n. 1.313, que deu ensejo a esses embargos; o Recurso Especial n. 989, ambos tendo como Relator o Sr. Ministro Vicente Cernicchiaro; o Recurso Especial n. 1.054, Relator o Sr. Ministro Armando Rolemberg; e os Recursos Especiais ns. 1.200 e 423, dos quais fui Relator.

Estando de posse da cópia do voto que proferi no Recurso Especial n. 423, lerei alguns trechos:

"A questão se resume em se saber se a legislação do Estado do Rio de Janeiro fixou ou não a base de cálculo do ICM para que este possa ser exigido sobre o fornecimento de alimentação, bebidas e outras mercadorias, em restaurantes, bares, cafés e estabelecimentos similares. Ora, constitui fato gerador do ICM "o fornecimento de alimentação, bebidas e outras mercadorias em restaurantes, bares, cafés e estabelecimentos similares" (Decreto-Lei Federal número 406/68, art. 1º, item III e Decreto-Lei Estadual número 05/75, art. 4º, item III). Assim, a legislação estadual encontra firme suporte na legislação federal que também definiu como fato gerador do ICM "o fornecimento de alimentação, bebidas e outras mercadorias em restaurantes, bares, cafés e estabelecimentos similares."

Se é o próprio Dec.-Lei n. 406/68 que dá como fato gerador do ICM o valor total da operação, incluindo também a parte de serviço incluída no fornecimento de alimentação, bebidas e outras mercadorias, a legislação do Estado (Dec.-Lei n. 05/75) estava autorizada a cobrar ICM inclusive sobre esta parte de serviço.

O ICM incide sobre uma infinidade de operações e produtos diversos, não podendo exigir-se uma base de cálculo específica. Ela, no caso, só poderia ser genérica, ou seja, o valor da operação, a importância total recebida pelo comerciante, porque na lista de serviços que é taxativa, não consta a atividade da impetrante. Se sobre os serviços relacionados na lista incide o ISS mesmo quando ocorre fornecimento de mercadoria, isto deve acontecer quando, no fornecimento de alimentação, bebidas e outras mercadorias incidir o ICM.

Como sabemos, a base de cálculo do ICM foi definida pelo Dec.-Lei n. 406/68, art. 2º, item I e pelo Dec.-Lei n. 05/75, art. 14, item I assim:

"A base de cálculo do imposto é:

"I — o valor da operação de que decorrer a saída da mercadoria."

Então, existe a base de cálculo do ICM que é o "valor da operação".

Esclarecem as informações:

"*Somente na falta desse valor* é que se buscariam outros critérios para apuração do valor do tributo devido.

"A razão é simples:

"Incide o ICM sobre uma *infinidade de operações e produtos diferentes* e só se poderia exigir do legislador a *base de cálculo genérica.*

"2. *Casuísmo inadmissível*

"Não seria razoável exigir-se do legislador a descrição de todas as situações e mercadorias sujeitas ao ICM, para o fim específico de definição da base de cálculo.

"O valor sobre o qual recai o ICM é o *valor da operação*, nada mais do que o valor da operação. Destarte, determina-se a base de imposição do ICM em função do valor recebido pelo contribuinte e *não em razão da natureza do produto fornecido.*

"Se se entendesse de forma diversa, chegar-se-ia inevitavelmente à conclusão de que *seriam necessárias centenas de páginas do Diário Oficial para enumerar os produtos sujeitos ao ICM com as respectivas bases de cálculo* (ou centenas de páginas para descrever todas as atividades comerciais, uma por uma, sujeitas ao recolhimento do tributo).

"Naturalmente, essa não é a *mens legis.* Quando o Código Tributário Nacional reclama a edição de lei para disciplinar a base de cálculo: "Art. 97. Somente a lei pode estabelecer: ... "IV — a fixação da alíquota do tributo e da sua base de cálculo, ressalvado o disposto nos arts. 21, 26, 39, 57 e 65", tem por escopo apenas evitar que a alíquota e a base de cálculo sejam determinadas em atos normativos de menor expressão do que a lei.

"Em face do texto do art. 97 do CTN, que é comando de ordem geral, não se pode validamente inferir que seja obrigatória a definição específica de base de cálculo para cada uma das hipóteses de incidência do ICM.

"São *critérios puramente aritméticos* os que norteiam a fixação da alíquota e da *base de cálculo.*"

É claro que, quando o legislador faz incidir o ICM também sobre a parte de serviços existente no fornecimento de alimentação, bebidas e outras mercadorias, por restaurantes, bares e outros estabelecimentos congêneres, ele cria uma *fictio legis* que segundo Yhering "... evita as dificuldades em vez de resolvê-las e não é mais do que a resolução científica imperfeita de um problema e merece, como o ato opoente, ser chamado *matéria técnica consagrada pela necessidade*" (*O Espírito do Direito Romano* — vol. 4º, pág. 199).

Assim como existem imóveis por determinação legal (artigo 44 do CC), pode também o legislador considerar mercadoria o fornecimento de alimentação, bebidas etc.

Se existe lei estadual estabelecendo a base de cálculo do ICM, não houve violação à Súmula n. 574 do STF ou aos artigos 97-IV e 108, § 1º do CTN. Estes não foram contrariados pelo artigo 14, I do Dec.-Lei Estadual 05/75 ao estabelecer a base de cálculo geral do ICM que, no caso, não exige a específica. No fornecimento de alimentação, bebidas, etc., por restaurantes, bares e outros estabelecimentos congêneres, existe a saída de mercadoria, pouco importando se o freguês consome ali no estabelecimento comercial ou em qualquer outro local. Havendo a circulação de mercadoria, incide o ICM, inclusive, por ficção legal, sobre a parte de serviço.

É também irrelevante o fato de haver embutido no fornecimento de alimentação, bebidas e outras mercadorias, por restaurantes, bares e estabelecimentos similares, a parcela correspondente a serviços, porque, na alienação de qualquer mercadoria, por qualquer estabelecimento comercial, sempre existe a parte correspondente ao serviço. Seria indefensável a tese da incidência do ICM somente no valor da mercadoria, sem a parte correspondente aos serviços, porque seria quase impossível e certamente desaconselhável fazer os cálculos para se saber o que representaria a mercadoria, sem o serviço.

Deve deixar-se esclarecido que a hipótese da *ficção legal* afasta inteiramente qualquer argumento de aplicação da lei por analogia, alegada pelo Impetrante.

A analogia, em Direito Tributário, é aplicável "na ausência de disposição expressa", mas desta aplicação é inexigível "tributo não previsto em lei" (Cód. Trib. Nacional, art. 108).

A analogia é resultado de interpretação extensiva ou indutiva, é meio de suprir as lacunas da lei para determinado caso, recorrendo-se a casos análogos, enquanto a *ficção legal* é explícita no ordenamento jurídico, tipificada ou descrita nos dispositivos da lei positiva. "O campo de aplicação da ficção começa onde termina o campo de aplicação da interpretação extensiva e analógica" (*Enciclopédia Saraiva do Direito*).

Em suma a analogia é trabalho de interpretação do aplicador. A ficção legal é ordenamento do Legislador expresso em lei.

A Procuradoria do Estado, em seu bem lançado Parecer de fls. 732/739 no RE 1.200 (89.0011254-6), salientou que:

"... a existência de serviço embutido no fornecimento não constitui óbice à base genérica, conforme se depreende do art. 8º, § 2º, do Dec.-lei 334/69, no qual foi adotado o *critério da prevalência do ICM* para a tributação das operações nele compreendidas.

"Há quem entenda que, em vista da nova redação dada pelo Dec.-lei 406/68, o ICM incide sobre a parcela do valor da operação que corresponde ao fornecimento de mercadorias abstraindo-se o valor dos serviços prestados.

"Tal entendimento resulta do exame isolado dos textos, do antigo e atual, do citado parágrafo sem consideração para com o significado no sistema de normas, que disciplina a matéria.

"Observam os defensores da tese sob comentário que a redação original do citado § 2º dispunha:

"§ 2º — Os serviços não especificados na lista e cuja prestação envolva o fornecimento de mercadorias ficam sujeitos ao imposto de circulação de mercadorias".

"Tal redação foi alterada pelo Dec.-lei 834/69 para a seguinte:

"§ 2º — O fornecimento de mercadorias com prestações de serviços não especificados na lista fica sujeito ao imposto de circulação de mercadorias".

"Assim tomadas, isoladamente, as letras antiga e atual do § 2º em exame fazem realmente crer que a alteração tenha sido introduzida com o manifesto intento de determinar que o ICM incida somente sobre a parcela referente ao fornecimento de mercadorias.

"Entretanto, essa não é a realidade.

"Em primeiro lugar, fosse esse o sentido da lei, estaria ela regredindo ao estágio primeiro em que se atormentavam os tributaristas para determinarem que parcela correspondia ao fornecimento e que parcela correspondia ao serviço.

"Em segundo lugar, esse entendimento ignora exatamente a finalidade que justifica e explica a existência do art. 8º e seus parágrafos do Decreto-lei n. 406/68. Tal dispositivo *foi introduzido justamente para evitar a aludida tormenta mediante a instituição de um regime unitário de tributação*, pendendo para o imposto incidente sobre o elemento predominante da operação, definido mediante a Lista de Serviços.

"Acresce, ainda que, se concluirmos que o § 2º admite apenas a incidência do ICM sobre a parcela dos fornecimentos, seremos forçados a admitir que o § 1º também só admite a incidência do ISS sobre a parcela dos serviços. Com efeito no texto do § 1º nada existe de expresso no sentido de admitir a incidência do ISS sobre a parcela referente ao fornecimento. Aliás, a incidência do ISS sobre o valor total da operação, no caso do § 1º, deverá forçosamente parecer, ao simpatizante da tese sob comentário, tão absurda quanto a incidência do ICM sobre o valor total da operação, no caso do § 2º.

"Assim sendo, ambos os parágrafos do art. 8º do Dec.-lei n. 406/68 devem ser interpretados conjuntamente como disposições de um sistema engajado no princípio de preponderância funcional da utilidade fornecida.

"Em função desse princípio, não deve causar surpresa a incidência do ICM sobre o valor total de uma operação em que há prestação de serviços, mas em que prepondera a circulação de mercadorias. Assim como, vice-versa, não escandaliza a incidência do ISS, numa operação em que a prestação de serviços prepondera, ainda que atingindo parcelas que em tese corresponderiam ao fornecimento de mercadorias.

"Diante do exposto, conclui-se: a alteração introduzida pelo Dec.-lei n. 834/69 no § 2º do art. 8º do Dec.-lei 406/68 é puramente redacional, nada tendo modificado na substância do preceito. Alterou-se apenas a sintaxe para colocar como sujeito da frase o fornecimento — que, no caso, é o elemento preponderante da operação — ao qual mais precisamente se aplicando o predicado, que especifica o tributo incidente".

Tem razão o Dr. Amir José Sarti, inteligente Subprocurador-Geral da República, em seu Parecer de fls. 220/224, ao deixar claro que, a prevalecer o entendimento sustentado pela recorrente, os restaurantes, bares, cafés, hotéis, clubes e similares, não pagarão o ICM nem o ISS, porque seus serviços não estão arrolados na lista do Dec.-Lei n. 406/68, como se eles fossem isentos de ambos os impostos. Salientou Sua Excelência com precisão que:

"Deveras, a prevalecer o ponto de vista sustentado pelo recorrente, o que vai acabar acontecendo é que os bares, restaurantes e similares não pagarão ICM ao argumento da generalidade da base de cálculo; nem pagarão o ISS, porque os seus serviços não estão arrolados na lista que acompanha o Decreto-lei n. 406/68 (vide artigo 8º, § 2º).

"Ora, não é possível que, por tais vias oblíquas, terminem os proprietários de bares, restaurantes e similares conseguindo uma isenção que, absolutamente, nem o legislador federal (Decreto-lei n. 406/68, art. 1º, III), nem muito menos o legislador estadual (Decreto-lei n. 5/75, art. 4º, III) lhes quiseram conferir. Nem parece consultar aos interesses da sociedade a outorga de um tal benefício."

No Recurso Especial n. 1054-RJ, Relator o Eminente Ministro Armando Rolemberg, esta Egrégia Turma, por unanimidade entendeu que:

"Tributário — ICM — Elaboração, preparo e fornecimento de alimentação e bebidas.

"Estabelecendo o Código Tributário Estadual (Decreto-lei 5/75), no inciso I do seu art. 14, que o ICM incidirá sobre "o valor da operação de que decorrer a saída de mercadoria", norma que tanto atinge a mercadoria vendida simplesmente como aquela na qual, como ocorre com o fornecimento de refeições, se compreendem não somente os produtos utilizados para sua feitura mas também o trabalho efetuado para tal fim, não se verificou conflito entre o julgado recorrido e a Súmula 574 do STF e nem divergência com acórdão do mesmo Tribunal no qual se assentou ser "inafastável a exigência de que conste da lei local a definição da base de cálculo do ICM", distinguindo o fornecimento de mercadorias e a prestação de serviços em bares e restaurantes.

"Recurso desprovido."

Sr. Presidente, conheço os precedentes da Egrégia Segunda Turma e, também, os do Supremo Tribunal Federal, mas, confesso, não me convenceram. Prefiro manter o entendimento manifestado e acolhido, à unanimidade, na Primeira Turma desta Corte.

Portanto, com a devida vênia dos que entendem em sentido contrário, recebo os embargos.

VOTO

O Exmo. Sr. Ministro Vicente Cernicchiaro (Vogal): Senhor Presidente, fui Relator do acórdão recorrido. Reedito as considerações postas na ocasião e subscrevo, também, a erudita motivação do Eminente Ministro-Relator.

Rejeito os embargos.

EXTRATO DA MINUTA

EREsp n. 1313-RJ (9012023) — Rel. Min. Carlos M. Velloso. Embargante: Estado do Rio de Janeiro. Embargado: Novos Hotéis da Guanabara S/A (Hotel Caesar Park). Advogados: Drs. Hélio Limoeiro Júnior e Outros e João Pereira Dias. Sustentação oral: Usou da palavra o Dr. Hélio Limoeiro Júnior, pelo Estado do Rio de Janeiro.

Decisão: A Seção, por maioria, vencidos os Srs. Ministros Geraldo Sobral e Garcia Vieira, rejeitou os embargos. 03.04.90, Primeira Seção.

Presidiu o julgamento o Sr. Ministro Pedro Acioli, em razão da ausência justificada do Sr. Ministro Armando Rolemberg.

Os Srs. Ministros Américo Luz, Ilmar Galvão, José de Jesus e Vicente Cernicchiaro votaram com o Sr. Ministro Relator.

NOTICIÁRIO

XVI JORNADAS LATINO-AMERICANAS DE DIREITO TRIBUTÁRIO LIMA — PERU SETEMBRO — 1993 (ILADT — INSTITUTO LATINO-AMERICANO DE DIREITO TRIBUTÁRIO)

1. Local e data de realização

As XVI Jornadas realizar-se-ão na cidade de Lima, Peru, de segunda, dia 6, até sexta, dia 10 de setembro de 1993. As inscrições realizar-se-ão a partir do domingo, dia 5. A cerimônia de instalação, no domingo, dia 5, à noite. Na sexta, dia 10, pela manhã, encerrar-se-á o evento. O Programa Preliminar será enviado brevemente.

2. Temas e relatores gerais — diretrizes finais

Tema I: "*O princípio da segurança jurídica na criação e aplicação do tributo*"

Relator geral: Dr. Humberto Medrano Cornejo

(Estudio Rodrigo, Elias & Medrano) Av. San Felipe, 758 — Lima 11 - Peru — Telefone: (51-14) 633.2232 - Fax: (51-14) 63.7300

Tema II: "*Imposição sobre o patrimônio das empresas e das pessoas físicas*"

Relator geral: Dr. Angel Schindel

Montevideo, 496, 4 Piso, n. 45 — 1019 Buenos Aires - Argentina — Telefone: (54-1) 476.2287/476.2297 - Fax: (54-1) 49.8762

3. Exposições nacionais

Haverá uma exposição nacional para cada tema, por cada Instituto Membro. Por outro lado, podem apresentar-se várias Comunicações Técnicas.

Com a finalidade de entregar aos participantes, no momento de sua inscrição, todas as Exposições Nacionais e Comunicações Técnicas apresentadas, será importante observar as seguintes instruções:

Tamanho do papel: A-4 (medidas: 29,4 x 21 cm)

Espaço entre linhas: um espaço

Margem direita e inferior: 2,5 cm

Margem esquerda e superior: 3,0 cm

Página 1: margem superior 6,5 cm

Extensão: não menor que 15 nem maior que 30 páginas

Numeração: a lápis, parte superior direita de cada folha

A primeira folha iniciar-se-á com o título do trabalho, em maiúscula e centralizado. Deixando dois espaços, colocar-se-á o nome ou nomes dos autores. Sublinha-se o nome do expositor. Deixando três espaços, começar-se-á o texto.

Pedimos não sublinhar o texto; se se desejar destacar algum parágrafo, usar negrito. Pedimos dar aos textos o máximo de impressão (intensidade) seja em máquina elétrica, eletrônica ou computador, para obter-se uma excelente impressão *off-set*.

As exposições devem estar precedidas de súmula que contenha os seguintes dados: título da exposição; tema para a qual se apresenta; autor (ou autores) e uma referência acadêmica ou de trabalho.

Os trabalhos apresentar-se-ão em 3 exemplares. Um, será enviado diretamente pelo autor ao relator geral correspondente. Os outros dois serão enviados à direção do *Instituto Peruano de Direito Tributário*: Av. Salaverry, 3336, San Isidro, Lima 27 - Peru, Telefone e fax: (51-14) 61.8843.

4. Entrega das exposições nacionais

A data limite para a entrega das Exposições Nacionais ou Comunicações Técnicas será dia 15 de fevereiro de 1993. Qualquer prorrogação deste prazo não poderá exceder de 15 de março de 1993 e deverá ser solicitada ao relator geral do tema e concedida diretamente por este.

Delegação Brasileira

Os delegados do Brasil são os sócios da ABDF — Associação Brasileira de Direito Financeiro, presidida pelo Dr. Gilberto Ulhoa Canto, ou os membros do IBET — Instituto Brasileiro de Direito Tributário, presidido pelo Prof. Paulo de Barros Carvalho.

Revista de Direito Tributário

74

M